Wセミナー 司法書士

STANDARDSYSTEM

スタンダード合格テキスト 7

JN111457

商業登記法

Wセミナー／司法書士講座 編

早稲田経営出版

TAC PUBLISHING Group

はしがき

　司法書士試験は，合格率３％程度と，数ある国家試験の中でも最難関の資格試験のひとつに位置づけられています。また出題科目も多く，学習すべき範囲が膨大であることも司法書士試験の特徴のひとつです。このため，学習がうまく進まなかったり，途中で挫折してしまう方がいらっしゃることも事実です。

　では，合格を勝ち取るために必要な勉強法とはどのようなものでしょうか。
　Ｗセミナーでは，長年にわたり司法書士受験生の受験指導を行い，多くの合格者を輩出してきました。その経験から，合格へ向けた効率的なカリキュラムを開発し，さまざまなノウハウを蓄積してまいりました。そしてこの度，その経験とノウハウのすべてを注ぎ込み，合格のためのテキストの新たな基準をうちたてました。それが，本シリーズ「司法書士　スタンダード合格テキスト」です。

　本シリーズは，司法書士試験の膨大な試験範囲を，科目ごとに11冊にまとめました。また，法律を初めて学習する方には使い勝手のよい安心感を，中・上級者にとってはより理解を深めるための満足感を感じていただけるような工夫を随所に施しており，受験生の皆さまの強い味方になることでしょう。

「商業登記法」としては，商業登記と法人登記についての知識が問われ，択一式と記述式で出題されます。出題範囲は非常に多岐にわたり，試験で問われる知識の全部を暗記することは困難です。本書では，商業登記の仕組みを理解することを重視し，暗記に頼ることなく正しい結論を導くことを目標としています。商業登記法として出題される知識の多くは会社法についての知識ですが，会社法についての解説は会社法のテキストに譲り，本書では，商業登記の手続と考え方についての理解を深めることに専念しています。

　司法書士を志した皆さまが，本シリーズを存分に活用して学習を深めていただき，司法書士試験合格を勝ち取られることを願ってやみません。

令和３年10月

Ｗセミナー／司法書士講座
講師・教材開発スタッフ一同

●●●●● 本シリーズの特長と使い方 ●●●●●

・**特長1　法律論点を視覚的に理解できる！**

　　ケーススタディが豊富に設けられ，具体例が示されているので，法律論点を具体的・視覚的に理解でき，知識の定着を促します。

・**特長2　学習に必要な情報が満載！**

　　重要条文はもれなく掲載されており，その都度，六法にあたる手間を省くことができます。また，本試験の出題履歴も表示されており，重要箇所の把握に大いに役立ちます。

・**特長3　学習しやすいレイアウト！**

　　行間や余白が広いため書き込みがしやすく，情報をこのテキスト一冊に集約できます。また，細かな項目分けがなされているため飽きずにスラスラ読み進むことができます。

Topics　←方向感！
　何を学習するのか，どこが重要かを明らかにすることで，学習の目的や方向性を明確にすることができます。

ケーススタディ　←臨場感！
　具体的な事例や図を用いることによって，複雑な権利関係や法律論点を分かりやすく解説しています。質問形式で始まるため，まるで講義を受けているかのような臨場感を味わいながら読み進めることができます。

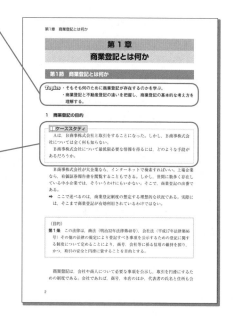

った)，取締役Cの死亡の登記の申請はなかった。Cが死亡した事実は，添付書面からも明らかである。

登記官は，取締役の死亡の登記をすることができるだろうか。

当事者の申請がなければ，登記官は，登記すべき事項の発生を知ったとしても登記をすることができない。たとえ，登記の申請書に添付された書面から申請された事項以外にも登記すべき事項があることがわかったとしても，登記官が勝手に登記をすることはできないのである。

→　普通は登記官が他に登記すべき事項があることを指摘してくれるだろう。

> 当事者申請主義とは，申請のない事項を勝手に登記することはできないということでもある。

何を申請しているかは，基本的に申請書に記載された登記すべき事項によって判断される。その意味でも登記すべき事項の記載は重要である。

3　印鑑の提出

(印鑑証明)
第12条　次に掲げる者でその印鑑を登記所に提出した者は，手数料を納付して，その印鑑の証明書の交付を請求することができる。
一　第7条第2項の規定により登記の申請書に押印すべき者(委任による代理人によつて登記の申請をする場合には，委任をした者又はその代表者)
二　支配人
三　破産法(平成16年法律第75号)の規定により会社につき選任された破産管財人又は保全管理人
四　民事再生法(平成11年法律第225号)の規定により会社につき選任された管財人又は保全管理人
五　会社更生法(平成14年法律第154号)の規定により選任された管財人又は保全管理人
六　外国倒産処理手続の承認援助に関する法律(平成12年法律第129号)の規定により会社につき選任された承認管財人又は保全管理人
(申請書面への押印)
商業登記規則第35条の2　申請人又はその代表者が申請書に押印する場合には，登記所に提出している印鑑を押印しなければならない。

重要　←明確化！

　学習するうえで必ずマスターしておきたい箇所を，「重要」として表示しているため，学習のメリハリをつけることができます。また，復習の際に重要ポイントを確実に確認するのにも効果的です。

重要条文　←効率化！

　法律を学習する上で条文をチェックすることは欠かせませんが，本書では重要条文が引用されているので，六法を引く手間を省くことができます。

及ぼすおそれがある場合の種類株主総会の決議を不要とする旨は，株式の内容であり登記される。登記されているのであれば，定款を添付しなくても定款の規定の存在が明らかとなる。

(3)　募集株式の割当てについての書面

募集株式の割当ての決定について書面を添付するのは，募集株式が譲渡制限株式である場合に限られる。　`R3-30`
→　譲渡制限株式でなければ，割当ての決定をしたとしても，その決定について書面を添付する必要はない。　`H28-30`　`H27-30`　`H23-31`

会社法の原則どおりの機関が決定した場合には，その議事録を添付すればよい。取締役会設置会社では取締役会議事録，取締役会設置会社以外の株式会社では株主総会議事録と株主リストである。

割当ての決定について定款に別段の定めがある場合には，その定めを証するために定款を添付する。

◆アルファ
割当ての決定機関と募集事項の決定機関が同じであれば，募集株式の引受けの申込みがあることを条件として，募集事項の決定と同時に割当ての決定を行ってしまうことも可能である。その場合には，募集事項の決定と同時に割当ての決定をした旨の記載がある議事録を添付すればよい。　`R3-30`　`H27-24`　`H25-29`

(4)　総数引受契約の承認についての書面

割当てについての書面と同様である。募集株式が譲渡制限株式である場合に限って必要となる。取締役会設置会社では取締役会議事録であり，取締役会設置会社以外の株式会社では株主総会議事録と株主リストである。　`R2-30`　`H29-30`

(5)　支配株主の異動を伴う場合

支配株主の異動を伴う場合で，株主総会の決議が必要となる場合には，その株主総会の議事録と株主リストを添付すべきである。

一方，財産の状況が著しく悪化している場合において，事業の継続のために緊急の必要があることを理由とし株主総会の決議を受けなかった場合には，財産の状況が著しく悪化していることと事業の継続のために緊急の必要があることを代表者が証明した書面を添付する。

支配株主の異動を伴う場合に該当しない場合には，特に添付書面が必要と

過去問表記　←リアル感！

　過去に本試験で出題された論点には，出題履歴を表示しました。試験対策が必要な箇所を把握することができ，過去問にあたる際にも威力を発揮します。「R3-30」は，令和3年度本試験択一式試験(午後の部)の第30問で出題されたことを示しています。

プラスアルファ　←満足感！

　適宜，プラスアルファとして，補足的な知識や応用的な内容が盛り込まれているため，中・上級者の方が読んでも満足する構成となっています。

目次

はしがき ……………………………………………………………………… (iii)

本シリーズの特長と使い方 ……………………………………………… (iv)

凡 例 ……………………………………………………………………… (xi)

第1編　商業登記の基礎知識

第1章　商業登記とは何か ……………………………………………… 2
　第1節　商業登記とは何か ………………………………………… 2
　第2節　商業登記の基本用語 ……………………………………… 7
　第3節　商業登記の全体像 ………………………………………… 10
第2章　商業登記の効力 ………………………………………………… 13
　第1節　実体と一致している登記の効力 ………………………… 13
　第2節　実体と一致していない登記の効力 ……………………… 17
　第3節　商業登記のその他の効力 ………………………………… 20

第2編　商業登記の申請手続

第1章　登記申請の基本 ………………………………………………… 22
　第1節　商業登記の実際 …………………………………………… 22
　第2節　商業登記の申請書 ………………………………………… 28
　第3節　申請人 ……………………………………………………… 35
　第4節　申請手続 …………………………………………………… 38
　第5節　登記すべき事項と登記簿に記録される事項 …………… 42
　第6節　添付書面 …………………………………………………… 47
　第7節　支店の所在地における登記 ……………………………… 51
第2章　株式会社の登記 ………………………………………………… 52
　第1節　株式会社の登記事項 ……………………………………… 52
　第2節　商号の変更 ………………………………………………… 58
　第3節　公告をする方法の変更 …………………………………… 65
　第4節　貸借対照表に係る情報の提供を受けるために必要な事項 ………… 69
　第5節　目的の変更 ………………………………………………… 73
　第6節　単元株式数 ………………………………………………… 76

第7節	株券を発行する旨の定め	80
第8節	発行可能株式総数の変更	84
第9節	株式の譲渡制限に関する規定	87
第10節	発行する株式の内容	96
第11節	種類株式発行会社	99
第12節	発行可能種類株式総数	103
第13節	発行する各種類の株式の内容	106
第14節	募集株式の発行	109
第15節	株式の分割	131
第16節	株式無償割当て	134
第17節	株式の併合	135
第18節	自己株式の消却	137
第19節	株式の取得と引換えにする株式の発行	138
第20節	資本組入れ	143
第21節	資本金の額の減少	148
第22節	株主名簿管理人	153
第23節	新株予約権の登記	159
第24節	募集新株予約権の発行	164
第25節	募集以外の事由による新株予約権の発行	172
第26節	新株予約権の行使	177
第27節	取得条項付新株予約権の取得	187
第28節	新株予約権の行使期間満了	190
第29節	新株予約権についてのその他の変更	193
第30節	役員と機関に関する登記	195
第31節	取締役	197
第32節	取締役会設置会社の代表取締役	223
第33節	取締役会設置会社以外の株式会社の代表取締役	239
第34節	取締役会を置く旨の定め	247
第35節	代表取締役の選定方法の変更	253
第36節	社外取締役の登記	257
第37節	特別取締役による議決の定め	261
第38節	監査役	267
第39節	監査役設置会社の定めと監査の範囲	271
第40節	社外監査役の登記	274
第41節	監査役会を置く旨の定め	275
第42節	会計参与	279

第43節　会計監査人 ……………………………………………… 287
第44節　監査等委員会設置会社 ………………………………… 295
第45節　指名委員会等設置会社 ………………………………… 300
第46節　責任の免除 ……………………………………………… 306
第47節　責任の制限 ……………………………………………… 308
第48節　電子提供措置をとる旨の定款の定め ………………… 310
第49節　設　立 …………………………………………………… 311
第50節　存続期間と解散の事由 ………………………………… 328
第51節　解　散 …………………………………………………… 330
第52節　清　算 …………………………………………………… 337
第53節　継　続 …………………………………………………… 345
第54節　清算結了 ………………………………………………… 350
第55節　本店移転 ………………………………………………… 353
第56節　支店の設置・移転・廃止 ……………………………… 363
第57節　本店と支店についてのその他の変更 ………………… 366
第58節　支配人 …………………………………………………… 369
第59節　株式会社の登記の添付書面 …………………………… 374

第3章　持分会社の登記 …………………………………………… 380
第1節　持分会社の登記事項 …………………………………… 380
第2節　株式会社と共通の登記 ………………………………… 384
第3節　合名会社の社員の登記 ………………………………… 386
第4節　合資会社の社員の登記 ………………………………… 394
第5節　合同会社の社員の登記 ………………………………… 397
第6節　合同会社の資本金の額に関する登記 ………………… 401
第7節　設　立 …………………………………………………… 403
第8節　解散・清算 ……………………………………………… 405
第9節　継　続 …………………………………………………… 413
第10節　清算結了 ………………………………………………… 415
第11節　種類の変更 ……………………………………………… 417

第4章　組織再編行為の登記 ……………………………………… 423
第1節　組織変更 ………………………………………………… 423
第2節　吸収合併 ………………………………………………… 430
第3節　新設合併 ………………………………………………… 442
第4節　吸収分割 ………………………………………………… 448
第5節　新設分割 ………………………………………………… 456

第6節　株式交換 ……………………………………………… 461
第7節　株式移転 ……………………………………………… 468
第8節　株式交付 ……………………………………………… 472

第5章　特例有限会社の登記 ………………………………… 475
第1節　特例有限会社の登記事項 …………………………… 475
第2節　特例有限会社における変更の登記 ………………… 478
第3節　通常の株式会社への移行 …………………………… 480

第6章　外国会社の登記 ……………………………………… 484
第1節　外国会社とは何か …………………………………… 484
第2節　基本的な登記手続と登記事項 ……………………… 486
第3節　各種の登記 …………………………………………… 492

第7章　会社以外の商人の登記 ……………………………… 496
第1節　商号の登記 …………………………………………… 496
第2節　未成年者の登記 ……………………………………… 504
第3節　後見人の登記 ………………………………………… 508
第4節　支配人の登記 ………………………………………… 514

第3編　その他の手続

第1章　登記申請手続の周辺 ………………………………… 520
第1節　登録免許税 …………………………………………… 520
第2節　登記期間 ……………………………………………… 535
第3節　申請の取下げ ………………………………………… 538
第4節　申請の却下 …………………………………………… 540
第5節　オンラインによる登記申請 ………………………… 543

第2章　登記申請以外の手続 ………………………………… 546
第1節　登記の更正 …………………………………………… 546
第2節　登記の抹消 …………………………………………… 550
第3節　嘱託による登記 ……………………………………… 554
第4節　登記事項の公示 ……………………………………… 560
第5節　印鑑の提出 …………………………………………… 565
第6節　印鑑証明書の交付 …………………………………… 573
第7節　審査請求 ……………………………………………… 578

第4編　法人登記

第1章　各種の法人 ……………………………………………………………… 582
　第1節　法人登記の対象となる法人 ……………………………………… 582
　第2節　一般社団法人の概要 ……………………………………………… 585
　第3節　一般財団法人の概要 ……………………………………………… 587
第2章　法人登記の手続 ……………………………………………………… 588
　第1節　登記事項 ……………………………………………………………… 588
　第2節　設立の登記 ………………………………………………………… 593
　第3節　変更の登記 ………………………………………………………… 596
　第4節　公益認定に関する登記手続 ……………………………………… 602

条文索引 ……………………………………………………………………………… 604
先例索引 ……………………………………………………………………………… 607
用語索引 ……………………………………………………………………………… 608

凡　例

1．法令の表記

会§309Ⅱ⑪→　会社法第309条第2項第11号

2．法令の略称

民→　民法

一般法人→　一般社団法人及び一般財団法人に関する法律

公益認定→　公益社団法人及び公益財団法人の認定等に関する法律

会→　会社法

整備→　会社法の施行に伴う関係法律の整備等に関する法律

商→　商法

会施規→　会社法施行規則

計算規→　会社計算規則

商登→　商業登記法

商登規→　商業登記規則

商登準→　商業登記等事務取扱手続準則

登税→　登録免許税法

登税規→　登録免許税法施行規則

民執→　民事執行法

破産→　破産法

3．判例・先例等の表記

最判昭46.11.30→　昭和46年11月30日最高裁判所判決

大判大7.4.19→　大正7年4月19日大審院判決

大阪高決昭41.5.9→　昭和41年5月9日大阪高等裁判所決定

大阪地判昭27.9.27→　昭和27年9月27日大阪地方裁判所判決

先例平18.3.31-782→　先例平成18年3月31日第782号

第 1 編

商業登記の基礎知識

第1章
商業登記とは何か

第1節　商業登記とは何か

Topics ・そもそも何のために商業登記が存在するのかを学ぶ。
・商業登記と不動産登記の違いを把握し，商業登記の基本的な考え方を
理解する。

1　商業登記の目的

> **ケーススタディ**
>
> Aは，B商事株式会社と取引をすることになった。しかし，B商事株式会
> 社については全く何も知らない。
> B商事株式会社について最低限必要な情報を得るには，どのような手段が
> あるだろうか。

B商事株式会社が大企業なら，インターネットで検索すればいい。上場企業
なら，有価証券報告書を閲覧することもできる。しかし，世間に数多く存在し
ている中小企業では，そういうわけにもいかない。そこで，商業登記の出番で
ある。

➡　ここで述べるのは，商業登記制度の想定する理想的な状況である。実際に
は，そこまで商業登記が有効利用されているわけではない。

（目的）
H26-28

第1条　この法律は，商法（明治32年法律第48号），会社法（平成17年法律第86
号）その他の法律の規定により登記すべき事項を公示するための登記に関す
る制度について定めることにより，商号，会社等に係る信用の維持を図り，
かつ，取引の安全と円滑に資することを目的とする。

商業登記は，会社や商人について必要な事項を公示し，取引を円滑にするた
めの制度である。会社であれば，商号，本店のほか，代表者の氏名と住所も公

示され，誰でも登記されている事項を知ることができる。商業登記によって，会社について必要な情報を得ることが可能なのである。

➡　代表者の住所まで公示されるというのは，個人情報保護の観点から考えると違和感がある。しかし，令和3年の時点では，どのような会社であれ，誰でも代表者の住所を知ることができるのである。その扱いの見直しは，今のところ未確定である。

　商業登記は会社にとっての戸籍や住民票のようなものだという理解は，それほど間違っていないが，正確でもない。戸籍や住民票が取引を円滑にするために一般に公開されるということはないのである。

　商業登記は会社の存在証明でもある。法人である会社は，自然人と違って実体が見えづらいから，登記によって存在を明確にする必要がある。会社法で学んだように，会社は本店の所在地において登記をすることにより成立するから，登記がされていないということは存在しないということである。

2　不動産登記との違い

　不動産登記は，基本的には不動産に関する物権変動の対抗要件だった。商業登記も対抗要件となることはあるが，それはごく一部の登記である。不動産登記は，もっぱら当事者である申請人の利益のために行われるが，商業登記は，どちらかというと当事者ではなく当事者と取引する者の利益のために行われる。
　そのため，次のような点で不動産登記とは異なることになる。

(1)　商業登記は義務である

　ほとんどの場合，商業登記では登記をする義務がある。会社の登記などでは，法定の期間内に登記をしないと過料の制裁を受けることになる（会§976①）。不動産登記では，申請人が自らの権利を保全するために登記を申請したが，商業登記では，申請人の権利が保全されるケースがあまりないためである。

(2)　共同申請をすることはない

　商業登記では，登記権利者と登記義務者という関係がない。登記申請は基本的に義務である。商業登記では，当事者である申請人が単独で登記を申請しなければならない。
　たとえば，商号の譲渡があった場合には商号の譲渡による変更の登記を申請することになるが，この場合でも商号の譲渡人と譲受人が共同申請するこ

3

とはなく，譲渡人の承諾書を申請書に添付して商号の譲受人が単独で申請するのである（商登§30ⅠⅡ）。

⑶　登記された順番は関係ない

不動産登記では早い者勝ち的な要素があったが，商業登記では，基本的にはそのような要素がない。どのような順番で登記されたかは，ほとんどの場合で問題にならない。いつ登記するかより，何を登記するかが問題なのである。いつ登記するかは，法定の登記期間との関係で問題になるにすぎない。

➡　登記期間については，後述する。

⑷　一括申請ができる

不動産登記では，基本的に登記ごとに申請書を作成する必要があった。一括申請は例外的な場合のみで，所有権の移転と抵当権の設定を1通の申請書で一括して申請することはできなかった。商業登記では，商号の変更と役員の変更を1通の申請書で一括して申請することができる。多くの場合で一括申請が可能なのである。

➡　どのような申請が一括申請できるかは第2編で扱う。

⑸　書面で申請するのが基本である

「基本である」というのは，やや誇張した表現である。不動産登記でも，商業登記でも，オンラインで申請することは可能であり，書面とオンラインのどちらが基本ということもない。しかし，商業登記法では，条文の構成として，書面による申請についてまず規定し，その例外としてオンラインによる申請を扱っている。そのため，登記に関する用語の使い方が若干不動産登記と異なっている。

商業登記法を学ぶ際も，まず書面による申請を理解すればいい。本書でも，特に断りのない限り，申請は書面によるものとする。

3　商業登記と法人登記

商業登記と法人登記は，厳密には区別される。会社と商人についての登記が商業登記であり，会社以外の法人（たとえば一般社団法人）についての登記が法人登記である。法人登記は，法人の根拠となる法令の規定に従って行われるが，基本的には商業登記法の規定が準用されている。基本的な申請手続は，商業登記と同じなのである。

法人登記には非常にたくさんの種類があるが，そのうち試験で問われるものについては，第4編で扱うことにする。

4　商業登記の根拠法令

商業登記の根拠となる法令には，次のようなものがある。

➡ 法人登記については，根拠となる法令が異なる。ここでは，商業登記の根
拠法令についてのみ触れる。

(1)　会社法・商法

何を登記しなければならないかは，会社法と商法で定められている。会社
と外国会社の登記が会社法で，会社以外の商人が商法である。また，登記を
申請しなければならない期間（登記期間）については，会社法に規定がある。
商法には，具体的な登記期間についての規定がない。会社以外の商人につい
ては，「遅滞なく」などと定められているのみで，「○週間以内」などのよう
な具体的な登記期間の定めがないのである。

(2)　商業登記法

具体的な登記手続，申請書の記載方法，添付書面など，商業登記に関する
ほとんどの事項が定められている。重要な条文が多く，通読しておくのが理
想である。

(3)　商業登記規則

商業登記法までは法律であったが，商業登記規則は省令である。具体的に
は法務省令となる。法律とは異なり，形式的には法務大臣によって制定され
る。商業登記法の規定を補うように，より細かい事項が定められている。

商業登記法に比べると重要度は低いものの，商業登記規則を根拠とする出
題は普通に行われている。添付書面についての規定など，重要な条文は覚え
ておく必要がある。

(4)　商業登記等事務取扱手続準則

法務省の担当部署による通達といったかたちで，商業登記等事務取扱手続
準則が定められている。通称「準則」である。ほとんどは，登記の事務をど
のように処理すべきかについての規定であり，登記を申請する者を拘束する
規定ではない。

試験対策的に，必要不可欠とまではいえない。直接準則の知識が問われる
可能性は非常に低い。ただし，商業登記の仕組みをより深く理解する助けに
はなる。

(5)　**先　例**

　　法務省の担当部署による通達や，照会（質問）に対する回答なども，商業
登記の根拠になる。本書では，まとめて先例とよぶことにする。

　　先例の数は膨大で，入手が困難なものも少なくない。全部を覚えることは
不可能である。重要な先例に限って理解し，覚えておく必要がある。

➡　　重要な先例は，その都度紹介していく。

第2節　商業登記の基本用語

Topics ・商業登記で用いられる基本的な用語を覚える。
　　　　・商業登記の用語を理解しながら商業登記の全体像を把握する。

1　登記所

　　登記の事務を取り扱うのが登記所である。法務局，地方法務局，法務局・地方法務局の支局・出張所が登記所になる。具体的な建物・事務所をイメージして差し支えない。

➡　　基本的に不動産登記と同じである。暇なときに行ってみて雰囲気を感じておくのも悪くない。

　　登記所については，それぞれ管轄が定められており，各登記所が管轄区域内の登記事務を取り扱うことになる。

➕アルファ

　　法務局は全国に八つだけ置かれている。札幌法務局，仙台法務局，東京法務局，名古屋法務局，大阪法務局，広島法務局，高松法務局，福岡法務局である。高等裁判所が置かれている場所と一致している。

　　各法務局の管区に地方法務局があり，各法務局・地方法務局の管内に支局・出張所が置かれている。法務局・地方法務局は，支局・出張所に対して本局とよばれている。

　　最近は，商業登記の申請を取り扱う登記所を本局に集中させるようになってきており，支局・出張所では商業登記の申請を取り扱わない地域も多い。

2　登記簿と登記記録

（定義）
第1条の2　この法律において，次の各号に掲げる用語の意義は，それぞれ当該各号に定めるところによる。
　一　登記簿　商法，会社法その他の法律の規定により登記すべき事項が記録される帳簿であつて，磁気ディスク（これに準ずる方法により一定の事項を確実に記録することができる物を含む。）をもつて調製するものをいう。

　　登記すべき事項が記録される磁気ディスクが登記簿である。「登記簿」といっても紙の帳簿ではない。コンピューターのハードディスクだと考えればよい。

　登記簿は，登記所に備え置かれ，永久に保存される（商登規§34Ⅳ①）。商業登記では，商号登記簿，未成年者登記簿，後見人登記簿，支配人登記簿，株式会社登記簿，合名会社登記簿，合資会社登記簿，合同会社登記簿，外国会社登記簿などが備え置かれることになる（商登§6）。

　登記簿と似た言葉に登記記録がある。登記簿と登記記録は，それほど明確に区別されずに用いられたりするが，個々の登記事項が記録されているファイルが登記記録であり，登記記録の収められている磁気ディスクが登記簿だと思っておけばよい。

➡　明確に区別できなくても，特に困ることはない。

➕アルファ

　その昔，登記簿は紙の帳簿だった。現在では全て磁気ディスクである。

　紙の帳簿の時代，登記事項が記載されている紙が登記用紙であり，登記用紙が綴じられているバインダーが登記簿だった。ルーズリーフのバインダーのイメージである。

　登記簿を電磁的記録で作成するようになって，登記用紙という用語は用いることができなくなった。そこで，登記用紙に代えて登記記録という用語を用いるようになったのである。電磁的記録だとイメージしづらいが，登記簿と登記記録というのは，要はルーズリーフのバインダーとそこに綴じられている紙の関係なのである。

3　登記事項

　登記事項という用語は，主に二つの意味で用いられる。登記簿に既に記録されている事項という意味と，登記をするものと法定されている事項という意味である。「会社の商号は登記事項である」という表現は，後者の意味での例である。

　登記すべき事項という表現も用いられる。登記をする必要がある具体的な事項のことである。「会社の商号の変更によって，登記すべき事項が生じる」などと用いられる。

　試験対策的に「登記事項」と「登記すべき事項」を明確に区別する必要はないが，既に登記簿に記録されている事項を意味する場合には「登記事項」というべきであり，「登記すべき事項」ということはできない。「登記事項に変更が生じた」というのは，登記簿に記録されている事項に変更が生じたということであり，「登記すべき事項に変更が生じた」とはいわない。

4　登記官

　登記所における事務を取り扱うのが**登記官**である。登記所の職員全員が登記官なわけではない。登記所の職員の中でも偉い人が登記官である。

　登記官の行う事務は多岐にわたるが，特に**登記の申請の審査**が実務上も試験対策的にも重要である。

5　申請人

　申請人という言葉の意味は必ずしも一定ではないが，少なくとも商業登記法上は，登記の**当事者**であり，自らのために申請行為をする者が申請人である。

　会社の登記の申請を司法書士が代理する場合を考えてみる。この場合，登記申請を代理する司法書士は申請人ではない。申請を代理しているのであり，自らのために申請行為をしているのではないからである。また，会社の代表者も申請人ではない。司法書士に登記申請の代理を委任するのは会社の代表者になるが，代表者も自らのために登記申請の代理を委任しているのではなく，会社を代表しているのにすぎない。結局，**会社の登記の申請人は会社自身である**。代表者が申請人である会社を代表し，さらに司法書士が申請を代理しているのである。

　商業登記法では「申請人又はその代表者若しくは代理人」という表現が用いられるが（商登§23の2），それはこのような関係を前提としている。

　もっとも，実際に申請書を提出する人を申請人といってしまうこともあり，必ずしも申請人という言葉が本来の意味でのみ使われているわけではない。

　商業登記で最も重要なのは，登記を申請する人と登記官との関係である。登記を申請する人が把握している事実と，登記官が把握している事実は異なる。登記を申請する人は様々な資料に基づいて事実を把握しているが，登記官は，申請書とその添付書面に基づいて事実を把握するしかない。登記を申請する人としては，登記官が知っていることと登記官が知らないことを正しく理解すべきである。一方，登記官としては，限られた資料に基づいて適切な判断をすべきである。

➡　常に相手の立場に立って物事を考えることが商業登記では重要になる。

第3節　商業登記の全体像

Topics ・商業登記の申請がどのように処理されるかを概観する。
・商業登記に関して登記所が行う行為にどのようなものがあるかを把握する。

1　登記申請の流れ

とりあえずオンラインによる申請は無視するが，それほど大きな違いはない。

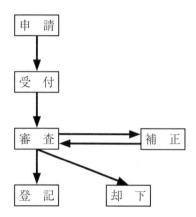

まずは，申請書を登記所に提出する。直接窓口に提出してもいいし，郵送することも可能である。

申請書を受け取った登記官は，直ちに受付の手続をすることになる。受付帳に必要な事項を記録したり，ハンコを押したりするのである。申請の受付が拒否されることはない。

登記官は，受付の処理をした後に申請の内容を審査することになる。審査は申請書とその添付書面に基づいて行われる。申請人や関係者を尋問するなどして事実関係を調査することはできない。

審査の結果，問題がなければ登記が行われる。申請された事項を登記簿に記録するのである。

審査の結果，問題がある場合には，申請をした者に補正の機会を与えることができる。また，補正の機会を与えずに却下することも可能であり，補正しても問題がある場合には却下することになる。

申請をした者は，登記完了前であるなら申請の取下げが可能である。また，登記官は，申請に問題がある場合に申請の取下げの機会を与えることができる。

結局，登記申請は，登記，却下，取下げの三つのパターンのどれかで完結することになる。

第2編では，適法な申請について扱う。まずは，適法に申請して登記が実行されることを考えなければならない。

不適法な申請が行われた場合の扱いは，第3編で扱うことにする。

2　登記申請以外の事務

登記所は，登記申請だけを取り扱っているわけではない。登記された事項を公示しないことには商業登記の目的は果たせない。また，そのほかにも，商業登記の目的を達成するため，登記所では様々な事務を行っている。

(1)　登記事項の公示

登記申請の処理と同じぐらい重要な事務である。登記事項証明書の交付，登記事項の概要を記載した書面（登記事項要約書）の交付，登記簿の附属書類の閲覧などがある。最近では，インターネットで登記事項を知ることも可能である。

➡　詳しくは第3編で扱う。

＋ アルファ

登記事項の公示に関する事務は，乙号事務とよばれている。一方，登記申請の処理に関する事務は，甲号事務である。

近年，一部の登記所では乙号事務が民間委託されている。登記所の窓口で登記事項証明書の交付を請求した場合，その事務を行っているのは公務員ではないかもしれない。

(2)　印鑑に関する事務

市役所や区役所に印鑑を登録するように，登記所に印鑑を届け出ることが可能である。

登記所は，印鑑が提出されているときは，印鑑を照合することによって申請人に間違いがないことを確認できる。

印鑑を登記所に提出した者は，印鑑証明書の交付を受けることができる。これも登記事項の公示の一種だと考えてよい。登記所が印鑑証明書を交付することによって，取引が円滑に行われることが期待されているのである。登記所の作成した印鑑証明書は，不動産登記において利用されることもある。

➡　これも第3編で扱う。

(3)　申請以外に基づく登記

　　登記は申請に基づいて行われるのが原則である。しかし，法令の定める一定の場合には，裁判所書記官の**嘱託**や**登記官の職権**により登記が行われる。

➡　主に第3編で扱う。

(4)　審査請求

　　登記官の処分に不服がある場合には，審査請求をすることができる。

➡　不動産登記とだいたい同じである。第3編で扱う。

第２章
商業登記の効力

第1節　実体と一致している登記の効力

Topics ・適法になされている登記の効力を理解する。
・登記前と登記後，善意の者と悪意の者など，正しく場合分けをして理解する。

1　登記される前の登記事項

┌─📖ケーススタディ

　Aは，B商事株式会社と取引をすることになった。AがB商事株式会社の登記を確認したところ，代表取締役としてCが登記されていた。

　AはCをB商事株式会社の代表取締役だと思って取引をしたが，実際にはCは既に代表取締役を退任しており，B商事株式会社の代表取締役はDであった。

　Aが行った取引は，B商事株式会社との間で有効なものになるだろうか。

　Cは既に代表取締役ではないから，民法の原則で考えると無権代理になる。無権代理であるなら，B商事株式会社は追認を拒絶し，取引の効力を否定できるはずである。しかし，それでは取引前に登記を確認したAにとってあまりに不利であり，代表取締役の氏名を登記事項とした意味がなくなってしまう。

（登記の効力）
会社法第908条　この法律の規定により登記すべき事項は，登記の後でなければ，これをもって善意の第三者に対抗することができない。登記の後であっても，第三者が正当な事由によってその登記があることを知らなかったときは，同様とする。

　商法９条１項も同様の規定である。
　登記すべき事項は，登記の後でなければ善意の第三者に対抗できない。ケーススタディの事例でいうと，代表取締役の退任は登記すべき事項であるから，

代表取締役Cの退任を知らないAに対して，B商事株式会社は，代表取締役C
の退任を対抗することができない。つまり，B商事株式会社は，代表取締役が
Cでないことを理由として取引の効力を否定することができないのである。B
商事株式会社は代表取締役の退任の登記を怠っていたのだから，相応の責任を
負担すべきなのである。

　ケーススタディの事例ではAが登記を確認していたが，現実に代表取締役と
してCが登記されている以上，Aが登記を確認していなかったとしても結論は
変わらない。

➡　条文上は「第三者」と表現しているが，ケーススタディの事例のように，
　問題となる取引においては当事者である。登記の当事者ではないという意味
　での「第三者」にすぎない。

　ケーススタディの事例で，代表取締役Cの退任をAが知っていたとしたらど
うなるだろうか。

　Aが代表取締役Cの退任を知っていたのなら，その登記がなされていなかっ
たとしてもAを保護する必要はない。B商事株式会社は取引の効力を否定する
ことが可能である。

重要❶・・・・・・・・・・・・・・・・・・・・・・・・・・・・・・・・

H18-28　　登記すべき事項は，登記前は善意の第三者に対抗できないが，悪意の第三者に
対しては，登記前であっても対抗できる。

　この登記の効力は，公示すべき事項について公示前に生じているものなので，
消極的公示力とよばれる。

2　登記された後の登記事項

　まず，会社法908条1項の前段を反対解釈する。登記前は善意の第三者に対
抗できないということの逆は，登記後なら善意の第三者に対抗できるというこ
とである。そのことを前提として，次のケーススタディを考えていこう。

ケーススタディ

　Aは，以前からB商事株式会社と取引をしていた。忙しかったためB商事
株式会社の登記を確認せず，以前から面識のあるCを代表取締役と思って取
引をした。
　しかし，実際には，Cは代表取締役を退任しており，その退任の登記も既
になされていた。

> Aが行った取引は，B商事株式会社との間で有効なものになるだろうか。

　今度のケースでは，既に退任の登記が完了している。B商事株式会社は登記義務を履行しているのである。やるべきことをやったのだから，B商事株式会社にとって有利な結論になるべきだろう。

　登記された後は，善意の第三者に対しても登記事項を対抗できる。つまり，登記をすることによって，第三者は，登記事項の存在について善意であることを主張できなくなるのである。登記をすることによって善意である者を悪意であるかのように扱えるので，登記によって悪意が擬制されると表現することができる。そして，この悪意が擬制される効力を積極的公示力とよぶ。

　ケーススタディの事例では，Aが代表取締役Cの退任を知っていたのと同様な結論になるのである。

　必ず悪意が擬制されるのかというと，そうでもない。悪意の擬制には例外がある。それが会社法908条1項後段の規定で，正当な事由がある場合には悪意が擬制されないのである。

重要❗ •

　登記すべき事項は，登記後であれば善意の第三者にも対抗できる。ただし，登記があることを知らなかったことについて正当な事由がある第三者は保護される。

　ケーススタディの事例では，Aは忙しいことを理由として登記を確認しなかった。これは，いかにも正当な事由でなさそうである。では，どのような事由が正当な事由なのだろうか。

　判例（東京高判昭41.6.29）は，交通途絶等の客観的障害が正当な事由に該当するとし，主観的障害や一身上の事由は，正当な事由に含まれないとしている。正当な事由の範囲は非常に狭く解されるのである。病気や交通事故で動けなかったというのも正当な事由に該当しないだろう。

3　登記が効力要件となる場合

　会社法で学んだように，会社は登記をすることによって成立した（会§49, 579）。会社の成立は，登記が効力要件なのである。そのような場合には，消極的公示力は問題にならない。登記の前に実体上の効力が生じることはないからである。

　積極的公示力は考えることができるが，会社の設立のケースでは，あまり問題となることがないだろう。

第2節　実体と一致していない登記の効力

Topics ・実体と登記が一致していない場合の扱いを理解する。
　　　　・抽象的議論よりも，具体的な事例を正しく判断することが重要である。

1　不実の登記の効力

　一部の例外的な場合を除き，登記が効力要件となることはない。実体上の効力は，登記とは無関係なところで生じるのである。

➡　例外の一つは，前述したように会社の設立である。

　逆に，実体上無効であれば，登記をしたとしても有効になることはない。無効な事実に基づく登記は無効なのである。これは，登記が効力要件であっても同じである。

➡　もっとも，会社の設立の無効は，訴えによらなければ主張できない（会§828Ⅰ①）。

📖**ケーススタディ**

　Aは，B商事株式会社と取引をすることになった。AがB商事株式会社の登記を確認したところ，代表取締役としてCが登記されていた。

　AはCをB商事株式会社の代表取締役だと思って取引をしたが，実際にはCは代表権のない取締役にすぎず，B商事株式会社の代表取締役Dが間違ってCを代表取締役とする登記の申請をしてしまったのだった。

　Aが行った取引は，B商事株式会社との間で有効なものになるだろうか。

　Cは代表取締役でなく，登記をしたからといって代表取締役になるわけでもない。しかし，それでは登記を信じたAが不憫すぎる。そもそもB商事株式会社の代表取締役Dが間違ったのが悪いのだから，B商事株式会社に責任を負わせるべきである。

会社法第908条　（略）
2　故意又は過失によって不実の事項を登記した者は，その事項が不実であることをもって善意の第三者に対抗することができない。

　商法9条2項も同様の規定である。
　不実の事項を信じた善意の第三者を保護する趣旨である。

　有効な外観を備えていれば無効なものも有効となる効力を一般に公信力とよぶ。たとえば，株券の交付を受けた者は，無権利者から交付を受けた場合であっても当該株券に係る株式についての権利を取得するが（会§131Ⅱ本文），これは，株券の占有という外観に公信力が与えられていると捉えることもできる。

H18-28　商業登記には，常に公信力が与えられているわけではない。真実でない事項を登記したとしても，その事項が真実となるわけではない。しかし，一定の要件を満たす範囲で，限定的な公信力が与えられていると考えることができる。一定の要件を満たす場合には，本来無効であるはずの登記された事項が有効であるかのように扱われ，登記を信じた者が保護されるのである。

　公信力が与えられるための要件は，次の二つである。両方の要件を満たす必要がある。

⑴　登記をした者の故意・過失

　不実の登記をしたことについて，故意か過失のどちらかが必要である。公信力を与えることによって不利益を受ける側には，それなりの落ち度（帰責性）がなければならない。

　故意・過失のある者と不利益を受ける者が全くの無関係である場合には，公信力を与えるべきではない。会社と全くの無関係の者が書面を偽造し，勝手に不実の事項を登記したような場合には，公信力は与えられない。

　ケーススタディの事例では，不実の登記をしたことについて代表取締役Dに過失が認められる。正当な代表権のあるDに過失があるのだから，B商事株式会社が不利益を受けるのも仕方ないだろう。

　不利益を受けるのは，必ずしも会社に限られない。代表取締役ではないのに代表取締役と登記された者は，登記に公信力が与えられると代表取締役としての責任を問われることになる。この場合，不利益を受ける代表取締役として登記された者自身について故意・過失の有無を考える必要がある。不利益を受ける者自身に故意や過失がないなら，その者との関係では公信力を認めることができない。つまり，他の代表取締役が勝手に登記を申請したような場合には，代表取締役として登記されている者について代表取締役としての責任を問えないのである。

　実際に登記を申請した者でなくても，会社法908条2項の規定が類推適用されるケースがある。
　その一つは，登記をすることを承諾していた場合である。代表取締役では

ないのに代表取締役として登記された者があった場合で，その者が不実の登
記をすることを承諾していた場合には，その者自身が登記を申請していなく
ても，登記に公信力が与えられる（最判昭47.6.15）。不利益を受ける者にそ
れなりの落ち度があるからである。

　もう一つは，不実の登記があることを知りながら放置していた場合である。
不実であることを知りながら放置していた場合には，不実の登記をしたこと
について故意・過失がある場合と同様に扱われる（最判昭55.9.11）。

⑵　対抗する相手の善意

　登記に公信力が与えられるのは，登記を信じた者を保護すべき場合だから，
登記が事実とは異なることを知っていた者については，保護する必要がない。

2　不実の登記の範囲

　全く事実と異なる登記ならわかりやすいのだが，事実と少し似ている場合に
は，登記の有効性が問題になる。

　判例（最判昭25.6.13）は，解任された取締役について誤って辞任の登記がな　`H18-28`
されている場合には，取締役の地位を失ったという事実が公示されているとい
う点では真実と合致しているから，その誤った登記も有効であるとしている。

第3節　商業登記のその他の効力

Topics・一部の登記には，特殊な効力が認められる。

　　　　・特殊なケースなので，ここでは眺めておく程度でよい。

1　形成力

　何度か述べたように，会社は登記によって成立する。会社の成立という実体上の行為の効力を生じさせるので，このような登記には**形成力**があるということができる。

　会社の設立の登記のほか，外国会社の登記において形成力が認められる場合がある。

➡　第2編の該当箇所で扱う。

2　対抗力

　不動産登記のような**対抗力**が認められる登記もある。典型的な例は，商号の譲渡の登記である（商§15Ⅱ）。

　合併による解散なども登記が対抗要件となるが（会§750Ⅱ，752Ⅱ），こちらは関係がやや複雑になる。

➡　これも第2編の該当箇所で扱う。

3　免責的効力

　登記の免責的効力というものを考えることもある。商号の譲渡や，持分会社の社員の退社などに際して，登記をすることによって責任が免除されるケースを取りあげたものだが，特殊なケースであり，わざわざ登記の効力として独立して考える必要はない。

第2編

商業登記の申請手続

第１章
登記申請の基本

第1節　商業登記の実際

Topics ・まず，商業登記の具体的なイメージを掴む。
・登記事項証明書の見方を覚える。知らないと不動産登記でも困る。

1　登記事項証明書

　第１編で述べたように，登記事項は一般に公開される。そして，その公開する方法の一つが登記事項証明書の交付である。

　まずは，次のページの登記事項証明書の見本を眺めて商業登記の雰囲気を掴もう。

　本来はＡ４サイズのものをかなり縮小しているので，細かいところは見づらいと思うが，まず雰囲気だけわかればいい。

➡　登記事項証明書は誰でも取得できるので，試しに取得してみてもいいかもしれない。ただし，お金はかかる。

　登記事項証明書には，末尾に認証文，登記官の氏名などが記載され，職印が押されることになる。登記官が登記事項を証明しているのである。また，登記簿に記録されている事項は常に変わる可能性があるから，日付も重要である。

　しかし，最も重要なのは，真ん中の表のような部分である。ここに記載されている事項は，登記簿に記録されている事項そのものであり，これらの事項を登記簿に記録する行為が登記なのである。

　この表のような部分を登記記録とよぶ。本来，登記記録というのは登記事項が記録されている電磁的記録そのものを指すのだが，記録されている事項も登記記録とよばれているのである。

➡　このへんの用語の使い方は，あまりこだわらないほうがいい。記録媒体(磁気ディスクなど)を指して電磁的記録というのが普通だが，記録されている事項（データ）を指して電磁的記録ということもたまにある。

➡　「記載」と「記録」の違いも，それほど気にしなくていい。登記事項証明書は紙だから「記載」であり，登記記録は「記録」なのだが，明確に区別できなくても困らない。

履歴事項一部証明書

東京都中央区京橋一丁目1番1号
第一電器株式会社

会社法人等番号	0100-01-123456
商　号	第一電器株式会社
本　店	東京都中央区京橋一丁目1番1号
公告をする方法	官報に掲載してする
会社成立の年月日	平成30年10月1日
発行可能株式総数	400株
発行済株式の総数 並びに種類及び数	発行済株式の総数 　　200株
資本金の額	金300万円
株式の譲渡制限に関する規定	当会社の株式を譲渡により取得するには、当会社の承認を要する。
役員に関する事項	取締役　　　甲　野　太　郎
	東京都大田区東蒲田二丁目3番1号 代表取締役　　　甲　野　太　郎
登記記録に関する事項	設立 　　　　　　　　　　　平成30年10月　1日登記

これは登記簿に記録されている閉鎖されていない事項の一部であることを証明
した書面である。
　　　　　　　　令和　3年　6月10日
東京法務局
登記官　　　　　　　　　法　務　太　郎

東京法
務局登
記官之印

整理番号　ア123456　　＊　下線のあるものは抹消事項であることを示す。　　1／1

　登記事項証明書に記載される登記記録の内容をリアルに再現しようとすると，Ａ４サイズのものを縮小するため見づらくなる。そのため，本書では，多少の加工をし，次のようなかたちで表す。

商　　号	第一電器株式会社
本　　店	東京都中央区京橋一丁目１番１号
公告をする方法	官報に掲載してする
会社成立の年月日	平成30年10月１日

　登記をするという行為は，登記簿に必要な事項を記録するという行為である。申請人が直接登記簿に記録をすることはできないので，登記申請というのは，登記簿への記録を登記官に求めるという行為になる。そのため，どのように登記簿に記録されるのかを理解していないと正しい申請書の作成はできない。
　どのように登記簿に記録されるのかは，登記記録例として公開されている。登記記録例はインターネットで入手することが可能であり，法務省民事局のページからリンクをたどればPDFファイルを見つけることができる。「商業登記記録例」で検索してもいいだろう。
　正しい申請書の作成のためには登記記録例を把握しておく必要がある。登記記録例を入手し，いつでも参照できる状態にしておくことを強く推奨する。

2　登記記録の見方

説明に入る前に，登記記録の各部分に名前をつけてしまおう。

商　　号	第一電器株式会社	
	第二電器株式会社	令和3年1月1日変更
		令和3年1月6日登記

「第一電器株式会社」という商号を令和3年1月1日付けで「第二電器株式会社」に変更した場合の登記記録例である。

まず重要なのが「令和3年1月1日変更」の部分である。この「変更」を登記原因とよび，日付と併せて原因年月日とよぶ。登記原因として正しい語句を選択することが正しい登記申請のためには必要である。

原因年月日の下に「令和3年1月6日登記」とあるが，これは登記年月日とよばれる。登記された日付を表示しているのだが，実際に記録をした年月日ではなく申請書を受け付けた年月日を登記年月日として記録するのが原則である。商業登記では，登記された順序が問題になることはほとんどなく，いつ登記されたかはそれほど重要でないので，登記年月日は試験対策的にもあまり重要ではない。

「第一電器株式会社」の部分には，下線が引かれている。この下線は，登記記録において抹消する記号を意味する。商業登記規則では，「抹消する記号を記録する」という表現が頻繁に登場するが，下線を引くということだと思ってしまって差し支えない。登記事項証明書には，「下線のあるものは抹消事項であることを示す」という注意書きが記載される扱いである。

いちばん左の列には「商号」と記録されている。実は，この部分には一般的な名前がないのだが，それでは不便なので，本書では登記記録の見出しとよぶことにする。

真ん中の列の「第一電器株式会社」「第二電器株式会社」にも特に名前は与えられていない。ただ，この部分は，変更前の商号，変更後の商号といえば特定できるので，特に名前はつけない。

商業登記の登記記録は，登記事項ごとに整理されることになる。商号は商号，本店は本店で整理され，商号の変更と本店の移転が混在して日付順に並べられ

ることはない。本店の移転後に商号の変更があっても，商号の変更が記録される場所は本店の上である。

　　原因年月日の記録の仕方には二つある。右に記録する方法と，下に記録する方法である。
　　商号の変更の場合は，先ほど見たように登記原因が右に記録されていた。一方，次の例は下に記録する方法である。

株式の譲渡制限に関する規定	当会社の株式を譲渡により取得するには，当会社の承認を要する。 　　　　令和3年1月1日設定　令和3年1月6日登記

　　この例では，「令和3年1月1日設定」が原因年月日である。
　　右に記録するか，下に記録するかは，登記事項ごとに異なっている。ただし，試験対策としてどちらに記録するかを覚える必要はない。

　　前述したように，下線が引かれている事項は抹消する記号が記録されている事項である。なので，下線を見逃してはいけない。たとえば，取締役のうち下線が引かれているものは，既に退任している取締役になる。

　　全ての登記記録には，「登記記録に関する事項」が記録されている。登記記録は，会社を設立した場合などに新しく起こされ，会社が消滅した場合などに閉鎖されることになる。そして，登記記録を起こした場合と登記記録を閉鎖した場合には，登記記録に関する事項として必要な事項が登記されることになるのである。登記記録が存在している以上，何らかの事由で登記記録が起こされたのだから，登記記録に関する事項には，必ず登記記録を起こした事由が登記されている。

たとえば，設立によって登記記録を起こした場合には，次のような登記記録になる。

登記記録に関する事項	設立 令和3年1月6日登記

会社は登記によって成立するので，上の例では令和3年1月6日に会社が成立したことになる。

左の列に記録される登記記録の見出しに用いられる語句は，あらかじめ決まっている。

発行済株式の総数並びに種類及び数	発行済株式の総数 　　200株

「発行済株式の総数並びに種類及び数」という語句を用いるものと決まっているので，種類株式を発行していなくてもこのように記録されるのである。登記官や申請人がどうこうできる部分ではない。

➡　この話に限らず，商業登記法では，決められているものを素直に受け入れるしかない。登記所が定めたルールに納得がいかなくても，ルールに従って申請する以外にない。あきらめが肝心である。

第2節　商業登記の申請書

Topics・申請書が作れないことには，司法書士としてやっていけない。基本中の基本である。

・登記の事由，登記すべき事項といった申請書の記載事項の意味を理解する。

1　申請書のイメージ

やはり，ここでも見本を見てしまうのがいいだろう。

株式会社変更登記申請書

1．会社法人等番号　0001-01-123456

　　　　　フリガナ　　　ダイイチデンキ
1．商号　　　　　　第一電器株式会社
1．本店　　　　　　東京都中央区京橋一丁目1番1号
1．登記の事由　　　公告をする方法の変更
1．登記すべき事項　令和3年1月1日次のとおり変更
　　　　　　　　　　公告をする方法　日本新聞に掲載してする
1．登録免許税　　　金30,000円
1．添付書類　　　　株主総会議事録　　1通
　　　　　　　　　　株主リスト　　　　1通
　　　　　　　　　　委任状　　　　　　1通

上記のとおり登記の申請をします。

令和3年1月6日

　　　　東京都中央区京橋一丁目1番1号
　　　　申請人　第一電器株式会社

　　　　東京都大田区東蒲田二丁目3番1号
　　　　代表取締役　甲野太郎

　　　　東京都渋谷区渋谷一丁目1番1号
　　　　上記代理人　法務一郎　㊞
　　　　連絡先の電話番号　03-1234-5678

東京法務局御中

　まずは，細かいところを気にせず，全体の雰囲気を掴めればよい。実際の申請書は，Ａ４サイズで作成する習慣である。

➡　前述したように，オンラインによる申請は，とりあえず無視する。

　登録免許税の納付については第３編で扱うが，ここで見本として提示した紙に登録免許税の納付に係る書面（収入印紙を貼り付けた台紙など）を綴じる必要がある。普通はホチキス（ステープラー）で綴じる。そこまでが申請書である。添付書面も申請書とともに提出するが，あくまでも「申請書及びその添付書面」であって，添付書面は申請書に含まれない。

2　申請書の記載事項

　申請書の記載事項には，法定の記載事項と便宜的に記載される事項がある。便宜的に記載される事項は，実務上は重要だが，根拠となる条文がないので，試験での出題可能性は低い。

　便宜的に記載される事項は，会社法人等番号と連絡先の電話番号である。会社法人等番号は登記記録を特定する番号なので記載した方がいいし，申請に問題があったときのために連絡先の電話番号も記載した方がいい。

　申請書の見出しである「株式会社変更登記申請書」の文字や「上記のとおり登記の申請をします」の文字も条文上の根拠はないが，あったほうが落着きがいいだろう。

第17条　（略）

2　申請書には，次の事項を記載し，申請人又はその代表者（当該代表者が法人である場合にあつては，その職務を行うべき者）若しくは代理人が記名押印しなければならない。

一　申請人の氏名及び住所，申請人が会社であるときは，その商号及び本店並びに代表者の氏名又は名称及び住所（当該代表者が法人である場合にあつては，その職務を行うべき者の氏名及び住所を含む。）

二　代理人によつて申請するときは，その氏名及び住所

三　登記の事由

四　登記すべき事項

五　登記すべき事項につき官庁の許可を要するときは，許可書の到達した年月日

六　登録免許税の額及びこれにつき課税標準の金額があるときは，その金額

七　年月日
八　登記所の表示

順番に見ていこう。

(1) 申請人の氏名及び住所など

申請人という言葉の意味については，第1編で扱った。会社の登記の申請人は会社である。申請書を作成する人（申請をする人）が申請人ではない。

申請人が自然人で，登記の申請を代理人に委任しないのであれば，申請人と申請をする人が一致する。この場合には，申請人が登記の申請書に記名押印しなければならない。ここで押す印鑑は，登記所に提出している印鑑でなければならない（商登規§35の2Ⅰ）。代理人がいないので，次の(2)の事項の記載は不要である。

申請人が会社で，登記の申請を代理人に委任しないのであれば，会社の代表者が申請人を代表して申請することになる。この場合には，申請人の代表者が申請書に記名押印しなければならない。この印鑑も，代表者が登記所に提出している印鑑でなければならない（商登規§35の2Ⅰ）。やはり，(2)の事項の記載は不要である。

H26-28　登記の申請を代理人に委任するなら，申請人やその代表者が申請書に押印する必要はない。申請人やその代表者は，代理人の権限を証する書面（委任状）に登記所に提出している印鑑を押印する必要がある（商登規§35の2Ⅱ）。

申請人の氏名及び住所，申請人である会社の商号及び本店は，登記記録の特定のためにも必要である。

(2) 代理人の氏名及び住所

単に「代理人」となっているが，普通は委任による代理人で，司法書士のことだと考えればよい。

代理人が申請をするなら，代理人が記名押印しなければならない。この印鑑については，商業登記法上の制限はない。

➡　結局，実際に申請行為をする者が押印するというだけの話である。

委任による代理人以外の代理人，つまり法定代理人の場合も一応はある。今のところは気にしなくていい。

(3) 登記の事由

何が起こったために登記を申請するのかを登記の事由として記載することになる。具体的に何があったのかを記載するのである。

登記の事由には日付を記載すべきなのだが，登記すべき事項に日付を記載する場合には，登記の事由に日付を記載しないものとされている。実は，ほとんどの場合で登記すべき事項として日付を記載すべきなので，登記の事由に日付を記載することはほとんどない。また，登記すべき事項に日付を記載しない場合でも，具体的な登記を申請すべき期間（登記期間）が法定されていない場合には，日付の記載を省略する扱いが行われている。結局，登記の事由に日付を記載するのは，登記をすることが効力要件である場合などの非常に限られた場合になる。

➡　その都度触れる。特に日付に触れていない場合には，日付の記載は不要だと考えてよい。

登記の事由に何を記載するかについて，ほとんどの場合，法令や通達の根拠はない。なので，何が起こったのかがわかれば，基本的には問題ない。それほど詳しく書く必要もない。ただし，登録免許税が計算しやすいように書くのが望ましいだろう。

(4) 登記すべき事項

何を登記するのか，つまり登記簿に何を記録するのかを登記すべき事項として記載する。何が起きたかを書く場所ではない。何が起きたかは，登記の事由として記載する。

登記申請というのは，登記すべき事項を登記簿に記録してもらう行為であるから，登記すべき事項は，申請書の中で最も重要な事項である。登記すべき事項の記載に間違いがあると，間違った登記記録が作成されてしまう。

➡　重要なので，節をあらためて説明する。

(5) 官庁の許可書の到達した年月日

登記すべき事項について官庁の許可が必要な場合には，許可書の到達した年月日を記載する。

➡ 試験で問われる範囲では，官庁の許可が問題となる登記はほとんどないので，こういう規定があることだけを知っておけばよい。

(6)　登録免許税

登録免許税の額を記載する。また，課税標準の金額があるときはその金額も記載する。

➡ 第3編でまとめて扱う。

(7)　申請の年月日

申請する日付を記載する。

(8)　申請する登記所

申請する登記所を記載する。登記所には管轄があるから，申請に係る登記を管轄している登記所に申請しなければならない。

3　申請書の記載方法

申請書については，何を書くかだけではなく，どのように書くかも気にしなければならない。

申請書の記載は，横書きとされている（商登規§35Ⅰ）。商業登記に関連する書面は，ほとんどが横書きである。

鉛筆など，簡単に書き直せてしまう筆記用具で記載してはいけない。黒インクの万年筆やボールペンが原則だったのだが，最近はワープロソフトで申請書を作成し，印刷したものを申請書として用いることが多いだろう。黒でさえあれば，特にプリンターの種類に制限はない。

数字はアラビア数字（1，2，3など）を用いることが多いだろう。縦書きの場合には「壱，弐，参，拾」の漢字を用いるものとされているが（商登規§48Ⅱ），記述式の解答では全部アラビア数字で構わない。

アラビア数字を用いる場合でも，万，億などは漢字を用いることができる。百，千などは通常用いない。「3000万2100円」といった表記は可能だし，普通に用いられているが，「3千万2千1百円」などの表記は通常用いられない。

➡ アラビア数字と万と億を使うのだと覚えておけばよい。そもそも漢字の「千」は数字の「4」と間違えられる恐れがあるので，手書きの場合には避けるべきである。

　申請書に記載した文字の訂正，加入，削除には，若干の注意が必要である。文字の訂正方法には，直接法と間接法がある。

　直接法とは，訂正，加入，削除をした場所に直接押印する方法である。訂正，加入，削除をした部分には，その範囲の改竄_{かいざん}を避けるため，括弧を付けるべきである。

　間接法とは，欄外に訂正，加入，削除をした字数を記載し，字数を記載した場所に押印する方法である。例では「1字訂正」としているが，「1字削除1字加入」とすることも多い。

　申請書に記載した文字の訂正，加入，削除は，直接法と間接法のどちらでもすることができる（商登規§48Ⅲ）。

　前述したように，登記の申請書には申請行為をする者が押印するのだが，押印する者は，申請書が2枚以上であるときは，各用紙のつづり目にも契印をする必要がある（商登規§35Ⅲ）。

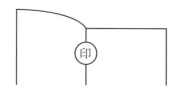

　　多くの場合，必要な事項を記載した書面と登録免許税の納付に係る書面を綴
じて申請書とするから，申請書が2枚以上となり，契印が必要になるのである。
　　契印は，申請書に押印する者が二人以上である場合には，そのうちの一人が
すればよい。全員が契印する必要はない。
➡　もっとも，商業登記は単独申請なので，申請書に押印する者は通常一人だ
　　けである。

4　申請書への押印

　　前述したように，申請人，申請人の代表者，代理人のいずれかが申請書に押
印することになる。申請書に押印するのは，実際に申請行為をする者である。

　　訂正，加入，削除の場合に押す印鑑は，申請書に押した印鑑と同じものでな
ければならない。

第3節　申請人

Topics ・申請人とは何かということをもう一度確認する。
　　　　・印鑑の提出義務がある者の範囲を理解する。

1　申請人と当事者

　商業登記では，登記の当事者が申請人であり，申請人と当事者は同じ者を指すと考えてよい。会社の登記では会社が当事者であり申請人となる。

➡　会社以外の商人の登記では，若干ややこしいところもある。会社以外の商人の登記を扱う際に説明する。

　多くの商業登記では，申請は義務である。この申請義務を負うのは申請人であり，会社の場合には会社なのだが，具体的な申請行為を行うことができるのは会社の代表者であるから，結局は会社の代表者が申請義務を負うことになる。
　申請人である会社を代表して，代表者が申請行為を行うのである。

　登記の申請を司法書士などの代理人に委任するのも，会社の代表者が行うことになる。

2　当事者申請主義

（当事者申請主義）
第14条　登記は，法令に別段の定めがある場合を除くほか，当事者の申請又は官庁の嘱託がなければ，することができない。

　登記には，原則として当事者の申請が必要である。例外は，官庁の嘱託と登記官の職権による登記のみとなる。

➡　官庁の嘱託と登記官の職権については，第3編で扱う。

　もちろん，当事者の代理人が申請する場合も，ここでいう「当事者の申請」に含まれる。
　当事者のみが申請権限を有するのであり，逆に，申請権限を有する者こそが当事者であるともいえる。

📖ケーススタディ
　A商事株式会社の代表取締役Bから代表取締役Cの死亡の登記の申請があ

ったが，取締役Cの死亡の登記の申請はなかった。Cが死亡した事実は，添付書面からも明らかである。

　登記官は，取締役Cの死亡の登記をすることができるだろうか。

　当事者の申請がなければ，登記官は，登記すべき事項の発生を知ったとしても登記することができない。たとえ，登記の申請書に添付された書面から申請された事項以外にも登記すべき事項があることがわかったとしても，登記官が勝手に登記することはできないのである。

➡　普通は登記官が他に登記すべき事項があることを指摘してくれるだろう。

重要❶ ・・・・・・・・・・・・・・・・・・・・・・・・・・・・・・・・

　当事者申請主義とは，申請のない事項を勝手に登記することはできないということでもある。

　何を申請しているかは，基本的に申請書に記載された登記すべき事項によって判断される。その意味でも登記すべき事項の記載は重要である。

3　印鑑の提出

（印鑑証明）

第12条　次に掲げる者でその印鑑を登記所に提出した者は，手数料を納付して，その印鑑の証明書の交付を請求することができる。

　一　第17条第2項の規定により登記の申請書に押印すべき者（委任による代理人によつて登記の申請をする場合には，委任をした者又はその代表者）

　二　支配人

　三　破産法（平成16年法律第75号）の規定により会社につき選任された破産管財人又は保全管理人

　四　民事再生法（平成11年法律第225号）の規定により会社につき選任された管財人又は保全管理人

　五　会社更生法（平成14年法律第154号）の規定により選任された管財人又は保全管理人

　六　外国倒産処理手続の承認援助に関する法律（平成12年法律第129号）の規定により会社につき選任された承認管財人又は保全管理人

（申請書等への押印）

商業登記規則第35条の2　申請人又はその代表者が申請書に押印する場合には，登記所に提出している印鑑を押印しなければならない。

2　委任による代理人の権限を証する書面には，前項の印鑑を押印しなければならない。

　印鑑の提出は義務ではない。ただし，書面で登記を申請する場合，申請書には登記所に提出している印鑑を押印しなければならない。つまり，書面で登記を申請するなら，登記所に印鑑を提出する必要がある。登記官は，申請書の印鑑と登記所に提出されている印鑑を照合して，権限のある者が申請しているかどうかを確認することになる。

➡　具体的な印鑑の提出の手続は第3編で扱う。

➡　令和元年改正法（令和3年2月15日施行）の前は，印鑑の提出自体が義務とされていた。

　支配人や管財人などの一定の地位にある者も印鑑を提出することができるが，これらの者は登記の申請書に押印しない。なので印鑑を登記所に提出する必要はないが，印鑑を登記所に提出しておくと印鑑証明書の交付を受けることができる。一般の契約書に押印する場合などに印鑑証明書を利用できるので，そのようなメリットを受けたい場合に印鑑を提出することになる。

　登記の申請書に登記所に提出している印鑑を押印しなければならないのは，「申請人又はその代表者」とされている。厳密には，「申請人又はその代表者（当該代表者が法人である場合にあつては，当該代表者の職務を行うべき者）」である（商登規§18Ⅱ②）。委任による代理人の印鑑については制限がない。そもそも委任による代理人は登記所に印鑑を提出することができない。

　代理人によって申請する場合には，代理人の権限を証する書面（委任状）に登記所に提出している印鑑を押さなければならず，登記官は，委任状の印鑑について照合をすることになる。

　商業登記規則の規定では「登記所に提出している印鑑を押印しなければならない」となっているが，実際には，登記の申請と同時に印鑑を提出すればよい。一方，何も登記をしていない状態で印鑑を提出することはできない。つまり，会社の設立の登記を申請する前にあらかじめ印鑑を提出することはできないし，代表者に就任したがその旨の登記を申請していない状態で印鑑を提出することもできない。これらの場合の印鑑の提出は，設立の登記や就任の登記の申請と同時にすることになる。

第4節　申請手続

Topics・書面による申請手続を理解する。
　　　　・登記官が申請をどのように審査するかを理解する。登記官が登記の申請を善解することに注意する。
　　　　・受領証の扱いを理解する。

1　申請書の提出方法

　書面で申請する場合には，申請書を登記所に提出しなければならない。申請書の提出は，登記所に行き，窓口に提出する方法により行うことができる。また，郵送によって申請書を提出することも可能である。

　申請書を受け取ったときは，登記所において受付の手続が行われる。

　登記申請の処理は即日行われるのが理想なのだが，実際には登記が完了するまでには数日かかることもある。この期間は，登記所の混雑状況によって大きく異なっている。
➡　登記の完了までに何日か必要だったとしても，登記簿に記録される登記年月日は，申請書の提出された日，つまり申請書の受付の年月日である。

2　一括申請

　条文で明確に規定されているわけではないが，商業登記では一括申請が認められている。
➡　記述式の試験問題では，一括申請でない方が珍しいぐらいである。

　一括申請ができるのは，次の場合である。

・申請人（＝当事者）が同じ
・登記簿が同じ
・管轄登記所が同じ

　ほとんどの場合，申請人が同じなら登記簿も管轄登記所も同じになる。ただし，会社以外の商人では，申請人が同じでも登記簿が違うことがあり得る。未成年者の登記と商号の登記などである。

　一括申請について，特別な形式は必要ない。商号の変更と役員の変更を一括して申請する場合には，単に並べて書けばいいのである。もちろん申請書は1通である。

➕アルファ

　商業登記では，中間省略登記が論点になることはほとんどない。なぜなら，中間省略登記はできないからである。

　商業登記では申請が義務だから，申請の省略は許されない。取締役が就任し，その翌日に死亡したとしても，就任の登記と死亡の登記を申請しなければならないのである。もちろん，就任の登記と死亡の登記は，一括申請していい。

3　登記官による審査

　申請書を受け取った登記官は，その申請を審査することになる。登記官による申請の審査は，申請書とその添付書面を資料として行われる。登記官が直接関係者に事情を訊いてまわるようなことはできない。**書面主義**と表現されることもある。

　書面主義には一つだけ例外がある。

> （登記官による本人確認）
> **第23条の2**　登記官は，登記の申請があつた場合において，申請人となるべき者以外の者が申請していると疑うに足りる相当な理由があると認めるときは，次条の規定により当該申請を却下すべき場合を除き，申請人又はその代表者若しくは代理人に対し，出頭を求め，質問をし，又は文書の提示その他必要な情報の提供を求める方法により，当該申請人の申請の権限の有無を調査しなければならない。

　申請人が本人でないという疑いがある場合に限って，出頭を求め，書面以外 **H26-28** の方法により調査をすることが認められている。申請の際に申請人が直接登記所の窓口に来ることは要求されておらず，書面に押された印鑑の照合という手段のみでは本人確認に限界があるからである。

　本人確認の場合以外には，登記官が出頭を求めることは認められていない。
➡　申請の補正を求めることはできるが，あくまでも書面の補正である。

> 📖**ケーススタディ**
>
> 　取締役の就任の登記の申請があった。添付書面からは，就任した者が取締役の欠格事由に該当しているかどうかわからない。
> 　登記官は申請どおりに登記をすべきだろうか。

　登記官は書面のみを資料として実体関係を把握しなければならないから，登記官の知ることができる事実の範囲には限界がある。実体関係が疑いなく有効であることを証明することは不可能であり，ある程度無効である可能性が残ることは避けられない。そのため，登記官は，無効である可能性が考えられたとしても，無効であることが申請書と添付書面から明らかでない限り，有効であるものと判断して登記の申請を処理することになる。登記官は，申請を善意に基づいて解釈，つまり善解するのである。

　登記には一般的に公信力が与えられておらず，無効である事項は登記されたとしても無効であるから，申請の審査に際して100パーセントの有効性を確認することまでは求められないのである。

➡　「疑わしきは罰せず」のようなものである。

　取締役の就任の登記を申請する際に，欠格事由に該当していないことを証する書面の添付は要求されていない。ケーススタディの例では，登記官は，欠格事由に該当していることが明らかでない限り，欠格事由に該当していないものと善解して登記をすることができるのである。

　商業登記の申請では，登記官がどこまで事実関係を把握できるのか，どこまで善解してくれるのかを理解しておく必要がある。自分の申請を登記官の立場に立って審査してみることを習慣としたい。

4　受領証

（受領証）
第22条　登記官は，登記の申請書その他の書面（第19条の２に規定する電磁的記録を含む。）を受け取つた場合において，申請人の請求があつたときは，受領証を交付しなければならない。
（申請書及び添付書類の受領証）
商業登記等事務取扱手続準則第44条　登記の申請書及びその添付書類の受領証の交付の請求の場合には，これらの書類及び登録免許税額を表示した書面（中略）を提出させ，登記官が受付の年月日及び受付番号を記載して押印し，こ

れを交付するものとする。

　登記を申請する者は，受領証の交付を請求できる。申請に際しては登録免許税を納付するし，添付書面も提出するから，その受領を証拠として残しておくのである。

　受領証の用紙は，申請をする者が用意していく。通常は申請書をコピーし，そのタイトルを申請書から受領証に訂正したものを用いる。

第5節　登記すべき事項と登記簿に記録される事項

Topics ・登記すべき事項と登記簿の記録との関係を理解する。
　　　　・申請書に登記すべき事項として何を記載するのかを理解する。
　　　　・直接申請書に記載する方法以外の登記すべき事項の提出方法に注意する。

1　登記前と登記後の登記記録

まずは，もういちど登記記録を見てみよう。

比較的単純な株式会社の商号の登記を考えることにする。

商　号	第一電器株式会社

この会社が商号を第二電器株式会社に変更した場合には，次のような登記をすることになる。色は便宜的に付けたもので，実際には全て黒である。

商　号	第一電器株式会社	
	第二電器株式会社	令和3年1月1日変更
		令和3年1月6日登記

変更前の登記記録を変更後の登記記録のように変えることが登記をするということにほかならない。登記記録をいじれるのは登記官だけだから，登記申請というのは，上のような変更を登記官にしてもらうという行為である。

2　登記すべき事項として何を記載するか

上の例で，変更後の登記記録に記録されたのは「第二電器株式会社」という変更後の商号，「令和3年1月1日変更」という原因年月日，「令和3年1月6日登記」という登記年月日，それと下線（抹消する記号）である。

登記年月日と下線は，登記官が記録するものとされている。この部分については，わざわざ申請する必要はない。

「第二電器株式会社」と「令和3年1月1日変更」は，申請書に記載された登記すべき事項のとおりに登記官が記録する。つまり，この二つの事項は，絶対

に登記すべき事項として申請書に記載しなければならない。また，これらの事項を記録するのが「商号」という場所であることも指定しなければならない。そのため，登記記録の見出しである「商号」も登記すべき事項として記載しなければならない。

　結局，登記すべき事項として記載しなければならないのは，「第二電器株式会社」「令和3年1月1日変更」「商号」という三つの語句ということになる。登記官に記録してもらう事項と記録してもらう場所を指示すればいいのである。どのような経緯で商号を変更したかなどを登記すべき事項に記載してはならない。登記すべき事項として記載するのは，何が起きたかではなく，何を登記簿に記録するかなのである。

🔴重要❗●●●●●●●●●●●●●●●●●●●●●●●●●●●●●●

申請書に登記すべき事項として記載するのは，登記簿に記録される事項である。変更前の登記記録に登記すべき事項を加えると，変更後の登記記録になる。

　結局，登記官が変更後の登記記録を作成しやすいように記載すればよい。そのため，変更後の登記記録がどのようになるかをわかっていないと，登記すべき事項を正しく記載することは困難である。

　しかし，逆に考えると次のようなことがいえる。

🔴重要❗●●●●●●●●●●●●●●●●●●●●●●●●●●●●●●

どのように登記されるのかがわかっていれば，登記すべき事項は記載できる。

　上の商号の変更の例では，「第二電器株式会社」「令和3年1月1日変更」「商号」の三つの語句を記載すればいいのだが，それを単に並べただけでは落着きが悪いので，登記すべき事項としては次のように記載するのが一般的である。

```
令和3年1月1日次のとおり変更
　商号　第二電器株式会社
```

「次のとおり」の部分は登記簿に記録されないので，実はどうでもいい。書かなくてもいい。「令和3年1月1日変更」と記録されるのだから，むしろない方が自然かもしれない。

また，次のように記載してもいい。

> 次のとおり令和3年1月1日変更
> 　商号　第二電器株式会社

　必要な語句さえ含まれていれば，「次のとおり」などは適当でいいのである。登記すべき事項の書き方には，ある程度の幅があるといえる。

　申請書の登記すべき事項の書き方を丸暗記しようとすると，「次のとおり」や，語句の並び方なども覚えることになってしまう。また，絶対に間違えられない部分と適当でもいい部分の区別がつかなくなる。なので，申請書の書き方を丸暗記することは，非常に効率が悪い。それよりは，どのように登記簿に記録されるかを覚えておいた方がいい。その方が本質的な理解である。
　また，どのように登記簿に記録されるかは，登記記録例として公開されている。登記すべき事項の書き方の例が見つからないものでも，登記記録例の入手は簡単だったりする。登記記録例を見て登記すべき事項を書けるようにすべきである。
➡　本書では，常に「どのように申請書に記載するか」よりも「どのように登記されるのか」を重視していく。その方が商業登記の仕組みを正しく理解でき，暗記すべき事項が圧倒的に少なくてすむ。そもそも，私自身「どのように申請書に記載するか」は全く覚えていない。覚えているのは「どのように登記されるのか」である。

　登記すべき事項の記載として，誤った例も挙げておく。次のように記載してはならない。

> 令和3年1月1日に当社は商号を第二電器株式会社に変更しました。

　登記すべき事項は日記ではない。発生した出来事を登記官に報告する手段でもない。

3　登記すべき事項の記載に関するその他の注意事項
　商業登記では一括申請をすることが多い。そのため，登記すべき事項が複数になることも多い。

> **商業登記規則第35条**　（略）
> 2　申請書に記載すべき登記事項は，区ごとに整理して記載するものとする。

　登記記録例を見ればわかるが，登記記録は，区ごと，事項ごとに整理されている。登記すべき事項の発生した日付順に整理されているのではない。

➡　区というのは，商業登記規則の別表を見ると理解しやすい。商号区，目的区，役員区などの区に登記記録が分かれているのである。株式会社の登記事項を扱う際に触れる。

　たとえば，役員の変更のあとで商号の変更があったとしても，役員変更の下に商号の変更が記録されるようなことはない。役員は役員の欄に，商号は商号の欄に，それぞれ記録されるのである。

　そのため，申請書の登記すべき事項の記載においても，日付順に整理する必要は全くない。1月1日付けの変更を1月3日付けの変更よりも上に書く必要はないのである。

➡　区ごとに整理すべきなのだが，記述式の試験で区ごとに整理されていないからといって減点されることは考えにくい。そこまで神経質になる必要はない。

4　登記すべき事項のその他の記載方法

　登記すべき事項は申請書に直接記載するのが原則なのだが，それ以外の方法もある。

(1)　電磁的記録媒体を提出する方法

　登記すべき事項を記録した電磁的記録媒体を申請書とともに提出する方法によって申請することができる（商登規§35の3Ⅰ①）。登記すべき事項を記録したテキストファイルを作成し，そのファイルを記録したCD-RやDVD-Rなどを提出する方法である。

　登記すべき事項が申請書に直接記載されている場合には，登記所の職員がそれを目で見て確認し，入力していくことになる。当然，入力の間違いも発生する。テキストデータを渡すことができれば，単純な入力間違いは発生しなくなる。

　登記すべき事項を記録するテキストファイルは，登記所の指定した形式である必要がある。詳細は法務省民事局のウェブページに掲載されている。

　登記すべき事項は，コンピューターで処理しやすいように整理してファイルに記録する必要がある。先の商号変更の例の場合だと，次のように記録することになる。

「商号」第二電器株式会社
「原因年月日」令和3年1月1日変更

　登記すべき事項の入力例は，法務省民事局のウェブページに掲載されている。次のオンラインによる方法でも同じ事項を入力することになる。
　法務省民事局のウェブページにおいては，直接申請書に登記すべき事項を記載する例よりも，この形式の例の方が充実している。

　登記すべき事項を記録した電磁的記録媒体を提出する場合には，申請書の登記すべき事項の欄には「別添CD－Rのとおり」と記載すればよい。

⑵　オンラインによって提出する方法

　登記すべき事項のみをオンラインによって提出することができる（商登規§35の3Ⅰ②）。電磁的記録媒体の提出に代えてオンラインで提出するのであり，申請自体をオンラインで行うわけではない。申請書は紙で作成する。紙で作成するので，代理人によらずに申請するのであれば，申請書には登記所に提出している印鑑を押印する必要がある。印鑑を使うので，電子署名や電子証明書は不要である。
　➡　法務省では「QRコード（二次元バーコード）付き書面申請」としてオンライン申請と区別している。

　この方法の場合，申請書の作成は「申請用総合ソフト」というオンライン申請と共通のソフトウェアを利用することになる。ソフトウェア上で必要な事項を入力し，情報を送信して，申請書を印刷する。そして，印刷した書面は，持参や郵送で提出することになる。
　この方法で申請する場合，登記の処理状況がオンラインで確認できることになる。申請に不備があったかどうかがわかるのである。電子署名や電子証明書といったものを使わずに，オンラインによるメリットを享受できる申請方法だといえる。

第6節　添付書面

Topics　・添付書面についての一般的な規定を把握する。
　　　　　　・委任状について理解する。

1　添付書面の添付の根拠

　登記の申請書には書面の添付が要求される。添付すべき書面は，原則として法令（商業登記法と商業登記規則）で定められており，原則として，法令上の根拠がない場合には，書面の添付が要求されない。

　商業登記法の規定の多くは，添付書面についての規定である。当然，商業登記法についての試験問題も，添付書面について問うことが多くなる。

2　原本還付

（添付書類の還付）

商業登記規則第49条　登記の申請人は，申請書に添付した書類の還付を請求することができる。

2　書類の還付を請求するには，登記の申請書に当該書類と相違がない旨を記載した謄本をも添付しなければならない。（以下略）

3　（略）

4　代理人によつて第1項の請求をするには，申請書にその権限を証する書面を添付しなければならない。

　書面は，原本を添付するのが原則である。しかし，添付書面のコピーを添付することによって，添付書面の原本を還付してもらうことができる。**原本還付**とよばれる。議事録などは原本を手元に残しておきたいので，還付を請求することになる。

　原本還付の手続をせず，原本のコピーのみで登記申請手続をすることはできないと考えてよい。原本は用意しなければならないのである。

➡　例外はある。書面の性質上原本の提示が不可能な場合である。気にする必要は全くない。

　代理人が原本還付の請求をするには，登記の申請書にその権限を証する書面を添付しなければならない。通常は，登記申請の委任状に原本還付の請求をする権限をも委任した旨を記載しておくことになる。

3　同時申請の場合

> （数個の同時申請）
> **商業登記規則第37条**　同一の登記所に対し同時に数個の申請をする場合におい
> て，各申請書に添付すべき書類(法第19条の2に規定する電磁的記録を含む。)
> に内容が同一であるものがあるときは，1個の申請書のみに1通を添付すれ
> ば足りる。
> 2　前項の場合には，他の各申請書にその旨を付記しなければならない。

　同時に数個の申請をする場合には，添付の省略ができる。同じ書類を複数用
意する必要はない。

➡　この規定が適用される場面は，非常に限られている。一括申請の可能な商
　業登記では，複数の申請書により同時申請するケースがそもそも少なく，さ
　らに，添付書面が共通なものになる場合も少ないからである。この規定の存
　在だけを気にとめておけばよい。

4　電磁的記録の添付

> （申請書に添付すべき電磁的記録）
> **第19条の2**　登記の申請書に添付すべき定款，議事録若しくは最終の貸借対照
> 表が電磁的記録で作られているとき，又は登記の申請書に添付すべき書面に
> つきその作成に代えて電磁的記録の作成がされているときは，当該電磁的記
> 録に記録された情報の内容を記録した電磁的記録（法務省令で定めるものに
> 限る。）を当該申請書に添付しなければならない。

　定款などは，電磁的記録で作成することが認められている。そして，電磁的
記録で作成したのなら，申請書にも電磁的記録を添付しなければならない。原
本が電磁的記録なら電磁的記録を添付し，原本が書面なら書面を添付しなけれ
ばならないのである。

　具体的には，CD−RやDVD−Rなどを添付することになる（商登規§36Ⅰ，
33の6Ⅳ）。記録された情報には電子署名をしなければならず，電磁的記録に
は電子証明書をも記録しなければならない（商登規§36ⅢⅣ）。
➡　電子署名と電子証明書については，第3編でやや詳しく触れる。

5　登記事項証明書の添付省略

（添付書面の特例）
第19条の3　この法律の規定により登記の申請書に添付しなければならないと
　されている登記事項証明書は，申請書に会社法人等番号を記載した場合その
　他の法務省令で定める場合には，添付することを要しない。

　登記事項証明書については，添付の省略が認められる。
　会社法人等番号というのは，会社や法人などに振られる番号であり（商登規
§1の2），会社や法人などを特定する役割を果たすものである。同じ番号が
付されている会社は，同一の会社であるといえる。商号の変更や本店の移転が
あっても，会社法人等番号は変わらない。
　会社法人等番号の記載があれば，どの会社であるかが特定でき，その登記も
容易に探せるから，登記事項証明書の添付が省略できることになる。

6　委任状

（申請書の添付書面）
第18条　代理人によつて登記を申請するには，申請書（前条第4項に規定する
　電磁的記録を含む。以下同じ。）にその権限を証する書面を添付しなければな
　らない。

　代理人には，委任による代理人と法定代理人があるが，いずれにしても，そ
の権限を証する書面を添付しなければならない。
➡　法定代理人が登記を申請することは滅多にないので，気にしなくていい。

　委任による代理人の権限を証する書面としては，委任状を添付することにな
る。委任状には，申請を委任する登記を特定し，その申請を委任する旨を記載
する。原本還付の請求をも委任する場合には，その旨をも記載する。そして，
委任状には，登記申請を委任した申請人かその代表者が登記所に提出している
印鑑を押さなければならない。

　ごくわずかに委任状の添付が不要な登記がある。同時に申請する他の登記に
より代理人の権限が明らかな場合である。
➡　多くは組織再編行為に関する登記の申請である。

　委任状を電磁的記録で作成することも可能である。その場合には，押印では
なく電子署名をし，電子証明書を併せて提供する必要がある。

第7節　支店の所在地における登記

Topics・支店の所在地における登記は，廃止されることが確定しており，試験
対策としては無視しても構わないだろう。

1　支店の所在地における登記の廃止

　　令和元年改正法により，支店の所在地における登記は廃止されることになっ
た。支店の所在地における登記の廃止に関する改正は，公布の日（令和元年12
月11日）から起算して3年6月を超えない範囲内において政令で定める日から
施行するものとされている。

➡　令和4年の施行が予定されているようだが，本書の執筆時点で未確定であ
る。

2　支店の所在地における登記

　　改正前の会社法の規定では，支店の所在地では，商号，本店の所在場所，そ
の登記所の管轄区域内に置いた支店の所在場所のみを登記するものとされてい
た。

　　また，登記の申請手続についても，本店の所在地における登記に比べて簡単
な手続で足りるものとされていた。

➡　試験対策として支店の所在地における登記に関する知識の必要性は限りな
く低く，本書では詳しく扱わない。本書における会社の登記は，支店の所在
地における登記であることが明示されていない限り，全て本店の所在地にお
ける登記である。

第2章
株式会社の登記

第1節　株式会社の登記事項

Topics・株式会社の登記事項を概観する。
　　　　・定款で定めるべき事項と登記事項の違いに注意する。

1　株式会社の登記事項

　株式会社の本店の所在地における登記事項は会社法911条3項に列挙されているが，条文を丸暗記するのも大変である。実は，登記事項の一覧はほかにもあって，商業登記規則の別表にもまとめられている。こちらの方が把握しやすいが，不要な情報も含まれている。そこで，ここでは，商業登記規則別表に基づき，必要な修正を加えて登記事項を整理していく。

　登記事項は，区ごとに登記されることになる。株式会社の場合，商号区，目的区，株式・資本区，役員区，役員責任区，会社支配人区，支店区，新株予約権区，会社履歴区，企業担保権区，会社状態区，登記記録区に分けられる。これらのうち，企業担保権区は司法書士試験で問われないので無視していい。

　結局，試験対策的に必要な登記事項は次のようになる。最終的には，株式会社に関するあらゆる事項について，登記事項であるか登記事項でないかを判断できるようにしなければならない。

区の名称	記録すべき事項
商号区	会社法人等番号 商号 商号譲渡人の債務に関する免責 本店の所在場所 会社の公告方法 貸借対照表に係る情報の提供を受けるために必要な事項 会社成立の年月日

目的区	目的
株式・資本区	単元株式数 発行可能株式総数 発行済株式の総数並びに種類及び数 株券を発行する旨の定め 資本金の額 株式の譲渡制限に関する規定 発行する株式の内容 発行可能種類株式総数及び発行する各種類の株式の内容 株主名簿管理人の氏名又は名称及び住所並びに営業所
役員区	取締役，仮取締役及び取締役職務代行者 監査等委員である取締役，監査等委員である仮取締役及び監査等委員である取締役職務代行者 会計参与，仮会計参与及び会計参与職務代行者並びに計算書類等の備置き場所 監査役，仮監査役及び監査役職務代行者 代表取締役，仮代表取締役及び代表取締役職務代行者 特別取締役 委員，仮委員及び委員職務代行者 執行役，仮執行役及び執行役職務代行者 代表執行役，仮代表執行役及び代表執行役職務代行者 会計監査人及び仮会計監査人 取締役が社外取締役である旨 監査役が社外監査役である旨 清算人，仮清算人及び清算人職務代行者 代表清算人，仮代表清算人及び代表清算人職務代行者 監査役の監査の範囲を会計に関するものに限定する旨の定款の定めがある旨 職務の執行停止
役員責任区	取締役，会計参与，監査役，執行役又は会計監査人の会社に対する責任の免除に関する規定

	取締役（業務執行取締役等であるものを除く。），会計参与，監査役又は会計監査人の会社に対する責任の制限に関する規定
会社支配人区	支配人 支配人を置いた営業所
支店区	支店の所在場所
新株予約権区	新株予約権に関する事項
会社履歴区	会社の継続 合併をした旨並びに吸収合併消滅会社の商号及び本店 分割をした旨並びに吸収分割会社の商号及び本店 分割をした旨並びに吸収分割承継会社又は新設分割設立会社の商号及び本店
会社状態区	存続期間の定め 解散の事由の定め 取締役会設置会社である旨 会計参与設置会社である旨 監査役設置会社である旨 監査役会設置会社である旨 特別取締役による議決の定めがある旨 監査等委員会設置会社である旨 重要な業務執行の決定の取締役への委任についての定款の定めがある旨 指名委員会等設置会社である旨 会計監査人設置会社である旨 清算人会設置会社である旨 解散（登記記録区に記録すべき事項を除く。） 設立の無効 株式移転の無効 特別清算に関する事項（役員区及び登記記録区に記録すべきものを除く。）

	民事再生に関する登記（他の区に記録すべきものを除く。） 会社更生に関する事項（他の区に記録すべきものを除く。） 承認援助手続に関する事項（役員区に記録すべきものを除く。） 破産に関する事項（役員区及び登記記録区に記録すべきものを除く。）
登記記録区	登記記録を起こした事由及び年月日 登記記録を閉鎖した事由及び年月日 登記記録を復活した事由及び年月日

　今すぐに全部覚えるのは不可能だが，いつのまにか覚えてしまうものなので，それほど心配しなくてもいいだろう。また，何を登記するか以上に，どのように登記されるかが重要になってくる。

　なお，特例有限会社は様々な点で異なるので，今後，単に「株式会社」というときは，特例有限会社を含まないものとする。
➡　特例有限会社については，第5章で扱う。

　新しく設立した株式会社の登記記録は，次のようになる。だいたいの雰囲気をつかんでおこう。

会社法人等番号	0100 - 01 - 123456
商　　号	第一電器株式会社
本　　店	東京都中央区京橋一丁目1番1号
公告をする方法	官報に掲載してする
会社成立の年月日	平成26年4月1日
目　　的	1　飲食店の経営 2　食品の販売

	3　上記各号に附帯する一切の事業
発行可能株式総数	4万株
発行済株式の総数並びに種類及び数	1万株
資本金の額	金1億円
役員に関する事項	取締役　　　　　甲野太郎
	取締役　　　　　乙野太郎
	取締役　　　　　丙野太郎
	東京都中央区築地一丁目1番1号 代表取締役　　　甲野太郎
	監査役　　　　　丁野太郎
取締役会設置会社に関する事項	取締役会設置会社
監査役設置会社に関する事項	監査役設置会社
登記記録に関する事項	設立 　　　　　　　　　　平成26年4月1日登記

　「商号」「本店」「公告をする方法」「会社成立の年月日」「目的」は，どのような会社であっても登記される事項である。覚えておくと，この先様々な場面で役に立つ。

➡　持分会社であっても登記される。

2　登記事項でない事項

　登記事項は法定されており，法律上の根拠がない事項は登記することができない。ここでは，いくつかの紛らわしい例を挙げておく。

(1)　本店の所在地

　本店の所在地は登記事項ではない。登記事項とされているのは，本店の所在場所である。

　会社法で学んだように，株式会社は（持分会社もだが）本店の所在地を定款で定めなければならない。定款で定めなければならないのは，所在地であり，最小行政区画まで定めればいい。東京都の特別区なら区まで，政令指定都市なら市までを定める。

　一方，登記事項とされているのは，本店の具体的な所在場所である。

　具体例を挙げてしまった方がわかりやすいだろう。定款で「当会社は，本店を東京都渋谷区に置く」と定め，東京都渋谷区渋谷一丁目１番１号に本店を置いていたとする。この株式会社は，「本店　東京都渋谷区渋谷一丁目１番１号」と登記しなければならないのであり，「当会社は，本店を東京都渋谷区に置く」と登記することはできない。

(2)　資本準備金の額

　資本準備金の額など，準備金の額，剰余金の額は登記できない。貸借対照表上の計数では，資本金の額のみを登記する。

(3)　事業年度

　定款で事業年度を定めても，事業年度は登記できない。

(4)　役員の員数・任期

　役員の員数や任期を定款で定めても，登記できない。その結果，登記簿に記録された情報のみでは，任期の満了を正確に判断することは不可能となる。

第2節　商号の変更

Topics・比較的登記手続の簡単な商号の変更で基本的な登記手続を理解する。
・添付書面の基本的な考え方を理解する。
・同一の本店の所在場所における同一の商号の扱いに注意する。

1　株式会社が用いることができる商号

　株式会社は，その商号中に「株式会社」の文字を用いなければならない（会§6Ⅱ）。この「株式会社」の文字は，商号の先頭や末尾でなくても問題なく，「○○株式会社△△」といったように商号の中央に用いても差し支えない（先例昭44.4.15）。

　商号には，ひらがな，カタカナ，漢字といった普通の文字のほか，次のような文字の使用が認められている（先例平14.7.31 – 1839）。なお，登記簿では，全ての文字が全角で記録される。

・ローマ字（アルファベット）
・アラビヤ数字
・「&」(アンパサンド)，「'」(アポストロフィー)，「,」(コンマ)，「-」(ハイフン)，「.」(ピリオド)，「・」(中点)

　最後に挙げた記号は，字句を区切る場合にのみ使うことができる。なので「株式会社&」のような商号は認められない。「.」（ピリオド）については，商号の末尾に用いることもできる。

➕ アルファ

　定款では，「当会社は，○○株式会社と称し，英文では，○○Inc.と表示する」といったように，英文での表示を定めている例が多い。しかし，英文での表示は便宜的に定められるものであり，会社法上の商号には該当せず，登記することもできない。また，商号をアルファベットで表記するものに定める場合でも，「株式会社」の文字は必ず用いなければならない。

　独立した法人ではないような商号の使用も制限される。具体的には，「○○株式会社○○支店」のような商号は，他の会社の支店であるかのような誤解を招くので許されない。同様に，「支社」「出張所」などの文字も用いることができない（先例大10.10.21 – 2223）。

しかし，「代理店」「特約店」を用いることは可能であり（先例昭29.12.21 - 2613），「支部」を用いることも可能である（先例平21.7.16 - 1679）。

商号については，もう一つ重要な制限がある。

（同一の所在場所における同一の商号の登記の禁止）

第27条　商号の登記は，その商号が他人の既に登記した商号と同一であり，かつ，その営業所（会社にあつては，本店。以下この条において同じ。）の所在場所が当該他人の商号の登記に係る営業所の所在場所と同一であるときは，することができない。

会社以外の商人についても適用される規定である。

商号と本店の所在場所が両方とも同じになるような登記は認められない。商号も本店も同じだと，区別するのが難しくなるのである。

➡　不動産登記の所有者などをイメージしてもらえばいいだろう。通常は商号と本店で会社を特定するのである。

会社が区別できればいいので，「ＡＢＣ株式会社」と「株式会社ＡＢＣ」は，この規定の適用においては違う商号として扱われる。また，「ＡＢＣ株式会社」と「ＡＢＣ合同会社」も違う商号として扱われる。

2　商号の変更の手続

商号を変更するには定款を変更する必要があり，**株主総会の特別決議**が必要になる。そのほかに特別な手続は必要ない。

商号の変更に限らないが，株主総会の決議に条件や期限を設けることは可能なので注意する必要がある。

3　登記の事由

申請書の登記の事由というのは，何が起きたかを簡単に書けばいい場所であった。なので，商号を変更した場合には「商号の変更」とすればよい。

➡　「定款の変更」と記載してはいけない。あまりに具体性がないのである。

➡　具体的な申請書の例をその都度提示することはしないことにする。第1章で示した申請書の例に当てはめれば申請書は書けるし，記述式の試験では，「登記の事由」「登記すべき事項」などの欄に何を書くかがわかれば解答できるからである。

4　登記記録例

商号の変更の登記をした場合には，次のように登記されることになる。

商　　号	第一電器株式会社	
	第二電器株式会社	令和3年1月1日変更
		令和3年1月6日登記

商号についての登記原因は，常に「変更」と覚えてしまっていい。

➡　登記原因が常に「変更」となる登記事項は，ほかにもいくつかある。ある程度揃った段階で，まとめて整理することにする。

定款では，「当会社は，第二電器株式会社と称する」などと定めるが，定款の規定がそのまま登記されるわけではない。定款の規定と登記簿の記録が常に一致するわけではない。

「第一電器株式会社」と登記されている欄には原因年月日や登記年月日が記録されていないが，設立に際して登記した場合などにおいては，このように原因年月日・登記年月日が記録されない。

5　登記すべき事項の記載

登記記録例に基づいて登記すべき事項の記載を考えればよい。

新たに登記簿の記録される事項のうち，申請書に記載する必要があるのは，変更後の商号である「第二電器株式会社」のほか，原因年月日の「令和3年1月1日変更」である。さらに，何を変更するのかを明らかにするため，登記記録の見出しである「商号」を記載する。

これらを適当に組み合わせて，

```
令和3年1月1日次のとおり変更
　商号　第二電器株式会社
```

と記載すればよい。「次のとおり」の部分がなくても問題はない。

➕ **アルファ**

　第1章で説明したように，登記申請書の冒頭には商号を記載する。この商号は，登記をする登記記録を特定するためのものだから，申請時に登記簿に記録されている商号，つまり変更前の商号を記載すべきである。登記申請書の最後に記載する申請人の商号としては，変更後の商号でいい。

6　添付書面

（添付書面の通則）

第46条　（略）

2　登記すべき事項につき株主総会若しくは種類株主総会，取締役会又は清算人会の決議を要するときは，申請書にその議事録を添付しなければならない。

　商号の変更に限らず，株式会社の登記全部に適用される規定である。株主総会の決議が必要な場合には，株主総会議事録の添付が必要になる。

　商号の変更には，必ず株主総会の決議が必要だから，商号の変更の登記の申請書には，株主総会の議事録を添付しなければならない。

（添付書面）

商業登記規則第61条　（略）

2　（略）

3　登記すべき事項につき株主総会又は種類株主総会の決議を要する場合には，申請書に，総株主（種類株主総会の決議を要する場合にあつては，その種類の株式の総株主）の議決権（当該決議（会社法第319条第1項（同法第325条において準用する場合を含む。）の規定により当該決議があつたものとみなされる場合を含む。）において行使することができるものに限る。以下この項において同じ。）の数に対するその有する議決権の数の割合が高いことにおいて上位となる株主であつて，次に掲げる人数のうちいずれか少ない人数の株主の氏名又は名称及び住所，当該株主のそれぞれが有する株式の数（種類株主総会の決議を要する場合にあつては，その種類の株式の数）及び議決権の数並びに当該株主のそれぞれが有する議決権に係る当該割合を証する書面を添付しなければならない。

一　10名

二　その有する議決権の数の割合を当該割合の多い順に順次加算し，その加算した割合が3分の2に達するまでの人数

　登記すべき事項につき株主総会の決議が必要な場合には，株主の氏名又は名称，住所及び議決権数等を証する書面の添付も必要になる。**株主リスト**とよばれる書面である。株主リストは，株主総会の議事録を添付する場合のほとんどで併せて添付する必要がある。

➡　例外的に株主総会議事録は必要だが株主リストは不要となる場合がある。その都度説明する。

　株主リストは決議ごとに添付するかどうかを判断するのだが，各決議で議決権を行使することができる株主が共通であれば，株主リストに記載する事項も共通なので，まとめて1通添付すればよい（先例平28.6.23-98）。ほとんどの場合で議決権を行使することができる株主は共通となるから，株主総会議事録1通について株主リスト1通を添付するのが基本である。複数の登記を一括して申請する場合であって議決権を行使することができる株主が決議ごとに異なる場合には株主リストが複数となることも考えられるが，商号の変更のみを申請するなら株主リストは1通である。

R3-32　株主リストに記載しなければならない事項を全部覚える必要はないが，株主全員の氏名を記載する必要はないことや，株主総会に出席していない株主であっても要件に該当する場合には氏名を記載しなければならないこと程度は覚えておこう。また，株主リストに記載しなければならない事項と株主名簿の記載事項は異なるので，株主名簿をそのまま株主リストとして流用することはできない。

　株主総会議事録と株主リストのほか，代理人によって申請する場合の委任状も必要になる。

➡　今後，原則どおり委任状の添付が必要となる場合には，特に委任状について言及しないものとする。

（添付書面）

商業登記規則第61条　定款の定め又は裁判所の許可がなければ登記すべき事項につき無効又は取消しの原因が存することとなる申請については，申請書に，定款又は裁判所の許可書を添付しなければならない。

　ほぼ全ての登記について，定款の添付が必要となる可能性がある。

　商号の変更の場合には，株主総会の決議要件について定款に別段の定めがあって，その定めがなければ決議が成立しない場合には，決議が有効に成立して

いることを証するため，定款の添付が必要となる。

➡　もちろん，このようなことは商号の変更に限らない。今後，同様の理由で
定款の添付が必要となる可能性があっても，特に言及しないものとする。

➕ アルファ

　一般に，定款の変更によって登記すべき事項が生じた場合には，定款を変
更した株主総会の議事録を添付することになるのであり，定款の変更を証す
るために定款を添付することはない。定款を添付しても，定款をいつ変更し
たのか，適法な手続で変更したのかなどが明らかにならないのである。定款
の添付が求められるのは，以前から定款に存在していた規定を明らかにする
必要がある場合である。

　裁判所の許可が必要となる登記は，司法書士試験で扱われる範囲では存在し
ないといってもよいぐらいなので，気にしなくていい。規定の存在だけを気に
とめておけばよい。

➕ アルファ

　法令上の根拠がない添付書面は求められないのが原則である。全ての添付
書面には何らかの根拠がある。そのため，登記官は，書面の添付を求めるこ
とができない部分，つまり法定の添付書面から明らかにならない部分につい
ては，有効に成立しているものと善解することになるのである。

7　登録免許税

　商号の変更の登記を申請する場合には３万円の登録免許税を納付する必要が
あるが，登録免許税については，まとめて覚えてしまった方が効率がいい。今
後，各登記について説明する際には登録免許税についての説明を省略し，第３
編でまとめて整理することにする。

8　商号の登記の抹消

　前述したように，同一の本店の所在場所では同一の商号を登記することはで
きない。しかし，実際に使用されていない商号の登記がそのままになっている
と，同じ商号を使用しようとしている者にとって不利益になることが考えられ
る。そこで，商業登記法上，商号の登記の抹消を請求することが認められてい
る（商登§33）。

➡　会社以外の商人の商号についても適用される規定であり，会社以外の商人
の商号も考えた方がわかりやすいため，会社以外の商人の商号の登記につい

て説明する際に詳しく扱う。

9　商号譲渡人の債務に関する免責の登記

　会社の商号も譲渡することができ，商号の譲渡があった場合には，商号を譲り受けた会社が免責の登記をすることができる（会§22Ⅱ前段）。

➡　会社以外の商人の商号の登記についての手続と比較した方がわかりやすいため，会社以外の商人の商号の登記について説明する際に詳しく扱う。

10　登記期間

> （変更の登記）
> **会社法第915条**　会社において第911条第３項各号又は前３条各号に掲げる事項に変更が生じたときは，２週間以内に，その本店の所在地において，変更の登記をしなければならない。

　本店の所在地における登記の登記期間は，効力発生日から２週間以内である。ただし，民法140条の規定が適用されるので，登記すべき事項の発生が午前０時である場合を除いて初日を参入せず翌日起算となる。

　たとえば，６月１日開催の株主総会の決議の時点で商号の変更の効力が生じる場合には，６月２日から２週間の期間を起算し，その２週間以内の最終の日は６月15日となる。また，５月31日開催の株主総会で６月１日に商号を変更する旨の期限付き決議をした場合には，６月１日から起算し，２週間以内の最終の日は６月14日となる。

➡　この登記期間については例外がある。例外については，その都度触れることにする。逆に，原則どおりの場合には，特に登記期間については触れない。また，登記期間については第３編でも扱う。

➡　持分会社でも，登記期間の原則は同じである。

第3節　公告をする方法の変更

Topics ・電子公告の場合が要注意である。
　　　　・定款で何も定めていなくても登記する必要がある。

1　公告方法についての定款の定め

　株式会社は，公告方法として次のいずれかを定めることができる（会§939Ⅰ）。
➡　持分会社も公告方法についての規定は共通である。

　・官報に掲載する方法
　・時事に関する事項を掲載する日刊新聞紙に掲載する方法
　・電子公告

　また，公告方法は必ずしも定款で定めなくてよく，定款で何も定めていない場合には，官報に掲載する方法が公告方法となる（会§939Ⅳ）。

　公告方法を電子公告とする場合には，電子公告による公告をすることができない場合の公告方法（予備的公告方法）として，官報に掲載する方法か日刊新聞紙に掲載する方法を定めることができる（会§939Ⅲ）。
　この場合の定款の定めとしては，次のようなものが一般的である。

> 第○条　当会社の公告は，電子公告により行う。ただし，事故その他やむを得ない事由によって電子公告による公告をすることができない場合には，官報に掲載する方法により行う。

　電子公告を公告方法とする場合には，電子公告をするウェブページのアドレス（URL）も定めなければならない。このアドレスは，先ほどの定款の例からもわかるように，定款で定めなくてよい。通常の業務執行として，代表取締役などが決定すればよいのである。

　複数の公告方法によって公告する旨を定めることも可能である。日刊新聞紙に掲載する方法を公告方法とする場合には，「A紙及びB紙」のように複数の新聞に掲載する旨を定めることができる。しかし，「A紙又はB紙」のように選択的に定めることは許されない（質疑登研49・50・51 P 32）。どちらの新聞に掲載されるのかわからず，株主は両方の新聞をチェックしなければならなく

なるからである。

H29-34　日刊新聞紙に掲載する方法を公告方法とする場合には，「○○県において発行される○○新聞に掲載する方法により行う」のように発行地を特定することも可能である（先例昭34.9.4－1974）。発行地を特定しない場合には，全国のどの地域で発行される新聞にも公告を掲載しなければならない。

2　公告方法の変更の手続

定款で定めた公告方法を変更する場合には，株主総会の特別決議が必要である。定款で公告方法を定めておらず，新たに公告方法を定める場合も同じである。

3　電子公告をするアドレスの変更の手続

電子公告をするアドレスのみを変更する場合には，定款を変更する必要がない。そのため，株主総会の決議は不要であり，代表取締役などが決定すればいい。

4　登記の事由

公告方法を変更した場合の登記の事由としては，「公告をする方法の変更」とすればよい。

5　登記記録例

公告方法は，「公告をする方法」として登記される。

➡　なぜ「公告方法」ではなく「公告をする方法」なのかというのは，いろいろと歴史的な経緯がある話なので，あまりこだわらない方がいい。そうなっているのだと素直に受け入れてしまえばいい。

公告をする方法を変更した場合には，次のように登記される。

公告をする方法	官報に掲載してする	
	官報及び東京都において発行される日本新聞に掲載してする	令和3年1月1日変更
		令和3年1月6日登記

　この場合の登記原因も，常に「変更」である。

　定款で公告方法を定めていない場合には，「官報に掲載してする」のように官報に掲載する方法によって公告をする旨を登記しなければならない。そして，新たに定款で公告方法を定めた場合であっても，登記簿上は公告をする方法を変更することになるので，登記原因はやはり「変更」となる。

　定款では，「当会社の公告は……」のように定めるが，この「当会社の公告は」の部分は登記しない習慣である。定款の規定中，必要な部分だけを抜き取って登記していいのである。

　電子公告の場合には，次のように登記される。　　　　　　　　　　H29-34

公告をする方法	官報に掲載してする	
	電子公告の方法により行う。http://example.co.jp/koukoku.html　事故その他やむを得ない事由によって電子公告による公告をすることができない場合には，官報に掲載する方法により行う。	令和３年１月１日変更 ---------- 令和３年１月６日登記

　実際の登記簿では，アルファベット全部が全角文字となる。
➡　慣れないと読みづらいが，そういうものなので仕方がない。

　電子公告の場合には，貸借対照表の公告に限り，アドレスを別なものにすることができる（会施規§220Ⅱ）。

公告をする方法	官報に掲載してする	
	電子公告の方法により行う。 http://example.co.jp/koukoku.html 貸借対照表の公告 http://example.co.jp/kessan.html	令和3年1月1日変更
		令和3年1月6日登記

6　登記すべき事項の記載

　基本的な考え方は，商号の変更と同じである。次のように記載すればよい。

> 令和3年1月1日次のとおり変更
> 　公告をする方法
> 　　官報及び東京都において発行される日本新聞に掲載してする

　登記記録の見出しは，「公告方法」ではなく「公告をする方法」なので，登記すべき事項としても「公告をする方法」とすべきである。

7　添付書面

　定款を変更した株主総会の議事録と株主リストを添付する。

　電子公告をするアドレスのみを変更した場合には，特別な添付書面は不要となる。
➡　代表取締役による決定を証するために書面を添付する必要はない。なお，代理人により申請する場合には，委任状に変更後のアドレスを記載しておくことが望ましい。

第4節　貸借対照表に係る情報の提供を受けるために必要な事項

Topics・貸借対照表の公告についての会社法の規定を復習する。
　　　　・「変更」以外の登記原因を用いることになる。
　　　　・登記官によって抹消する記号が記録される場合に注意する。

1　貸借対照表の公告

　株式会社は，原則として貸借対照表を公告しなければならない（会§440）。例外は有価証券報告書を提出している場合であり，この場合には，貸借対照表の公告が不要となる。

　貸借対照表を公告すべき場合であって，定款で定めた公告方法が官報に掲載する方法か時事に関する事項を掲載する日刊新聞紙に掲載する方法のどちらかである場合には，公告に代えて，貸借対照表の内容である情報を電磁的方法により開示する措置をとることができる。

➡　会社法の規定を復習しておこう。

　この電磁的方法による開示をする場合には，開示をするウェブページのアドレス（URL）を登記しなければならない。

2　貸借対照表を電磁的方法によって開示する旨の決定

　貸借対照表の公告に代えて，電磁的方法による開示の措置をとるときは，その旨と開示をするアドレスを決定する必要がある。この決定は，通常の業務執行として代表取締役などが行う。取締役会の決議などは不要である。

3　登記の事由

　新たに電磁的方法による開示をするときは，「貸借対照表に係る情報の提供を受けるために必要な事項の設定」とすればよい。
　アドレスを変更した場合には，「貸借対照表に係る情報の提供を受けるために必要な事項の変更」とすればよく，電磁的方法による開示をやめるときは，「貸借対照表に係る情報の提供を受けるために必要な事項の廃止」とすればよい。

4　登記記録例

　電磁的方法による開示をするアドレスは，「貸借対照表に係る情報の提供を受けるために必要な事項」として登記される。やや長いフレーズだが，覚えておくべきである。

具体的には，次のように登記される。

| 貸借対照表に係る情報の提供を受けるために必要な事項 | http://example.co.jp/kessan.html | 令和3年1月1日設定 |
| | | 令和3年1月6日登記 |

登記原因が「設定」であることに注意する。新しく設けた場合には「設定」であり，変更した場合には「変更」，廃止した場合には「廃止」となる。

廃止した場合には，次のように登記される。

貸借対照表に係る情報の提供を受けるために必要な事項	http://example.co.jp/kessan.html	令和3年1月1日設定
		令和3年1月6日登記
		令和3年3月3日廃止
		令和3年3月4日登記

5　登記すべき事項の記載

新しく設けた場合には，登記原因が「設定」なので，次のようになる。

令和3年1月1日次のとおり設定
　貸借対照表に係る情報の提供を受けるために必要な事項
　　http://example.co.jp/kessan.html

廃止した場合には，登記簿には原因年月日と登記年月日のみが追加されることになる。なので，原因年月日を記録すべき場所を登記記録の見出しを記載して特定すればよい。登記記録の見出しは「貸借対照表に係る情報の提供を受けるために必要な事項」であるから，次のように記載すればよい。

> 貸借対照表に係る情報の提供を受けるために必要な事項は，令和3年3月
> 3日廃止

　要は，「貸借対照表に係る情報の提供を受けるために必要な事項」について，「令和3年3月3日廃止」と登記してほしい旨を登記官に伝えればいいのである。
　➡　このように，登記すべき事項として記載するのは，「何が起きたか」ではなく，「何を登記簿に記録するのか」である。

6　添付書面

　電子公告をするアドレスを変更した場合と同様に，特別な添付書面は不要である。　H29-34

7　公告をする方法を変更した場合

　貸借対照表を電磁的方法によって開示する措置をとることができるのは，公告方法が官報に掲載する方法か時事に関する事項を掲載する日刊新聞紙に掲載する方法である株式会社に限られていた。つまり，公告方法が電子公告である場合には，貸借対照表に係る情報の提供を受けるために必要な事項を定めることができず，定款で定めた公告方法である電子公告によって貸借対照表を公告しなければならない。
　そのため，公告方法を電子公告に変更した場合には，貸借対照表に係る情報の提供を受けるために必要な事項の登記をそのまま残しておくことができない。

> （電子公告に関する登記）
> **商業登記規則第71条**　電子公告を公告方法としたことによる変更の登記をしたときは，会社法第911条第3項第26号（略）に規定する事項の登記を抹消する記号を記録しなければならない。

　商業登記規則の規定では，誰が抹消する記号を記録するのかを明らかにしていないが，登記官が抹消する記号を記録するものと考えてしまって構わない。また，抹消する記号というのは，登記記録における下線のことである。

　電子公告を公告方法とする公告をする方法の変更の登記をしたときは，登記　H29-34
官が貸借対照表に係る情報の提供を受けるために必要な事項を抹消する記号を記録するのである。つまり，電子公告を公告方法とする公告をする方法の変更

の登記の申請と同時に貸借対照表に係る情報の提供を受けるために必要な事項の廃止の登記を申請する必要はない。

　実際には，次のように登記されることになる。

公告をする方法	官報に掲載してする	
	電子公告の方法により行う。http://example.co.jp/koukoku.html	令和3年3月3日変更
		令和3年3月4日廃止
貸借対照表に係る情報の提供を受けるために必要な事項	http://example.co.jp/kessan.html	令和3年1月1日設定
		令和3年1月6日登記

　変更前の公告をする方法である「官報に掲載してする」に抹消する記号（下線）が記録されているが，同様に貸借対照表に係る情報の提供を受けるために必要な事項にも抹消する記号が記録されている。公告をする方法の変更（上の例では令和3年3月3日付けの変更）のみを申請すれば，このように抹消する記号が記録されるのである。

第5節　目的の変更

Topics ・目的として定めることができる事項を把握する。
・これも登記原因は「変更」のみである。

1　目的として定めることができる事項

目的は，必ず定款で定めなければならない（会§27①）。

➡　株式会社に限らず，持分会社でも同じである。

会社の目的は適法なものでなければならず，目的に関する定款の定めは明確でなければならない。しかし，目的に具体性は要求されない。抽象的な定めであっても差し支えないのである。

たとえば，次のように定款で定めることができる。

> 第○条　当会社は，次の事業を営むことを目的とする。
> 1　家庭電器用品の製造及び販売
> 2　家具，什器類の製造及び販売
> 3　光学機械の販売
> 4　前各号に附帯する一切の事業

これらの目的のうち，1から3までには具体性があるが，4の「一切の事業」というのは具体性を欠いている。このような「一切の事業」という定めも可能なのである。

2　目的の変更の手続

目的を変更するには必ず定款を変更しなければならず，株主総会の特別決議が必要となる。

3　登記の事由

目的を変更した場合には，登記の事由として「目的の変更」と記載すればよい。

4　登記記録例

目的を変更した場合には，次のように登記される。

目　的	1　家庭電器用品の製造及び販売 2　家具，什器類の製造及び販売 3　前各号に附帯する一切の事業
	1　家庭電器用品の製造及び販売 2　家具，什器類の製造及び販売 3　光学機械の販売 4　前各号に附帯する一切の事業 　　　令和3年1月1日変更　　　令和3年1月6日登記

定款では，「当会社は，次の事業を営むことを目的とする」のように定めることが多いが，この部分は登記しないことが多い。

登記原因は，常に「変更」である。

上の例では，目的を一つだけ追加している。しかし，1行だけ追加するような登記はできないので，目的全体を書き換えるような登記をすることになる。

5　登記すべき事項の記載

原因年月日と登記年月日の記録の位置が商号などとは異なるが，特に気にする必要はない。これまでの登記と同様に考えて，次のように記載すればよい。

```
令和3年1月1日次のとおり変更
　目的
　　1　家庭電器用品の製造及び販売
　　2　家具，什器類の製造及び販売
　　3　光学機械の販売
　　4　前各号に附帯する一切の事業
```

目的を一つ追加するだけだからといって，追加する目的だけを記載してはいけない。最終的にどのように登記されるのかを想定して登記すべき事項を記載する必要がある。

6　添付書面

定款の変更をした株主総会の議事録と株主リストを添付しなければならない。

第6節　単元株式数

Topics・単元株式数の上限と決議機関に注意する。
　　　　　・登記原因が「設定」「変更」「廃止」となる。

1　単元株式数の定め方

　株式会社は，定款で単元株式数を定めることができる（会§188Ⅰ）。単元株式数は千を越えることができず，かつ，発行済株式の総数の200分の1に当たる数を超えることができない（同Ⅱ，会施規§34）。つまり，千と発行済株式の総数の200分の1のうち，どちらか小さい数が単元株式数の上限である。

　種類株式発行会社では，単元株式数は，株式の種類ごとに定める（会§188Ⅲ）。もっとも，全部の種類株式について同じ単元株式数を定めても構わない。また，種類株式発行会社でも発行済株式の総数の200分の1が上限であり，発行済みの種類株式の数の200分の1が上限となるわけではない。つまり，単元株式数の上限は，全部の種類株式について共通なものになる。

　単元株式数は登記事項であるが，単元未満株式についての権利の制限（会§189）や，単元未満株主の売渡請求についての定款の定め（会§194）は登記事項ではない。

2　設定の手続

　単元株式数は定款で定めるので，株主総会の特別決議で定款を変更するのが原則である。しかし，これには例外があり，株式の分割と同時にする場合には，取締役会設置会社では取締役会の決議で，取締役会設置会社以外の株式会社では取締役の過半数の一致で，単元株式数を設ける定款の変更が可能なことがある（会§191）。

➡　会社法の範囲である。忘れていたら，会社法に戻って復習しておこう。

3　変更の手続

　単元株式数を増加する変更と減少する変更で違いがある。いずれにしても，株主総会の特別決議があれば，変更が可能である。

　株式の分割と同時に増加する場合には，設定の場合と同様に，取締役会の決議か取締役の過半数の一致で定款の変更が可能である（会§191）。

　減少する場合には，常に取締役会の決議か取締役の過半数の一致で定款の変

更が可能である（会§195）。

➡　これも会社法の範囲である。

4　廃止の手続

　　株主総会の特別決議で定款を変更することも可能だが，減少の場合と同様に，取締役会の決議か取締役の過半数の一致でも定款の変更ができる（会§195）。

5　損害を及ぼすおそれがある場合の種類株主総会の決議

　　単元株式数に関する定款の変更がある種類の株式の種類株主に損害を及ぼすおそれがあるときは，原則として種類株主総会の特別決議が必要となる（会§322 I）。設定でも，変更でも，廃止でも，必要である。

　　単元株式数についての変更の場合には，定款の定めがあれば損害を及ぼすおそれがある場合の種類株主総会の決議を不要とできる（会§322 II III）。

6　登記の事由

　　それぞれ，「単元株式数の設定」「単元株式数の変更」「単元株式数の廃止」とすればよい。

➡　「単元株式数の定めの設定」のような例もあるが，登記の事由の記載は登記簿の記録に影響を与えないので，「単元株式数」でも「単元株式数の定め」でも問題はないだろう。このように，登記の事由では，一字一句正確に記載することまでは要求されない。何があったかがわかればいいのである。

7　登記記録例

種類株式発行会社でない場合には，次のように登記される。

単元株式数	1000株	令和3年1月1日設定
		令和3年1月6日登記
	100株	令和3年2月3日変更
		令和3年2月4日登記
		令和3年3月3日廃止
		令和3年3月4日登記

登記原因は，それぞれ「設定」「変更」「廃止」である。

定款では，「当会社の単元株式数は，1000株とする」といったように定めるが，定款の規定がそのまま登記されるわけではない。

種類株式発行会社では，次のように種類ごとに異なる数を登記することができる。

| 単元株式数 | 普通株式　　　100株
優先株式　　　200株 | 令和3年1月1日設定 |
| | | 令和3年1月6日登記 |

8　登記すべき事項の記載

これまでの登記と同じように考えればよい。設定の場合には次のようになる。

```
令和3年1月1日次のとおり設定
　単元株式数　1000株
```

変更や廃止については，公告をする方法の変更や貸借対照表に係る情報の提供を受けるために必要な事項の廃止などを参考にすればよいだろう。

9　添付書面

　　決議機関によって添付書面が異なる。株主総会の決議で定款を変更した場合 H31-29
には**株主総会議事録**と**株主リスト**を，取締役会の決議で変更した場合には**取締
役会議事録**を，取締役の過半数の一致で変更した場合には**取締役の過半数の一
致があったことを証する書面**を，それぞれ添付する。

　　損害を及ぼすおそれがある場合の種類株主総会の決議が必要な場合には，**種
類株主総会議事録**と**株主リスト**を添付する。株主総会の決議についての株主リ
ストと種類株主総会の決議についての株主リストは，記載する事項が異なるの
で，それぞれ添付すると考えてよい。
　　この種類株主総会の決議を不要とする旨の定款の定めがあり，その定款の定
めに基づいて種類株主総会の決議を得なかった場合でも，**定款の添付は不要**で
ある。

> **理由**　損害を及ぼすおそれがある場合の種類株主総会の決議を不要とす
> る旨の定款の定めは，「発行可能種類株式総数及び発行する各種類
> の株式の内容」として登記されるため，定款の規定の存在が登記簿
> 上明らかであるから。

＋アルファ

　　どのような場合に損害を及ぼすおそれがあるといえるのかについては，明
確な基準があるわけではない。添付書面とされている以上，登記官には損害
を及ぼすおそれの有無の判断が求められていると考えられるが，明確な判
例・先例はない。

第7節　株券を発行する旨の定め

Topics・株券を発行する旨のみを登記するのであり，株券を発行しない旨は登記されないことに注意する。
・公告について添付書面が必要となることがある。
・登記原因は「設定」と「廃止」である。

1　株券を発行する旨の定め

株式会社は，株券を発行する旨を定款で定めることができる（会§214）。定款で何も定めていない場合には，株券を発行することができない。

種類株式発行会社でも，種類ごとに株券を発行する旨を定めることはできず，全部の種類の株式について株券を発行するか，全部の種類の株式について発行しないかの2とおりしかない。

➡　株券を発行する旨の定款の定めがあっても，現実に株券が発行されているとは限らない。会社法の知識を復習しておこう。

➡　単元未満株式については，株券を発行しない旨を定款で定めることができるが（会§189Ⅲ），これは登記事項ではない。

2　設定と廃止の手続

株券を発行する旨を設ける場合も，株券を発行する旨を廃止する場合も，株主総会の特別決議によって定款を変更しなければならない。

➡　発行する旨を定めるか定めないかの2択なので，内容を変更するということは考えにくい。

株券を発行する旨の定款の定めを廃止する場合には，公告が必要になることがある（会§218）。この公告は，定款で定めた公告方法に従って行わなければならない。

現実に株券を発行している場合には，公告のほかに株主・登録株式質権者に対する通知が必要になる。一方，現実に株券を発行していない場合には，公告か通知のどちらかで足りる。

公告は，効力発生日の2週間前までに行わなければならない。

公告・通知は，株主総会の決議の前に行うことができる。

3　登記の事由

「株券を発行する旨の定めの設定」「株券を発行する旨の定めの廃止」とすればよい。

4　登記記録例

次のように登記される。設定した後に廃止した場合である。

株券を発行する旨の定め	当会社の株式については，株券を発行する。 　　　令和3年1月1日設定　　　令和3年1月6日登記
	令和3年3月3日廃止　　　令和3年3月4日登記

登記原因は，「設定」と「廃止」である。　　　H20記述

重要

株券を発行する旨の定めがある株式会社は株券発行会社であるが，登記簿に「株券発行会社」という文字が記録されることはない。

5　登記すべき事項の記載

これまでの登記と同様である。設定の場合には次のようになる。

```
令和3年1月1日次のとおり設定
　株券を発行する旨の定め
　　当会社の株式については，株券を発行する。
```

「株券発行会社」とは登記されないのだから，「株券発行会社」と記載してはいけない。

6　添付書面

定款を変更した株主総会の議事録と株主リストを添付する。設定の場合には，株主総会議事録と株主リストのみでよい。

廃止の場合には，株主総会議事録と株主リストのほかに，次の書面の添付が
必要である。

（株券を発行する旨の定款の定めの廃止による変更の登記）

第63条　株券を発行する旨の定款の定めの廃止による変更の登記の申請書に
は，会社法第218条第1項の規定による公告をしたことを証する書面又は株式
の全部について株券を発行していないことを証する書面を添付しなければな
らない。

現実に株券を発行している場合と現実に株券を発行していない場合で異なる。

H31-29
H26-31
H20記述
　現実に株券を発行している場合，つまり公告と通知の両方が必要な場合には，
株券を発行する旨の定めの廃止に係る公告をしたことを証する書面を添付する。
　一方，現実に株券を発行していない場合，つまり公告か通知のどちらかで足
りる場合には，株式の全部について株券を発行していないことを証する書面を
添付する。

　一般的に，公告をしたことを証する書面の扱いについては，次のことを覚え
ておくとよい。

重要

　公告と通知の両方が必要な場合には，公告をしたことを証する書面を添付する。
　公告か通知のどちらかで足りる場合には，公告をしたことを証する書面も，通
知をしたことを証する書面も，添付しない。
　また，株主に対する通知についての添付書面が必要となることはない。

　様々な場面で必要となる公告について，全てこのルールが適用されると考え
てよい。たとえば，反対株主の株式買取請求に関する公告について，書面を添
付すべき場合はない。
➡　株主に対する通知と債権者に対する催告は区別する。債権者に対する催告
　が必要となる場合には，催告をしたことを証する書面を添付するのが原則で
　ある。債権者に対する催告について扱う際にあらためて説明する。

　公告をしたことを証する書面を添付すべき場合には，公告を掲載した官報の
該当ページ，公告を掲載した日刊新聞紙の該当ページなどを添付する。

＋アルファ

　電子公告による公告をしたことを証する書面としては，電子公告調査（会
§941）の調査結果通知を添付することになる（先例平17.1.26－192）。この
調査結果通知は，法務大臣の登録を受けた調査機関が作成するものである。

　株式の全部について株券を発行していないことを証する書面としては，株主
名簿が該当する。株主名簿に記載された事項（会§121）から，株券が発行さ
れているかどうかが明らかになるのである。

第8節　発行可能株式総数の変更

Topics・株式の分割と同時に増加する場合に注意する。
・発行可能種類株式総数は全く別な登記になる。この節では扱わない。
・登記原因は「変更」のみである。

1　発行可能株式総数

発行可能株式総数は，必ず定款で定めなければならない。

➡　設立時の公証人の認証を受ける定款では定めなくてもよいが，株式会社の成立の時までには定める必要があった。

2　発行可能株式総数の増加

株主総会の特別決議により定款を変更するのが原則である。

例外は，株式の分割と同時にする場合である。株式の分割と同時にする場合には，一定の範囲内の増加である限り株主総会の決議が不要となる（会§184Ⅱ）。取締役会設置会社であれば取締役会の決議でよく，取締役会設置会社以外の株式会社であれば取締役の過半数の一致でよい。

➡　現に2以上の種類の株式を発行していない株式会社でなければならない。細かい要件は，会社法に戻って復習しておこう。

➡　株式の併合に際して発行可能株式総数を変更することもある。株式の併合のところで扱う。

公開会社では，発行可能株式総数の上限に注意する必要がある。発行済株式の総数の4倍を超えて増加することはできない（会§113Ⅲ①）。また，発行可能株式総数が発行済株式の総数の4倍を超えたままの状態で，公開会社でない株式会社が公開会社となることも認められない（同Ⅲ②）。

➡　特に記述式で注意すべきである。

3　発行可能株式総数の減少

株主総会の特別決議が必要である。

減少後の発行可能株式総数が発行済株式の総数を下回ってはいけない（会§113Ⅱ）。また，行使期間内の新株予約権の目的である株式の数も考慮する必要がある（会§113Ⅳ）。

➡　知識が曖昧だったら会社法に戻って確認しておこう。

発行可能株式総数の減少には，株主総会の決議が要らない例外的な場合がある。「株式の消却をしたときは，消却した株式の数について発行可能株式総数を減少する」のように定款で定めている場合である。 **H20-35**

➡　株式の消却のところでもう一度扱う。

4　損害を及ぼすおそれがある場合の種類株主総会の決議

種類株式発行会社では，損害を及ぼすおそれがある場合の種類株主総会の決議が必要になる（会§322Ⅰ①ハ）。

増加の場合も，減少の場合も，この種類株主総会の決議が必要となるのが原則だが，この種類株主総会の決議を不要とする旨を定款で定めることは可能だった（会§322Ⅱ）。しかし，発行可能株式総数を増加する場合には，定款で定めることによりこの種類株主総会の決議を不要とすることはできないので注意する必要がある（同Ⅲただし書）。減少の場合は，定款で定めることにより不要とすることができる。

5　登記の事由

「発行可能株式総数の変更」と記載すればよい。増加であるか減少であるかを登記の事由で明らかにする必要はない。

6　登記記録例

発行可能株式総数を変更した場合には，次のように登記される。

発行可能株式総数	<u>1万株</u>	
	2万株	令和3年1月1日変更
		令和3年1月6日登記

上の例は増加した場合だが，減少でも変わりなく，登記原因は常に「変更」である。

7　登記すべき事項の記載

これまでと同様である。登記記録の見出しである「発行可能株式総数」を記載してどの部分を変更するのかを特定し，原因年月日と変更後の発行可能株式総数を記載すればよい。「減少」や「増加」などの登記されない語句を記載してはいけない。

8　添付書面

定款を変更した株主総会の議事録と株主リストを添付する。

➡　株式の消却と同時に減少する場合の例外は株式の消却のところで扱う。

損害を及ぼすおそれがある場合の種類株主総会の決議が必要な場合には，種類株主総会議事録と株主リストの添付が必要である。

第9節　株式の譲渡制限に関する規定

Topics　・公開会社か公開会社でないかの判断に影響を与えるので要注意である。
　　　　　・会社法上は株式の内容だが，他の株式の内容とは別に登記される。
　　　　　・設定の場合の実体上の手続を把握しておかなければならない。
　　　　　・登記原因は「設定」「変更」「廃止」のパターンである。

1　株式の内容

　　株式の内容は，全て登記事項とされている。まずは，株式の内容の範囲を明らかにしておこう。

➡　　会社法322条3項によると単元株式数も株式の内容に含まれるが，ここでは除外して話を進める。

(1)　種類株式発行会社でない株式会社

　　種類株式発行会社でない株式会社では，全部の株式の内容として，次の事項を定めることができる（会§107）。

　　・株式の譲渡制限に関する規定（譲渡制限株式についての定め）
　　・取得請求権付株式についての定め
　　・取得条項付株式についての定め

(2)　種類株式発行会社

　　種類株式発行会社では，各種類の株式の内容として，次の事項を定めることができる（会§108）。

　　・株式の譲渡制限に関する規定（譲渡制限株式についての定め）
　　・取得請求権付株式についての定め
　　・取得条項付株式についての定め

　　この三つは種類株式発行会社でない場合と共通である。さらに，以下の事項がある。

　　・剰余金の配当についての定め
　　・残余財産の分配についての定め
　　・全部取得条項付種類株式についての定め
　　・議決権制限株式についての定め

・種類株主総会の決議を必要とする事項についての定め
・種類株主総会における取締役又は監査役の選任についての定め

以上の事項のほか，次の事項も各種類の株式の内容となる。

・損害を及ぼすおそれがある場合の種類株主総会の決議を不要とする旨の定め

(3) 株式の内容ではない事項

次の事項は，株式の内容に似ているが，株式の内容ではない事項である。もちろん登記事項ではない。

・特定の株主から株式を有償取得する場合に売主追加請求権を与えない旨の定め（会§164Ⅰ）
・相続人等に対する売渡しの請求に関する定め（会§174）
・単元未満株式についての権利の制限についての定め（会§189）
・募集株式が譲渡制限株式であっても種類株主総会の決議を不要とする旨の定め（会§199Ⅳ）
・募集新株予約権の目的である株式が譲渡制限株式であっても種類株主総会の決議を不要とする旨の定め（会§238Ⅳ）

最後の二つが要注意である。損害を及ぼすおそれがある場合の種類株主総会についての定めと区別しなければならない。

H30-31 　会社法109条2項の株主ごとに異なる取扱いを行う旨も登記事項ではない。たとえば，公開会社でない株式会社では「当会社の株主は，その所有する株式の数にかかわらず1個の議決権を有する」と定款で定めることができるが，その定めを登記することはできない。
➡　会社法109条3項で種類株式とみなす旨が規定されているが，その範囲に登記事項に関する会社法911条が含まれていないのである。

2　株式の内容の登記

株式の内容である事項は，全部が登記事項である。ただし，その登記のされ方には3とおりある。

株式の譲渡制限に関する規定は，種類株式発行会社でも，種類株式発行会社

でない株式会社でも，他の株式の内容とは独立して「株式の譲渡制限に関する規定」として登記される。

　種類株式発行会社でない株式会社では，取得請求権付株式についての定めと取得条項付株式についての定めは「発行する株式の内容」として登記される。

　種類株式発行会社では，各種類の株式の内容は「発行可能種類株式総数及び発行する各種類の株式の内容」として発行可能種類株式総数とセットで登記される。

3　株式の譲渡制限に関する規定の内容

具体的な定款の定めを見ていこう。

種類株式発行会社でない株式会社では，次のように定めることができる。

> 第○条　当会社の株式を譲渡により取得するには，当会社の承認を受けなければならない。

　譲渡の承認をしたものとみなす場合について定めることもできる（会§107Ⅱ①ロ）。

> 第○条　当会社の株式を譲渡により取得するには，当会社の承認を受けなければならない。当会社の株主が当会社の株式を譲渡により取得する場合においては当会社が承認したものとみなす。

　譲渡の承認機関についても定款で定めることができる（会§139Ⅰ）。

➡　承認機関を定款で定めなかった場合には，取締役会設置会社では取締役会が承認機関となり，取締役会設置会社以外の株式会社では株主総会が承認機関となる。

> 第○条　当会社の株式を譲渡により取得するには，取締役会の承認を受けなければならない。

（＋）アルファ

　　承認機関や指定買取人についての定款の定めは，株式の内容ではない。株式の内容ではないから，登記事項ではない。しかし，「当会社の株式を譲渡により取得するには，取締役会の承認を受けなければならない」と定款で定めた場合には，承認機関に関する部分を除外して登記することはできないため，定款で定めたとおりに登記することになる。「株式の譲渡を承認する機関は，取締役会とする」のような定めを定款の別な条項として設けた場合には，その定めを登記することはできない。

　　種類株式発行会社では，次のように定めることができる。

> 第○条　当会社の優先株式を譲渡により取得するには，当会社の承認を受けなければならない。

　　このように定めた場合には，優先株式以外の種類株式は譲渡制限株式ではないということである。
　➡　譲渡制限株式でない種類株式が一つでもあれば，公開会社であることに注意しよう。

　　複数の種類株式を譲渡制限株式としたいのであれば，次のようになる。

> 第○条　当会社の普通株式及び優先株式を譲渡により取得するには，当会社の承認を受けなければならない。

　　種類株式発行会社でも，種類を特定せず「当会社の株式を譲渡により取得するには，当会社の承認を受けなければならない」と定めることは可能である。種類株式発行会社がこのように定めた場合には，全部の種類の株式が譲渡制限株式となる。

4　株式の譲渡制限に関する規定の設定の手続
　　種類株式発行会社かどうかで区別して整理した方がよいだろう。

(1)　種類株式発行会社でない株式会社
　　株主総会の特殊決議によって定款を変更する必要がある（会§309Ⅲ①）。
　➡　正確な決議要件を確認しておこう。

　　株券発行会社では，株券の提出に関する公告（株券提供公告）と株主・登録株式質権者に対する通知の両方が必要になる（会§219Ⅰ①）。ただし，株券発行会社でも，譲渡制限を設ける株式の全部について現実に株券を発行していないのであれば，公告・通知は不要になる。

　　公告期間は，1か月必要である。公告期間が不足している場合には，登記の申請は受理されず，株主全員の同意があっても公告期間は短縮できない（先例昭41.12.23－772）。

　　公告・通知は，株主総会の決議の前に行うことができる。

　　その他，反対株主の株式買取請求などに関する手続が必要になるが，商業登記の手続に直接の影響を与えるものではない。

⑵　種類株式発行会社

　　種類株式発行会社では，株主総会の決議要件が特殊決議ではなく特別決議になる。

　　その代わり，譲渡制限株式とする種類の株式の種類株主を構成員とする種類株主総会の特殊決議が必要になる（会§111Ⅱ，324Ⅲ①）。

➡　譲渡制限株式とする種類だけでなく，譲渡制限株式とする種類株式を取得の対価とする取得請求権付株式や取得条項付株式についても種類株主総会の特殊決議が必要になる。

　　株券の提出に関する公告等については，種類株式発行会社でない株式会社と同じである。

➡　ただし，譲渡制限株式とする種類株式についてのみ公告・通知をすればいい。

5　株式の譲渡制限に関する規定の変更の手続

　　変更にもいろいろあるが，譲渡制限株式とする種類株式を追加するような変更は，その種類株式については設定と考えればよく，設定の手続に従うことになる。「当会社の優先株式を譲渡により取得するには，当会社の承認を受けなければならない」という定めを「当会社の普通株式及び優先株式を譲渡により取得するには，当会社の承認を受けなければならない」に変更するような場合である。この場合，普通株式については設定と考えればよい。

　　「当会社の株式を譲渡により取得するには，取締役会の承認を受けなければならない」という定めを「当会社の株式を譲渡により取得するには，株主総会の　**H23-30**

91

承認を受けなければならない」に変更するような場合には，株主総会の特別決議のみでよい。承認機関のみを変更しているのであって，株式の内容を変更していないからである。

➕ アルファ

H23-30
H19-30
　　承認機関については，株式会社の機関であれば，比較的自由に定めることが許されている。取締役会，株主総会，代表取締役の決定などが考えられる。また，「株主総会又は取締役会の承認を受けなければならない」のような選択的な定めも差し支えないものとされている。

　　なお，承認機関を取締役会などとした場合には，その後の機関設計の変更や解散などにより，取締役会が存在しなくなることもあるので注意すべきである。承認機関が存在しなくなった場合の定款の規定の解釈については議論があるが，株式会社に現実に存在する機関に合わせて定款を変更するのが最も問題が少ないだろう。

6　株式の譲渡制限に関する規定の廃止の手続

　　廃止については，株主総会の特別決議で定款を変更すればよい。株券の提出に関する公告等は不要である。
➡　役員の任期の満了に注意する。
➡　公開会社となる場合には，発行可能株式総数にも注意する必要がある。

　　種類株式発行会社であれば，損害を及ぼすおそれがある場合の種類株主総会の決議が必要となることも考えられる。
➡　もっとも，譲渡に関する制限を解除することになるので，通常は損害を及ぼすおそれがないと思われる。

➕ アルファ

　　譲渡制限を設ける場合については，会社法322条1項1号の括弧書で損害を及ぼすおそれがある場合の種類株主総会についての規定の適用が除外されている。しかし，これは，111条2項に基づいて種類株主総会の決議が必要となる場合のみを除外する趣旨であり，111条2項が適用されない種類の株式については，322条の適用があり，損害を及ぼすおそれがある場合の種類株主総会の決議が必要となると解されている。

7　登記の事由

　　「株式の譲渡制限に関する規定の設定」「株式の譲渡制限に関する規定の変更」

「株式の譲渡制限に関する規定の廃止」と記載すればよい。

　　種類株式発行会社が譲渡制限株式とする種類株式を追加した場合には，注意が必要である。その種類の株式にとっては設定であり，実体法上の手続は設定と同じなのだが，登記手続としては，既に登記されている「株式の譲渡制限に関する規定」を変更する手続になる。したがって，この場合の登記の事由は「株式の譲渡制限に関する規定の変更」とすべきだろう。

8　登記記録例

　　次のように登記される。設定し，変更し，廃止した場合である。
➡　　種類株式が普通株式と優先株式のみであるとして，どの時点で公開会社となるのか，どの時点で公開会社でなくなるのか，きちんと判断できるようにしておこう。

株式の譲渡制限に関する規定	当会社の優先株式を譲渡により取得するには，当会社の承認を受けなければならない。 　　　　　令和３年１月１日設定　　　令和３年１月６日登記
	当会社の普通株式及び優先株式を譲渡により取得するには，当会社の承認を受けなければならない。 　　　　　令和３年２月３日変更　　　令和３年２月４日登記
	令和３年３月３日廃止　　　令和３年３月４日登記

　　登記原因は，「設定」「変更」「廃止」となる。ある種類の株式を譲渡制限株式とする旨を新たに設けた場合でも，このように登記簿上は「変更」となることがある。 **H26記述** **H25記述** **H23記述**

9　登記すべき事項の記載

　　これまでと同様である。定款上，「株式の譲渡制限に関する規定」という語句がなくても，登記簿上は，登記記録の見出しである「株式の譲渡制限に関する規定」という語句で登記を特定するので，正確に「株式の譲渡制限に関する規定」と記載すべきである。

たとえば，設定の場合には次のように記載する。

令和3年1月1日次のとおり設定
　株式の譲渡制限に関する規定
　　当会社の優先株式を譲渡により取得するには，当会社の承認を受けな
　ければならない。

10　添付書面

　株主総会議事録と株主リストを添付する。種類株主総会の決議が必要な場合
には，種類株主総会議事録と株主リストも添付する必要がある。

H21-29　　設定の場合には，株券提供公告に関する添付書面が必要になることがある。
種類株式発行会社がある種類の株式を譲渡制限株式とする場合も同様である。
➡　つまり，登記原因が「変更」でも株券提供公告に関する添付書面が必要に
　なることがある。

　株券提供公告に関する添付書面については，3パターンに分けて考える必要
がある（商登§62，59 I ②）。

(1)　株券発行会社でない場合

H23記述　　この場合には，何も添付しない。株券を発行する旨の定めが登記されてい
なければ株券発行会社ではないと判断できるので，株券提供公告が不要であ
ることは登記官にとって明らかなのである。

(2)　株券を発行している株券発行会社である場合

H26-31　　この場合には，株券の提出に関する公告と通知が必要であり，株券提供公
告をしたことを証する書面を添付しなければならない。
➡　公告と通知の両方が必要な場合には公告をしたことを証する書面を添付
　するという商業登記の原則どおりである。

(3)　株券を発行していない株券発行会社である場合

　厳密には，株券の提出に関する公告の対象となる株式，つまり譲渡制限を
設ける株式の全部について株券を発行していない場合である。

H19-30　　この場合には，株券の提出に関する公告は不要であるが，現実に株券を発
行していないことは登記簿からはわからない。そのため，対象となる株式の

全部について株券を発行していないことを証する書面を添付しなければならない。具体的には，株主名簿を添付する。

➡　株券を発行する旨の定めの廃止の場合と同じような添付書面となる。

第10節　発行する株式の内容

Topics ・種類株式発行会社以外の株式会社における登記事項である。
・株主全員の同意が必要となる場合に注意する。

1　発行する株式の内容として登記される事項

　　第9節で説明したように，種類株式発行会社でない株式会社では，取得請求
権付株式の内容と取得条項付株式の内容が発行する株式の内容として登記され
る。発行する全部の株式が取得請求権付株式でも取得条項付株式でもないなら，
発行する株式の内容は登記されない。

2　株式の内容の変更の手続

　　株主全員の同意が必要となる場合に注意する必要がある。発行する全部の株
式を取得条項付株式とする場合と取得条項付株式の内容を変更する場合である
（会§110）。取得条項付株式を取得条項付株式でないものにする場合には，株
主全員の同意は要らない。

　　株主全員の同意が必要となる場合以外の場合には，株主総会の特別決議で定
款を変更すればよい。

　　取得請求権付株式や取得条項付株式の内容を変更するのに，株券の提出に関
する公告が必要となることはない。

3　登記の事由

　「発行する株式の内容の設定」「発行する株式の内容の変更」「発行する株式の
内容の廃止」とすればいいだろう。

➡　登記の事由としてどのように記載するかについては，そこまでこだわらな
　　くてよい。何があったかがわかればいいのである。

4　登記記録例

次のように登記される。設定し，変更し，廃止した場合である。

発行する株式の内容	株主は，いつでも当会社に対して当会社の株式の取得を請求することができる。当会社は，株式１株の取得と引換えに５個の第１回新株予約権を交付する。 令和３年１月１日変更　　令和３年１月６日登記
	株主は，いつでも当会社に対して当会社の株式の取得を請求することができる。当会社は，株式１株の取得と引換えに10個の第１回新株予約権を交付する。 令和３年２月３日変更　　令和３年２月４日登記
	令和３年３月３日廃止　　令和３年３月４日登記

登記原因は，「変更」「廃止」である。新たに設けた場合には「設定」とすべきであるとも思われるが，株式の内容を変更したものと考えて「変更」とする取扱いのようである。

➡　微妙なところなので，試験対策的には忘れても構わない。気にしすぎない方がいい。

この登記記録例は，取得請求権付株式についてのものであるが，取得条項付株式についてもほぼ同じとなる。取得条項付株式では，「当会社は，当会社が別に定める日が到来したときに当会社の株式を取得することができる」などと登記されることになる。

取得の対価が新株予約権となっているところに注意してほしい。定款では，取得の対価である新株予約権の内容，つまり会社法236条１項各号の事項を定めなければいけないが，具体的な内容全部を登記する必要はなく，この例のように「第１回新株予約権」などと新株予約権の名称を登記すればよいのである（先例平18.3.31－782）。定款で定めたとおりに登記する必要はない。

5　登記すべき事項の記載

これまでと同様である。定款上「発行する株式の内容」という語句がなくても，この語句は登記記録の見出しとして必要であり，必ず記載しなければならない。

6　添付書面

H30-31　株主全員の同意が必要な場合には，株主全員の同意があったことを証する書面を添付しなければならない（商登§46 I）。

　登記すべき事項について株主全員の同意が必要な場合も，株主リストが必要になる。

（添付書面）

商業登記規則第61条　（略）

2　登記すべき事項につき次の各号に掲げる者全員の同意を要する場合には，申請書に，当該各号に定める事項を証する書面を添付しなければならない。
　一　株主　株主全員の氏名又は名称及び住所並びに各株主が有する株式の数（種類株式発行会社にあつては，株式の種類及び種類ごとの数を含む。次項において同じ。）及び議決権の数
　二　種類株主　当該種類株主全員の氏名又は名称及び住所並びに当該種類株主のそれぞれが有する当該種類の株式の数及び当該種類の株式に係る議決権の数

　発行する株式の内容の変更について必要となるのは種類株主全員の同意ではないが，種類株主全員の同意が必要な場合も，株主リストは必要である。
➡　株主総会の決議について必要となる場合も，株主全員の同意について必要となる場合も，種類株主全員の同意について必要となる場合も「株主リスト」という名称で構わない。通達において，全て「株主リスト」とされているためである（先例平28.6.23 - 98）。

　株主総会の特別決議が必要な場合には，**株主総会議事録**と**株主リスト**を添付する。

第11節　種類株式発行会社

Topics　・種類株式発行会社となった場合と種類株式発行会社でない株式会社となった場合の登記手続に注意する。
　　　　・「発行可能種類株式総数及び発行する各種類の株式の内容」としてどのように登記されるのかを把握する。
　　　　・申請書の作成は難易度が高い。択一向けの知識を身につけよう。

1　発行可能種類株式総数及び発行する各種類の株式の内容

　種類株式発行会社では，必ず「発行可能種類株式総数及び発行する各種類の株式の内容」が登記される。まず，登記記録例を見てイメージをつかんでしまおう。

発行可能種類株式総数及び発行する各種類の株式の内容	普通株式　5万株 優先株式　1万株 　優先株式を有する種類株主は,各事業年度において,普通株式を有する種類株主に先立ち，その有する優先株式1株につき金500円の金銭による剰余金の配当を受けることができる。 　優先株式を有する種類株主は，株主総会において議決権を行使することができない。

　このように，発行可能種類株式総数と発行する各種類の株式の内容は，必ずセットで登記される。

➡　発行可能株式総数と発行可能種類株式総数は，全く違う場所に登記されることに注意しよう。

➡　種類株式発行会社でも，株式の譲渡制限に関する規定は別に登記されることを思い出しておこう。

2　種類株式発行会社となった場合の登記

（発行する株式の内容等の登記）
商業登記規則第69条　種類株式発行会社となつた場合において，発行可能種類株式総数及び発行する各種類の株式の内容の登記をしたときは，発行する株式の内容の登記を抹消する記号を記録しなければならない。

H20-35　　種類株式発行会社は，「発行可能種類株式総数及び発行する各種類の株式の内容」を登記しなければならず，「発行する株式の内容」を登記することができない。そのため，全部の株式が取得請求権付株式か取得条項付株式であった株式会社が新たに種類株式発行会社となった場合には，「発行する株式の内容」を抹消する記号（下線）を記録しなければならない。

➡　条文では，抹消する記号を記録するのが誰であるかを省略しているが，登記官が抹消する記号を記録すると解釈してしまってよい。

　　登記記録例を見てしまった方が理解が早いだろう。

発行する株式の内容	<u>株主は，いつでも当会社に対して当会社の株式の取得を請求することができる。当会社は，株式1株の取得と引換えに5個の第1回新株予約権を交付する。</u>
発行可能種類株式総数及び発行する各種類の株式の内容	甲種類株式　5万株 乙種類株式　1万株 　甲種類株式の株主は，いつでも当会社に対して当会社の株式の取得を請求することができる。当会社は，甲種類株式1株の取得と引換えに5個の第1回新株予約権を交付する。 　乙種類株式を有する種類株主は，各事業年度において，甲種類株式を有する種類株主に先立ち，その有する乙種類株式1株につき金500円の金銭による剰余金の配当を受けることができる。 　乙種類株式を有する種類株主は，株主総会において議決権を行使することができない。 　　　令和3年1月1日変更　　　令和3年1月6日登記

　　取得請求権付株式を発行していた株式会社が取得請求権付株式を甲種類株式とし新たに乙種類株式を発行する旨を定めた場合である。種類株式発行会社となったことにより「発行する株式の内容」の登記はできなくなるが，「発行可能種類株式総数及び発行する各種類の株式の内容」の登記のみを申請すればよく，「発行する株式の内容」については登記官が抹消する記号を記録してくれるのである。「発行する株式の内容」を抹消する旨の登記を申請する必要はない。「発行可能種類株式総数及び発行する各種類の株式の内容」についての登記原因は「変更」である。株式の種類を追加する変更であり，「設定」とはしない

ものとされている。もっとも，登記の事由としては「発行可能種類株式総数及び発行する各種類の株式の内容の設定」としても問題ないだろう。

➡　株式の種類を追加する手続については，第13節で扱う。

「発行する株式の内容」の登記がない株式会社が種類株式発行会社となった場合も，登記原因は「変更」を用いるものとされている。　H27記述

3　種類株式発行会社でなくなった場合の登記

（発行する株式の内容等の登記）
商業登記規則第69条　（略）
2　種類株式発行会社に該当しなくなつた場合において，発行する株式の内容の登記をしたときは，発行可能種類株式総数及び発行する各種類の株式の内容の登記を抹消する記号を記録しなければならない。

種類株式発行会社となった場合の逆である。この場合には，「発行可能種類株式総数及び発行する各種類の株式の内容」に下線が引かれることになる。

発行する株式の内容	株主は，いつでも当会社に対して当会社の株式の取得を請求することができる。当会社は，株式1株の取得と引換えに5個の第1回新株予約権を交付する。 　　　令和3年1月1日変更　　　令和3年1月6日登記
発行可能種類株式総数及び発行する各種類の株式の内容	甲種類株式　5万株 乙種類株式　1万株 　甲種類株式の株主は，いつでも当会社に対して当会社の株式の取得を請求することができる。当会社は，甲種類株式1株の取得と引換えに5個の第1回新株予約権を交付する。 　乙種類株式を有する種類株主は，各事業年度において，甲種類株式を有する種類株主に先立ち，その有する乙種類株式1株につき金500円の金銭による剰余金の配当を受けることができる。 　乙種類株式を有する種類株主は，株主総会において議決権を行使することができない。

　種類株式発行会社では「発行可能種類株式総数及び発行する各種類の株式の内容」を必ず登記するが，種類株式発行会社でない株式会社では「発行する株式の内容」を登記しない場合がある。むしろ，「発行する株式の内容」を登記する場合の方が珍しいぐらいである。

「発行する株式の内容」を登記すべき場合，つまり種類株式発行会社でなくなった後に全部の株式が取得請求権付株式か取得条項付株式となる場合には，「変更」を登記原因として「発行する株式の内容」の登記を申請すればよい。一方，「発行する株式の内容」を登記しない場合には，「発行可能種類株式総数及び発行する各種類の株式の内容」について登記原因を「廃止」とする登記を申請すればよい。「発行する株式の内容」を登記する必要があるかどうかで申請する登記が全く異なる。

発行可能種類株式総数及び発行する各種類の株式の内容	普通株式　　5万株 優先株式　　1万株 　優先株式を有する種類株主は，各事業年度において，普通株式を有する種類株主に先立ち，その有する優先株式1株につき金500円の金銭による剰余金の配当を受けることができる。 　優先株式を有する種類株主は，株主総会において議決権を行使することができない。
	令和3年1月1日廃止　　　令和3年1月6日登記

　種類株式発行会社を種類株式発行会社でない株式会社にする場合には，ある種類の株式以外の種類株式の全部を取得，消却し，現に発行している種類株式を1種類のみとした後に株式の内容を変更する（種類株式についての定めを廃止する）定款の変更をするのが普通である。

➡　種類株主全員の同意が得られるなら，複数の種類株式を一つの種類株式にまとめるような行為も可能と解されるが，そのような手続について会社法上の明文の規定はない。

第12節　発行可能種類株式総数

Topics　・発行可能種類株式総数は，常に発行する各種類の株式の内容とセットで登記されることに注意する。
　　　　・発行可能株式総数とは連動しない。「種類」の2文字を見逃さないようにしたい。

1　発行可能種類株式総数の変更の手続

　種類株式発行会社は，必ず定款で発行可能種類株式総数を定めなければならない。

　発行可能種類株式総数については，次の点について会社法の規定を復習しておくとよいだろう。

・全部の種類の発行可能種類株式総数の合計が発行可能株式総数と一致する必要はない。つまり，発行可能株式総数を変更せずに，発行可能種類株式総数のみを変更することができる。
・発行可能株式総数と異なり，増加する場合でも上限がない。
・下限については，取得請求権付株式の取得の対価，取得条項付株式の取得の対価，新株予約権の目的である株式の数などを考慮する必要がある。

　発行可能種類株式総数を変更するには，株主総会の特別決議によって定款を変更する必要がある。

　発行可能株式総数と同様に，損害を及ぼすおそれがある場合の種類株主総会の決議も必要になる（会§322Ⅰ①ハ）。また，増加する場合には，発行可能株式総数と同様に，定款の定めによりこの種類株主総会の決議を不要とすることはできない（同Ⅲただし書）。

　発行可能株式総数とは異なり，株式の分割と同時にする場合でも，株主総会の決議によらずに発行可能種類株式総数を増加することはできない。

2　登記の事由

　「発行可能種類株式総数の変更」で問題ない。後述する登記の内容を考えると，「発行可能種類株式総数及び発行する各種類の株式の内容の変更」とすべきように思われるかもしれないが，登記の事由に記載するのは「何があったか」であり，「何を登記するか」ではないため，登記の内容と完全に一致させる必要

はないだろう。

➡　結局，どちらでも大丈夫だろう。覚えやすく，書きやすい方を選べばよい。

3　登記記録例

増加でも減少でも登記原因などに変わりはない。

発行可能種類株式総数及び発行する各種類の株式の内容	<u>普通株式　５万株</u> <u>優先株式　１万株</u> 　<u>優先株式を有する種類株主は，各事業年度において，普通株式を有する種類株主に先立ち，その有する優先株式１株につき金500円の金銭による剰余金の配当を受けることができる。</u> 　<u>優先株式を有する種類株主は，株主総会において議決権を行使することができない。</u>
	普通株式　５万株 優先株式　２万株 　優先株式を有する種類株主は，各事業年度において，普通株式を有する種類株主に先立ち，その有する優先株式１株につき金500円の金銭による剰余金の配当を受けることができる。 　優先株式を有する種類株主は，株主総会において議決権を行使することができない。 　　　　　令和３年１月１日変更　　　令和３年１月６日登記

「発行可能種類株式総数及び発行する各種類の株式の内容」の一部のみを変更するような登記はできない。そのため，発行可能種類株式総数のみを変更した場合でも，発行する各種類の株式の内容も含めて全体を変更するような登記をすることになる。

発行可能株式総数とは全く異なる登記であることに注意したい。

4　登記すべき事項の記載

登記記録例からも明らかなように，「発行可能種類株式総数及び発行する各種類の株式の内容」は常にセットで登記される。そのため，登記すべき事項と

しても，変更後の「発行可能種類株式総数及び発行する各種類の株式の内容」
の全部を記載しなければならない。

5　添付書面

　　株主総会議事録と株主リストを添付する。種類株主総会の決議が必要な場合
には，種類株主総会議事録と株主リストも添付する。

第13節　発行する各種類の株式の内容

Topics・種類株主全員の同意が必要な場合がある。

・ほとんどが会社法の論点である。会社法の知識を確実にしておこう。

1　発行する各種類の株式の内容

　もう一度，発行する各種類の株式の内容として登記される事項を確認しておこう。以下の事項が発行する各種類の株式の内容として登記される。

- ・取得請求権付株式についての定め
- ・取得条項付株式についての定め
- ・剰余金の配当についての定め
- ・残余財産の分配についての定め
- ・全部取得条項付種類株式についての定め
- ・議決権制限株式についての定め
- ・種類株主総会の決議を必要とする事項についての定め
- ・種類株主総会における取締役又は監査役の選任についての定め
- ・損害を及ぼすおそれがある場合の種類株主総会の決議を不要とする旨の定め

　基本的には定款で定めた事項をそのまま登記することになる。

➕ アルファ

　損害を及ぼすおそれがある場合の種類株主総会の決議を不要とする旨は登記事項だが，募集株式が譲渡制限株式である場合の種類株主総会の決議（会§199Ⅳ）を不要とする旨の定めは登記事項ではない。そのため，仮に「会社法第199条第4項及び同法第322条第1項の規定による種類株主総会の決議を要しない」と定款で定めた場合であっても，その定めをそのまま登記することはできず，「会社法第322条第1項の規定による種類株主総会の決議を要しない」と登記しなければならない。

H20-35
H18-33
　種類株式を現実に発行するまでの間は，種類株式の具体的な内容を定めず，その内容の要綱のみを定めておくこともできる（会§108Ⅲ）。内容の要綱のみを定款で定めた場合には，内容の要綱のみを登記することになる。そして，その後に具体的な内容を定めたときは，発行する各種類の株式の内容の変更の登記をしなければならない。

2　発行する各種類の株式の内容の変更の手続

　株主総会の特別決議が必要である。また，損害を及ぼすおそれがある場合の種類株主総会の決議も必要になる。株式の種類の追加や株式の内容の変更の場合には，定款の定めによりこの種類株主総会の決議を不要とすることはできない。発行可能種類株式総数の増加と同じである。

　ある種類の株式を全部取得条項付種類株式とする場合には，損害を及ぼすおそれの有無にかかわらず，種類株主総会の決議が必要になる（会§111Ⅱ）。

　種類株主全員の同意が必要になる場合がある。一つめは，ある種類の株式を取得条項付株式とする場合である（会§111Ⅰ）。取得条項付株式の内容を変更する場合も種類株主全員の同意が必要だが，取得条項付株式を取得条項付株式でなくする場合には種類株主全員の同意は不要である。
➡　全部取得条項付種類株式と取得条項付株式の違いに注意する。

　種類株主全員の同意が必要になるもう一つの場合は，損害を及ぼすおそれがある場合の種類株主総会の決議を不要とする旨の定めを設ける場合である（会§322Ⅳ）。

　種類株式の内容の要綱の定めがある種類株式発行会社がその後に具体的な内容を定める場合には，定款の定めに基づき取締役会や清算人会が具体的な内容を定めることができる。

3　登記の事由

　「発行する各種類の株式の内容の変更」とすればよい。

4　登記記録例

　発行可能種類株式総数の変更と同じである。
　また，取得請求権付株式や取得条項付株式の取得の対価が新株予約権である場合であっても，新株予約権の内容を登記する必要はなく，新株予約権の名称を登記すれば足りる点については，発行する株式の内容の登記と同じである。

5　登記すべき事項の記載

　発行可能種類株式総数の変更と同じである。発行可能種類株式総数も含めて **H29記述**
「発行可能種類株式総数及び発行する各種類の株式の内容」の全体を記載しなければならない。

6　添付書面

　株主総会議事録と株主リストを添付する。種類株主総会の決議が必要な場合には，種類株主総会議事録と株主リストも添付する。さらに，種類株主全員の同意が必要な場合には，種類株主全員の同意があったことを証する書面と株主リストも添付する。

　内容の要綱のみを定款で定めていた場合には，株主総会の決議が不要となる場合がある。取締役会の決議や清算人会の決議で具体的な内容を定めた場合であって，登記されている事項から決議機関が明らかにならない場合には，取締役会議事録や清算人会議事録のほかに，定款を添付する必要がある。

第14節　募集株式の発行

Topics ・募集株式の発行による変更の登記というのは，結局，「発行済株式の総数並びに種類及び数」と「資本金の額」を変更する登記である。
・添付書面が複雑になってくる。まず，最もシンプルなパターンを覚えてしまおう。難しい部分は後回しにしても構わない。
・募集事項の決定機関は会社法の知識であるが，択一・記述を問わず商業登記法で問われる知識でもある。会社法とは違う視点から整理することで，知識の定着を図ろう。

1　募集株式の発行による変更の登記とは何か

　これまで扱ってきた登記は，単純に登記簿の内容に変更が生じるものであった。たとえば，商号の変更の登記ならば，登記簿に記録されている商号に変更が生じ，登記簿に記録されている商号を変更するための登記であった。募集株式の発行による変更の登記は，そのような意味での「変更の登記」とは若干意味あいが異なってくる。

重要！ ●

「募集株式の発行」と登記簿に記録されることはない。

　登記簿には「募集株式の発行」と記録されないから，厳密には，登記事項証明書を見ても募集株式の発行があったことは明らかにならない。では，募集株式の発行による変更の登記は何なのかというと，募集株式の発行の結果，発行済株式の総数と資本金の額が増加したことによる発行済株式の総数の変更の登記と資本金の額の変更の登記なのである。

　したがって，新たに株式を発行せず，自己株式の処分のみをした場合には，発行済株式の総数も資本金の額も変わらないため，登記すべき事項は何もない。「自己株式の処分による変更の登記」のようなものは存在しないのである。
➡　自己株式の処分をしても資本金の額は増加しないことについて，会社法の知識を復習しておこう。
➡　募集株式の発行をした場合には，資本金の額のほかに資本準備金の額も増加することがあるが，資本準備金の額は登記事項ではない。

最初に登記記録例を見てしまおう。

発行済株式の総数並びに種類及び数	発行済株式の総数 　　1万株	
	発行済株式の総数 　　2万株	令和3年1月31日変更 －－－－－－－－－－－ 令和3年2月3日登記
資本金の額	金1億円	
	金2億円	令和3年1月31日変更 －－－－－－－－－－－ 令和3年2月3日登記

　種類株式発行会社でない場合の例である。「募集株式の発行」という文字はどこにも登記されない。たぶん募集株式の発行だろうと推測することはできるが，募集株式の発行ではない可能性もある。登記記録のみでは判断できないのである。

➡　仮に募集株式の発行だとしても，その効力発生日が令和3年1月31日だとは限らない。効力発生日が令和3年1月31日ではない可能性については，この節の中で触れる。

　資本金の額については，「金○円」のように「金」を付ける習慣である。また，「億」「万」などは漢字を用いることができるが，「千」「百」は用いない習慣である。

　発行済株式の総数が登記されている左の列には「発行済株式の総数並びに種類及び数」と登記されているが，種類株式発行会社でなくてもこのように登記される扱いである。また，発行済株式の総数の登記はやや特殊な構造であり，登記記録の中央の列に記録される「発行済株式の総数」の文字も登記記録の見出しとしての役割を持つ。そのため，この「発行済株式の総数」の文字も必ず記録され，その次の行の「1万株」「2万株」が何の数であるかを示すことになる。

　種類株式発行会社では，次のように登記される。資本金の額は種類株式発行会社でない場合と同じなので省略する。

発行済株式の総数並びに種類及び数	発行済株式の総数 　　2万株 各種の株式の数 　　普通株式　　1万株 　　優先株式　　1万株	
	発行済株式の総数 　　3万株 各種の株式の数 　　普通株式　　2万株 　　優先株式　　1万株	令和3年1月31日変更 - - - - - - - - - - - 令和3年2月3日登記

「発行済株式の総数」と同様に「各種の株式の数」も登記記録の見出しとしての役割を持つ。

➕ アルファ

　種類株式発行会社となった場合には「発行可能種類株式総数及び発行する各種類の株式の内容」を登記しなければならないが，「発行済株式の総数並びに種類及び数」の欄に「各種の株式の数」を登記することは要求されない。種類株式を発行することができる株式会社が種類株式発行会社であり，現実に2以上の種類株式を発行していなくても種類株式発行会社となることができるのである。「発行済株式の総数並びに種類及び数」については，現実に種類株式を発行した時点で変更の登記をすることになる。したがって，「発行済株式の総数並びに種類及び数」の欄のみを見ても，種類株式発行会社かどうかを正確に判断することはできない。

2　募集事項の決定機関

　商業登記では，募集事項の決定機関が重要になる。添付書面に影響があるからである。まず，株主割当て以外と株主割当ての二つに分け，そのそれぞれについて公開会社と公開会社でない場合を考えることにする。

➡　会社法の範囲なので，細かい説明は省略する。また，会社法295条3項の反対解釈により取締役や取締役会が決定することができる事項を定款の定めにより株主総会の決議事項とすることができるが，そのような定款の定めは

ないものとして話を進める。

(1)　公開会社における株主割当て以外の場合

　　原則は取締役会である。

　　払込金額が募集株式を引き受ける者に特に有利な金額である場合には，株主総会の特別決議が必要になる。ただし，株主総会の特別決議によって募集事項の決定を取締役会に委任すれば，委任の範囲内である限り取締役会で募集事項を決定できる。

(2)　公開会社でない株式会社における株主割当て以外の場合

　　原則は株主総会の特別決議である。

　　株主総会の特別決議による委任があれば，委任の範囲内である限り，取締役会設置会社では取締役会の決議で，取締役会設置会社以外の株式会社では取締役の決定で，募集事項を決定できる。

(3)　公開会社における株主割当ての場合

　　常に取締役会である。

(4)　公開会社でない株式会社における株主割当ての場合

　　原則は株主総会の特別決議である。

　　定款の定めがあれば，取締役会設置会社では取締役会の決議で，取締役会設置会社以外の株式会社では取締役の決定で，募集事項を決定できる。

	株主割当て以外	株主割当て
公開会社	取締役会 払込金額が特に有利な金額であれば株主総会 株主総会による委任があれば払込金額にかかわらず取締役会	取締役会
公開会社でない株式会社	株主総会 株主総会による委任があれば取締役会・取締役の決定	株主総会 定款の定めがあれば取締役会・取締役の決定

3　種類株主総会の決議

　種類株式発行会社では，種類株主総会の決議が必要になる場合がある。これも，株主割当て以外の場合と株主割当ての場合とで異なる。

　株主割当て以外の場合には，募集株式が譲渡制限株式である場合に募集株式である種類株式の種類株主を構成員とする種類株主総会の決議が必要になる。

　株主割当ての場合には，損害を及ぼすおそれがある場合の種類株主総会の決議が必要になる。

　どちらの種類株主総会も，定款の定めがあれば不要とできるが，譲渡制限株式である種類株式についての種類株主総会を不要とする旨は株式の内容ではないのに対し，損害を及ぼすおそれがある場合の種類株主総会を不要とする旨は株式の内容である。

4　割当ての決定

　株主割当て以外の場合には，申込みと割当てで募集株式の引受人を決定する方法と総数引受契約を締結する方法とがある。

　申込みと割当てを行う場合には，割当ての決定が必要になる。
　割当ての決定機関は，募集株式が譲渡制限株式かどうかで異なる。
　募集株式が譲渡制限株式である場合には，取締役会設置会社では取締役会の決議で，取締役会設置会社以外の株式会社では株主総会の特別決議で，割当ての決定をしなければならない。ただし，この決定機関については，定款で別の機関とすることが可能である。
　募集株式が譲渡制限株式でなければ，通常の業務執行として割当ての決定を行えばよい。

5　総数引受契約を締結する場合

　総数引受契約を締結するのであれば，割当ての決定は不要である。

　募集株式が譲渡制限株式である場合には，総数引受契約の承認が必要になる（会§205Ⅱ）。この承認は，申込みと割当ての方法による場合の割当ての決定に相当する手続で，割当ての決定機関と同じ機関が総数引受契約の承認をする。譲渡制限株式の場合には，誰が株主となるかが問題になるのである。

6　支配株主の異動を伴う募集株式の発行

公開会社が株主割当て以外の方法で募集株式の発行をする場合には，支配株主の異動が問題になる。支配株主の異動を伴う募集株式の発行に際しては，株主総会の決議が必要になることがある。

株主総会の決議が必要となるのは，次の要件の両方に該当する場合である（会§206の2）。なお，一つ目の要件については，正確には，募集株式の引受人の子会社等の議決権も含めて判断する。

・募集株式の発行により募集株式の引受人が募集株式の発行をする株式会社の議決権の過半数を有することになる場合
・総株主の議決権の10分の1以上の議決権を有する株主が募集株式の引受けに反対する旨を通知した場合

さらに，この二つの要件に該当していても，財産の状況が著しく悪化している場合において，事業の継続のために緊急の必要があるときは，株主総会の決議は不要となる。

➡　支配株主の異動を伴う場合に必要となる株主総会の決議要件は，取締役の選任などと同じ要件（会§341）だった。会社法の知識を整理しておこう。

7　効力発生と登記期間

募集株式の発行の効力は，払込みによって効力が生じる。

➡　金銭以外の財産を給付する場合については，あとでまとめて扱う。

払込みについては，期日を定めることと期間を定めることが可能である。期間を定めた場合であっても，効力発生日は現実に払込みをした日である。

払込みの期日を定めた場合の登記期間は，原則どおりである。

➡　原則的な登記期間は第2節で扱っている。忘れていたら復習しておこう。

払込みの期間を定めた場合には，例外的な扱いとなる。

会社法第915条　（略）

2　前項の規定にかかわらず，第199条第1項第4号の期間を定めた場合における株式の発行による変更の登記は，当該期間の末日現在により，当該末日から2週間以内にすれば足りる。

　払込みの期間を定めた場合には，期間の末日から登記期間が進行する。ただ **R2-30**
し，期間の末日の終了までは全部の効力の発生が明らかにならないから，起算
日は期間の末日の翌日となるだろう。

　払込みの期日の変更も可能とされている。払込みの期日前に払込みの全部が **H22-29**
完了した場合には，取締役会の決議により払込みの期日を繰り上げることがで
きるという先例（先例昭37.6.13 - 1563）がある。一方，払込みの期日の延期に
は，取締役会の決議のほかに，募集株式の引受人全員の同意が必要になる（先
例昭40.1.13 - 79）。株主となる時期が変わるため，募集株式の引受人に不利益
となる可能性があるのである。

➡　どちらも，取締役会が募集事項を決定した場合の先例である。株主総会の
　　決議で募集事項を決定した場合には株主総会の決議で払込みの期日を変更す
　　ることが可能であると解されるが，明確な先例があるわけではない。

8　発行済株式の総数と資本金の額の増加

　新たに株式を発行するので，発行済株式の総数が増加する。また，新たに株
式を発行した場合には，資本金の額が増加する。

　増加する資本金の額は，払い込まれた金銭の額のうち，資本準備金とする額
以外の額である。
　会社計算規則では，払い込まれた金銭の額を資本金等増加限度額とよぶ（計
算規§14Ⅰ）。そして，資本金等増加限度額のうち2分の1以上の額を資本金
としなければならず，資本金とした額以外の額を資本準備金としなければなら
ない（会§445ⅠⅡⅢ）。資本金等増加限度額のうち資本金とする額は，募集事
項で定める必要がある（会§199Ⅰ⑤）。

➕ アルファ

　一つの募集において，新たな株式の発行と自己株式の処分をした場合には，
資本金等増加限度額の計算が複雑になる。株式の発行分についてのみ資本金
の額を増加し，自己株式の処分分については資本金の額を増加できないから
である。また，自己株式の処分については，その帳簿価額によって処分差益
や処分差損が発生することが考えられ，その数字も含めなければならないか
らである。
　正確な計算は，会社計算規則14条に従って行う必要がある。覚えるのは無
理だし，覚えなくていいが，自己株式処分差益が発生する場合には株式の発
行と自己株式の処分の割合のみを考えればよく，自己株式処分差損が発生す

る場合には自己株式処分差損を控除したうえで株式の発行と自己株式の処分
の割合を考えればよい。

9　登記の事由

「募集株式の発行」とすればよい。募集株式の発行によって発行済株式の総数
が増加し，資本金の額が増加するが，「発行済株式の総数の変更」「資本金の額
の変更」とすべきではない。登記の事由は，何を登記するかを書く場所ではな
く，何が起きたのかを書く場所だからである。

10　登記記録例

110ページを参照してもらいたい。

H25記述
H20記述

登記原因は「変更」である。登記される変更の年月日は，払込みの期日を定
めた場合には，払込みの期日でよい。払込みの期間を定めた場合には，例外的
な扱いとなり，払込みの期間の末日を変更の年月日として登記することになる。
つまり，変更の年月日として効力発生日でない日付が登記されることになる。

11　登記すべき事項の記載

基本的な考え方は，これまでの登記と同じである。何を変更するのかを特定
し，登記簿に記録される事項を記載すればよい。ただし，少しだけこれまでと
は違う点がある。

まず，一般的な記載の例を見てしまおう。

```
令和3年1月31日次のとおり変更
　発行済株式の総数　2万株
　資本金の額　金2億円
```

まず，これまでは登記記録の左の列の語句を登記記録の見出しとして用いて
いたのだが，「発行済株式の総数並びに種類及び数」ではなく，中央の列に記
録される「発行済株式の総数」を登記記録の見出しとして用いる。

また，発行済株式の総数と資本金の額を変更する登記を申請するのだが，原
因年月日は二つ分をまとめて記載してしまう習慣である。

➡　もちろん，それぞれの登記を分けて原因年月日を二つ書いても問題はない。

種類株式発行会社の場合には，次のように記載すればよい。

令和３年１月31日次のとおり変更
　　発行済株式の総数　　３万株
　　各種の株式の数　　普通株式　　２万株
　　　　　　　　　　　優先株式　　１万株
　　資本金の額　　金２億円

12　添付書面

これまでの登記に比べると，添付書面の種類も増え，複雑になっている。一つ一つ確実に覚える必要がある。

➡　とりあえず，全部が金銭による払込みの場合である。金銭以外の財産が給付された場合は，このあとで扱う。

(1)　募集事項の決定についての書面

募集事項を決定した株主総会の議事録，取締役会の議事録，取締役の過半 `H19-30`
数の一致があったことを証する書面を添付する。株主総会で決定した場合には株主リストも必要である。

募集事項の決定機関が原則とは異なる場合には，募集事項の決定機関を証する書面も添付する必要がある。

公開会社でない株式会社における株主割当て以外の場合には，原則が株主総会であり，例外が取締役会・取締役の決定である。取締役会の決議か取締役の決定で募集事項を定めた場合には，募集事項の決定を委任した株主総会の議事録と株主リストを添付する必要がある。

公開会社でない株式会社における株主割当ての場合も，原則が株主総会で `H26-33`
あり，例外が取締役会・取締役の決定である。この場合の例外には，定款の `H22-29`
定めが必要なので，募集事項の決定機関についての定めがある定款を添付す `H20-33`
る必要がある。

公開会社における株主割当て以外の場合であって，募集株式の払込金額が募集株式を引き受ける者に特に有利な金額である場合には，少し話がややこしくなる。株主総会が募集事項を決定する場合と株主総会の委任に基づき取締役会が募集事項を決定する場合があるためである。

まず，募集事項を決定した機関の議事録は必ず添付する。株主総会で募集

事項を定めたのなら株主総会議事録を添付し，取締役会で募集事項を定めたのなら取締役会議事録を添付する。

R3-30
H28-31

　　募集事項の決定を委任した株主総会の議事録を添付すべきかどうかが問題である。この場合には，株主総会議事録を添付しないのが原則である（先例昭30.6.25 - 1333）。

➡　例外については，この節の最後で扱う。

> 🖝 **理由**　募集株式の払込金額が募集株式を引き受ける者に特に有利な金額であるにもかかわらず，株主総会の決議を経ずに取締役会が募集事項を決定したとしても，そのことは募集株式の発行の無効原因とはならない（最判昭46.7.16）。また，取締役会で募集事項を決定した登記の申請を却下するためには，登記官が「募集株式の払込金額が募集株式を引き受ける者に特に有利な金額である」という判断をしなければならないが，その判断は非常に困難である。結局，募集事項を決定した取締役会の議事録の添付があれば，払込金額にかかわらず登記の申請を受理する取扱いである。

　　払込みの期日を変更した場合には，その変更に係る議事録の添付も必要になる。また，払込みの期日を延期した場合には，募集株式の引受人全員の同意があったことを証する書面も添付しなければならない。

(2)　種類株主総会議事録

R3-30
H27-30

　　種類株主総会の決議が必要となる場合には，種類株主総会議事録と株主リストを添付しなければならない。株主割当て以外の場合で募集株式が譲渡制限株式の場合と，株主割当ての場合で種類株主に損害を及ぼすおそれがある場合である。

　　定款の定めにより種類株主総会の決議が不要となる場合については，定款の添付が必要な場合と不要な場合がある。

　　株主割当て以外の場合で定款の定めに基づき種類株主総会の決議が不要となった場合には，種類株主総会の決議を不要とする旨を定めた定款を添付しなければならない。一方，株主割当ての場合で定款の定めに基づき種類株主総会の決議が不要となった場合には，定款の添付は不要である。

> 🖝 **理由**　募集株式が譲渡制限株式である場合の種類株主総会の決議を不要とする旨は，株式の内容ではなく登記されない。一方，損害を

及ぼすおそれがある場合の種類株主総会の決議を不要とする旨
は，株式の内容であり登記される。登記されているのであれば，
定款を添付しなくても定款の規定の存在が明らかとなる。

(3) 募集株式の割当てについての書面

　募集株式の割当ての決定について書面を添付するのは，募集株式が譲渡制 `R3-30`
限株式である場合に限られる。 `R2-30`
➡ 譲渡制限株式でなければ，割当ての決定をしたとしても，その決定につ `H29-30`
いて書面を添付する必要はない。 `H28-31`
`H23-31`

　会社法の原則どおりの機関が決定した場合には，その議事録を添付すれば
よい。取締役会設置会社では取締役会議事録であり，取締役会設置会社以外
の株式会社では株主総会議事録と株主リストである。
　割当ての決定について定款に別段の定めがある場合には，その定めを証す
るために定款を添付する。

➕ アルファ

　割当ての決定機関と募集事項の決定機関が同じであれば，募集株式の引受 `R3-30`
けの申込みがあることを条件として，募集事項の決定と同時に割当ての決定 `H27記述`
を行ってしまうことも可能である。その場合には，募集事項の決定と同時に `H25記述`
割当ての決定をした旨の記載がある議事録を添付すればよい。

(4) 総数引受契約の承認についての書面

　割当てについての書面と同様である。募集株式が譲渡制限株式である場合 `R2-30`
に限って必要になる。取締役会設置会社では取締役会議事録であり，取締役 `H29-30`
会設置会社以外の株式会社では株主総会議事録と株主リストである。

(5) 支配株主の異動を伴う場合

　支配株主の異動を伴う場合で，株主総会の決議が必要となる場合には，そ
の株主総会の議事録と株主リストを添付すべきである。
　一方，財産の状況が著しく悪化している場合において，事業の継続のため
に緊急の必要があることを理由とし株主総会の決議を受けなかった場合に
は，財産の状況が著しく悪化していることと事業の継続のために緊急の必要
があることを代表者が証明した書面を添付する。

　支配株主の異動を伴う場合に該当しない場合には，特に添付書面が必要と

なることはない。反対した株主の議決権の数などについての添付書面も要求されない。

＋アルファ

　支配株主の異動を伴う場合に該当しないことを添付書面で明らかにする必要はない。また，他の添付書面から支配株主の異動を伴う場合に該当すると判断することは困難である。結局，登記官は，支配株主の異動を伴う場合に該当するかどうかが判断できない。

　支配株主の異動を伴う場合に該当すると判断できない以上，登記官は，支配株主の異動を伴う場合ではないものとして，登記の申請を受理するしかない。支配株主の異動を伴う場合には書面を添付するものと規定されているが，現実には，支配株主の異動についての書面の添付がなくても，登記の申請は受理されてしまうだろう。

　もっとも，試験では法律の理解を問われるので，添付が必要な場合には，添付が必要なものとして解答するしかない。添付しなくても登記の申請が受理されるとしてもである。

　必要な添付書面はこれだけではない。ここからがさらに重要となる。

（募集株式の発行による変更の登記）

第56条　募集株式（会社法第199条第1項に規定する募集株式をいう。第1号及び第5号において同じ。）の発行による変更の登記の申請書には，次の書面を添付しなければならない。

一　募集株式の引受けの申込み又は会社法第205条第1項の契約を証する書面

二　金銭を出資の目的とするときは，会社法第208条第1項の規定による払込みがあつたことを証する書面

三　（略）

四　（略）

五　（略）

商業登記規則第61条　（略）

9　設立の登記又は資本金の額の増加若しくは減少による変更の登記の申請書には，資本金の額が会社法及び会社計算規則（平成18年法務省令第13号）の規定に従つて計上されたことを証する書面を添付しなければならない。

　まずは，いちばん単純なケースを覚えてしまおう。

重要❗ •••
　募集株式の発行による変更の登記の申請書には，議事録のほかに３種類の書面を添付するのが基本である。

　３種類の書面とは，「募集株式の引受けの申込みを証する書面」「払込みがあったことを証する書面」「資本金の額が会社法及び会社計算規則の規定に従って計上されたことを証する書面」である。引受けの申込みではなく，総数引受契約を締結した場合には，「募集株式の引受けの申込みを証する書面」ではなく「総数の引受けを行う契約を証する書面（総数引受契約書）」を添付することになる。

⑹　募集株式の引受けの申込みを証する書面

　株主割当て以外でも，株主割当てでも，添付することになる。総数引受契約を締結した場合には添付しない。 H25記述 H19記述

　募集株式の引受けの申込みをする者は，必要な事項を記載した書面（株式申込証）を株式会社に提出するので（会§203Ⅱ），この書面を添付すればよい。通常は募集株式の引受人１名につき１通添付する。

➡　電磁的方法により申込みがあった場合（会§203Ⅲ）には，電磁的記録を添付する。

　最終的に募集株式の株主となった引受人の分だけを添付すればよい。つまり，払込みをしなかったことにより株主とならなかった者については，申込みがあったとしても添付しなくてよい。

➕アルファ

　金融機関が募集株式の引受けの申込みを取り扱った場合には，金融機関が発行した株式申込取扱証明書を添付することも可能である。

　株式会社が募集株式の引受人となる場合において，募集株式の引受人である株式会社と募集株式の発行をする株式会社の代表取締役が同一人物であるときは，募集株式の引受けの申込みをすることは，募集株式の引受人となる株式会社において利益相反取引に該当する。利益相反取引であるので，株主総会か取締役会の承認が必要となるが，その議事録の添付が必要となることはない。引受けの申込みの意思決定についてまで添付書面を要求するのも合理的ではなく，そもそも明文の規定がないのに当事者ではない他の会社の議事録を添付させることもできないのである。 H26-33

➡　募集株式の発行をする株式会社における利益相反ではなく，募集株式を引き受ける株式会社における利益相反であることに注意する必要がある。

(7)　総数の引受けを行う契約を証する書面

H20記述
株主割当て以外の場合である。引受けの申込みの手続ではなく，募集株式の総数を引き受けさせる契約を締結した場合には，その契約を証する書面を添付することになる。契約である必要がある。1名の引受人が総数を引き受けても，契約によっていないなら，引受けの申込みを証する書面を添付することになる。

➡　契約でないなら，割当ての決定を省略できない。

契約であればよいので，複数の引受人と契約をすることも可能である。複数の引受人とそれぞれ契約した場合には，契約を証する書面を複数添付することになる。

➡　重要なのは契約か申込みかであって，総数かどうかが重要なのではない。

(8)　払込みがあったことを証する書面

金銭による払込みがあったことを証する書面として，次のうちどちらかを添付する。

・入金が明らかになる通帳のコピーか取引明細表のいずれかと代表者が作成した払込取扱機関に払い込まれた金額を証する書面を合綴した（合わせて綴じた）もの
・払込取扱機関の作成した払込金受入証明書

払込金受入証明書は金融機関に請求すれば発行してもらえるが，通常は，簡単に用意することが可能な通帳のコピーと代表取締役の証明書を合綴したものを添付することが多いだろう。
このような書面を添付するのであるから，払込みが複数回あっても払込みがあったことを証する書面は1通で足りる。

➕ アルファ

H31-30
H23-31
払込みの期日を定めた場合でも，期日前の払込みは有効であると解されている。そのため，払込みがあったことを証する書面から払込みの期日前に払込みがあった旨が明らかであっても，登記の申請は受理される。

⑼　**資本金の額が会社法及び会社計算規則の規定に従って計上されたことを証する書面**

　　増加する資本金の額は，会社計算規則の規定に従って計算する必要がある。　H25記述
資本金等増加限度額のうちどの程度を資本金とするのかは募集事項で定める　H20記述
が，払い込まれた金額が必ず資本金等増加限度額と一致するわけではない。　H19記述
募集株式の発行と自己株式の処分を一つの手続で行った場合には，自己株式
を処分した割合について資本金の額を増加することができないためである。

　　そのため，払い込まれた金額のほかに自己株式の処分の割合を記載した書　H29-30
面を「資本金の額が会社法及び会社計算規則の規定に従って計上されたこと　H23-31
を証する書面」として添付し，増加する資本金の額の計算が適法であること
を明らかにする必要がある。資本金の額が増加するのであれば，添付が不要
となる場合はない。

　　この書面は，株式会社の代表者が作成すればよい。

➡　具体例は，金銭以外の財産の給付があった場合のところで示す。

13　金銭以外の財産の給付があった場合

　金銭以外の財産を出資の目的とする旨を募集事項で定めた場合には，裁判所
の選任した検査役の調査を受けなければならない。ただし，次の場合には，検
査役による調査を省略できる（会§207Ⅸ）。

・金銭以外の財産を給付する募集株式の引受人全員に割り当てる株式の総数
　が募集株式の発行前の発行済株式の総数の10分の１を超えない場合
・金銭以外の財産について募集事項で定めた価額の合計額が500万円を超え
　ない場合
・出資の目的である財産が市場価格のある有価証券であって，募集事項で定
　めた価額が市場価格を超えない場合
・募集事項で定めた金銭以外の財産の価額について弁護士，弁護士法人，公
　認会計士，監査法人，税理士又は税理士法人の証明を受けた場合
・出資の目的である財産が株式会社に対する金銭債権であって，募集事項で
　定めた金銭債権の価額がその金銭債権に係る負債の帳簿価額を超えない場
　合

　出資の目的である金銭以外の財産（現物出資財産）が給付された場合には，
資本金等増加限度額の計算に注意する必要がある。資本金等増加限度額の計算
に用いる価額は，募集事項で定めた価額ではなく，財産の給付の日における価
額（基本的には時価）である。

➡　基本的には時価なのだが，たとえば募集株式の引受人が親会社である場合などにおいては，親会社と子会社との間の財産の移転でその評価を換えるわけにいかず，帳簿価額で計算することになる。

　商業登記法での最も重要な論点は添付書面である。まず，次の点を最初に覚えておく必要がある。

重要🅰・・・・・・・・・・・・・・・・・・・・・・・・・・・・・・

　金銭の払込みがあったことを証する書面は添付するが，金銭以外の財産の給付があったことを証する書面は添付しない。

　議事録以外に添付する基本の3書面のうち，「払込みがあったことを証する書面」は金銭による払込みがなかった場合には添付しないことになり，3書面が2書面になることがある。金銭による払込みと金銭以外の財産の給付があった場合には，金銭による払込みについて払込みがあったことを証する書面を添付すればよい。

➡　募集事項の決定や割当てなどに関する添付書面は，金銭による払込みの場合と同じである。

　金銭以外の財産が給付された場合には，その財産の給付の日における価額で資本金等増加限度額を計算する。この価額は，資本金の額が会社法及び会社計算規則の規定に従って計上されたことを証する書面で明らかにする。
　具体的には，次のような書面を添付する。また，自己株式の処分を行った場合には，処分した自己株式の数なども記載する。

資本金の額の計上に関する証明書

①　払込みを受けた金銭の額（会社計算規則第14条第1項第1号）

金〇〇円

②　給付を受けた金銭以外の財産の給付があった日における当該財産の価額（会社計算規則第14条第1項第2号）

金〇〇円

③　資本金等増加限度額（①+②）

金〇〇円

　募集株式の発行により増加する資本金の額〇〇円は，会社法第445条及び会社計算規則第14条の規定に従って計上されたことに相違ないことを証明す

る。
　なお，本募集株式の発行においては，自己株式の処分を伴わない。

　検査役による調査を受けたか，どのような理由で検査役の調査を省略したか
で，追加の添付書面が変わってくる（商登§56③④）。

(1)　検査役の調査を受けた場合
　検査役の調査報告を記載した書面及びその附属書類を添付する。
　検査役の調査報告を受けた裁判所が現物出資財産について定めた価額を不
当と認め，変更する決定をしたときは，裁判の謄本も添付する必要がある。

(2)　割り当てる株式の数が10分の1を超えないために検査役の調査を省略した場合
　金銭以外の財産を給付する募集株式の引受人に割り当てる株式の数は添付　H23-31
書面から明らかであり，発行済株式の総数も登記簿から明らかであるため，
特に添付書面は必要ない。
　検査役の調査を省略できる理由のうち複数に該当する場合でも，該当する　H19-31
理由にこの(2)か次の(3)が含まれていれば，追加の添付書面は不要である。た
とえば，株式会社に対する金銭債権を現物出資財産とする場合であって，か
つ，割り当てる株式の数が発行済株式の総数の10分の1を超えない場合には，
検査役の調査の省略に関する添付書面は不要である。

(3)　価額が500万円を超えないために検査役の調査を省略した場合
　(2)と同様に，追加の添付書面は不要である。

(4)　募集事項で定めた有価証券の価額が市場価格を超えないために検査役の調査を省略した場合
　有価証券の市場価格を証する書面を添付する。　H30-30
　➡　市場価格が具体的に何円であるかを証明しなければならず，市場価格の　H20-35
　　存在のみを証明するものでは足りない。

　会社法207条9項3号の「有価証券の市場価格として法務省令で定めるもの」
は，具体的には次の額のうちいずれか高い額とされている（会施規§43）。

　・募集事項を決定した日における市場の最終の価格（募集事項を決定した

日の価格がない場合にはその後最初になされた売買取引の成立価格）
・有価証券が公開買付け等の対象であるときは，募集事項を決定した日の
公開買付け等に係る契約における価格

「公開買付け」というのは，金融商品取引法に規定がある制度であり，買収
や自己の株式の取得などに利用されるが，その詳細についての知識は司法書
士試験では不要である。

　市場の最終の価格か公開買付け等に係る契約における価格のうちいずれか
高い額を募集事項で定めた価額が超えなければよい。つまり，募集事項で定
めた価額は，市場の最終の価格か公開買付け等に係る契約における価格のど
ちらか以下であればよい。結局，募集事項で定めた価額が市場の最終の価格
以下であることか，募集事項で定めた価額が公開買付け等に係る契約におけ
る価格以下であることのどちらかを証明すればよいのである。したがって，
添付が必要となる書面は，募集事項を決定した日の市場の最終価格を証する
書面か公開買付け等に係る契約における価格を証する書面のど・ち・ら・か・である。

　市場の最終価格を証する書面としては，証券取引所日報，新聞などの具体
的な市場価格が記載された書面を添付すればよい。

(5)　弁護士などの証明を受けたために検査役の調査を省略した場合

H21-29

　弁護士等の証明を記載した書面及びその附属書類を添付する。不動産であ
る場合には，不動産鑑定士の鑑定評価も必要となる。

H27-30
H23-31

　証明を記載した書面には，証明をした者が弁護士や公認会計士などの会社
法に規定された資格者である旨を記載する必要があるが，資格を証する書面
や印鑑証明書などを添付する必要はない（先例平14.12.27 - 3239）。

(6)　株式会社に対する金銭債権であるために検査役の調査を省略した場合

R 3-30
H26-33

　金銭債権について記載された会計帳簿を添付する。会計帳簿は，金銭債権
の負債の帳簿価額や債権者が明らかとなるものでなければならないが，弁済
期の到来の事実は明らかでなくても構わない（先例平18.3.31 - 782）。弁済期
が到来していなくても，期限の利益を放棄することにより弁済期を到来させ
ることが可能だからである。

14　2週間の期間

　募集株式の発行では，2週間の期間が問題になるケースがある。同じ2週間
の期間でも，株主割当て以外と株主割当てでは全く異なる期間である。

(1)　株主割当て以外における２週間の期間

２週間の期間が必要となるのは，公開会社に限られる。 H26-33

公開会社では，原則として，株主に対して募集事項の通知か公告のどちらかが必要になる。この通知・公告は，払込みの期日か払込みの期間の初日の２週間前までに行わなければならないのである（会§201ⅢⅣ）。

この通知・公告は，募集事項の決定後に行う必要がある。そのため，募集事項を決定した日と払込みの期日・払込みの期間の初日との間に２週間の期間が必要となる。

➡　この期間は，株主による募集株式の発行等をやめることの請求（会§210）を可能とするために設けられている。

通知・公告には，二つの例外がある。次の二つの場合には，募集事項の通知・公告が不要になる。

・有価証券届出書の届出などをしている場合
・募集事項の決定に関して株主総会の決議を経た場合

有価証券届出書の届出をしていれば，募集事項の通知・公告は不要になる（会§201Ⅴ）。有価証券届出書の閲覧により募集事項を知ることが可能になるからである。しかし，有価証券届出書の届出をしている場合でも，募集事項を決定した日と払込みの期日・払込みの期間の初日との間には，２週間の期間が必要とされている。

➡　株主による募集株式の発行等をやめることの請求（会§210）を可能とするためである。

募集事項の決定に関して株主総会の決議を経た場合には，株主に募集事項を知る機会が与えられるため，募集事項の通知・公告が不要となる。２週間の期間も不要である。

➡　「第199条第２項の取締役会の決議によって募集事項を定めた場合」に限り通知・公告が必要なのである（会§201Ⅱ）。

株主総会の決議を経ていればよく，株主総会で募集事項を定めた場合のほか，株主総会の決議による委任に基づいて取締役会が募集事項を定めた場合にも，通知・公告は不要となる。

➡　公開会社における募集事項の決定機関について，もういちど復習しておこう。

H27-30
　　２週間の期間が必要であるにもかかわらず，２週間の期間が置かれていない場合には，登記の申請は受理されない。通知・公告をしたことを証する書面の添付は要求されないから，通知・公告をしたかではなく，２週間の期間が置かれているかで判断するのである。また，有価証券届出書の届出により通知・公告が不要でも，２週間の期間が置かれていなければ受理されない。

　　この２週間の期間は，株主保護のための期間であるから，株主全員の同意があれば短縮できる。そのため，必要な２週間の期間が置かれていない場合でも，株主全員の同意があったことを証する書面と株主リストの添付があれば，登記の申請は受理される（先例昭41.10.5－2875）。

　　株主総会の決議で募集事項を定めた場合には，２週間の期間は不要である。もちろん，株主全員の同意があったことを証する書面を添付する必要もない。問題は，株主総会の決議による委任に基づいて取締役会が募集事項を定めた場合である。

　　118ページで述べたように，公開会社では，募集事項の決定を委任した株主総会の議事録は添付しないのが原則である。しかし，取締役会の日と払込みの期日・払込みの期間の初日との間に２週間の期間が置かれていない場合には，２週間の期間が不要であることを証するため，募集事項の決定を委任した株主総会の議事録と株主リストを添付すべきものとされている。

➡　難易度の高い論点だが，結論よりも理由が重要である。登記官は添付書面に現れた事実しか知ることができない。登記官がどのように考えるのかを理解してほしい。

(2)　株主割当てにおける２週間の期間

　　株主割当てでは，公開会社でも，公開会社でなくても，２週間の期間が必要である。必要となる期間は，株主割当て以外の場合とは微妙に異なる。

　　株主割当てでは，募集株式の引受けの申込みの期日の２週間前までに，募集株式の割当てを受ける株主に対し，募集事項などの一定の事項を通知する必要がある。

➡　払込みの期日の２週間前ではない。

➡　各株主に対してそれぞれ割当てを受ける募集株式の数を通知するため，公告で代用することはできない。必ず通知である。

H31-30
　　この通知は募集事項の決定後に行う必要がある。そのため，募集事項の決定の日と募集株式の引受けの申込みの期日との間に２週間の期間が必要になる。また，基準日を定めた場合には，基準日後でないと通知ができないため，

基準日と募集株式の引受けの申込みの期日との間にも２週間の期間が必要になる。

➡　基準日についても会社法124条３項の公告が必要であり，公告期間は２週間必要だが，基準日の公告は募集事項の決定前に行うことが可能である。また，基準日の公告についての添付書面は要求されず，基準日の公告期間について登記官が審査することはない。

通知を証する書面の添付が求められることはないが，２週間の期間が置かれていないことが明らかな場合には，登記の申請は受理されない。ただし，この期間も対象となる株主全員の同意があれば短縮可能であり，２週間の期間が置かれていなくても，募集株式の割当てを受ける株主全員の同意があったことを証する書面と株主リストの添付があれば，登記の申請は受理される。 `H31-30` `H26-33` `H22-29` `H19記述`

➡　通知の対象となるのは，募集株式の割当てを受ける株主であり，同意が必要となる株主もこれに一致するはずである。たとえば，種類株式発行会社では，募集株式の割当てを受ける種類株主全員の同意があればよく，募集株式の割当てを受けない種類株主まで同意する必要はないだろう。

15　取締役の報酬等として金銭の払込み等を要しないで発行する場合

金融商品取引所に上場されている株式を発行している株式会社（いわゆる上場会社）は，取締役の報酬等として募集株式を割り当てる場合には，金銭の払込み等を要しないこととすることができる（会§202の２）。

➡　令和元年改正法（令和３年３月１日施行）により追加された特則である。

この場合の募集株式の発行においては，払込みや給付が一切不要なので，これまで説明したことの多くが当てはまらない。なので，ここまでの募集株式の発行についての話は，取締役の報酬等として金銭の払込み等を要しないでする場合を除くものである。

取締役の報酬等として募集株式の発行をする場合には，その募集株式の発行は報酬等についての定款の定めか株主総会の決議（指名委員会等設置会社では報酬委員会の決定）の内容の範囲内である必要がある（会§361Ⅰ③，404Ⅲ）。また，募集株式の発行に際しての払込みや給付が存在しないので，効力発生日を「割当日」として募集事項において定める必要がある（会§202の２Ⅰ②）。募集事項の決定手続自体は通常の募集株式の発行と同じだが，上場会社が対象なので，当然に公開会社における手続になる。

　登記を申請する場合にいちばん困るのが資本金の額である。取締役の報酬等として金銭の払込み等を要しないでする募集株式の発行は，取締役の報酬等を現物出資財産とするのと実質的には同じことになる。報酬等が出資されているので，基本的には資本金の額が増加するのだが，**資本金の額の増加の日は募集株式の発行の効力発生日とは限らない**。詳細は会社計算規則に規定されているが，簡単にまとめると，募集株式の発行の効力発生日前の役務の対価として募集株式の発行をする場合には募集株式の効力発生日に資本金の額が増加するが，募集株式の発行の効力発生日後の役務の対価として募集株式の発行をする場合には事業年度の末日などにおいて資本金の額が増加する（計算規§42の2，42の3）。役務に係る報酬を後払いする場合と前払いする場合の違いである。

　募集株式の発行の効力発生日に資本金の額が増加する場合については，それほど難しくない。登記すべき事項は，通常の募集株式の発行と完全に同じである。添付書面についても大きな違いはない。報酬等について定めた内容を証するために定款か株主総会議事録と株主リスト（指名委員会等設置会社では報酬委員会の議事録）の添付が必要となり，また，払込み等が不要なので払込みがあったことを証する書面の添付は不要である。資本金の額が増加するので，資本金が会社法及び会社計算規則の規定に従って計上されたことを証する書面も添付する。これら以外の添付書面は通常の募集株式の発行と同じである。株式が上場されていることを添付書面で明らかにする必要はない。

　募集株式の発行の効力発生日に資本金の額が増加しない場合には，募集株式の発行の効力発生日付けで申請するのは発行済株式の総数が増加した旨の登記となる。資本金の額が増加しないので，資本金が会社法及び会社計算規則の規定に従って計上されたことを証する書面は添付しない。

➡　資本金の額が増加しないので，登録免許税は定額課税となる。

　募集株式の発行の効力発生日に資本金の額が増加しない場合には，事業年度の末日などにおいて資本金の額が増加するので，そのタイミングで資本金の額が増加した旨の変更の登記が必要となる。

➡　現時点では，詳細な登記申請手続について不明な点が多い。

第15節　株式の分割

Topics ・株式の分割による変更の登記は,「発行済株式の総数並びに種類及び数」
を変更する登記である。
・会社法の知識が重要である。商業登記法上は, 条文すら存在しない。

1　株式の分割の手続

　まず, 決議機関を整理してしまおう。取締役会設置会社では取締役会で, 取
締役会設置会社以外の株式会社では株主総会の普通決議で, 株式の分割につい
て決議するのが原則である（会§183Ⅱ）。

➡　公開会社かどうかで決議機関が変わるわけではない。募集事項の決定機関
と混同しないようにしたい。

➡　取締役会設置会社では, 会社法295条3項の反対解釈により, 株主総会を
決議機関とする旨を定款で定めることが可能である。株主総会の権限につい
ての会社法の知識を思い出しておこう。

　決議すべき事項は, 次の三つである。

・株式の分割により増加する株式の総数の株式の分割前の発行済株式の総数
に対する割合及び当該株式の分割に係る基準日
・株式の分割がその効力を生ずる日
・種類株式発行会社である場合には, 分割する株式の種類

　株式の分割では, 基準日を定める必要がある。そのため, 基準日の公告（会
§124Ⅲ）が必要である。

　種類株式発行会社では, 損害を及ぼすおそれがある場合の種類株主総会の決
議が必要となることがある。

2　株式の分割と同時にする定款の変更

　株式の分割と同時にする場合には, 株主総会の決議によらずに, 発行可能株
式総数を増加する定款の変更と単元株式数を設定・増加する定款の変更が可能
である。発行可能株式総数の増加については, 現に2以上の種類の株式を発行
していない必要があり, 単元株式数の設定・増加については, 各株主の議決権
が減少しない必要があった。

➡　いずれも, 会社法の論点である。

株式の分割と同時にする場合でも，これらの定款の変更については，損害を
及ぼすおそれがある場合の種類株主総会の決議が必要となることがある。

3　登記の事由

「株式の分割」でよい。

　株式の分割と同時に発行可能株式総数の変更や単元株式数の設定・変更をす
る場合には，株式の分割とは別の手続と考え，「株式の分割」に加えて「発行
可能株式総数の変更」「単元株式数の設定」「単元株式数の変更」と記載すべき
である。

4　登記記録例

次のように登記される。種類株式発行会社の場合である。

発行済株式の総数 並びに種類及び数	発行済株式の総数 　　2万株 各種の株式の数 　　　普通株式　　　1万株 　　　優先株式　　　1万株	
	発行済株式の総数 　　3万株 各種の株式の数 　　　普通株式　　　2万株 　　　優先株式　　　1万株	令和3年1月31日変更 ------------ 令和3年2月3日登記

H18記述　この部分に関しては，募集株式の発行と全く同じである。資本金の額が増加
しない点が違う。株式の分割をした旨は，登記簿には記録されない。つまり，
登記事項証明書を見ても，株式の数が増加していることはわかるが，その増加
が株式の分割によるものであるかどうかはわからないのである。

　発行可能株式総数と単元株式数については，株式の分割と同時にしない場合
の変更の登記と同様である。

5　登記すべき事項の記載

　発行済株式の総数については募集株式の発行と同様に登記されるのだから，
募集株式の発行と同様に記載すればよい。「株式の分割」とは登記されないので，
登記すべき事項として「株式の分割」と記載することはできない。

　発行可能株式総数と単元株式数については，株式の分割と同時ではない場合と同じである。

6　添付書面

　株式の分割を決議した取締役会の議事録か株主総会の議事録と株主リストを　H18記述
添付する。

　損害を及ぼすおそれがある場合の種類株主総会の決議が必要な場合には，種類株主総会議事録と株主リストを添付する。

　他の登記と同様に，基準日の公告についての添付書面は不要である。　H21-29

第16節　株式無償割当て

Topics・商業登記手続に特有の論点はない。会社法の知識があればよい。

1　株式無償割当ての手続

　株式無償割当ても，決議機関を整理しておく必要がある。取締役会設置会社では取締役会で，取締役会設置会社以外の株式会社では株主総会の普通決議で，株式無償割当てに関する事項を決議する（会§186Ⅲ）。原則としては株式の分割と同じなのだが，定款で別の機関とすることができる。株式無償割当てでは，取締役会設置会社以外の株式会社が取締役の過半数の一致により決議するものと定款で定めることも可能である。

　株式の分割と同様に，損害を及ぼすおそれがある場合の種類株主総会の決議が必要となることがある。

2　登記の事由

　「株式無償割当て」とすればよい。

3　登記記録例

　株式の分割と同じである。

4　登記すべき事項の記載

　株式の分割と同じである。株式無償割当てに固有の記載というものはない。

5　添付書面

H25-30

　株式無償割当てについての決議をした取締役会の議事録や株主総会の議事録と株主リストなどを添付する。定款で決議機関を変更した場合には定款も添付する。

　損害を及ぼすおそれがある場合の種類株主総会の決議が必要な場合には，種類株主総会議事録と株主リストを添付する。

第17節　株式の併合

Topics ・株式の併合も，商業登記の手続としては難しくない。
　　　　・株券の提出に関する公告についての添付書面に注意する。

1　株式の併合の手続

株式の併合には，**株主総会の特別決議**が必要である。決議機関に例外はない。

株式の併合をする場合には，次の事項を決議しなければならない。

・併合の割合
・株式の併合の効力発生日
・種類株式発行会社では併合する株式の種類
・効力発生日における発行可能株式総数

公開会社では，株式の併合後の発行可能株式総数が発行済株式の総数の4倍を超えないようにする必要がある。

現に株券を発行している株券発行会社では，**株券の提出に関する公告（株券提供公告）**が必要である（会§219Ⅰ②）。

➡　株券提供公告については，株式の譲渡制限に関する規定の設定の場合と同じ手続になる。91ページに戻って確認しておこう。

種類株式発行会社では，**損害を及ぼすおそれがある場合の種類株主総会**の決議も必要となることがある。株式の分割と同様である。

2　登記の事由

「株式の併合」でよい。

株式の併合の手続中で発行可能株式総数を変更した場合には，「発行可能株式総数の変更」と記載すべきだろう。

3　登記記録例

発行済株式の総数が減少するが，基本的には株式の分割と同じである。つまり，登記原因は「変更」である。

4　登記すべき事項の記載

　　株式の分割と同様である。変更後の「発行済株式の総数並びに種類及び数」を記載する。

5　添付書面

　　特別決議により株式の併合を決議した**株主総会の議事録と株主リスト**を添付する。

R2記述　　損害を及ぼすおそれがある場合の種類株主総会の決議が必要な場合には，**種類株主総会議事録と株主リスト**を添付する。

H26-31　　**株券発行会社**では，**株券提供公告をしたことを証する書面**か株式の併合に係H25-31　る株式の全部について株券を発行していないことを証する書面のどちらかを添付しなければならない（商登§61，59 I ②）。

　➡　株式の譲渡制限に関する規定を設ける場合（94ページ参照）と同様である。

第18節　自己株式の消却

Topics ・自己株式の消却も，商業登記の手続としては難しくない。
　　　　・決議機関などの会社法の知識が重要である。

1　自己株式の消却の手続

　　自己株式の消却は，取締役会設置会社では取締役会の決議で，取締役会設置会社以外の株式会社では取締役の過半数の一致で，決定することができる（会§178Ⅱ）。

　　自己株式の消却の効力は，株主名簿の修正や株券の廃棄等の株式失効の手続をすることによって生じる。

2　登記の事由

　　「自己株式の消却」とすればよい。「株式の消却」でもいい。

3　登記記録例

　　株式の併合と同じである。登記原因は「変更」である。　　　　　　　**H25記述**

4　登記すべき事項の記載

　　株式の併合と同じである。

5　添付書面

　　自己株式の消却を決定した取締役会の議事録か取締役の過半数の一致があったことを証する書面を添付する。

6　自己株式の消却に伴う発行可能株式総数の減少

　　自己株式の消却をしても，当然に発行可能株式総数が減少することはない。しかし，「株式の消却をしたときは，消却した株式の数について発行可能株式総数を減少する」のように定款で定めている場合には，定款の定めに基づいて発行可能株式総数が減少する。

　　この場合の発行可能株式総数の減少による変更の登記は，自己株式の消却に　**H20-35**
よる変更の登記と同時に申請すべきであり，その申請書には，自己株式の消却についての添付書面のほか，定款の規定の存在を明らかにするために定款を添付しなければならない。

第19節　株式の取得と引換えにする株式の発行

Topics・取得請求権付株式，取得条項付株式，全部取得条項付種類株式の違い
　　　　を整理する。
　　　・三つを比較しながら一気に覚えてしまおう。

1　株式の取得の対価

　　取得請求権付株式，取得条項付株式，全部取得条項付種類株式は，その取得
の対価を他の種類の株式とすることができる。

➡　もちろん種類株式発行会社に限られる。

　　取得した株式は自己株式となるので，取得のみでは登記すべき事項は生じな
い。また，取得の対価として自己株式を交付した場合にも，登記すべき事項は
生じない。登記すべき事項が生じるのは，取得の対価として新たに株式を発行
して交付した場合である。

➡　取得の対価として新株予約権を交付した場合にも，登記すべき事項が生じ
る。第25節で扱う。

2　取得請求権付株式の取得の手続

　　取得請求権付株式の株主からの取得の請求によって取得の効力が生じる（会
§166Ⅰ）。取得請求権付株式に係る株券が発行されている場合には，取得に際
して株券を提出しなければならない（同Ⅱ）。

➡　他の場合とは異なり，株券の提出に関する公告は不要である。

3　取得条項付株式の取得の手続

　　取得条項付株式の取得は，取得条項付株式の内容によって異なる。具体的に
は，取得する日を別に定めることができるか（会§107Ⅱ③ロ），取得条項付株
式の一部を取得することができるか（同Ⅱ③ハ）によって異なる。

⑴　**取得する日を別に定めることができず全部を取得する場合**

　　株式の内容として定めた取得の事由の発生によって取得の効力が生じる
（会§170Ⅰ）。

⑵　**取得する日を別に定めることができる場合**

　　取得条項付株式の内容として別に定める日の到来を取得の事由とする場合
には，取締役会設置会社では取締役会の決議で，取締役会設置会社以外の株

式会社では株主総会の決議で，取得の日を定める（会§168Ⅰ）。この取得の日の決定機関については，定款で別の機関を定めることも可能である（同Ⅰただし書）。

取得の日を決定した場合には，取得の日の2週間前までに，取得条項付株式の株主・登録株式質権者に対して取得の日を通知するか，通知に代えて公告しなければならない（会§168ⅡⅢ）。

(3)　一部を取得する場合

取得条項付株式の内容としてその一部を取得することができる旨の定めがあるときは，株式の内容に従って取得する株式を決定しなければならない（会§169）。取得する株式の決定は，取締役会設置会社では取締役会の決議で，取締役会設置会社以外の株式会社では株主総会の決議で行うが，定款で別の機関が決定する旨を定めることもできる（同Ⅱ）。

取得する株式を決定したときは，直ちに取得する取得条項付株式の株主・登録株式質権者に対して取得する旨を通知するか，通知に代えて公告しなければならない（会§168ⅡⅢ）。

取得の効力発生日は，取得の事由が生じた日か取得条項付株式を取得する旨の通知・公告の日から2週間を経過した日のいずれか遅い日である（会§170Ⅰ）。

(4)　取得する日を別に定めて一部を取得する場合

(2)と(3)の手続の両方をとることになる。

効力発生日は，取得の日として決定した日か取得条項付株式を取得する旨の通知・公告の日から2週間を経過した日のいずれか遅い日である（会§170Ⅰ）。

(1)から(4)までのどの場合でも，現に取得条項付株式について株券を発行している場合には，株券の提出に関する公告が必要である（会§219Ⅰ④）。

4　全部取得条項付種類株式の取得の手続

全部取得条項付種類株式の取得には，株主総会の特別決議が必要である（会§171）。全部取得条項付種類株式では，取得の対価も取得の決議の際に定める。

➡　株主総会の特別決議は常に必要である。他の機関とすることはできない。

現に全部取得条項付種類株式について株券を発行している場合には，株券の

提出に関する公告が必要である（会§219Ⅰ③）。

　　取得に反対する全部取得条項付種類株式の種類株主には，裁判所に対する価格の決定の申立てをする権利が与えられている（会§172）。

➕ アルファ

　　取得の対価が株式である場合には，取得請求権付株式，取得条項付株式，全部取得条項付種類株式のいずれを取得するときでも，分配可能額による制限はない。分配可能額による制限があるのは，取得の対価が株式以外の場合である（会§166Ⅰただし書，170Ⅴ，461Ⅰ④）。

　　また，取得と引換えに株式を発行しても，資本金の額が増加することはない。

5　登記期間

　　取得請求権付株式の取得の場合のみが例外的な扱いとなる。取得条項付株式の取得と全部取得条項付種類株式の取得については，原則どおり効力発生日から2週間以内である。

H30-31　　取得請求権付株式の取得と引換えに株式を発行した場合の登記は，毎月末日現在により，当該末日から2週間以内に申請すればよい（会§915Ⅲ②）。

👉 理由　　株主からの取得の請求があるたびに変更が生じるので，その都度登記を申請しなければならないとすると負担が大きい。1か月分をまとめて登記することを許容し，頻繁に登記申請義務が生じないようにしている。

6　登記の事由

　　「取得請求権付株式の取得と引換えにする株式の発行」「取得条項付株式の取得と引換えにする株式の発行」「全部取得条項付種類株式の取得と引換えにする株式の発行」などとすればよい。「株式の発行」の部分を「株式の交付」としても差し支えないだろう。

7　登記記録例

H21記述　　株式の分割など，他の事由により発行済株式の総数に変更が生じる場合と同じである。登記原因は「変更」である。

　　取得請求権付株式の取得と引換えにする株式の発行では，実際に効力が生じ

た日ではなく，その月の末日を原因年月日の日付とする。

8　登記すべき事項の記載

　　株式の分割などと同じである。取得した株式は自己株式となるのであり，発行済株式の総数が減少することはない。発行した株式分の増加のみの変更となる。

9　添付書面

　　取得請求権付株式，取得条項付株式，全部取得条項付種類株式のそれぞれで異なる。

⑴　取得請求権付株式の取得と引換えにする株式の発行

> （取得請求権付株式の取得と引換えにする株式の交付による変更の登記）
> **第58条**　取得請求権付株式（株式の内容として会社法第108条第2項第5号ロに掲げる事項についての定めがあるものに限る。）の取得と引換えにする株式の交付による変更の登記の申請書には，当該取得請求権付株式の取得の請求があつたことを証する書面を添付しなければならない。

　　通常は，取得請求書などを株式会社に提出して取得の請求をすることになるので，そのような株主から提出された書面を添付することになる。　　**H21記述**

　　これ以外に議事録などの添付が必要となることはない。

⑵　取得条項付株式の取得と引換えにする株式の発行

> （取得条項付株式等の取得と引換えにする株式の交付による変更の登記）
> **第59条**　取得条項付株式（株式の内容として会社法第108条第2項第6号ロに掲げる事項についての定めがあるものに限る。）の取得と引換えにする株式の交付による変更の登記の申請書には，次の書面を添付しなければならない。
> 一　会社法第107条第2項第3号イの事由の発生を証する書面
> 二　株券発行会社にあつては，会社法第219条第1項本文の規定による公告をしたことを証する書面又は当該株式の全部について株券を発行していないことを証する書面

　　取得の事由の発生を証する書面の添付が必要になる。株主総会の決議や取締役会の決議で取得の日を定めた場合には，**株主総会議事録**と**株主リスト**や

取締役会議事録が取得の事由の発生を証する書面となる。取得の日の決定機関を定款で別の機関としている場合で，決定機関が登記簿上明らかでない場合には，定款の添付も必要である。

　取得条項付株式の一部を取得する場合には，取得する取得条項付株式を定めた株主総会の議事録や取締役会の議事録も添付する必要がある。

　株券発行会社では，**株券提供公告をしたことを証する書面**か**対象となる株式の全部について株券を発行していないことを証する書面**のどちらかの添付が必要になる。
➡　株式の譲渡制限に関する規定の設定や株式の併合と同じである。

　株券提供公告以外の取得日の公告などをしたことを証する書面の添付は不要である。
➡　公告か通知のどちらかで足りる場合には添付書面とならないという原則どおりの扱いである。

(3) 全部取得条項付種類株式の取得と引換えにする株式の発行
取得の決議をした**株主総会の議事録**と**株主リスト**を添付する。

H25-30

　株券発行会社では，**株券提供公告をしたことを証する書面**か**対象となる株式の全部について株券を発行していないことを証する書面**のどちらかの添付が必要になる。取得条項付株式と同じである。

第20節　資本組入れ

Topics ・資本準備金，利益準備金，その他資本剰余金，その他利益剰余金のど
れかを減少して資本金を増加する場合である。
・商業登記の手続としては，ほとんど同じである。

1　準備金の資本組入れと剰余金の資本組入れ

　株式会社は，準備金（資本準備金・利益準備金）を減少して資本金を増加す
ることも，剰余金（その他資本剰余金・その他利益剰余金）を減少して資本金
を増加することもできる。それぞれ，**準備金の資本組入れ**，**剰余金の資本組入**
れとよばれる。

➡　準備金や剰余金についての知識が曖昧だったら，会社法に戻って復習して
おこう。

　準備金や剰余金の額は登記事項ではないが，資本金の額は登記事項である。
そのため，準備金の資本組入れや剰余金の資本組入れがあった場合には，資本
金の額が増加した旨の登記をすることになる。

2　準備金の減少の手続

　準備金の額の減少には，原則として**株主総会の決議**が必要である（会§448
Ⅰ）。決議要件は普通決議でよい。資本準備金でも利益準備金でも同じである。
　株式の発行と同時に資本準備金の額を減少する場合において，株式の発行に
伴って資本準備金の額が増加する結果，最終的に資本準備金の額が減少しない
こととなる場合には，取締役会設置会社では取締役会の決議で，取締役会設置
会社以外の株式会社では取締役の決定で，資本準備金の額を減少することがで
きる（会§448Ⅲ）。

➕アルファ

　条文上は株式の発行と同時にすれば株主総会の決議を経ずに資本準備金の
額の減少が可能なのだが，この方法で資本準備金の資本組入れをすることは
現実的ではない。株式の発行に際して資本準備金を増加せず，資本金等増加
限度額の全額を資本金としてしまえば足りるからである。ただし，試験問題
としては，このような不自然な資本準備金の資本組入れも一応考える必要が
ある。

　一定の要件を満たす会計監査人設置会社では，定款の定めに基づき取締役会

の決議で準備金の額の減少を決議することが可能だが，これは減少した準備金の額を資本金としない場合であり，準備金の資本組入れには当てはまらない（会§459Ⅰ②）。

　準備金の額を減少する場合には，次の事項を定めなければならない（会§448）。

　　・減少する準備金の額
　　・減少する準備金の額の全部又は一部を資本金とするときは，その旨及び準備金とする額
　　・準備金の額の減少がその効力を生ずる日

　減少する資本準備金・利益準備金の額は，効力発生日における資本準備金・利益準備金の額を超えてはならない。つまり，減少後の資本準備金・利益準備金の額をマイナスとすることはできない。ゼロとすることは許される。

　減少する準備金の額の一部のみを資本金とする場合には債権者の異議手続が必要だが，減少する準備金の額の全部を資本金とする場合には債権者の異議手続は不要である（会§449）。

3　剰余金の減少の手続

　剰余金の額を減少して資本金の額を増加する場合には，例外なく**株主総会の決議が必要である**（会§450Ⅱ）。決議要件は普通決議となる。
　株主総会の決議では，次の事項を定めなければならない。

　　・減少する剰余金の額
　　・資本金の額の増加がその効力を生ずる日

　減少するその他資本剰余金・その他利益剰余金の額は，効力発生日におけるその他資本剰余金・その他利益剰余金の額を超えてはならない。
➡　準備金を減少する場合と同様である。

4　登記の事由

「資本準備金の資本組入れ」「利益準備金の資本組入れ」「その他資本剰余金の資本組入れ」「その他利益剰余金の資本組入れ」とすればよい。資本と利益を区別せず，「準備金の資本組入れ」「剰余金の資本組入れ」としても問題はない

だろう。

5　登記記録例

次のように登記される。

資本金の額	金8000万円	
	金1億円	令和3年1月1日変更
		令和3年1月6日登記

登記原因は「変更」である。資本金の額の欄だけを見た場合，募集株式の発行と区別がつかない。

資本金の額についての登記原因は，常に「変更」だと覚えてしまって構わない。「変更」以外を用いるのは，嘱託による登記や更正・抹消などの特殊な場合に限られる。

➡　「発行済株式の総数並びに種類及び数」も同じである。

➕ アルファ

登記原因が基本的に「変更」となるのは，「資本金の額」「発行済株式の総数並びに種類及び数」のほか，「商号」「公告をする方法」「目的」「発行可能株式総数」などである。これらの登記事項については，「変更」以外を用いると誤りとなる。

会社の登記では，登記原因が「変更」のみである登記事項と登記原因が「設定」「変更」「廃止」の3パターンである登記事項（株式の譲渡制限に関する規定など）が多い。まずは，これらの登記原因を正しく用いなければならない。ただし，試験対策としては，この先登場するこれら以外の登記原因も重要である。

6　登記すべき事項の記載

これまでの登記と同様に考えればよい。具体的には次のように記載する。

令和3年1月1日次のとおり変更
　資本金の額　金1億円

「資本準備金の資本組入れ」などと登記すべき事項に記載してはいけない。登

記簿に記録されない事項を登記すべき事項として記載すべきではない。

7　添付書面

資本組入れについて決議した**株主総会の議事録**と**株主リスト**を添付する。

➕ アルファ

H28-32 資本準備金の資本組入れについては，株主総会ではなく取締役会の決議となることも条文上はあり得る。株式の発行と同時にする場合である。この場合には，取締役会議事録・取締役の過半数の一致があったことを証する書面のほかに，株主総会の決議を不要とする場合に該当することを証する書面（株式の発行により増加する資本準備金の額を明らかにする書面）を添付するものとされている（商登規§61XI）。

さらに，資本組入れについては，次の書面の添付が必要である。

（資本金の額の増加による変更の登記）
第69条　資本準備金若しくは利益準備金又は剰余金の額の減少によつてする資本金の額の増加による変更の登記の申請書には，その減少に係る資本準備金若しくは利益準備金又は剰余金の額が計上されていたことを証する書面を添付しなければならない。

減少に係る資本準備金の額が計上されていたことを証する書面，減少に係る利益準備金の額が計上されていたことを証する書面，減少に係るその他資本剰余金の額が計上されていたことを証する書面，減少に係るその他利益剰余金の額が計上されていたことを証する書面をそれぞれ添付しなければならない。減少後の資本準備金の額などがマイナスとなってはいけないためである。

具体的には，効力発生前の資本準備金の額などを記載して代表者が相違ない旨を証明した旨を記載した書面を添付すればよい。

➡　貸借対照表などを添付する必要はない。

➕ アルファ

商業登記規則61条9項では，資本金の額の増加による変更の登記の申請書には「資本金の額が会社法及び会社計算規則の規定に従って計上されたことを証する書面」を添付しなければならないと規定しているが，同じような書面の添付が商業登記法で規定されている場合には，重ねて商業登記規則61条9項の書面を添付する必要はないとされている。つまり，資本組入れの場合

には，商業登記法69条の書面を添付するのであり，商業登記規則61条9項の
書面を添付する必要はない。

　準備金の資本組入れについては，次の点が重要である。

重要❗️・・・・・・・・・・・・・・・・・・・・・・・・・・・・・・・・・

　準備金の資本組入れに際して債権者の異議手続をとった場合でも，債権者の異　　`R2-31`
議手続に関する書面を添付する必要はない。　　`H27-31`

　準備金の一部のみを資本金とする場合には，債権者の異議手続が必要である。
つまり，資本金としなかった部分の準備金の額の減少について債権者の異議手
続が必要と考えることができる。
　準備金の額は登記事項ではない。そのため，準備金の額の減少について必要
となる債権者の異議手続については，添付書面で明らかにする必要がないので
ある。添付書面では，準備金の額の減少ではなく，資本金の額の増加の適法性
を明らかにすればよい。

第21節　資本金の額の減少

Topics・決議機関に注意する必要がある。
・債権者の異議手続に関する書面に注意する。組織再編行為の際にも同様の書面を添付することになるため，ここで確実に理解しておきたい。

1　資本金の額の減少の決議機関

資本金の額の減少には，原則として株主総会の特別決議が必要である（会§447）。これには，次の二つの例外がある。

⑴　定時株主総会の普通決議で足りる場合

減少する資本金の額が欠損の額を超えない場合には，定時株主総会の普通決議で資本金の額の減少を決議することができる（会§309Ⅱ⑨）。減少する資本金の額が欠損の額（マイナスの分配可能額）以下なので，資本金の額の減少をしても分配可能額がプラスになることはない。

基準となる欠損の額は，計算書類について定時株主総会の承認が必要となる場合には定時株主総会の日の欠損の額であり，計算書類について定時株主総会への報告で足りる場合には計算書類の承認をした取締役会の日の欠損の額である。

⑵　株式の発行と同時にする場合

株式の発行と同時にすることによって，結果的に資本金の額が減少しない場合，つまり減少する資本金の額が株式の発行により増加する資本金の額以下である場合には，株主総会の決議が不要となり，取締役会設置会社では取締役会の決議で，取締役会設置会社以外の株式会社では取締役の決定で，資本金の額を減少することができる（会§447Ⅲ）。

決議機関にかかわらず，資本金の額の減少に際しては，次の事項を定めなければならない。

・減少する資本金の額
・減少する資本金の額の全部又は一部を準備金とするときは，その旨及び準備金とする額
・資本金の額がその効力を生ずる日

減少する資本金の額は，効力発生日の資本金の額を超えてはならない。つま

り，減少後の資本金の額をマイナスとすることはできない。

➡　ゼロとすることはできる。

2　債権者の異議手続

資本金の額を減少する場合には，常に債権者の異議手続が必要である（会§449）。

債権者の異議手続に際しては，必ず官報に掲載する方法により必要な事項を公告しなければならない。知れている債権者に対しては各別の催告が必要だが，官報のほかに定款で定めた公告方法に従って公告すれば，各別の催告の省略が可能になる。公告期間は1か月必要である。

資本金の額の減少について債権者が異議を述べた場合には，次のいずれかの手続をとる必要がある。

・債権者に対する弁済
・債権者に対する相当の担保の提供
・債権者に弁済を受けさせることを目的とする信託

ただし，異議を述べた債権者を害するおそれがない場合には，これらの手続をとらなくてよい。

3　登記の事由

「資本金の額の減少」とすればよい。

4　登記記録例

資本金の額が減少する点を除いて，資本組入れの場合と同じである。登記原因は「変更」である。 `H25記述` `H23記述`

5　登記すべき事項の記載

資本組入れの場合と同様である。

6　添付書面

資本金の額の減少について決議した株主総会の議事録と株主リストを添付する。取締役会の決議や取締役の決定で足りる場合には，株主総会議事録に代えて，取締役会議事録か取締役の過半数の一致があったことを証する書面を添付する。

　　本来必要であるはずの株主総会の決議が不要となる場合には，不要であることを添付書面で証明するのが商業登記の原則である。しかし，資本金の額の減少では，通常，株式の発行により資本金の額が増加した旨の登記を同時に申請するし，効力発生日に資本金の額が減少しないことは申請書の登記すべき事項の記載からも明らかになるため，特に株主総会の決議が不要である場合に該当することを証する書面を添付する必要はない。

H28-32

➡　同じ日に資本金の額の増加と減少があり，結果的に資本金の額が変わらない場合でも，資本金の額についての登記を省略することはできない。商業登記では，登記事項の変更の過程も公示する必要があり，中間省略は認められないのである。

H28-32

　　株主総会において特別決議ではなく普通決議で決議した場合には，普通決議で足りることを証明する必要がある。その株主総会が定時株主総会であることは議事録から明らかになるので，計算書類の承認の日における欠損の額を明らかにする添付書面（一定の欠損の額が存在することを証する書面）を追加すればよい（商登規§61Ⅹ）。これも，資本組入れの場合の添付書面と同様に，代表者の作成した証明書でよい。

H31-32
H27-31

　　以上のほかに，資本金の額の減少による変更の登記の申請書には，常に債権者の異議手続に関する書面の添付が必要になる。

> （資本金の額の減少による変更の登記）
> **第70条**　資本金の額の減少による変更の登記の申請書には，会社法第449条第2項の規定による公告及び催告（同条第3項の規定により公告を官報のほか時事に関する事項を掲載する日刊新聞紙又は電子公告によってした場合にあつては，これらの方法による公告）をしたこと並びに異議を述べた債権者があるときは，当該債権者に対し弁済し若しくは相当の担保を提供し若しくは当該債権者に弁済を受けさせることを目的として相当の財産を信託したこと又は当該資本金の額の減少をしても当該債権者を害するおそれがないことを証する書面を添付しなければならない。

H25記述
H23記述

　　まず，債権者に対して官報に掲載する方法により公告をしたことを証する書面を添付しなければならない。これは，例外なく添付する。

H25記述

　　次に，知れている債権者に対して各別の催告をした場合には，催告をしたこ

とを証する書面を添付する。催告をしたことを証する書面としては，債権者に H23記述
対する催告書の控えに債権者名簿を合綴したものを添付するのが一般的であ
る。知れている債権者が少数で，各催告書に個別の債権者の氏名を記載してい
るときは，催告した人数分の催告書の控えを添付することも可能である。

　催告に代えて定款で定めた公告方法により公告をしたときは，公告をしたこ
とを証する書面をもう1通添付する。

➡　結局，公告をしたことを証する書面と催告をしたことを証する書面の両方
　を添付するか，公告をしたことを証する書面を2通添付するかになる。

　さらに，異議を述べた債権者がいない場合といる場合とで添付する書面が異
なる。

　異議を述べた債権者がいない場合には，申請書に「異議を述べた債権者はい
ない」と記載すれば足りる。

➕ アルファ

　異議を述べた債権者がいない旨は，会社の代表者が明らかにすべき事項で
ある。委任による代理人（司法書士など）が申請する場合には，異議を述べ
た債権者がいない旨を代表者から聴取していなければならない。その聴取の
事実を明らかにするため，異議を述べた債権者がいない旨を記載した代表者
からの上申書を添付すべきであるという考えもあり，実際に上申書を添付す
ることも普通に行われている。しかし，この上申書というのは，法定の添付
書面ではなく，また，明確な通達なども存在しないため，試験問題として問
うのは困難だと思われる。

　異議を述べた債権者がいた場合には，次のいずれかの書面を添付する。

・異議を述べた債権者に対して弁済したことを証する書面
・異議を述べた債権者に対して相当の担保を提供したことを証する書面
・異議を述べた債権者に弁済を受けさせることを目的として相当の財産を信
　託したことを証する書面
・異議を述べた債権者を害するおそれがないことを証する書面

　弁済をしたことを証する書面としては，債権者の提出した弁済金受領証など H25記述
を添付すればよい。また，弁済をした相手が異議を述べた債権者であることを H23記述
証するため，債権者が提出した異議申立書も添付する。

　相当の担保を提供したことを証する書面としては，担保提供書や抵当権設定契約書の写しなどを添付すればよい。やはり，異議申立書も添付する。

　信託したことを証する書面としては，信託証書などを添付することになる。やはり，異議申立書も添付する。

　異議を述べた債権者を害するおそれがないことは，代表者が証明すればよく，代表者が作成した証明書を添付することになる。この証明書においては，異議を述べた債権者を明らかにし，その債権の債権額，弁済期，担保の有無，会社の資産状況などを具体的に摘示して，当該債権者を害するおそれがないことを証明しなければならない。

第22節　株主名簿管理人

Topics ・定款の添付に注意する。

・記述式対策としては，設置した旨がどのように登記されるかを覚えて
おきたい。設置以外は深入りしない方がいい。

1　株主名簿管理人

　株式会社は，定款の定めに基づき株主名簿管理人を置くことができる（会§
123）。株主名簿管理人については，その氏名又は名称及び住所並びに営業所が
登記事項とされている（会§911Ⅲ⑪）。

2　株主名簿管理人の設置

　新たに株主名簿管理人を設置する場合には，株主総会の特別決議によって定
款を変更し，株主名簿管理人を置く旨を定めなければならない。定款では，「株
主名簿管理人を置く」と定めればよく，具体的な株主名簿管理人の氏名・名称
を定める必要はない。

　具体的な株主名簿管理人の氏名・名称は，取締役会設置会社では取締役会の
決議で，取締役会設置会社以外の株式会社では取締役の過半数の一致で，定め
ることになる。

　株主名簿管理人の設置の効力は，株主名簿管理人との間で株式事務の委託に
ついての契約を締結することによって生じる。つまり，設置の効力発生日は，
契約締結の日である。

➡　もちろん，定款の定めがないのに契約だけを締結しても効力は生じない。

3　株主名簿管理人の廃止

　株主名簿管理人との契約を解除すれば，株主名簿管理人の廃止の効力が生じ
ることになる。定款を変更する必要はない。

　また，株主名簿管理人を置く旨の定款の定めを廃止することによって株主名
簿管理人を廃止することも可能である。

4　株主名簿管理人の変更

　株主名簿管理人を別な者に変更する場合には，以前の株主名簿管理人との契
約を解除し，新しい株主名簿管理人との間で契約を締結することになる。つま
り，廃止の手続と設置の手続をとればよい。定款で具体的な株主名簿管理人の

氏名・名称を任意に定めていない限り，定款の変更は不要である。

　株主名簿管理人が営業所を移転した場合など，氏名，名称，住所，営業所に変更が生じたときは変更の登記が必要になるが，株式会社側で特別な手続は必要ない。

5　登記の事由

「株主名簿管理人の設置」「株主名簿管理人の変更」「株主名簿管理人の廃止」とすればよい。

6　登記記録例

次のように登記される。

株主名簿管理人の氏名又は名称及び住所並びに営業所	東京都千代田区大手町二丁目６番８号 毎朝信託株式会社本店 　　　令和３年１月１日設置　　　令和３年１月６日登記
	東京都中央区日本橋本石町三丁目２番１号 毎朝信託株式会社本店 　　　令和３年２月１日変更　　　令和３年２月３日登記
	令和３年３月１日株主 名簿管理人毎朝信託株 式会社を廃止　　　　　令和３年３月３日登記

　まず，登記記録の見出しに注意する。「株主名簿管理人の氏名又は名称及び住所並びに営業所」である。できれば覚えておきたい。

R3記述
H20記述
　設置した場合の登記原因は「設置」である。「設置」という登記原因を用いるのは，支店と株主名簿管理人だけである。

　株主名簿管理人の住所に変更が生じた場合の登記原因は「変更」である。氏名，名称，営業所の変更の場合も同じような登記になる。変更が生じた住所だけではなく，全体を書き換えていることに注意したい。

　株主名簿管理人を廃止した場合には，上の例のように「**株主名簿管理人○○を廃止**」とするものとされている。

➡　昔，登記簿が紙の帳簿だった時代には，単に「廃止」では不都合があったのである。

　株主名簿管理人の交代については，実質的に廃止と設置を行うと考えると，廃止と設置の登記をすることも考えられる。廃止と設置の間に時間的な間隔があれば廃止と設置を申請すべきだろう。しかし，単に登記原因を「変更」とし，住所などに変更が生じた場合と同様に登記されている例もある。

　営業所が本店ではなく支店の場合には，次のように登記される。

株主名簿管理人の氏名又は名称及び住所並びに営業所	東京都千代田区霞が関三丁目8番5号 中日信託株式会社霞が関支店 本店　名古屋市中区三の丸二丁目6番9号 　　　　令和3年1月1日設置　　　令和3年1月6日登記

　営業所の所在場所のほか，本店の所在場所も登記する。
　なお，現実には，本店でも支店でも株主名簿管理人の事務を行うとして，次のように登記されている例がある。

株主名簿管理人の氏名又は名称及び住所並びに営業所	名古屋市中区三の丸二丁目6番9号 中日信託株式会社 東京都千代田区霞が関三丁目8番5号 中日信託株式会社　霞が関支店 　　　　令和3年1月1日設置　　　令和3年1月6日登記

　試験対策としては，登記所が公開している1番目の例を覚えておけばよい。

7　登記すべき事項の記載

　設置の場合には，次のように登記簿に記録される事項を記載すればよい。

令和3年1月1日次のとおり設置 　株主名簿管理人の氏名又は名称及び住所並びに営業所 　東京都千代田区大手町二丁目6番8号 　毎朝信託株式会社本店

　登記記録の見出しである「株主名簿管理人の氏名又は名称及び住所並びに営業所」は，この語句を用いると決まっており，申請人の都合で別の語句にすることはできない。

変更の場合には，次のように記載すればよいだろう。

> 株主名簿管理人毎朝信託株式会社は，令和3年2月1日次のとおり変更
> 　株主名簿管理人の氏名又は名称及び住所並びに営業所
> 　　東京都中央区日本橋本石町三丁目2番1号
> 　　毎朝信託株式会社本店

変更した株主名簿管理人を特定するために，「株主名簿管理人毎朝信託株式会社は」と記載しておいた方がいいだろう。

廃止の場合には，次のようになる。

> 令和3年3月1日株主名簿管理人毎朝信託株式会社を廃止

8　添付書面

> （株主名簿管理人の設置による変更の登記）
> **第64条**　株主名簿管理人を置いたことによる変更の登記の申請書には，定款及びその者との契約を証する書面を添付しなければならない。

R3記述
H29-29
H25-30
　設置の場合には，定款の添付が必要である。定款の規定の存在が必要なのであって，定款を変更したという事実を証明する必要はないから，定款の変更に係る株主総会議事録を添付する必要はない。

H20記述
➡　もっとも，定款の添付に代えて，定款の規定の存在を明らかにするために定款を変更した株主総会の議事録を添付し，その記載を援用することは可能だろう。

H25-30
　設置の場合には，株主名簿管理人との契約を証する書面（株式事務委託契約書など）も添付しなければならない。
　さらに，具体的な株主名簿管理人の氏名・名称を決定した取締役会の議事録か取締役の過半数の一致があったことを証する書面も添付しなければならない。
➡　株主名簿管理人が法人であっても，登記事項証明書などを添付する必要はない。

　株主名簿管理人の氏名，名称，住所，営業所に変更が生じた場合の変更の登

記の申請書には，変更を証する書面を添付する必要はない。

➡　設置の場合に登記事項証明書などの氏名，名称，住所，営業所を証する書
面の添付が不要だったので，変更の場合にのみ登記事項証明書などを添付さ
せるわけにはいかないのである。

　株主名簿管理人の交代の場合の添付書面は，やや難しい問題である。実質的
には廃止と設置であると考えると，設置と廃止を証する書面を添付しなければ
ならず，商業登記法64条も適用される。当然，定款も添付しなければならない。
一方，交代と設置は異なると考えると，64条の適用はない。交代の場合には定
款の規定の存在は明らかなのだから，定款の添付を求める64条を適用するのは
合理的ではないと考えるのである。どちらの考えにも納得できる部分はあるが，
交代について64条の適用がないと考えると，契約を証する書面の添付も不要と
なってしまい，64条の趣旨が損なわれてしまう。結局，交代の場合にも64条の
適用があると考えるのが妥当であり，交代であっても，設置と同様に，定款を
添付すべきである。

　廃止の場合の添付書面は，どのような事実があったかによって異なる。
　取締役会の決議や取締役の過半数の一致に基づいて契約を解除した場合に
は，取締役会議事録や取締役の過半数の一致があったことを証する書面を添付
すべきである。また，株主名簿管理人を置く旨の定款の定めを廃止した場合に
は，定款の変更に係る株主総会議事録と株主リストを添付すべきである。

➕ アルファ

　商業登記の添付書面には，法令上の根拠が必要である。逆に，法令上の根
拠がないのであれば，書面の添付は要求されない。
　株主名簿管理人との契約が解除される理由には，様々なものが考えられる。
契約に解除事由が定められることもあるだろうし，株主名簿管理人が死亡し
たり法人格を失うようなこともあるだろう。しかし，解除の原因となる事実
の発生により当然に解除された場合には，廃止の登記の申請書に解除を証す
る書面を添付する必要はない。添付を求める法令上の根拠がないのである。
たとえば，株主名簿管理人が破産手続開始の決定を受け，その結果として株
式事務委託契約が解除された場合であっても，破産手続開始の決定があった
ことを証する書面を添付する必要はない。試験対策的には，それで問題ない。
　ただ，現実的に考えると，できるだけ事実関係を明らかにしておいた方が
登記官に対して親切だし，登記事務が円滑に処理される。そのため，交代の
場合などでは，後任の株主名簿管理人を定める取締役会の議事録などにおい

　て前任者との契約が解除された状況に触れておくとトラブルが減るだろう。

Topics ・出題頻度がじわじわ上がっている要注意分野である。
・まず，何が登記されるのかを把握しよう。

1　新株予約権の内容

　新株予約権を発行するときは，新株予約権の内容として次の事項を定めなければならない（会§236Ⅰ）。

- ・新株予約権の目的である株式の数（種類株式発行会社にあっては，株式の種類及び種類ごとの数）又はその数の算定方法
- ・新株予約権の行使に際して出資される財産の価額又はその算定方法
- ・金銭以外の財産を当該新株予約権の行使に際してする出資の目的とするときは，その旨並びに当該財産の内容及び価額
- ・新株予約権を行使することができる期間
- ・新株予約権の行使により株式を発行する場合における増加する資本金及び資本準備金に関する事項
- ・譲渡による新株予約権の取得について株式会社の承認を要することとするときは，その旨
- ・取得条項付新株予約権であるときは，その取得に関する一定の事項
- ・組織再編行為をする場合において他の株式会社の新株予約権を交付することとするときは，その旨及びその条件
- ・新株予約権を行使した新株予約権者に交付する株式の数に1に満たない端数がある場合において，これを切り捨てるものとするときは，その旨
- ・新株予約権証券を発行することとするときは，その旨
- ・新株予約権証券について記名式と無記名式との間の転換を請求することができるときは，その旨

2　新株予約権について登記すべき事項

　新株予約権については，次の事項を登記しなければならない（会§911Ⅲ⑫）。
➡　最終的にどのように登記されるかがわかれば問題ないので，これらの事項を丸暗記する必要はない。登記記録例の方が重要である。

- ・新株予約権の数
- ・新株予約権の目的である株式の数（種類株式発行会社にあっては，株式の種類及び種類ごとの数）又はその数の算定方法

・新株予約権の行使に際して出資される財産の価額又はその算定方法
・金銭以外の財産を当該新株予約権の行使に際してする出資の目的とするときは，その旨並びに当該財産の内容及び価額
・新株予約権を行使することができる期間
・新株予約権の行使の条件を定めたときは，その条件
・取得条項付新株予約権であるときは，その取得に関する一定の事項
・募集新株予約権と引換えに金銭の払込みを要しないこととする場合には，その旨
・募集新株予約権と引換えに金銭の払込みを要することとする場合には，募集新株予約権の払込金額（一定の場合には募集新株予約権の払込金額の算定方法）

　新株予約権を発行することができるのは，募集新株予約権の発行に限らないのだが，募集新株予約権と引換えにする払込みについても常に登記するものとされている。

➡　そういう規定なのだから仕方がない。諦めるしかない。

　これらのほか，新株予約権の名称（「第1回新株予約権」など）も登記される。

重要❗ ●

H31-31
H29-31
　新株予約権の内容として定めた事項の全部を登記するわけではない。新株予約権の譲渡制限や，新株予約権証券を発行する旨などは登記されない。

3　登記記録例

次のように登記される。

新株予約権	第1回新株予約権 　新株予約権の数 　　100個 　新株予約権の目的たる株式の種類及び数又はその算定方法 　　普通株式　5000株 　募集新株予約権の払込金額若しくはその算定方法又は払込を要しないとする旨 　　無償 　新株予約権の行使に際して出資される財産の価額又はその算定方法 　　100万円 　新株予約権を行使することができる期間 　　令和7年3月31日まで	
		令和3年1月1日発行
		令和3年1月6日登記

　まず，新株予約権の名称として「第1回新株予約権」と登記される。登記手続上，新株予約権はその名称で特定する。新株予約権は，その内容ごと（つまり，名称ごと）に登記される。たとえば，「第1回新株予約権」と「第2回新株予約権」は別の枠に登記される。

新株予約権	第1回新株予約権 　（以下略）
	第2回新株予約権 　（以下略）

　実際の新株予約権の名称は「第一電器株式会社第1回新株予約権」のように商号を含むものが普通であり，単に「第1回新株予約権」とする例はほとんどない。

「新株予約権の数」「新株予約権の目的たる株式の種類及び数又はその算定方法」などは，登記記録の見出しとして機能する。つまり，これらの語句は決まっており，申請人の都合で別の語句を用いるわけにはいかない。例で挙げたもののほか，「金銭以外の財産を各新株予約権の行使に際して出資する旨並びに内容及び価額」「新株予約権の行使の条件」「会社が新株予約権を取得することができる事由及び取得の条件」といった語句が用いられる。

➡ まずは，例として挙げたもっともシンプルな登記記録を把握しておくべきである。

「新株予約権の目的たる株式の種類及び数又はその算定方法」としては，新株予約権が全部行使された場合に交付すべき株式の種類及び数を登記すべきである。つまり，この例では，新株予約権1個の目的が普通株式5,000株なのではなく，新株予約権100個の目的が普通株式5,000株なのであり，新株予約権1個当たりの目的である株式は普通株式50株である。

「募集新株予約権の払込金額若しくはその算定方法又は払込を要しないとする旨」は，募集以外の事由によって新株予約権を発行した場合であっても登記される。例では「無償」となっているが，具体的な金額を定めた場合にはその金額を登記する。また，募集事項として払込金額の算定方法を定めた場合であっても，登記の申請の時までに払込金額が確定したときは，その確定した額を登記する。

「新株予約権の行使に際して出資される財産の価額又はその算定方法」としては，新株予約権1個当たりの出資される財産の価額を登記する。

発行した場合の登記原因は「発行」となる。原因年月日，登記年月日の記録の仕方が特殊だが，特にその点を気にする必要はない。

新株予約権の登記事項を完璧に覚えるのは，簡単ではない。ポイントを整理して効率よく覚えたい。

まず，必ず**2種類の金額**が登記されるというのがポイントである。新株予約権の発行の際に払い込む金額と新株予約権の行使の際に払い込む金額である。

次に，新株予約権の数と株式の数が登記されるという点を覚えておくとよい。これらは，新株予約権の行使によって変更が生じる事項である。

2種類の金額と2種類の数が登記されることを覚えておけば，新株予約権の登記事項のうち四つを網羅できる。それに新株予約権の名称と行使期間を加え

れば，最低限必要な事項が揃う。

第24節　募集新株予約権の発行

Topics ・募集株式の発行と似ている。どこが違うかに注意しよう。

　　　　・効力発生日と払込みに関する添付書面が重要である。

1　募集新株予約権の発行の登記事項

　　募集新株予約権の発行があった場合には，発行された新株予約権について必要な事項を登記することになる。新株予約権の発行のみでは，発行済株式の総数や資本金の額に変更が生じることはない。

➡　新株予約権の行使があった場合には，発行済株式の総数や資本金の額が増加することがある。発行と行使は区別しなければならない。

➕ アルファ

　　既存の新株予約権を追加発行するようなことはできない。つまり，既に第1回新株予約権が発行されている場合において，第1回新株予約権を追加発行することはできない。そのため，既存の新株予約権の登記を変更するような登記ではなく，新たに発行された新株予約権についての登記を申請することになる。

2　募集事項の決定機関

　　基本的には，募集株式の発行と同様である。株主割当てかどうか，公開会社かどうかで異なる。

	株主割当て以外	株主割当て
公開会社	取締役会 払込金額が特に有利な金額であれば株主総会 株主総会による委任があれば払込金額にかかわらず取締役会	取締役会
公開会社でない株式会社	株主総会 株主総会による委任があれば取締役会・取締役の決定	株主総会 定款の定めがあれば取締役会・取締役の決定

　種類株式発行会社における募集新株予約権の発行での株主割当てについては，注意すべき点がある。募集新株予約権の割当てを受ける株主の有する株式の種類と新株予約権の目的である株式の種類が同じでなければならない（会§241Ⅰ）。

3　種類株主総会の決議

　種類株式発行会社では，種類株主総会の決議が必要になる場合がある。募集株式の発行と同様である。

　株主割当て以外の場合には，募集新株予約権の目的である株式が譲渡制限株式である場合に譲渡制限株式の種類株主を構成員とする種類株主総会の決議が必要になる（会§239Ⅳ）。

　株主割当ての場合には，損害を及ぼすおそれがある場合の種類株主総会の決議が必要になる（会§322Ⅰ⑤）。

　どちらの種類株主総会も，定款の定めがあれば不要とできる。

4　割当ての決定

　募集株式の発行と同様に，株主割当て以外の場合には，申込みと割当てで募集新株予約権の新株予約権者を決定する方法と総数引受契約を締結する方法とがある。

　申込みと割当てを行う場合の割当ての決定機関は，次の場合に異なる（会§243Ⅱ）。

・募集新株予約権の目的である株式の全部又は一部が譲渡制限株式である場合
・募集新株予約権が譲渡制限新株予約権である場合

　これらの要件のうち少なくとも一方に該当する場合には，取締役会設置会社では取締役会の決議で，取締役会設置会社以外の株式会社では株主総会の特別決議で，割当ての決定をしなければならない。ただし，この決定機関については，定款で別の機関とすることが可能である。

5　総数引受契約を締結する場合

　総数引受契約を締結するのであれば，割当ての決定は不要である。

　募集新株予約権の目的である株式の全部又は一部が譲渡制限株式である場合と募集新株予約権が譲渡制限新株予約権である場合には，総数引受契約の承認

が必要になる。承認機関は，割当ての決定機関と同じである。

6　支配株主の異動を伴う募集新株予約権の発行

　基本的には募集株式の発行と同じである。公開会社が株主割当て以外の方法により募集新株予約権の発行をする場合に問題になる。

　新株予約権の場合には，対象となる者が引き受けた新株予約権の全部が行使されたものとして議決権の数を算定する。発行する新株予約権の全部が行使されたものとして算定するわけではない。

　募集株式の発行と同様に，総株主の議決権の10分の１以上の議決権を有する株主が反対した場合には，財産の状況が著しく悪化している場合であって事業の継続のために緊急の必要があるときを除き，株主総会の決議による承認が必要になる。

7　効力発生

　募集新株予約権の発行の効力は，募集事項として定めた割当日に生じる（会§245）。

➡　払込みによって効力が生じるものではない。

8　払込み

　募集新株予約権の発行では，払込みが常に必要となるものではなく，募集事項として払込みを必要とする旨を定めた場合に限り払込みが必要となる。

　払込みが必要となる場合には，募集事項として定めた払込みの期日か新株予約権の行使期間の初日の前日までに払込みをしなければならない（会§246）。払込みをすべき日は，割当日の前であっても後であっても構わない。つまり，募集新株予約権についての払込みは，募集新株予約権の発行の効力発生前のこともあれば，効力発生後のこともある。

　払込みとしては，原則として金銭を払い込むが，株式会社の同意があれば，金銭の払込みに代えて，払込金額に相当する金銭以外の財産を給付することや，株式会社に対する債権をもって相殺することが認められる（会§246Ⅱ）。

➡　募集株式の発行や新株予約権の行使との違いに注意する。

9　登記の事由

　「募集新株予約権の発行」とすればよい。

10　登記記録例

前節のとおりである。登記原因は「発行」である。

11　登記すべき事項の記載

登記原因を「発行」として，新株予約権について登記すべき事項を記載すればよい。原因年月日の日付としては，募集新株予約権の発行の効力発生日である割当日を記載する。

12　添付書面

募集事項の決定についての株主総会議事録と株主リスト，取締役会議事録，　**R3記述**
取締役の過半数の一致があったことを証する書面を添付する。定款の規定によって募集事項の決定機関が異なる場合には定款の添付も必要である。公開会社でない株式会社において，株主総会の決議によって募集事項の決定を取締役会か取締役に委任した場合には，取締役会議事録・取締役の過半数の一致があったことを証する書面のほかに株主総会議事録と株主リストも添付する。

➡　基本的には募集株式の発行と同じである。

募集新株予約権の目的である株式の全部又は一部が譲渡制限株式である場合・募集新株予約権が譲渡制限新株予約権である場合であって，募集新株予約権の割当ての決定が必要となる場合には，取締役会設置会社では取締役会議事録を添付し，取締役会設置会社以外の株式会社では株主総会議事録と株主リストを添付する。定款で別の機関を割当ての決定機関としている場合には，定款の添付も必要である。

総数引受契約の承認が必要となる場合にも，同様の書面を添付する。

種類株主総会の決議が必要な場合には，種類株主総会議事録と株主リストを添付する。募集新株予約権の目的である株式が譲渡制限株式である場合の種類株主総会の決議について，定款の定めがあることにより不要となる場合には，種類株主総会議事録と株主リストに代えて定款を添付する。一方，損害を及ぼすおそれがある場合の種類株主総会の決議が定款の定めのために不要となる場合であっても，定款の添付は不要である。

さらに，以下の書面の添付が必要になる。

（新株予約権の発行による変更の登記）
第65条　新株予約権の発行による変更の登記の申請書には，法令に別段の定め

がある場合を除き，次の書面を添付しなければならない。

一　募集新株予約権(会社法第238条第1項に規定する募集新株予約権をいう。以下この条において同じ。)の引受けの申込み又は同法第244条第1項の契約を証する書面

二　募集新株予約権と引換えにする金銭の払込みの期日を定めたとき（当該期日が会社法第238条第1項第4号に規定する割当日より前の日であるときに限る。）は，同法第246条第1項の規定による払込み（同条第2項の規定による金銭以外の財産の給付又は会社に対する債権をもつてする相殺を含む。）があつたことを証する書面

三　会社法第244条の2第5項の規定による募集新株予約権の引受けに反対する旨の通知があつた場合において，同項の規定により株主総会の決議による承認を受けなければならない場合に該当しないときは，当該場合に該当しないことを証する書面

　募集新株予約権の引受けの申込みを証する書面か総数の引受けを行う契約を証する書面のどちらかの添付が必要である。

➡　募集株式の発行と同様である。

　払込みについての添付書面は，募集株式の発行と大きく異なる。

　まず，払込みが不要な場合には，払込みについての書面を添付する必要はない。払込みが不要なことは，募集事項から明らかなので，払込みが不要であることを別途証明する必要もない。

　問題は払込みが必要な場合である。

重要❗ ●

　払込みをした場合であっても，割当日以後に払込みをすればいい場合には，払込みがあったことを証する書面を添付する必要はない。

H29-31　払込みをすべき期日は，募集事項で定めた期日か新株予約権の行使期間の初日の前日であるが，この払込期日が割当日より前の日である場合に限り払込みがあったことを証する書面の添付が必要である。

理由　割当日に効力が生じるので，効力発生後の払込みについての書面を要求するわけにはいかないから。

➕ アルファ

　払込期日が割当日以後の場合には，払込みを考慮することなく，割り当てた募集新株予約権について登記を申請すればよい。問題は，払込期日が割当日より前の日である場合であって，必要な払込みがなかった場合である。

　募集新株予約権の払込みは，新株予約権の行使のための要件とされている（会§246Ⅲ）。払込期日までに払込みがなければ，新株予約権の行使はできない。そして，行使のできない新株予約権は消滅する（会§287）。結局，割当日前の払込みが行われなかった場合には，募集新株予約権の発行の効力発生前に新株予約権の消滅原因が生じたことになり，払込みのなかった部分については募集新株予約権の発行の効力が生じないものと考えることができる。したがって，払込期日が割当日より前の日である場合には，払込みがあった新株予約権についてのみ登記を申請すればよいことになる。

　払込みがあったことを証する書面としては，払込取扱機関の作成した払込金受入証明書か通帳のコピーなどに代表者の作成した書面を合綴したものを添付すればよい。募集株式の発行の場合と同様の書面である。

　また，払込みに代えて金銭以外の財産の給付があった場合には**金銭以外の財産の給付があったことを証する書面**を添付しなければならず，払込みに代えて相殺があった場合には**相殺があったことを証する書面**を添付しなければならない。

➡　募集株式の発行との違いに注意する。募集株式の発行では，金銭以外の財産の給付があったことを証する書面を添付することはない。また，募集新株予約権の発行では，検査役の調査についての添付書面が必要となることはない。

　募集新株予約権の発行によって資本金の額が増加することはない。そのため，資本金の額が会社法及び会社計算規則の規定に従って計上されたことを証する書面の添付が必要となることはない。

➡　募集株式の発行・新株予約権の行使と違う点である。

　支配株主の異動を伴う場合で，株主総会の決議による承認があった場合には，その株主総会の議事録と株主リストを添付する。財産の状況が著しく悪化している場合であって事業の継続のために緊急の必要があることを理由として株主総会の決議を受けなかった場合には，財産の状況が著しく悪化していることと事業の継続のために緊急の必要があることを代表者が証明した書面を添付する。

➡　募集株式の発行と同様に，支配株主の異動を伴う場合かどうかを明らかに

するために書面を添付する必要はない。

13　2週間の期間

　募集株式の発行と同様に，2週間の期間を置くべき場合がある。

　株主割当て以外の場合には，公開会社であって，取締役会の決議のみで募集事項を定めた場合に必要になる。募集事項の決定の日と割当日との間に2週間の期間が必要である。募集株式の発行と同様に株主全員の同意があれば期間を短縮でき，期間を短縮した場合には株主全員の同意があったことを証する書面と株主リストを添付しなければならない。

　株主割当ての場合には，募集事項の決定の日と募集新株予約権の割当てに係る基準日のうちどちらか遅い日と募集新株予約権の引受けの申込みの期日との間に2週間の期間が必要である。募集新株予約権の割当てを受ける株主全員の同意があれば期間を短縮でき，期間を短縮した場合には，募集新株予約権の割当てを受ける株主全員の同意があったことを証する書面と株主リストを添付しなければならない。

14　取締役の報酬等として発行する場合

　募集株式の発行と同様に，新株予約権においても，金融商品取引所に上場されている株式を発行している株式会社（いわゆる上場会社）において取締役の報酬等として発行する場合には，特別な扱いをすることができる（会§236ⅢⅣ）。
➡　令和元年改正法（令和3年3月1日施行）により追加された特則である。

　厳密には，取締役の報酬等として発行する場合と取締役の報酬等をもってする払込みと引換えに発行する場合の両方で適用される規定である。ここでは，この両方の場合について単に「取締役の報酬等として発行する場合」と表現することにする。「取締役の報酬等をもってする払込みと引換えに発行する場合」というのは，報酬等として交付される金銭を払込みに充てる場合であり，報酬支払請求権と募集新株予約権と引換えにする払込みに係る債務を相殺するような場合である。

　募集新株予約権の発行では，そもそも払込みを不要とすることが可能なので，その点において取締役の報酬等として発行する場合でも異なる扱いとなることはない。扱いが変わるのは，行使に際しての払込みである。

　取締役の報酬等として発行する場合には，新株予約権の行使に際しての払込みの全部を不要とすることができる。ただし，払込みをせずに行使をすることができる者は，取締役か取締役であった者に限られる。取締役であったことが

ない者は，この新株予約権を譲り受けても行使することができない。

　取締役の報酬等として発行する場合において，新株予約権の行使に際しての払込みを不要としたときは，「新株予約権の行使に際して出資される財産の価額又はその算定方法」として「出資を要しない」と登記される（先例令3.1.29－14）。

　取締役の報酬等として発行する場合には，募集株式の発行と同様に，報酬等についての定款の定めか株主総会の決議（指名委員会等設置会社では報酬委員会の決定）の内容の範囲内で発行する必要がある（会§361Ⅰ③，404Ⅲ）。
　そして，募集新株予約権の発行の登記の申請書には，報酬等についての定めに関する定款か株主総会議事録と株主リスト（指名委員会等設置会社では報酬委員会の議事録）の添付が必要となる。

第25節　募集以外の事由による新株予約権の発行

Topics・様々な方法による新株予約権の発行について扱う。
・募集に比べると重要度は低いが，添付書面などについての基本的な考え方は理解しておくべきである。

1　募集以外の事由による新株予約権の発行の方法

募集新株予約権の発行以外にも，次の方法により新株予約権を発行することができる。

・新株予約権無償割当て
・取得請求権付株式，取得条項付株式，全部取得条項付種類株式の取得と引換えにする新株予約権の発行
・取得条項付新株予約権の取得と引換えにする新株予約権の発行
・合併などの組織再編行為

これらのうち，取得条項付新株予約権の取得と引換えにする場合と組織再編行為に際して発行する場合については，この節では扱わない。

H24-29　新株予約権を発行せず，自己新株予約権の交付のみをした場合には，登記すべき事項は生じない。

2　新株予約権無償割当ての手続

株式無償割当てと同じような手続になる。取締役会設置会社では取締役会の決議で，取締役会設置会社以外の株式会社では株主総会の決議で，新株予約権無償割当てについて決議しなければならない（会§278Ⅲ）。ただし，定款で別の機関を決定機関とすることができる。

3　株式の取得と引換えにする新株予約権の発行

取得請求権付株式，取得条項付株式，全部取得条項付種類株式の取得の手続については，取得の対価が株式である場合と同じである。
➡　第19節で確認しておこう。

対価が新株予約権である場合には，分配可能額による制限がある（会§166Ⅰただし書，170Ⅴ，461Ⅰ④）。

4　登記期間

取得請求権付株式の取得と引換えにする新株予約権の発行については，取得の対価が株式である場合と同様に，毎月末日現在により，当該末日から2週間以内にすれば足りる（会§915Ⅲ②）。

5　登記の事由

それぞれ「新株予約権無償割当て」「取得請求権付株式の取得と引換えにする新株予約権の発行」「取得条項付株式の取得と引換えにする新株予約権の発行」「全部取得条項付種類株式の取得と引換えにする新株予約権の発行」とすればよい。

6　登記記録例

新たにその内容の新株予約権を発行する場合の登記記録例は，募集新株予約権の発行と全く同じである。

➡　「募集新株予約権の払込金額若しくはその算定方法又は払込を要しないとする旨」が登記される点まで同じである。

取得請求権付株式の取得と取得条項付株式の取得については，同じ内容の株式の取得が複数回行われることがあり得る。既存の新株予約権の追加発行は基本的にはできないのだが，これらの株式の2回目以降の取得と引換えにする場合には，同じ内容の新株予約権が追加発行されることになる。たとえば，A種類株式が第1回新株予約権の交付を内容とする取得請求権付株式である場合には，A種類株式の取得の請求がある度に第1回新株予約権を発行することになる。

このような場合には，既に登記されている新株予約権について，新株予約権の数と新株予約権の目的である株式の種類及び数を変更する登記をしなければならない。

新株予約権	第１回新株予約権 　新株予約権の数 　　<u>100個</u> 　　200個 　　令和３年２月28日変更　　令和３年３月３日登記 　新株予約権の目的たる株式の種類及び数又はその算定方法 　　<u>普通株式　5000株</u> 　　普通株式　１万株 　　令和３年２月28日変更　　令和３年３月３日登記 　募集新株予約権の払込金額若しくはその算定方法又は払込を要しないとする旨 　　無償 　新株予約権の行使に際して出資される財産の価額又はその算定方法 　　100万円 　新株予約権を行使することができる期間 　　令和７年３月31日まで
	令和３年１月31日発行 ‐‐‐‐‐‐‐‐‐‐‐‐‐‐‐‐‐‐‐ 令和３年２月３日登記

7　登記すべき事項の記載

　既存の新株予約権が追加発行される場合を除き，募集新株予約権の発行と全く同じである。どのような事由で発行されても，登記原因は「発行」である。

　取得請求権付株式・取得条項付株式の取得と引換えにする場合で，既存の新株予約権が追加発行される場合には，「新株予約権の数」と「新株予約権の目的たる株式の種類及び数又はその算定方法」を変更する旨の登記を申請することになる。登記原因は「変更」である。

➡　新株予約権の登記に関しては，後述する新株予約権の行使と同じになる。

8　添付書面

添付書面については，どのような方法で発行したかによって異なる。

(1)　新株予約権無償割当ての場合

株式無償割当てと同様の添付書面が必要になる。取締役会議事録，株主総会議事録と株主リスト，種類株主総会議事録と株主リストなどである。定款で決議機関を変更した場合には定款も添付する。

(2)　取得請求権付株式の取得と引換えにする新株予約権の発行の場合

取得の請求があったことを証する書面の添付が必要である（商登§58）。

また，取得請求権付株式の取得には分配可能額による制限があるため，一　`H31-29`
定の分配可能額が存在することを証する書面も添付しなければならない（商登規§61Ⅹ）。

さらに，その内容の新株予約権を最初に発行する場合には，定款の添付も必要である。2回目以降の取得で既に新株予約権が登記されている場合には，定款は不要となる。

> **理由**　株式の内容として具体的な新株予約権の内容が登記されていないため（第10節参照），定款の添付により取得の対価である新株予約権の内容を明らかにする必要があるから。

(3)　取得条項付株式の取得と引換えにする新株予約権の発行の場合

取得条項付株式の取得と引換えにする株式の発行の場合と同様に，取得の事由の発生を証する書面，株券提供公告をしたことを証する書面などの添付が必要になる。

➡　第19節で確認しておこう。

取得請求権付株式の取得と同様に，一定の分配可能額が存在することを証する書面と定款も添付する必要がある。

(4)　全部取得条項付種類株式の取得と引換えにする新株予約権の発行の場合

取得の決議をした株主総会の議事録と株主リストを添付する。また，株券発行会社では，株券提供公告をしたことを証する書面か対象となる株式の全部について株券を発行していないことを証する書面のどちらかの添付が必要になる。

さらに，一定の分配可能額が存在することを証する書面の添付も必要であ

る。

　一方，新株予約権の内容を明らかにするための定款の添付は不要である。

理由　全部取得条項付種類株式の取得の対価は，株式の内容として定款で定めるのではなく，取得を決議する株主総会において定めるため，株主総会議事録により新株予約権の内容が明らかになるから。

第26節　新株予約権の行使

Topics ・募集新株予約権の発行や募集株式の発行との違いに注意する。
・登記期間と添付書面が特に重要である。
・登記簿の記録は，一部行使と全部行使で異なる。

1　新株予約権の行使によって生じる登記すべき事項

　　新株予約権が行使されると，その目的である株式が新株予約権を行使した者に交付されることになる。また，行使された新株予約権は消滅する。

　　新株予約権の行使に際しては，新たに株式を発行して交付するか，保有している自己株式を交付するかのどちらかをすることになる。新たに株式を発行した場合には，発行済株式の総数が増加し，また，資本金の額も増加する。自己株式を交付した場合には，発行済株式の総数も，資本金の額も，変わらない。

　　したがって，新株予約権の行使によって生じる登記すべき事項は，株式を発行したか自己株式を交付したかで異なる。株式を発行した場合には，新株予約権の変更のほか，「発行済株式の総数並びに種類及び数」と「資本金の額」を変更する登記をしなければならないが，自己株式を交付した場合には，新株予約権の変更のみで足りる。 `H24-29`

　　新株予約権についての変更は，一部行使か全部行使かで異なる。新株予約権の一部のみが行使され，行使後も新株予約権が残る場合には，「新株予約権の数」と「新株予約権の目的である株式の種類及び数又はその算定方法」を変更する登記をしなければならない。一方，全部が行使された場合には，その新株予約権の全体を抹消するような登記をすることになる。
➡　登記記録例を見れば，直感的に理解できると思う。

2　新株予約権の行使の手続

　　新株予約権の行使の効力は，新株予約権者が行使を請求し，新株予約権の内容に従って金銭の払込みか金銭以外の財産の給付をすることによって生じる。
➡　出資の目的が金銭以外の財産である場合については，この節の最後でまとめて扱う。まずは金銭を払い込む場合を理解すればよい。

　　行使の日に払込みをしなければならず，行使の日が効力発生日である。

　　新株予約権証券が発行されている場合には，行使に際して新株予約権証券の

提出が必要になるが，登記手続には影響がない。

3　資本金の額の増加

　　新株予約権の行使に際して新たに株式を発行した場合には，資本金の額が増加する。自己株式の処分のみをした場合には，資本金の額は増加しない。

　　新株予約権の行使の場合の資本金等増加限度額の計算には注意が必要である。
➡　ここでは，新株予約権の行使に際して金銭が払い込まれた場合を考える。

重要🅾️●●●●●●●●●●●●●●●●●●●●●●●●●●●●●●●●●●●
　　払い込まれた金額と新株予約権の帳簿価額の合計額が資本金等増加限度額となる。

　　払い込まれた金額は，行使に際して払い込まれた金額であり，募集新株予約権の発行に際して払い込まれた金額ではない。
　　新株予約権の帳簿価額というのは，現実に貸借対照表の純資産の部に計上されている新株予約権の価額になる。新株予約権を何円で計上するかというのは，簡単な問題ではなく，明らかに司法書士試験の範囲外である。
➡　企業会計基準委員会の定める企業会計基準などに従うことになる。

　　行使された新株予約権は消滅するから，新株予約権そのものが出資されたと考え，新株予約権の帳簿価額も資本金等増加限度額に加えるのである。

➕アルファ

　　新株予約権の帳簿価額については，新株予約権の公正な評価額を用いる方法と新株予約権の交付と引換えに給付された財産の価額を用いる方法がある。新株予約権の公正な評価額としては，様々な要素を反映させた理論値（二項モデルなど）や新株予約権の市場価格を用いることが考えられる。新株予約権の交付と引換えに給付された財産の価額としては，募集新株予約権の払込金額などを用いる。

4　登記期間

H24-29　　取得請求権付株式の取得の場合と同様に，１か月分をまとめて，毎月末日現在により，末日から２週間以内に申請すればよい（会§915Ⅲ①）。

5　登記の事由

「新株予約権の行使」でよい。株式を発行した場合と自己株式を交付した場合を登記の事由で区別する必要はない。一部行使と全部行使も区別しなくていいが，全部行使の場合には「新株予約権の全部行使」としても問題ない。

6　登記記録例

まず，最も基本的なパターンである新株予約権の一部の行使に際して新たに株式を発行した場合を見ていこう。この場合には，株式・資本区と新株予約権区に変更が生じる。

発行済株式の総数並びに種類及び数	発行済株式の総数 　　3万株 各種の株式の数 　　普通株式　　2万株 　　優先株式　　1万株	
	発行済株式の総数 　　4万株 各種の株式の数 　　普通株式　　3万株 　　優先株式　　1万株	令和3年1月31日変更 - - - - - - - - - - - 令和3年2月3日登記
資本金の額	金1億円	
	金2億円	令和3年1月31日変更 - - - - - - - - - - - 令和3年2月3日登記

新株予約権	第1回新株予約権
	新株予約権の数
	<u>200個</u>
	100個
	令和3年1月31日変更　　　令和3年2月3日登記
	新株予約権の目的たる株式の種類及び数又はその算
	定方法
	<u>普通株式　2万株</u>
	普通株式　1万株
	令和3年1月31日変更　　　令和3年2月3日登記
	募集新株予約権の払込金額若しくはその算定方法又
	は払込を要しないとする旨
	100万円
	新株予約権の行使に際して出資される財産の価額又
	はその算定方法
	100万円
	新株予約権を行使することができる期間
	令和7年3月31日まで
	令和2年12月1日発行

	令和2年12月2日登記

H28記述
H18記述
　　新株予約権の行使によって，発行済株式の総数と資本金の額が増加し，新株予約権の数と新株予約権の目的たる株式の数が減少している。登記原因は全て「変更」である。新株予約権についての登記原因が記録される位置は，やや特殊なものとなっている。「発行済株式の総数並びに種類及び数」と「資本金の額」についての登記は，募集株式の発行の場合と全く同じものである。

H24-29
　　新株予約権の行使に際して株式を発行せずに自己株式を交付した場合には，発行済株式の総数と資本金の額が変わらない。この場合には，新株予約権についてのみ登記をすることになる。

H21記述
　　新株予約権の全部が行使された場合には，新株予約権の数を0個としてまで

新株予約権の内容を公示する必要がないので，次のような登記になる。

新株予約権	第1回新株予約権 　新株予約権の数 　　200個 　　100個 　　　令和3年1月31日変更　　令和3年2月3日登記 　新株予約権の目的たる株式の種類及び数又はその算定方法 　　普通株式　2万株 　　普通株式　1万株 　　　令和3年1月31日変更　　令和3年2月3日登記 　募集新株予約権の払込金額若しくはその算定方法又は払込を要しないとする旨 　　100万円 　新株予約権の行使に際して出資される財産の価額又はその算定方法 　　100万円 　新株予約権を行使することができる期間 　　令和7年3月31日まで
	令和2年12月1日発行 - - - - - - - - - - - - - - - 令和2年12月2日登記
	令和3年2月28日新株予約権全部行使 　　　　　令和3年3月3日登記

　1月31日に100個が行使され，2月28日にさらに100個が行使された場合である。もっとも，毎月末日現在で登記することができるので，実際に新株予約権が行使された日が末日とは限らない。

7　登記すべき事項の記載

　発行済株式の総数と資本金の額については，募集株式の発行と同じように登記されるのだから，登記すべき事項も同じように記載すればよい。

　新株予約権の一部が行使された場合には，「新株予約権の数」と「新株予

権の目的たる株式の種類及び数又はその算定方法」を変更する旨を記載するが，変更する新株予約権をその名称（「第1回新株予約権」など）で特定する必要がある。第1回新株予約権，第2回新株予約権……などと新株予約権が複数回発行されている場合があり，どの新株予約権を変更するのかを特定する必要があるためである。

➡　発行されている新株予約権が一つだけなら特定しなくてもいいと考えるかもしれないが，新株予約権が一つの場合と複数の場合で記載方法を変えるのはかえってややこしい。複数である場合でも対応できる記載方法に統一してしまう方が楽である。

　　結局，次のような記載が基本パターンである。

令和3年1月31日次のとおり変更
　発行済株式の総数　4万株
　各種の株式の数　普通株式　3万株
　　　　　　　　　　優先株式　1万株
　資本金の額　金2億円
　第1回新株予約権
　　新株予約権の数
　　　100個
　　新株予約権の目的たる株式の種類及び数又はその算定方法
　　　普通株式　1万株

　　新株予約権の登記では，登記記録の左の列に記録される「新株予約権」の文字ではなく，新株予約権の名称である「第1回新株予約権」や「新株予約権の数」「新株予約権の目的たる株式の種類及び数又はその算定方法」が登記事項を特定するための登記記録の見出しの役割を果たす。

　　この例では，まとめて「令和3年1月31日次のとおり変更」としてしまったが，商業登記規則35条2項に従って区ごとに整理するために「株式・資本区」の登記事項と「新株予約権区」の登記事項を分けて書いても構わない。

➡　区ごとに整理することには，あまりこだわらなくても大丈夫である。

　　発行済株式の総数や資本金の額に変更が生じない場合には，新株予約権についての事項のみを記載すればよい。

　　新株予約権の全部が行使された場合には，「令和3年2月28日新株予約権全

部行使」と記録しなければならないから，それを記載する必要がある。そして，新株予約権をその名称で特定しなければならないので，「第1回新株予約権は，令和3年2月28日新株予約権全部行使」と記載することになる。

➡　結局，「行使」という文字が記録されるのは，全部行使の場合だけである。

8　添付書面

> （新株予約権の行使による変更の登記）
> **第57条**　新株予約権の行使による変更の登記の申請書には，次の書面を添付しなければならない。
> 　一　新株予約権の行使があつたことを証する書面
> 　二　金銭を新株予約権の行使に際してする出資の目的とするときは，会社法
> 　　第281条第1項の規定による払込みがあつたことを証する書面
> 　三　（略）
> 　四　（略）

　3号と4号は金銭以外の財産が出資された場合である。まずは金銭の払込みのみがあった場合の添付書面を考える。

(1)　新株予約権の行使があったことを証する書面

　新株予約権者が行使に際して株式会社に提出した行使請求書などを添付するのが普通である。

　銀行などの払込取扱機関が新株予約権行使請求の事務を取り扱う場合には，払込取扱機関が作成した行使請求取扱証明書を添付することも可能である。

(2)　払込みがあったことを証する書面

　行使に際しての払込みがあったことを証するために添付する。募集株式の発行に際しての払込みがあったことを証する書面と同様の書面である。

　その一部として通帳のコピーなどを用いるので，払込みがあったことを証する書面1通で複数回の払込みを証することができる。つまり，複数回の新株予約権の行使を月末にまとめて申請する場合でも，払込みがあったことを証する書面は1通で足りる。

　以上のほか，新株予約権の行使により資本金の額が増加する場合には，次の書面が必要になる。

⑶ **資本金の額が会社法及び会社計算規則の規定に従って計上されたことを証する書面**

募集株式の発行と同じような書面になる。

新株予約権の行使における資本金等増加限度額の計算では新株予約権の帳簿価額が必要になるが，その帳簿価額をこの書面で明らかにする必要がある。

⑷ **募集事項の決定に係る書面**

資本金等増加限度額のうち2分の1までの額は，資本金とせずに資本準備金とすることができる。増加する資本金及び資本準備金に関する事項は，新株予約権の内容であり，募集新株予約権の発行では募集事項として定める。

H24-29　資本金等増加限度額の全額を資本金とする場合には，この書面を添付する必要はない。**資本金等増加限度額の一部のみを資本金とする場合にのみ，資本金とする額を明らかにするために募集事項の決定に係る書面の添付が必要**になる。

募集事項を株主総会で決定した場合には株主総会議事録を，取締役会で決定した場合には取締役会議事録を，取締役の過半数の一致により決定した場合には取締役の過半数の一致があったことを証する書面を添付しなければならない。種類株主総会の決議が必要な場合には種類株主総会議事録も必要であり，決定機関について定款で定めている場合には定款も必要である。

➡ 募集以外の事由によって発行された新株予約権については，その内容を明らかにするために定款などを添付することになる。

募集事項の決定に係る書面として株主総会議事録や種類株主総会議事録を添付する場合には，株主リストの添付は不要である。

➡ 募集新株予約権の発行の際に同じ議事録を一度添付しているはずなので，重ねて添付を求める必要はないと考えられたためである。

9　金銭以外の財産の出資

新株予約権の行使に際しては，新株予約権の内容に従って金銭以外の財産を給付することができる。

➡ 募集新株予約権の発行に際しての金銭以外の財産の給付とは様々な点で異なる。会社法の知識を整理しておこう。

H24-29　新株予約権の行使に際して金銭以外の財産が給付された場合には，その金銭以外の財産（現物出資財産）の価額について原則として検査役の調査が必要になる（会§284）。ただし，募集株式の発行の場合と同様の要件に該当する場合

には，検査役の調査を省略できる。新株予約権では，発行時ではなく行使時に
検査役の調査が必要になることがあるのである。

　検査役の調査の要否の判断は，新株予約権１個ごとに判断する。10個を１回
で行使した場合と１個ずつ10回行使した場合とで結論を変える意味がないから
である。

➡　たとえば，新株予約権１個当たりの出資の目的である財産の価額が500万
　円以下なら検査役の調査は不要である。

　資本金等増加限度額の計算では基本的に時価を用いることなどは，募集株式
の発行と同じである。

　出資の目的である財産を新株予約権の内容として定めた時点と新株予約権の
行使との間には，時間的な隔たりが大きいことも考えられる。つまり，新株予
約権の内容を定めた時点から新株予約権の行使までの間に出資の目的である財
産の価額が変動していることもあり得るのである。そのため，金銭以外の財産
が出資の目的とされている場合でも，価額が不足しているときは，差額に相当
する金銭の払込みが必要になる（会§281Ⅱ）。

　金銭以外の財産が出資された場合の添付書面については，基本的には募集株
式の発行と同様に考えてよい。
　検査役の調査を受けた場合には検査役の調査報告を記載した書面及びその附
属書類の添付が必要であり，価額を変更する裁判があったときは裁判の謄本の
添付が必要である。
　有価証券の価額が市場価格を超えないことを理由として検査役の調査を省略
した場合には有価証券の市場価格を証する書面を添付しなければならず，弁護
士などの証明を受けたために検査役の調査を省略した場合には弁護士等の証明
を記載した書面及びその附属書類を添付しなければならず，出資の目的が株式
会社に対する金銭債権であるために検査役の調査を省略した場合には会計帳簿
を添付しなければならない。

　新株予約権の行使では，出資の目的を金銭以外の財産とした場合でも，価額
が不足しているときは金銭の払込みが必要になる。この場合には，差額に相当
する金銭の払込みがあったことを証する書面を添付しなければならない。

10　金銭の払込み等を要しない新株予約権の行使

　　金融商品取引所に上場されている株式を発行している株式会社（いわゆる上場会社）において，取締役の報酬等として新株予約権を発行した場合と取締役の報酬等をもってする払込みと引換えに新株予約権を発行した場合には，行使に際しての金銭の払込み等を不要とすることができる（会§236Ⅲ①）。

➡　新株予約権の行使に際して自己株式のみを交付する場合と混同しないようにしたい。自己株式のみを交付する場合であっても払込みは必要である。

　　新株予約権の帳簿価額を用いて資本金等増加限度額を計算するので，払込みがなかったとしても資本金の額は増加する。ただし，株式を発行せずに自己株式の交付のみをした場合には資本金の額は増加しない。払込みがなくても新株予約権の行使の効力発生時期に影響はなく，資本金の額が増加するのも新株予約権の行使の時点である。

　　金銭の払込み等を要しない新株予約権の行使があった場合の登記の申請書には，払込みに関する書面の添付は不要であるが，その他の添付書面については完全に普通の新株予約権の行使と同じである。

第27節　取得条項付新株予約権の取得

Topics・取得と引換えに株式を発行する場合と新株予約権を発行する場合に登記すべき事項が生じる。
・添付書面については，添付が求められる理由を理解するとよい。

1　取得条項付新株予約権

　新株予約権については，その内容として，一定の事由が生じたことを条件として取得することができる旨を定めることができ（会§236Ⅰ⑦），この定めがある新株予約権は取得条項付新株予約権（会§273）とよばれる。

　取得条項付新株予約権については，その取得の事由などを「会社が新株予約権を取得することができる事由及び取得の条件」として登記しなければならない。

　取得条項付新株予約権を取得しても，取得した新株予約権は自己新株予約権 **H31-31** となるので新株予約権の数に変更は生じない。ただし，取得条項付新株予約権の取得と引換えに株式か新株予約権を新たに発行したときは，その旨の登記を申請しなければならない。

2　取得条項付新株予約権の取得の手続

　取得の手続は，基本的に取得条項付株式の取得と同じだと考えればよい。

　取得する取得条項付新株予約権について新株予約権証券が発行されているときは，新株予約権証券の提出に関する公告（新株予約権証券提供公告）が必要になる（会§293Ⅰ①）。新株予約権付社債券が発行されているときは，新株予約権付社債券の提出に関する公告となる。
➡　以後，新株予約権付社債券の提出に関する公告も含めて単に新株予約権証券提供公告ということにする。

　新株予約権を取得する場合には，株式を取得する場合と異なり，常に分配可能額による制限はない。分配可能額による制限は株主に対する払戻しを制限するためのものだからである。

　取得条項付新株予約権の取得と引換えに株式を発行することは，新株予約権の行使と同じように考えることができる。新株予約権と引換えに株式が発行されるという結果は，新株予約権の行使と全く同じなのである。ただし，取得条

項付新株予約権の取得では，取得された新株予約権が自己新株予約権として残ることになる。

　株式を発行した場合には，新株予約権の行使と同様に資本金の額が増加することになる。増加する資本金の額は，新株予約権の帳簿価額に基づいて計算される。新株予約権を出資したものと考えればいいのである。資本金等増加限度額のうち資本準備金とする額は，取締役会設置会社では取締役会の決議で，取締役会設置会社以外の株式会社では取締役の過半数の一致で定めることができる。

3　登記の事由

「取得条項付新株予約権の取得と引換えにする株式の発行」「取得条項付新株予約権の取得と引換えにする新株予約権の発行」とすればよい。

4　登記記録例

　株式を発行した場合は募集株式の発行などと同じである。また，新株予約権を発行した場合は取得条項付株式の取得と引換えにする新株予約権の発行と同じである。

5　登記すべき事項の記載

　登記記録例と同様に，募集株式の発行や取得条項付株式の取得と引換えにする新株予約権の発行の例に従えばよい。

6　添付書面

　取得の事由の発生を証する書面については，取得条項付株式の取得と同様のものを添付することになる。

　取得条項付新株予約権の取得の場合には，新株予約権証券提供公告をしたことを証する書面か新株予約権証券を発行していないことを証する書面のどちらかを添付する必要がある。
　取得条項付株式の取得では，株券発行会社においてのみ株券提供公告をしたことを証する書面かその株式の全部について株券を発行していないことを証する書面の添付が必要になったが，新株予約権の場合には，新株予約権証券を発行する旨の定めの有無が登記簿から明らかにならないため，新株予約権証券を発行する旨の定めがない場合であっても，新株予約権証券を発行していないことを証する書面の添付が必要になる。
➡　新株予約権証券提供公告をすべき他の場合でも同じである。

　取得条項付新株予約権の取得と引換えに株式を発行した場合には，資本金の額が会社法及び会社計算規則の規定に従って計上されたことを証する書面の添付が必要になる。

➡　取得条項付新株予約権の取得と引換えにする株式の発行は，新株予約権の行使による株式の発行と同じような結果になると考えればわかりやすい。

　資本金等増加限度額の一部を資本準備金とする旨を定めた場合には，その旨の決定について取締役会議事録か取締役の過半数の一致があったことを証する書面を添付する必要がある。

第28節　新株予約権の行使期間満了

Topics・何もしなくても，時間の経過により登記すべき事項が生じる。

　　　　・効力発生日とする日付に注意したい。

1　新株予約権の行使期間

　新株予約権については，その内容として，行使期間を定めなければならない（会§236Ⅰ④）。新株予約権の行使期間は，「新株予約権を行使することができる期間」として登記される。

　行使期間が満了することにより，当然に新株予約権が消滅する。

2　登記の事由

　「新株予約権の行使期間満了」とすればよい。

3　登記記録例

次のように登記される。

新株予約権	第1回新株予約権 　新株予約権の数 　　100個 　新株予約権の目的たる株式の種類及び数又はその算定方法 　　普通株式　5000株 　募集新株予約権の払込金額若しくはその算定方法又は払込を要しないとする旨 　　無償 　新株予約権の行使に際して出資される財産の価額又はその算定方法 　　100万円 　新株予約権を行使することができる期間 　　令和3年3月31日まで	
		令和2年12月1日発行 ------------ 令和2年12月2日登記
	令和3年4月1日行使期間満了	令和3年4月2日登記

「令和3年4月1日行使期間満了」と登記されているが，この日付に注意する必要がある。行使することができる期間が令和3年3月31日までなら，行使期間満了として登記する日付はその翌日になる。**行使期間満了日の翌日が効力発生日**なのである。

➕ アルファ

行使期間満了の日の翌日を「行使期間満了」として登記するのには，違和感を覚えるかもしれない。上の例では3月31日が終わるまでは行使が可能なので，その翌日に新株予約権が消滅すると考えることになる。4月1日になるまでは新株予約権が消滅しないので，4月1日を効力発生日とするのである。しかし，それであるなら「令和3年4月1日新株予約権消滅」とすべき

だろう。3月31日に行使期間が満了し，4月1日に消滅するのである。結局，あまり深く考えずに翌日の日付で「令和3年4月1日行使期間満了」と登記するのだと覚えてしまうのが正解かもしれない。多少おかしいと思っても，登記所の提示する方法を黙って受け入れるのが大人の態度というものである。

4　登記すべき事項の記載

次のように，行使期間の満了した新株予約権を特定し，その新株予約権について登記する事項を記載すればよい。

第1回新株予約権は，令和3年4月1日行使期間満了

また，「令和3年4月1日第1回新株予約権行使期間満了」のような記載も，許容されている。

5　添付書面

H21-29　行使期間は登記されており，行使期間の満了は登記簿上明らかなので，特に添付書面は必要ない。

➡　登記簿上明らかであっても，登記官が職権で登記をするための根拠規定がないため，申請が必要である。

第29節　新株予約権についてのその他の変更

Topics　・様々な事由により新株予約権に変更が生じることがある。
　　　　　・あまり深く考えずに，簡単に眺めておこう。

1　新株予約権が消滅する場合

　新株予約権の行使や行使期間の満了のほか，新株予約権者が新株予約権を行使することができなくなったときは，新株予約権が消滅する（会§287）。

　自己新株予約権を消却することにより，新株予約権を消滅させることもできる（会§276）。取締役会設置会社では取締役会の決議で，取締役会設置会社以外の株式会社では取締役の過半数の一致で，自己新株予約権の消却について決定することができる。

2　新株予約権の内容に変更が生じる場合

　株式の分割，株式の併合，株式無償割当てなどがあったときは，それに伴い新株予約権の目的である株式の数を変更する必要が生じるかもしれない。通常は，新株予約権の目的である株式の数を変更するための計算式をあらかじめ新株予約権の内容として定めておくことになる。そのような計算式を定めた場合には「新株予約権の目的たる株式の種類及び数又はその算定方法」として登記される。

　新株予約権者の全員の同意が得られれば，新株予約権の内容の変更も可能と考えられている。もっとも，会社法には何ら規定がないので，解釈に委ねられている。

3　登記手続

　新株予約権の一部が消滅した場合には，「新株予約権の数」と「新株予約権 **R3記述** の目的たる株式の種類及び数又はその算定方法」を変更する登記を申請する。登記記録は新株予約権を行使した場合の新株予約権の変更と同じである。
　全部が消滅した場合には，「〇年〇月〇日新株予約権全部消滅」とする登記を申請する。
　消滅については，書面の添付を求める規定がないので，原則として添付書面 **H31-31** は不要であろう。

H29-31

　消却の場合も，一部の場合には登記原因を「変更」とする登記を申請し，全

部の場合には「〇年〇月〇日新株予約権全部消却」とする登記を申請する。

　消却を決定した取締役会の議事録か取締役の過半数の一致があったことを証する書面の添付が必要である。

　新株予約権の内容に変更が生じた場合については，商業登記法に根拠規定がない。登記原因は「変更」であろう。また，実際に行った決議や決定を明らかにするため各種の議事録などの添付が必要となることが考えられる。

第30節　役員と機関に関する登記

Topics ・択一式でも記述式でも最重要分野といってよい。
　　　　・まずは，どのような事項が登記されるのかを概観しておこう。

1　役員に関する事項として登記される事項

　株式会社の登記記録中役員区には，「役員に関する事項」として次の事項が登記される。「役員に関する事項」として登記される事項は，会社法上の役員（取締役，会計参与，監査役）に関する事項に限られない。

　・取締役，仮取締役及び取締役職務代行者
　・監査等委員である取締役，監査等委員である仮取締役及び監査等委員である取締役職務代行者
　・会計参与，仮会計参与及び会計参与職務代行者並びに計算書類等の備置き場所
　・監査役，仮監査役及び監査役職務代行者
　・代表取締役，仮代表取締役及び代表取締役職務代行者
　・特別取締役
　・委員，仮委員及び委員職務代行者
　・執行役，仮執行役及び執行役職務代行者
　・代表執行役，仮代表執行役及び代表執行役職務代行者
　・会計監査人及び仮会計監査人
　・取締役が社外取締役である旨
　・監査役が社外監査役である旨
　・清算人，仮清算人及び清算人職務代行者
　・代表清算人，仮代表清算人及び代表清算人職務代行者
　・監査役の監査の範囲を会計に関するものに限定する旨の定款の定めがある旨
　・職務の執行停止

　これらのうち，清算人や代表清算人に関する登記は，解散の登記について解説した後で扱う。また，申請ではなく裁判所書記官の嘱託によって行われる登記は，この章では扱わない。

　ほとんどの者については，その氏名や名称が登記事項となる。ただし，代表権のある者（代表取締役，代表執行役，代表清算人）については，氏名のほか

に住所も登記しなければならない。

　　株主名簿管理人については，役員に関する事項ではなく，株式・資本区に登記される。また，支配人については，会社支配人区に登記される。

2　機関に関する登記

　　登記記録中会社状態区には，株式会社の設置する機関についての事項が登記される。次の事項である。

- ・取締役会設置会社である旨
- ・会計参与設置会社である旨
- ・監査役設置会社である旨
- ・監査役会設置会社である旨
- ・特別取締役による議決の定めがある旨
- ・監査等委員会設置会社である旨
- ・重要な業務執行の決定の取締役への委任についての定款の定めがある旨
- ・指名委員会等設置会社である旨
- ・会計監査人設置会社である旨
- ・清算人会設置会社である旨

　　監査役の監査の範囲を会計に関するものに限定する旨の定款の定めがある場合であっても，「監査役設置会社」と登記される。一方，監査役の監査の範囲を会計に関するものに限定する旨の定款の定めがある旨は役員に関する事項として登記される。

　　機関に関する登記事項のうち，清算人会設置会社である旨については，解散の登記について解説した後で扱う。

3　役員等の責任に関する登記

　　役員や会計監査人などの責任の免除や制限に関する規定は，役員責任区に登記される。具体的には，次の二つの事項である。

- ・取締役，会計参与，監査役，執行役又は会計監査人の会社に対する責任の免除に関する規定
- ・取締役（業務執行取締役であるものを除く。），会計参与，監査役又は会計監査人の会社に対する責任の制限に関する規定

第31節　取締役

Topics ・役員に関する登記では，取締役に関する登記が最も基本的なものである。ここで役員に関する登記の基本的なルールを覚えたい。

・登記原因の使い分けが重要である。「退任」「辞任」「解任」「死亡」「資格喪失」といった登記原因を使い分けなければならない。

・社外取締役である旨については，あとでまとめて扱う。今のところは気にしなくて構わない。

1　取締役に関する登記事項

取締役については，その氏名を登記しなければならない。取締役について，住所が登記されることはない。

➡　特例有限会社では異なるが，いつものように特例有限会社を無視して話を進める。

➡　社外取締役である旨が登記事項となることもあるが，社外取締役の登記については，第36節で扱う。

➕ アルファ

同姓同名の取締役がいる場合には，区別のために生年月日を登記することも可能である（先例昭56.11.9－6427）。

2　選任と就任承諾

取締役の就任には，選任決議と就任承諾が必要である。取締役の選任は株主総会で決議するが，定款の定めに基づき種類株主総会の決議によって選任することも可能である。

選任の決議後に就任を承諾した場合には，就任を承諾した時点で取締役に就任することになる。選任決議前に就任を承諾しておくことも可能であり，その場合には選任決議により直ちに取締役に就任する。

選任後に就任承諾した場合には，選任日と就任日が異なることが考えられる。後述する任期の計算では，選任日が基準となり，就任日で任期を計算することはない。

➡　種類株主総会の決議で選任する場合については，この節の後半でまとめて扱う。以下，特に断らない限り，株主総会で選任された取締役であることを前提とする。

3　地位を失う場合

　　取締役は，任期の満了，辞任，解任，死亡，資格喪失などにより，その地位
を失う。

(1)　任期の満了

　　定款や株主総会の決議で何も定めていない場合には，選任後2年以内に終
了する事業年度のうち最終のものに関する定時株主総会の終結時に任期が満
了する（会§332）。

➡　監査等委員会設置会社と指名委員会等設置会社では異なる。後述する。

　　任期の計算に用いるのは，就任日ではなく選任日（選任決議の日）である。
株式会社の最初の取締役については取締役としての選任行為がないが，会社
成立の年月日を選任日として任期を計算する。

　　任期の短縮は，定款か株主総会の決議によってすることができる。一方，
任期の伸長は，公開会社でない株式会社に限って可能であり，定款で選任後
10年以内に終了する事業年度のうち最終のものに関する定時株主総会の終結
の時まで伸長することができる。

　　監査等委員会設置会社では，監査等委員である取締役と監査等委員でない
取締役を分けて考えなければならない。監査等委員である取締役の任期は，
選任後2年以内に終了する事業年度のうち最終のものに関する定時株主総会
の終結の時までであり，監査等委員でない取締役の任期は，選任後1年以内
に終了する事業年度のうち最終のものに関する定時株主総会の終結の時まで
である。

　　任期の短縮についても，監査等委員である取締役と監査等委員でない取締
役とで異なる。監査等委員である取締役については，任期の短縮ができない。
ただし，補欠として選任された監査等委員である取締役の任期を前任者の任
期が満了すべきであった時まで短縮することは可能である。任期の伸長は，
監査等委員会設置会社では認められない。

➡　監査等委員である取締役の任期の短縮については，監査役の任期と同じ
　　規定である。

　　指名委員会等設置会社における取締役の任期は，選任後1年以内に終了す
る事業年度のうち最終のものに関する定時株主総会の終結の時までである。
任期の短縮は可能だが，伸長はできない。

定款の変更により任期が満了することもある。次の場合である。

・監査等委員会又は指名委員会等を置く旨の定款の変更をした場合
・監査等委員会又は指名委員会等を置く旨の定款の定めを廃止する定款の変更をした場合
・監査等委員会設置会社でも指名委員会等設置会社でもない株式会社が公開会社となる定款の変更をした場合

　監査等委員会設置会社の取締役の任期も，指名委員会等設置会社の取締役の任期も，もちろん覚えるべきである。しかし，まずは監査等委員会設置会社でも指名委員会等設置会社でもない場合を完璧に理解する必要がある。

　監査等委員会設置会社でも指名委員会等設置会社でもない前提で，次のケーススタディを考えてみよう。

📖ケーススタディ

　事業年度を毎年4月1日から翌年3月31日までとし，定時株主総会を毎年6月に招集する株式会社において，次の取締役の任期が満了するのはいつだろうか。定款や選任決議において任期についての別段の定めはない。
　令和2年6月30日に選任された取締役A
　令和2年12月31日に選任された取締役B
　令和3年2月28日に選任された取締役C
　令和3年4月30日に選任された取締役D

　別段の定めがないのだから，取締役の任期は選任後2年以内に終了する事業年度のうち最終のものに関する定時株主総会の終結の時までである。つまり，任期を判断するには，まず**選任後2年以内に終了する事業年度のうち最終のもの**を特定する必要がある。
　取締役Aは令和2年6月30日に選任されている。選任後2年以内ということは，令和4年6月30日以前ということである。この株式会社の事業年度は毎年3月31日に終了する。令和4年6月30日以前に終了する事業年度には令和3年3月31日に終了する事業年度や令和4年3月31日に終了する事業年度があるが，そのうち最終のものは，令和4年3月31日に終了する事業年度である。したがって，取締役Aの任期は，令和4年3月31日に終了する事業年度に関する定時株主総会の終結時に満了する。定時株主総会は毎年6月に招集するから，令和4年6月に開催される定時株主総会の終結時に任期が満了

することになる。

　同様に令和２年12月31日に選任された取締役Bについては，令和４年３月31日に終了する事業年度が選任後２年以内に終了する事業年度のうち最終のものである。したがって，取締役Bの任期は，令和４年６月に開催される定時株主総会の終結時までである。

　取締役Cは令和３年２月28日に選任されているが，その選任後２年以内に終了する事業年度のうち最終のものは，やはり令和４年３月31日に終了する事業年度である。その次の令和５年３月31日に終了する事業年度は，選任後２年以内に終了しない。したがって，取締役Cの任期も，令和４年６月に開催される定時株主総会の終結時までである。

　取締役Dは令和３年４月30日に選任されているため，選任後２年以内に終了する事業年度は令和５年３月31日に終了する事業年度となる。したがって，取締役Dの任期は，令和５年６月に開催される定時株主総会の終結時までである。

　　　＜取締役Aの任期＞

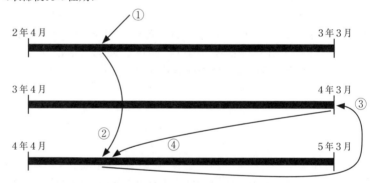

①　選任日（令和２年６月30日）を特定する。
②　選任から２年後の日（令和４年６月30日）を特定する。
③　その直前の事業年度（令和４年３月31日に終了する事業年度）を特定する。
④　その事業年度に関する定時株主総会の終結時に任期が満了する。

＜取締役Cの任期＞

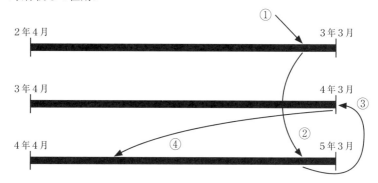

①　選任日（令和3年2月28日）を特定する。
②　選任から2年後の日（令和5年2月28日）を特定する。
③　その直前の事業年度（令和4年3月31日に終了する事業年度）を特定する。
④　その事業年度に関する定時株主総会の終結時に任期が満了する。

➕アルファ

　　定時株主総会が定款所定の時期に開催されなかった場合には，定時株主総会が開催されるはずの期間の最終日に取締役の任期が満了する（先例昭49.8.14-4637）。たとえば，毎年6月に定時株主総会を開催すると定款で定めているにもかかわらず任期が満了すべき定時株主総会が開催されなかった場合には，6月30日に任期が満了することになる。

(2)　辞　任

　　取締役は，株式会社に対する一方的な意思表示により辞任することができる。辞任の意思表示に特別な様式は要求されないが，辞任届などを提出することが一般的である。株主総会の席上において，口頭で辞任の意思表示をすることも問題ない。

　　辞任の効力は，辞任の意思表示が株式会社に到達した時に生じる（先例昭54.12.8-6104）。

(3)　解　任

　　株主総会の決議によって取締役を解任することができる。累積投票で選任された取締役については，特別決議が必要になる。種類株主総会の決議によって選任された取締役については，原則として種類株主総会の決議で解任す

る。

➡　決議要件や種類株主総会の決議で選任された取締役の解任などは，いずれも会社法で扱う知識である。会社法に戻って知識を確認しておこう。

➡　解任の結果，取締役に欠員が生じることとなっても，解任の効力は否定されない。

(4)　死　亡

死亡した場合には，当然に取締役の地位を失う。

(5)　資格喪失

取締役が就任後に欠格事由に該当することとなった場合には，取締役の地位を失うことになる。次の事由に該当することとなった場合である（会§331）。

・会社法などの一定の法律の規定に違反し，刑に処せられたとき
・その他の法律（刑法など）の規定に違反し，禁錮以上の刑に処せられたとき（刑の執行が猶予された場合を除く）

(6)　破産手続開始の決定

株式会社と取締役の関係は委任関係であるから，取締役が破産手続開始の決定を受けた場合には，株式会社との委任関係が終了し（民§653②），取締役が退任することになる。

取締役が破産手続開始の決定を受けた場合には退任するが，株式会社が破産手続開始の決定を受けても退任しないとされている（最判平16.6.10参照）。

(7)　後見開始の審判

取締役を成年被後見人とする後見開始の審判が確定したときは，株式会社と取締役との委任関係が終了し（民§653③），取締役が退任することになる。後見開始は，審判の日ではなく，審判の確定の日に効力が生じる（家事事件手続法§74Ⅱただし書Ⅳ，123Ⅰ①）。

➡　令和元年改正法（令和3年3月1日施行）の前の規定では，成年被後見人であることと被保佐人であることが欠格事由とされていた。

➡　保佐開始の審判が確定しても退任しない。

株式会社が解散した場合にも取締役はその地位を失うが，退任の登記を申請

することはない。

➡　解散の登記を扱う際に説明する。

4　登記の事由

「取締役の変更」でよい。「取締役の就任」「取締役の退任」などとしても間違いではないが，まとめて「変更」としてよいとされている。ただし，「役員の変更」ではあまりにも具体性が乏しいため好ましくない。

5　登記記録例

就任した場合には，次のように登記される。監査等委員でない取締役である。監査等委員である取締役については，監査等委員会設置会社のところで扱う。

役員に関する事項	取締役　　　　　甲野太郎	令和1年6月29日就任
		令和1年7月2日登記

就任の場合の登記原因は「就任」である。登記原因が「変更」となることはない。実は，役員については，どのような場合でも登記原因を「変更」とすることはない。

日付は，就任した日，つまり就任の効力が生じた日であり，選任の決議をした日とは必ずしも一致しない。選任後に就任を承諾した場合には，就任を承諾した日付を登記することになる。

任期満了により退任した場合には，次のようになる。

役員に関する事項	<u>取締役</u>　　　　　<u>甲野太郎</u>	令和1年6月29日就任
		令和1年7月2日登記
		令和3年6月30日退任
		令和3年7月1日登記

任期が満了した場合の登記原因は「退任」である。「任期満了」と登記されることはない。

　辞任の場合の登記原因は「辞任」であり，解任の場合は「解任」，死亡の場合は「死亡」である。任期満了による退任の登記記録例の「退任」の部分をこれらの登記原因で置き換えればよい。

　欠格事由に該当した場合には，次のようになる。

役員に関する事項	取締役　　　　　甲野太郎	令和１年６月29日就任
		令和１年７月２日登記
		令和３年１月31日資格喪失
		令和３年２月３日登記

　登記原因は「資格喪失」である。

　取締役について破産手続開始の決定があった場合と後見開始の審判があった場合の登記原因は「退任」であり，任期満了による退任と全く同じように登記されることになる。

　取締役が地位を失った場合には，これらの「退任」「辞任」「解任」「死亡」「資格喪失」といった登記原因を正確に使い分けなければならない。役員に関する登記では，この登記原因の使い分けが重要なポイントになってくる。

登記原因	用いる場合
退　任	・任期が満了した場合 ・取締役が破産手続開始の決定を受けた場合 ・取締役を成年被後見人とする後見開始の審判が確定した場合
辞　任	・辞任した場合
解　任	・解任した場合

死　亡	・死亡した場合
資格喪失	・欠格事由に該当した場合

　さらに，もう一つ重要な登記原因がある。「重任」である。

役員に関する事項	取締役	甲野太郎	令和1年6月29日就任
			令和1年7月2日登記
	取締役	甲野太郎	令和3年6月30日重任
			令和3年7月1日登記

　任期満了による退任と同時に再び就任した場合には，退任と就任という二つの登記に代えて，重任という一つの登記をすることが認められる。

重要❗ ●●●

「退任＋就任＝重任」である。

　退任と就任が別の日である場合には，原則どおり退任と就任の登記をすべきである。また，辞任と同時に再び就任しても，重任とすることはできない。任期満了による退任に限り，重任を用いることができる。

➕アルファ

　任期満了による退任と同時に就任した場合としたが，そこまで厳密に「同時」にこだわる必要はない。
　たとえば，任期が満了する定時株主総会で再び取締役に選任され，その定時株主総会の終結の1時間後に就任を承諾した場合には，任期が満了する定時株主総会の終結時と就任の効力が生じる就任承諾との間に1時間空いてしまうことになる。退任の1時間後に就任するのである。結局，定時株主総会の終結より前に就任を承諾しない限り，退任と就任は同時にならない。しかし，現実には，重任の登記が申請された場合，就任承諾が定時株主総会の終結より前であることまでは審査されていない。退任と就任が同じ日であれば，

重任の登記は受理されている。

　実は，会社法施行前は同時であることにこだわる必要性があったのである。旧商法の内容に関わるのでここでは解説しないが，現行法上，そこまで同時であることに神経質になる必要はないだろう。

6　登記すべき事項の記載

　就任の場合には，次のように記載する。

> 取締役甲野太郎は，令和1年6月29日就任

　登記簿に記録される事項を残さず記載すればよいので，次のような記載でも構わない。

> 令和1年6月29日次の者就任
> 　取締役　甲野太郎

　この書き方は，取締役が複数の場合に便利である。

> 令和1年6月29日次の者就任
> 　取締役　甲野太郎
> 　取締役　甲野二郎

　退任の場合には，退任の登記をする取締役を特定した上で，登記原因とその年月日を記載すればよい。

> 取締役甲野太郎は，令和3年6月30日退任

「辞任」「解任」「死亡」「資格喪失」も同様である。

　登記原因として「重任」を用いる場合には，就任の登記の「就任」の部分を「重任」に代えればよい。「重任」は「退任」と「就任」を兼ねるものだから，「重任」を用いる以上，「退任」や「就任」を重ねて用いてはいけない。

　登記原因が「変更」となることはないので，登記すべき事項として「変更」と記載してはいけない。

➕ アルファ

　任期満了によって退任した場合について、「任期満了により退任」とする
例がある。「任期満了」と登記されることはなく、登記原因は「退任」であり、
「退任」という文字が含まれているという限りでは問題はない。

　しかし、「退任」と登記されるのだから「退任」と書けばいいというのが
本書の立場である。申請書の登記すべき事項の欄は、何が起きたかを明らか
にする場所ではなく、何を登記簿に記録するかを登記官に指示する場所であ
る。必要な事項をシンプルに書けばよい。また、試験対策としても、覚える
文字は少ない方がいい。「任期満了により退任」と書く癖をつけてしまうと、
単に「死亡」と書くことに違和感を覚え、「死亡により退任」などと書いて
しまうことになりかねない。「死亡により退任」では、登記原因として登記
簿に記録する文字が「死亡」なのか「退任」なのか「死亡により退任」なの
か不明確であり、不適切なのである。「死亡」と登記する必要があるのだか
ら申請書にも「死亡」と書けばいい。

　同様に、代表取締役の退任について「資格喪失により退任」とする書き方
も本書では推奨しない。次節で述べるが、代表取締役が退任した場合の登記
原因は「退任」である。「資格喪失」というのは取締役が欠格事由に該当し
た場合に用いる登記原因であって、登記原因として「資格喪失」と登記され
ないのに登記すべき事項として「資格喪失」と書くのは、申請書の書き方を
複雑にするだけである。

7　添付書面

（取締役等の変更の登記）
第54条　取締役、監査役、代表取締役又は特別取締役（監査等委員会設置会社
　　にあつては監査等委員である取締役若しくはそれ以外の取締役、代表取締役
　　又は特別取締役、指名委員会等設置会社にあつては取締役、委員（指名委員会、
　　監査委員会又は報酬委員会の委員をいう。）、執行役又は代表執行役）の就任
　　による変更の登記の申請書には、就任を承諾したことを証する書面を添付し
　　なければならない。

　就任の場合には、選任の決議をした株主総会の議事録と株主リストのほか取
締役が就任を承諾したことを証する書面を添付しなければならない。種類株主
総会の決議で選任した場合には、株主総会議事録に代えて種類株主総会議事録
を添付する。

　取締役が就任を承諾したことを証する書面としては，就任した者から提出された就任承諾書を添付することになる。また，株主総会議事録に「被選任者は席上就任を承諾した」のように就任承諾の旨が記載されている場合には，就任を承諾したことを証する書面として，**株主総会議事録の記載を援用する**ことができる。

➡ 　記述式の試験では，添付書面の援用の可否が問題中で指示される。もし援用が可能なら，添付書面の名称として「取締役の就任承諾を証する書面は，株主総会議事録の記載を援用する」などと記載すればよい。

　議事録の記載を就任承諾を証する書面として援用するために，議事録に署名や記名押印がある・・・・必要はない。つまり，席上就任を承諾した者の署名や記名押印がなくても，就任承諾を証する書面としてその議事録の記載を援用することができる。

理由　　議事録への虚偽記載には罰則が設けられており（会§976⑦），就任承諾をした者の署名や記名押印がなくてもその内容の真正が期待できるから。

　議事録に取締役の住所が記載されていない場合には，就任承諾を証する書面として議事録の記載を援用できないことがある。後述する。

　成年被後見人が取締役に就任する場合には，その成年後見人が成年被後見人に代わって就任の承諾をしなければならない（会§331の2Ⅰ）。成年後見人は，この就任の承諾に際して成年被後見人の同意を得なければならず，後見監督人がある場合には後見監督人の同意も得なければならない。そのため，成年被後見人が取締役に就任した場合の登記の申請書には，成年後見人が成年被後見人に代わって就任を承諾したことを証する書面を添付しなければならず，また，成年後見人であることを証するために後見登記の登記事項証明書を添付しなければならない。さらに，成年被後見人の同意書の添付も必要であり，後見監督人がある場合には後見監督人の同意書も添付しなければならない（先例令3.1.29-14）。

➡ 　一方，成年被後見人でない者が取締役に就任した場合であっても，成年被後見人でないことを証する書面の添付は不要である。つまり，登記官は，取締役に就任した本人の就任承諾書が添付されていれば，成年被後見人ではないものと善解して登記の申請を受理することになる。

➡ 　通達では，成年後見人の資格を証する書面は後見登記の登記事項証明書に

限られている。審判書等を添付するものとはされていない。

　被保佐人が取締役に就任する場合において，代理権を付与する旨の審判（民§876の4Ⅰ）がないときは，被保佐人本人が取締役への就任を承諾する。ただし，保佐人の同意は必要である（会§331の2Ⅱ）。この場合の登記の申請書には，被保佐人である取締役が就任を承諾したことを証する書面のほか，保佐人の同意書の添付が必要である（先例令3.1.29−14）。

➡　通達において，保佐人の権限を証する登記事項証明書等の添付は求められていない。

　保佐人に代理権を付与する旨の審判があった場合には，保佐人が被保佐人に代わって就任の承諾をすることも可能となる。代理権は特定の法律行為について付与されるので（民§876の4Ⅰ），保佐人による就任承諾が可能かどうかは代理権の付与の審判の内容による。保佐人が被保佐人に代わって就任の承諾をする場合には，被保佐人の同意が必要である（会§331の2Ⅲ）。保佐監督人の同意は要らない。この場合の登記の申請書には，保佐人が被保佐人に代わって就任を承諾したことを証する書面のほか，保佐人の代理権を証するために後見登記の登記事項証明書か代理権を付与する旨の審判に係る審判書のいずれかと，保佐人の同意書を添付しなければならない。

➡　保佐人に対する代理権の付与の審判に対して即時抗告をすることはできないので（家事事件手続法§132），審判書を添付書面とする場合でも確定証明書は不要である。

商業登記規則第61条　（略）

4　設立（合併及び組織変更による設立を除く。）の登記の申請書には，設立時取締役が就任を承諾したこと（成年後見人又は保佐人が本人に代わつて承諾する場合にあつては，当該成年後見人又は保佐人が本人に代わつて就任を承諾したこと。以下この項において同じ。）を証する書面に押印した印鑑につき市町村長の作成した証明書を添付しなければならない。取締役の就任（再任を除く。）による変更の登記の申請書に添付すべき取締役が就任を承諾したことを証する書面に押印した印鑑についても，同様とする。

　取締役会設置会社以外の株式会社に限り，就任を承諾したことを証する書面の印鑑につき印鑑証明書の添付が必要になる。取締役会設置会社では，「取締役」を「代表取締役」と読み替えるので，取締役の就任の登記には印鑑証明書を添

付する必要はない。後述するが，取締役会設置会社以外の株式会社では様々な代表取締役の定め方がある。しかし，代表取締役の定め方にかかわらず，取締役の就任の登記について印鑑証明書の添付が必要になる。就任承諾の意思表示の真正を担保するためであるとされている。

　再任の場合には，印鑑証明書の添付が不要になる。退任と就任を兼ねる重任は，当然にこの「再任」に含まれる。また，退任後，しばらく経ってから再び就任した場合であっても，退任の登記と就任の登記を一括して申請するのであれば「再任」と扱われている。しかし，退任の登記が完了した後，その者が再び就任した旨の就任の登記を申請する場合には，「再任」と扱われず，印鑑証明書の添付が必要になる。

　前述したように，就任を承諾した者の押印がない議事録も就任承諾を証する書面として援用することが可能である。しかし，就任を承諾したことを証する書面について印鑑証明書の添付が必要になる場合には，押印のない書面を就任承諾を証する書面とすることが不可能になる。したがって，印鑑証明書の添付が必要となる場合には，必要な印鑑が押された議事録（席上就任を承諾した旨の記載があるもの）を用意するか，必要な印鑑が押された就任承諾書を用意しなければならない。

　成年後見人が本人に代わって就任の承諾をする場合には，印鑑証明書の添付が必要となるのは本人ではなく成年後見人である。同様に，保佐人が本人に代わって就任の承諾をする場合も，印鑑証明書は保佐人のものが必要となる。成年被後見人や被保佐人の同意書については，印鑑証明書は不要である。

商業登記規則第61条　（略）

7　設立の登記又は取締役，監査役若しくは執行役の就任（再任を除く。）による変更の登記の申請書には，設立時取締役，設立時監査役，設立時執行役，取締役，監査役又は執行役（以下この項及び第103条において「取締役等」という。）が就任を承諾したこと（成年後見人又は保佐人が本人に代わつて承諾する場合にあつては，当該成年後見人又は保佐人が本人に代わつて就任を承諾したこと）を証する書面に記載した取締役等の氏名及び住所と同一の氏名及び住所が記載されている市町村長その他の公務員が職務上作成した証明書（当該取締役等（その者の成年後見人又は保佐人が本人に代わつて就任を承諾した場合にあつては，当該成年後見人又は保佐人）が原本と相違がない旨を

記載した謄本を含む。）を添付しなければならない。ただし，登記の申請書に第４項（第５項において読み替えて適用される場合を含む。）又は前項の規定により当該取締役等の印鑑につき市町村長の作成した証明書を添付する場合は，この限りでない。

　取締役以外の部分は，とりあえず無視して読んでほしい。この規定は，取締役会設置会社であっても適用される。

　「就任を承諾したことを証する書面に記載した氏名及び住所と同一の氏名及び住所が記載されている市町村長その他の公務員が職務上作成した証明書（当該取締役等が原本と相違がない旨を記載した謄本を含む。）」を添付しなければならないのだが，この証明書は**本人確認証明書**とよばれている。本書でも，本人確認証明書ということにする。

➡　平成27年２月に設けられた規定である。

理由　実在しない人物を取締役として公示することを防ぐため。

　本人確認証明書を添付しなければならないのは，次の両方の要件に該当する場合である。

・再任ではない場合
・印鑑証明書を添付しない場合

　再任については，商業登記規則61条４項の再任と同様に考えればよい。重任ではなくても，退任と就任を一括して申請するのであれば再任である。

　印鑑証明書の添付については，商業登記規則61条４項により添付する場合のほか，同条５項により添付する場合と同条６項により添付する場合がある。５項と６項については次節以降で扱うので，今のところは印鑑証明書が必要なら本人確認証明書は不要であると簡単に考えておいてほしい。　**H27記述**

➡　結局，再任でない場合には，印鑑証明書か本人確認証明書のどちらかが必要になる。

➡　取締役会設置会社以外の株式会社では，再任でない場合には印鑑証明書が必要になる。その結果，取締役会設置会社以外の株式会社では，取締役の就任の登記の申請書に本人確認証明書の添付が必要となることはない。

　本人確認証明書としては，次のような書面を添付することができる（先例平27.2.20－18）。

　　・住民票の写し（住民票記載事項証明書）
　　・戸籍の附票の写し
　　・運転免許証やマイナンバーカードなどの謄本であって，当該取締役が原本
　　　と相違がない旨を記載し，署名又は記名押印したもの

　成年後見人や保佐人が本人に代わって就任を承諾した場合であって，申請書
に後見登記の登記事項証明書を添付する場合には，その登記事項証明書が本人
確認証明書を兼ねることになる。
　外国に居住する者である場合には，本人確認証明書として外国官憲の作成に
係る証明書などを添付することができる。

H28-30　本人確認証明書は，氏名と住所で本人性を確認するものである。そのため，
本人確認証明書の添付が必要になる場合には，議事録に住所の記載がない限り，
就任を承諾したことを証する書面として議事録の記載を援用することができな
い。住所は登記事項ではないが，本人確認のために必要なのである。

　結局，就任については，株主総会議事録と株主リストのほか就任を承諾した
ことを証する書面が必ず必要であり，印鑑証明書と本人確認証明書は必要とな
る場合があると覚えておけばよい。

　次は退任である。

> **第54条**　（略）
> **4**　第1項又は第2項に規定する者の退任による変更の登記の申請書には，こ
> 　れを証する書面を添付しなければならない。

　この規定でいう「退任による変更の登記」は，登記原因を「退任」とする登
記に限らず，取締役がその地位を失う旨の登記の全てを含むものである。取締
役が地位を失った場合には，その事実を証する書面を添付しなければならない。

(1)　任期の満了

　　取締役の任期は登記されない。また，任期は選任時（選任決議時）から起
　算するが，登記されるのは就任日であり，登記簿から取締役の任期が満了す
　る時期を判断することは困難である。しかし，任期算定のための資料全部を
　添付させることは申請人にとって負担が大きい。そこで，登記官は，退任日

が合理的なものであれば，任期が正しく計算されているものと善解（善意に
基づいて解釈）することになる。

　通常は，定時株主総会の終結時に取締役の任期が満了する。定時株主総会
の終結時に任期が満了した場合には，**定時株主総会の議事録の添付が必要で
ある**。この場合には，退任日を証するために添付するのであり，決議があっ
たことを証するために添付するのではないから，株主リストは不要である。

　定時株主総会の開催時期は，多くの場合定款で定める。また，任期の算定
には事業年度が必要であるが，事業年度もほとんどの場合定款で定める。そ
のため，定時株主総会の終結時に任期が満了した場合には，定時株主総会の
議事録のほかに，定時株主総会の開催時期と事業年度を明らかにするための
定款の添付が必要になる。
　しかし，任期の満了に係る定時株主総会の議事録に取締役の任期満了に関
する記載があれば，その記載により任期満了が明らかであると善解され，定
款の添付は不要になる。たとえば，「本定時株主総会の終結時に取締役の任
期が満了するため，後任の取締役を選任する」といった内容が定時株主総会
の議事録に記載されていれば，定款を添付する必要はない（先例昭53.9.18-
5003）。

　取締役の任期は，定款で定めることが可能である。定款で会社法の原則と `H20-33`
異なる取締役の任期を定めている場合には，任期を明らかにするため定款を
添付することになる。しかし，この場合でも，任期満了により退任する旨が
定時株主総会の議事録に記載されていれば，定款の添付は不要である。

　定款の変更により取締役の任期が満了する場合がある。その場合には，定
款の変更を決議した株主総会の議事録を退任を証する書面として添付する。

➕ アルファ

　任期の算定には，選任日を知る必要がある。登記されるのは就任日であっ
て，選任日は登記簿から明らかにならない。選任日を明らかにするためには，
選任を決議した株主総会の議事録が必要になる。
　しかし，任期の満了による退任の登記の申請書に選任日を証する株主総会
議事録の添付が常に求められることはない。登記官は，登記されている就任
日が選任日であると善解し，申請された退任日が登記されている就任日に基
づいて判断する任期と矛盾しなければ退任の登記の申請を受理するのであ

る。ただし，選任日が就任日と異なり，そのために任期満了の時期が異なることとなるような場合には，選任日を明らかにするために選任に係る株主総会議事録の添付が必要になる。

(2) 辞　任

株式会社に対して提出された辞任届を添付することが多い。

H18-31

株主総会の席上で辞任の意思表示をした場合には，その旨が記載された株主総会議事録を辞任を証する書面として添付することができる（先例昭36.10.12-197）。ただし，辞任した旨が議長から報告されたにすぎない場合には，辞任を証する書面として株主総会議事録を添付することはできない。

➡　辞任を証する書面に押した印鑑について印鑑証明書の添付が必要となることがある。代表取締役の辞任で問題になることが多いので，次節以降で説明する。

➕アルファ

厳密には，辞任届を受け取った時点で辞任の効力が生じるが，辞任届に記載された日付に辞任届を受け取ったものと善解され，辞任届を受け取った日付を添付書面で明らかにする必要はない。

➕アルファ

公開会社でない株式会社では，原則として定款で取締役の任期を伸長することができる。たとえば，選任から5年後に辞任したような場合には，定款で任期を伸長していない限り辞任の前に任期が満了してしまうが，このような場合でも，辞任の登記の申請書に任期を証するための定款を添付する必要はない。辞任届を添付して辞任の登記が申請されれば，任期が伸長されているものと善解されるのである。

(3) 解　任

解任を決議した株主総会の議事録と株主リストを添付する。

➕アルファ

解任の決議要件は，累積投票で選任されたかどうかで異なる。そのため，解任の決議が特別決議の要件に満たない場合には，累積投票で選任されたかどうかで決議の成否が異なることが考えられる。しかし，登記手続上は，累積投票で選任されていないことを証する書面の添付は求められていない。これも，累積投票では選任されていないものと登記官が善解するのである。

⑷　死　亡

死亡を証する書面として，親族などが提出した死亡届，戸籍個人事項証明 **R3-29**
書（戸籍全部事項証明書も可），死亡診断書，住民票の写しのいずれかを添
付する。また，不動産登記規則247条の法定相続情報一覧図の写しも死亡を
証する書面として用いることができる。死亡した旨が議長から報告された株
主総会の議事録は死亡を証する書面に該当しない。

＋アルファ

死亡を証する書面として住民票の写しを添付することができないとする見
解もあったが，住民票の写しでも問題ないだろう。監査等委員である取締役
についての扱いだが，死亡を証する書面として住民票の写しを添付できると
する通達（先例平27.2.6-13）がある。

⑸　資格喪失

欠格事由に該当したことを証する書面を添付する。

⑹　破産手続開始の決定

破産手続開始決定書の謄本を添付する。

⑺　後見開始の審判

後見登記の登記事項証明書を添付する。後見開始の審判についての審判書
の謄本と確定証明書でもいいが，確定証明書が必要かどうかといった点で悩
まなくてよくなるので，登記事項証明書を添付するものと覚えておいた方が
楽である。

8　欠員が生じる場合

任期満了により取締役が退任した場合か取締役が辞任した場合において，取
締役の員数を欠くこととなった場合には，その取締役は，員数を満たす取締役
が就任するまで，退任後も取締役としての権利義務を有することになる（会§
346Ⅰ）。たとえば，取締役会設置会社で，定款で取締役の員数を定めていない
場合には，取締役は3人以上でなければならない。この場合，任期満了により
取締役が退任し，取締役が3人未満となって，後任の取締役が就任しない場合
には，退任した取締役が退任後も権利義務を有することになる。

ここまでは会社法の知識だが，登記手続では次の点が重要である。

重要❗ •••••••••••••••••••••••••••••••••••••

H23記述　退任・辞任しても，権利義務を有する限り退任・辞任の登記を申請することは
できない。

　　条文ではないものの，判例（最判昭43.12.24）や多くの先例で何度も触れら
れており，条文以上に重要である。
　　退任後も権利義務を有するか，つまり欠員が生じているかというのは，登記
の申請の可否に影響があるが，退任後に権利義務を有するのであって，退任日
には影響がない。

重要❗ ••••••••••••••••••••••••••••••••••••

欠員の有無，後任者の有無によって，退任日が変わることはない。

H25-32
H23記述　退任後も権利義務を有するのは，任期満了による退任と辞任の場合のみであ
H18-31　る。死亡した者に権利義務を行使させることは事実上不可能だし，欠格事由に
該当した者に権利義務を与えるのも不適切である。また，解任した場合には後
任の取締役を選任すべきであり，解任された者に権利義務を与えることによっ
て解決を図るのは妥当ではない。

H27記述　権利義務を有する限り退任・辞任の登記は申請できないが，権利義務を失っ
H26-34　た場合には，退任・辞任の登記の申請が可能になる。権利義務を失うのは，員
H23記述　数を満たす後任者が就任した場合や死亡した場合である。欠格事由に該当した
H18-31　場合にも権利義務を失うと考えるべきである。退任後権利義務を有している者
がその地位を辞任することはできないし（先例昭34.9.23 - 2136），解任するこ
ともできない（先例昭35.10.20 - 197）。
　➡　単純に考えて，既に退任している者が辞任するのも，既に退任している者
　　を解任するのも，不自然である。

┌─ 📖ケーススタディ ─────────────────────────┐
　A，B，Cの3名の取締役を置く取締役会設置会社において，Aが辞任し，
次にBが辞任し，その後にDが新たに取締役に就任した。取締役の任期は満
了しておらず，取締役の員数についての定款の定めはない。どのような登記
を申請すべきだろうか。
└───────────────────────────────────┘

　　厳密には，代表取締役がいないと登記が申請できないので，代表取締役の地
位も考えなければならないのだが，ここでは代表取締役を欠いていないものと

して考える。

　Aが辞任したことにより，取締役会設置会社における取締役の員数である3名を欠くことになる。そのため，Aは辞任後も取締役としての権利義務を有し，員数を満たす後任者の就任まで辞任の登記を申請することはできない。

　次に，Bが辞任しているが，Bも辞任後に取締役としての権利義務を有し，Bの辞任の登記も申請することができない。

　最後に，Dが取締役に就任しているので，取締役Dの就任の登記を申請する。しかし，Dが就任しても取締役はCとDのみであり，3名という員数を満たしていない。そのため，Dが就任しても，AとBの辞任の登記は申請することができない。退任や辞任の後に権利義務を有する者が複数いる場合でも，その者の間に順位を考えることはできず，3名という員数を満たすまで退任・辞任した者の全員が権利義務を有することになる。

　結局，このケースでは，取締役Dの就任しか申請できない。

　退任後も取締役としての権利義務を有する者は，退任後に権利義務を有しているのであって，退任の事実に変わりはなく，既に取締役の地位にはないことに注意する必要がある。

➡　取締役ではないが，権利義務は有しているので，取締役会の決議などにおいては取締役と同様に扱われる。

　退任後も取締役としての権利義務を有する者について，特別な登記手続はない。登記を申請しない以上，登記手続は問題にならず，権利義務を有することを証明すべき場合はないのである。

　ただし，退任後に権利義務を有していて，その後に権利義務を失った場合には注意が必要である。

📖ケーススタディ

　A，B，Cの3名の取締役を置く取締役会設置会社において，全員の任期が満了したが，後任者が選任されなかった。その後，Aが死亡した場合には，どのような登記を申請すべきだろうか。

　このケースでは，A，B，Cの3名が退任後も権利義務を有することになるが，その後に死亡したAは，死亡によって権利義務を失っている。権利義務を失った場合には，退任の登記の申請が可能になるから，取締役Aについて退任の登記を申請しなければならない。登記原因とその年月日は，任期が満了した日付を用いて「○年○月○日退任」となる。普通の任期満了による退任の登記

である。

　添付書面としては，通常の任期満了を証する定時株主総会や定款のほか，死亡を証する書面を添付すべきである。取締役として登記されていた3名のうち，Aのみが権利義務を失ったことを明らかにするためである。

➡ 欠格事由に該当したことにより権利義務を失った場合も同様である。

➕ アルファ

　退任後も取締役としての権利義務を有する者が再び取締役に就任した場合を考えてみよう。たとえば，取締役会設置会社で3名の取締役が任期満了により退任し，その後に退任した者のうち1名のみが再び取締役に就任した場合である。1名のみが就任しても欠員は解消されない。

　この場合，まず，就任の登記を妨げる理由は何もない。就任の登記は申請しなければならない。そして，就任の登記をするためには，その者の退任の登記をしなければならない。退任の登記をせずに就任の登記をしてしまっては，同姓同名の取締役がいるかのような外観を作り出してしまう。したがって，退任後も取締役としての権利義務を有する者が再び取締役に就任した場合には，退任の登記の申請を認めるべきである。

　同様に，3名の取締役が任期満了により退任し，そのうち1名のみが退任と同時に就任した場合には，欠員が解消していない場合であっても重任の登記を申請することができると考えなければならない。取締役に再び就任し，正規の取締役としての権利義務を有することになったのであるから，退任後も取締役としての権利義務を有する者として取り扱う必要はないと考えることもできる。現に取締役の地位にある者について会社法346条1項の適用を考える余地はないのである。

9　種類株主総会で選任された取締役

　種類株式発行会社では，株式の内容に従い，種類株主総会の決議によって取締役を選任することができる（会§108Ⅰ⑨，347Ⅰ）。

　種類株主総会の決議によって選任された取締役の就任の登記の手続については，特に難しい点はない。選任を証する株主総会議事録に代えて種類株主総会議事録を添付することになるだけである。種類株主総会の決議によって取締役を選任する旨は株式の内容として登記されているため，株式の内容を証するために定款を添付する必要はない。

　辞任，死亡，資格喪失，破産手続開始の決定などについては，株主総会で選

任された取締役と全く同じである。

　任期満了による退任についても，大きな違いはない。種類株主総会で選任された取締役も，任期が満了するのは定時株主総会の終結時である。種類株主総会の終結時に任期が満了するものではない。なお，株式の内容の変更などによって任期が満了することもない。つまり，種類株主総会の決議によって取締役を選任する旨の定款の定めを廃止しても，取締役が当然に退任することにはならない。

　解任については，注意する必要がある。種類株主総会の決議によって選任された取締役の解任は，種類株主総会の決議による場合と株主総会の決議による場合がある。
　株主総会の決議によって解任することができるのは，その旨の定款の定めがある場合と選任に係る種類の株式の種類株主を構成員とする種類株主総会において議決権を行使することができる株主が存在しなくなった場合である。それ以外の場合には，選任に係る種類の株式の種類株主を構成員とする種類株主総会の決議で解任する。別のいい方をするなら，解任の決議をする機関は，原則として選任と同じ種類の種類株主総会であり，定款の定めがある場合と解任の決議をすべき種類株主総会において議決権を行使することができる株主が存在しなくなった場合には株主総会である。

　解任の登記の添付書面は，種類株主総会で解任したか株主総会で解任したかによって異なる。
　種類株主総会で解任した場合には，解任の決議をした種類株主総会の議事録 〔H26-34〕のほか，解任した取締役を選任した種類株主総会の議事録も添付しなければな〔H21-30〕らない。解任の種類株主総会と選任の種類株主総会は，同じ種類株式の種類株主を構成員とするものでなければならないため，選任に係る種類株主総会の議事録の添付によって，どの種類の種類株主総会が解任権を持つのかを明らかにするのである。
　株主総会で解任した場合の添付書面は，少々ややこしい。解任の決議をした株主総会の議事録を添付するのは当然として，そのほかに株主総会の決議による解任を可能とする定款の定めの存在か種類株主総会において議決権を行使することができる株主が存在しなくなったことのどちらかを証明することになる。株主総会の決議で解任できる旨の定款の定めは，会社法108条に株式の内容として掲げられているものではなく，347条１項の規定に基づくものである。株式の内容ではないので条文上は登記すべき事項ではない。そのため，株主総

会が解任権を持つ旨の定款の定めは登記簿から明らかではなく，その定めの存在を証するために定款を添付しなければならない。また，種類株主総会において議決権を行使することができる株主が存在しなくなった場合には，どの種類株主総会が本来解任権を持っていたのかを明らかにするために解任した取締役を選任した種類株主総会の議事録を添付しなければならず，さらに種類株主総会において議決権を行使することができる株主が存在しなくなったことを証する株主名簿などを添付しなければならない。ただし，自己株式の消却などにより種類株主総会において議決権を行使することができる株主が存在しないことが登記簿から明らかである場合（該当する種類株式について発行済みの数がゼロである場合）には，種類株主総会において議決権を行使することができる株主が存在しなくなったことを証する書面を添付する必要はない。

➡　このへんは，結論よりも添付書面を要求する理由の方が重要である。理由を理解してしまえば，結論は自然に覚えられる。

　　株主リストは，解任の決議について必要となるが，解任の権限がどの機関にあるかを明らかにするために選任した種類株主総会の議事録を添付する場合であっても，選任の決議についての株主リストは不要であると考えるべきだろう。ただし，通達において明確に不要であるとされているわけではない。

10　取締役についてのその他の変更

　　取締役については氏名を登記する。氏や名は，婚姻などの理由によって変わることがある。氏や名に変更が生じた場合には，その旨を登記しなければならない。

➡　氏や名が変わる場合については，民法（又は戸籍法）の範囲であり，ここでは扱わない。

　　まず，登記記録例を見てしまおう。

役員に関する事項	取締役　　　　　甲野太郎	令和2年6月28日就任
		令和2年7月1日登記
	取締役　　　　　乙野太郎	令和3年1月31日甲野太郎の氏変更
		令和3年2月3日登記

名の変更の場合には,「令和3年1月31日甲野太郎の名変更」である。

　申請書に記載する登記の事由は,「取締役の氏変更」「取締役の名変更」とすればよい。

　登記すべき事項としては,登記簿に記録される事項を次のように並べればよい。

令和3年1月31日甲野太郎の氏変更
　取締役　乙野太郎

　特別な添付書面は必要ない。つまり,氏や名の変更の事実を証する書面の添付は不要である。　**H19-33**

➡　就任の際に添付する本人確認証明書も不要である。

11　婚姻によって氏を改めた場合の扱い

> **商業登記規則第81条の2**　設立の登記,清算人の登記,役員（取締役,監査役,執行役,会計参与又は会計監査人をいう。以下この条において同じ。）若しくは清算人の就任による変更の登記又は役員若しくは清算人の氏の変更の登記の申請をする者は,婚姻により氏を改めた役員又は清算人であって,その申請により登記簿に氏名を記録すべきものにつき,婚姻前の氏（記録すべき氏と同一であるときを除く。）をも記録するよう申し出ることができる。

　いわゆる旧姓を登記してもらうことが可能である。

➡　平成27年2月に設けられた規定である。

　この婚姻前の氏の記録の申出をする場合には,婚姻前の氏と婚姻によって氏　**H28-30**
を改めた事実を証する戸籍謄本や住民票の写しなどを添付する必要がある。

　婚姻前の氏は，次のように登記される。

役員に関する事項	取締役　　　　　　甲野太郎	令和2年6月28日就任
		令和2年6月29日登記
	取締役　乙野太郎（甲野太郎）	令和3年6月30日甲野太郎の氏変更
		令和3年7月1日登記

　就任に際して記録する場合には，次のようになる。

役員に関する事項	取締役　乙野太郎（甲野太郎）	令和3年6月30日就任
		令和3年7月1日登記

第32節　取締役会設置会社の代表取締役

Topics・住所が登記される点が取締役との大きな違いである。
・いつ退任するかを正しく理解する必要がある。
・印鑑証明書の添付に注意する。

1　代表取締役に関する登記事項

代表取締役については，その氏名のほかに住所も登記される。

➡　取締役会設置会社でも，取締役会設置会社以外の株式会社でも，この点は同じである。特例有限会社では異なるが，ここでも特例有限会社は無視する。

2　取締役会設置会社における代表取締役の選定

取締役会設置会社では，取締役会の決議によって代表取締役を選定しなければならない（会§362Ⅲ）。また，就任の効力発生には，選定行為のほかに就任承諾が必要である。

➕アルファ

取締役でない者を代表取締役に選定することはできない。そのため，取締役に就任することを条件としてあらかじめ代表取締役に選定するような決議は認められない。予め選定するので，予選とよばれる。既に取締役の地位にあれば，予選すること自体は構わない。決議に条件や期限を付けること自体は問題ないのである。

なお，厳密には，取締役でない者を代表取締役に選定することが認められる場合がある。この節の後半で扱う。

➕アルファ

代表取締役や取締役に就任することに国籍による制限はない。また，代表取締役の住所は日本国内になくても問題ない（先例平27.3.16-29）。 **R3-29**

3　代表取締役の退任

まず，代表取締役は取締役でなければならないから，取締役を退任した時点で同時に代表取締役としても退任する。取締役としての退任日と代表取締役としての退任日が同じ日になるのが基本である。取締役としての任期が満了した場合に限らず，辞任，解任などの他の事由によって取締役の地位を失った場合も同じで，取締役の地位を失った日に代表取締役としても退任する。

　　取締役の地位が存続したまま代表取締役の地位のみを失う場合もある。取締役会の決議により代表取締役の地位を解職した場合や代表取締役の地位のみを辞任した場合である。取締役の地位の解任・辞任によっても代表取締役はその地位を失うが，**取締役の地位の解任・辞任と代表取締役の地位の解職・辞任とは区別しなければならない。**

　　取締役の任期とは別に代表取締役としての任期を定めることも可能と解されている。

➡　現実に代表取締役の任期を定める例はほとんどない。

4　登記の事由

　「代表取締役の変更」でよい。

5　登記記録例

　次のように登記される。

役員に関する事項	東京都新宿区新宿一丁目１番１号 代表取締役　　　　甲野太郎	令和１年６月29日就任
		令和１年７月２日登記
		令和３年６月30日退任
		令和３年７月１日登記

　　令和元年６月29日に就任して令和３年６月30日に退任している。取締役の地位を失ったことに伴って代表取締役の地位を失った場合には，登記原因として「退任」を用いる。つまり，取締役を任期満了によって退任した場合も，取締役の地位を辞任した場合も，取締役の地位を解任された場合も，代表取締役としての登記原因は「退任」である。上の例では取締役についての登記を省略しているが，通常は取締役について退任などの登記がされているはずである。

➡　令和元年は「令和１年」と登記される扱いである。登記のシステム上の都合である。

たとえば，取締役の地位を辞任した場合には，次のような登記になる。

役員に関する事項	取締役　　　　　　甲野太郎	令和1年6月29日就任
		令和1年7月2日登記
		令和3年1月31日辞任
		令和3年2月3日登記
	東京都新宿区新宿一丁目1番1号 代表取締役　　　　甲野太郎	令和1年6月29日就任
		令和1年7月2日登記
		令和3年1月31日退任
		令和3年2月3日登記

　取締役としての地位を辞任したのであって，代表取締役としての地位を辞任したのではないから，取締役としての登記原因は「辞任」であるが，代表取締役としての登記原因を「辞任」とすることはできず，代表取締役としての登記原因は「退任」としなければならない。

　一方，代表取締役の地位を辞任した場合には，次のようになる。

役員に関する事項	取締役　　　　　　甲野太郎	令和1年6月29日就任
		令和1年7月2日登記
	東京都新宿区新宿一丁目1番1号 代表取締役　　　　甲野太郎	令和1年6月29日就任
		令和1年7月2日登記
		令和3年1月31日辞任
		令和3年2月3日登記

　代表取締役の地位を辞任した場合には，登記原因を「辞任」とする。代表取締役の地位のみを辞任し，取締役の地位には変更がない場合の登記記録例である。

　代表取締役が解職された場合には，注意が必要である。

役員に関する事項	東京都新宿区新宿一丁目1番1号 代表取締役　　　　甲野太郎	令和1年6月29日就任 ------------ 令和1年7月2日登記
		令和3年1月31日解任 ------------ 令和3年2月3日登記

　取締役の地位には変更がないので，取締役についての登記は省略している。
　代表取締役の地位を解職された場合には，登記原因として「解任」を用いる。「解職」は用いない取扱いである。
➡　登記所が「解任」と登記するとしているので，素直にそれに従えばよい。解職と解任を登記簿上区別する必要はないということかもしれない。

死亡の場合にも注意する必要がある。

役員に関する事項	取締役　　　　　　甲野太郎	令和１年６月29日就任
		令和１年７月２日登記
		令和３年１月31日死亡
		令和３年２月３日登記
	東京都新宿区新宿一丁目１番１号 代表取締役　　　　甲野太郎	令和１年６月29日就任
		令和１年７月２日登記
		令和３年１月31日死亡
		令和３年２月３日登記

　死亡した場合には，取締役としての登記原因も代表取締役としての登記原因も「死亡」である。死亡という事実について，取締役としての死亡とか代表取締役としての死亡とか，地位を考えることは不自然だからだろう。「取締役を辞任したことにより代表取締役を退任した」は普通の思考だが，「取締役として死亡したことにより代表取締役を退任した」というのは違和感がありすぎる。

　結局，代表取締役が地位を失った場合の登記原因は「退任」「辞任」「解任」「死亡」となる。代表取締役については，「資格喪失」がないことに注意しよう。代表取締役についての欠格事由というのは会社法上存在せず，取締役についての欠格事由があるのみである。取締役としての欠格事由に該当した場合には，取締役についての登記原因を「資格喪失」とし，代表取締役についての登記原因を「退任」としなければならない。

登記原因	用いる場合
退　任	・取締役としての任期が満了した場合 ・取締役の地位を辞任した場合 ・取締役の地位を解任された場合 ・取締役としての欠格事由に該当したために取締役の地位を失った場合 ・破産手続開始の決定又は後見開始の審判を受けたために取締役の地位を失った場合
辞　任	・代表取締役の地位を辞任した場合
解　任	・代表取締役の地位を解職された場合
死　亡	・死亡した場合

　登記原因を「退任」とする場合には，通常，取締役の地位を失った日付が代表取締役の退任日になる。

　代表取締役についても重任の登記をすることができる。退任と同日に再び就任した場合である。

➕ アルファ

　取締役の重任と異なり，退任と就任が同時と表現するわけにはいかない。退任するのは取締役としての任期が満了した定時株主総会の終結時であり，就任のためには取締役会の選定決議が必要になるから，退任と就任の間には，定時株主総会の終結から取締役会の開催までの時間的な隔たりが必ず存在することになるのである。

　取締役としても代表取締役としても重任した場合には，次のような登記になる。

役員に関する事項	取締役　　　　　　甲野太郎	令和1年6月29日就任
		令和1年7月2日登記
	取締役　　　　　　甲野太郎	令和3年6月30日重任
		令和3年7月1日登記
	東京都新宿区新宿一丁目1番1号 代表取締役　　　甲野太郎	令和1年6月29日就任
		令和1年7月2日登記
	東京都新宿区新宿一丁目1番1号 代表取締役　　　甲野太郎	令和3年6月30日重任
		令和3年7月1日登記

　代表取締役の登記原因を重任とするためには，取締役の登記原因も重任である必要がある。逆に，当然だが，取締役として重任したからといって代表取締役として重任するとは限らない。代表取締役としての退任日と就任日が異なる場合には，登記原因を「重任」とすることはできず，「退任」と「就任」の登記をすべきである。

6　登記すべき事項の記載

　取締役の登記の応用である。住所の記載を忘れてはいけない。

```
令和1年6月29日次の者就任
　東京都新宿区新宿一丁目1番1号
　代表取締役　甲野太郎
```

「次の者」は登記簿に記録されない語句なので，特にこだわらなくてよい。
「就任」を「重任」に置き換えれば，そのまま重任の登記の申請書の記載になる。

退任の場合には，住所の記載を省略して構わない。

代表取締役甲野太郎は，令和3年6月30日退任

辞任，解任，死亡も同様の記載である。

7　添付書面

まず，就任の登記を考える。

就任では，選定の決議をした取締役会の議事録を添付しなければならない。また，代表取締役が就任を承諾したことを証する書面を添付しなければならない。

そして，印鑑証明書の添付が必要になる。取締役会設置会社における代表取締役の就任については，2種類の印鑑証明書が必要になる。

まずは，商業登記規則61条4項の後段を5項に基づいて読み替える。読替え後の規定は次のようになる。

代表取締役の就任（再任を除く。）による変更の登記の申請書には，代表取締役が就任を承諾したことを証する書面に押印した印鑑につき市町村長の作成した証明書を添付しなければならない。

就任を承諾したことを証する書面に押印した印鑑について印鑑証明書が必要になるのである。

➡　取締役会設置会社以外の株式会社では，取締役の就任の登記の申請書について印鑑証明書の添付が必要になることがあったことを思い出しておこう。

重要❗ ●

取締役会設置会社では代表取締役の就任の登記について，取締役会設置会社以外の株式会社では取締役の就任の登記について，就任を承諾したことを証する書面の印鑑証明書の添付が必要になることがある。

添付が不要になるのは，再任の場合である。「再任」の考え方は取締役についての登記と同じであり，退任と就任を同じ申請書で申請するのであれば，退任日と就任日が同じ日でなくても構わない。重任は当然に再任に含まれる。

代表取締役の就任では，もう1種類の印鑑証明書が必要になる。

商業登記規則第61条　（略）

6　代表取締役又は代表執行役の就任による変更の登記の申請書には，次の各号に掲げる場合の区分に応じ，それぞれ当該各号に定める印鑑につき市町村長の作成した証明書を添付しなければならない。ただし，当該印鑑と変更前の代表取締役又は代表執行役（取締役を兼ねる者に限る。）が登記所に提出している印鑑とが同一であるときは，この限りでない。

一　株主総会又は種類株主総会の決議によつて代表取締役を定めた場合　議長及び出席した取締役が株主総会又は種類株主総会の議事録に押印した印鑑

二　取締役の互選によつて代表取締役を定めた場合　取締役がその互選を証する書面に押印した印鑑

三　取締役会の決議によつて代表取締役又は代表執行役を選定した場合　出席した取締役及び監査役が取締役会の議事録に押印した印鑑

　取締役会設置会社では，通常6項3号が適用される。

　取締役会の議事録には，出席した取締役と監査役が署名か記名押印をする必要がある（会§369Ⅲ）。代表取締役の就任の登記の申請書には，選定決議をした取締役会の議事録に押印した印鑑について印鑑証明書の添付が必要になる。

　添付が不要になるのは，選定決議をした取締役会の議事録に変更前の代表取締役が登記所に提出している印鑑を押している場合である。

➡　取締役会議事録の印鑑証明書については，再任であっても添付が必要である。

　出席した取締役だけでなく，監査役についても押印が必要で，印鑑証明書の添付が必要になる。　`H19-32`

　監査役の監査の範囲を会計に関するものに限定する旨の定款の定めがある株式会社の監査役は，取締役会に出席する義務がないが（会§389Ⅶ，383），任意に取締役会に出席することは可能であり，取締役会に出席した場合には，押印と印鑑証明書の添付が必要になる。　`H28-30`

　印鑑証明書の添付を省略できる場合については，いくつかの注意すべき点がある。

　条文では「変更前の代表取締役」となっているが，選定決議の時点で在任している代表取締役でも問題ない。代表取締役を追加する場合などである。一方，変更前の代表取締役であっても，その変更前の代表取締役が議事録への押印義

務のない者となっていたら，任意に議事録に押印しても印鑑証明書の添付が不要とはならない。たとえば，変更前の代表取締役が取締役の地位も失っている場合などである。変更前の代表取締役が監査役として押印しているのであれば，印鑑証明書の添付を省略できる。

H25-32 「登記所に提出している印鑑と同一」と規定されているが，印鑑が同一でも押印している者が異なる場合には，印鑑証明書の添付を省略できない。たとえば，変更前の代表取締役が登記所に提出している印鑑を他の者が用いて押印した場合である。印鑑を提出した者自身が押印しなければならない。

R2-29 　登記所に提出した印鑑を紛失した場合には，別の印鑑を提出することができる。この印鑑の変更を改印といい，登記所に対して改印届書を提出することによって行う。議事録に押された登記所に提出している印鑑は，代表取締役の就任の登記の申請時に登記所に提出されている印鑑である必要がある。つまり，代表取締役の就任の登記の申請前に改印届書を提出し，改印の手続が完了している場合には，議事録に改印前の印鑑が押されていても，印鑑証明書の添付を省略できない（先例平10.2.10-270）。ただし，代表取締役の就任の登記の申請と同時に改印届書を提出した場合には，改印前の印鑑が押されていても印鑑証明書の添付を省略できる。

➕ アルファ

　取締役が外国人である場合にまで押印を強制するわけにはいかない。取締役が外国人である場合には，署名をし，署名が本人のものであることの本国官憲の作成した証明書を添付すればよい（先例昭48.1.29-821）。

　印鑑証明書の添付に関しては，就任承諾を証する書面についての印鑑証明書と選定決議を証する議事録についての印鑑証明書を区別しなければならない。ただし，印鑑証明書の添付の根拠が異なっても，同一人物については印鑑証明書を1通添付すればよい。

　取締役の就任と代表取締役の就任を一括して申請する場合で，代表取締役の就任の登記について印鑑証明書を添付するときは，印鑑証明書を添付する取締役の就任の登記について本人確認証明書の添付が不要になる。同じ者について印鑑証明書と本人確認証明書の両方を添付することはない。

取締役会設置会社における印鑑証明書の添付は，次のようになる。

	就任承諾を証する書面の印鑑証明書	選定を証する議事録の印鑑証明書
添付する者	代表取締役に就任した者	取締役会に出席した取締役と監査役
添付が不要な場合	再任の場合	変更前の代表取締役が登記所に提出している印鑑を押印した場合

➕ アルファ

　取締役会設置会社では，定款で株主総会の権限を拡大することができる（会§295Ⅱ参照）。すなわち，代表取締役の選定を株主総会の権限とする旨を定款で定めることも可能である。もっとも，株主総会の権限を拡大できるのであって，取締役会の権限を縮小できるのではないから，株主総会において代表取締役を選定することを可能としても，取締役会における代表取締役の選定が不可能となるわけではない。

　定款の規定に基づく株主総会の決議によって代表取締役を定めた場合には，商業登記規則61条6項1号が適用され，株主総会議事録に押された議長と出席取締役の印鑑について，印鑑証明書の添付が必要になる（登記情報557P40参照）。また，定款の添付も必要である。

　退任の登記の添付書面については，登記原因ごとに整理していこう。

⑴　退　任

　取締役の地位を失ったことにより代表取締役を退任した場合には，通常取締役についての登記を同時に申請するため，代表取締役について重ねて書面が必要となることはない。取締役の退任を証する書面などを添付すれば足りる。

⑵　辞　任

　通常は，代表取締役から提出された辞任届を添付する。

辞任届の印鑑について，印鑑証明書の添付が必要になることがある。

商業登記規則第61条　（略）

8　代表取締役若しくは代表執行役又は取締役若しくは執行役（登記所に印鑑を提出した者がある場合にあつては当該印鑑を提出した者に限り，登記所に印鑑を提出した者がない場合にあつては会社の代表者に限る。以下この項において「代表取締役等」という。）の辞任による変更の登記の申請書には，当該代表取締役等（その者の成年後見人又は保佐人が本人に代わつて行う場合にあつては，当該成年後見人又は保佐人）が辞任を証する書面に押印した印鑑につき市町村長の作成した証明書を添付しなければならない。ただし，登記所に印鑑を提出した者がある場合であつて，当該書面に押印した印鑑と当該代表取締役等が登記所に提出している印鑑とが同一であるときは，この限りでない。

H27-29

印鑑証明書の添付が必要となるのは，辞任した者が登記所に印鑑を提出したにもかかわらず登記所に提出した印鑑を押していない場合のほか，代表者の全員が登記所に印鑑を提出していない場合である。たとえば，代表取締役Aと代表取締役Bがいて，Aのみが登記所に印鑑を提出していた場合，Bが辞任しても，Bの辞任届について印鑑証明書は不要である。

➡　辞任届についての印鑑証明書の添付は平成27年2月に設けられたものだが，令和3年2月15日施行の印鑑提出義務の廃止により，規定の内容は変わっている。

登記所への印鑑の提出は義務ではないので，代表者の全員が登記所に印鑑を提出していない場合もある。そのような場合には，辞任届について印鑑証明書が常に必要になる。印鑑証明書が必要なので，市町村に登録している印鑑を押さなければならない。

登記所に印鑑を提出している代表者がいる場合には，他の代表者の辞任届について印鑑証明書が必要となることはない。また，登記所に印鑑を提出している代表者自身が辞任した場合には，登記所に提出した印鑑を押せば印鑑証明書は不要である。

➡　いちばん勘違いしやすいのは，登記所に印鑑を提出している代表者がいて，他の代表者が辞任した場合である。この場合には，登記所に印鑑を提出していない代表者が辞任したのだから，辞任届の印鑑は当然に登記所に提出されていない印鑑である。それでも印鑑証明書は不要である。

　代表取締役だけでなく取締役の辞任も対象となっていることに注意する必要がある。代表取締役として印鑑を提出している者が取締役の地位を辞任した場合にも印鑑証明書の添付が必要になるのである。通常は，取締役の辞任の登記と代表取締役の退任の登記を一括して申請することになるだろう。

➕ アルファ

　印鑑を提出している者が辞任したことによる登記が対象である。たとえば，印鑑を提出している代表取締役が取締役の地位を辞任し，辞任後も取締役としての権利義務を有することになるが，代表取締役としての権利義務を有しない場合を考えてみよう。この場合，後任者の就任まで取締役の辞任の登記を申請することはできず，代表取締役の退任の登記のみを申請することになる。この代表取締役の退任の登記には，取締役の地位を辞任したことを証する辞任届を添付することになる。そして，この辞任届について，登記所に提出している印鑑が押されていない場合には，印鑑証明書の添付が必要になる。登記原因は「退任」であるが，条文で規定されている取締役の辞任による変更の登記に含まれるのである。

⑶　解　任

　代表取締役を解職した取締役会の議事録を添付する。

⑷　死　亡

　取締役の死亡の登記と同時に申請するので，取締役の死亡を証する書面が代表取締役の死亡を証する書面を兼ねることになる。

8　欠員が生じる場合

　代表取締役が欠けた場合又は定款で定めた代表取締役の員数が欠けた場合，つまり代表取締役に欠員が生じた場合には，任期の満了により退任した代表取締役又は辞任した代表取締役は，員数を満たす後任の代表取締役が就任するまで，代表取締役としての権利義務を有することになる（会§351Ⅰ）。取締役についての規定と同趣旨である。

　ここでいう「任期の満了」には，定款で定めた代表取締役の任期が満了した場合のほか，取締役としての任期が満了し，代表取締役を退任した場合も含まれる。また，「辞任」には，取締役の地位を辞任し，代表取締役を退任した場合も含まれる。

　退任後も代表取締役としての権利義務を有するためには，その前提として，

取締役の地位にあるか，取締役としての権利義務を有していなければならない。つまり，取締役でなく，取締役としての権利義務も有していない場合には，欠員が生じるときであっても，代表取締役としての権利義務を有することはない（先例昭32.5.1－858）。

📖ケーススタディ

A，B，C，Dの4名の取締役を置き，Aのみが代表取締役である取締役会設置会社において，Aが取締役を辞任した。どのような登記を申請すべきだろうか。

まず，取締役と代表取締役について別段の定めがないものとして考えてみよう。Aは取締役を辞任し，同時に代表取締役を退任している。後任者の有無や欠員の有無は，辞任や退任の効力発生には影響がない。退任後も権利義務を有するかどうかは，登記申請が可能かどうかという問題でしかない。

取締役の員数は3人以上だから，辞任しても欠員は生じていない。そのため，辞任後も取締役としての権利義務を有することはない。また，代表取締役Aが退任したことにより代表取締役を欠くことになるが，Aは取締役としての権利義務を有しないため，代表取締役としての権利義務を有することもない。

したがって，取締役Aは辞任し，代表取締役Aは退任しており，退任後にその権利義務を有することはない。

しかし，退任後も権利義務を有することはないが，代表取締役がいないと登記の申請ができない。結局，取締役Aの辞任の登記と代表取締役Aの退任の登記は，後任の代表取締役が就任しないと申請できないのである。

同じケーススタディで，取締役の員数を4人以上とする定款の定めがあった場合を考えてみよう。今度は，辞任によって取締役に欠員が生じる。そのため，Aは辞任後も取締役としての権利義務を有することになる。今度は取締役としての権利義務を有するから，代表取締役としての権利義務も有することになる。したがって，取締役Aは辞任し，代表取締役Aは退任しているが，後任者の就任までその権利義務を有することになる。その後，後任の取締役が就任すると，Aは取締役としての権利義務を失い，取締役としての権利義務を失ったために代表取締役としての権利義務も失うことになる。後任の代表取締役が就任しなくても，後任の取締役が就任すれば，代表取締役としての権利義務も失うのである。もっとも，代表取締役がいない限り登記申請ができない点は同じである。

9 取締役ではない者を代表取締役に選定する決議

H25-32 取締役ではない者が代表取締役になることはないのが原則だが，取締役を退

任し退任後も取締役としての権利義務を有する者を代表取締役に選定すること H23記述 は可能である（先例昭39.10.3－3197）。

　たとえば，A，B，Cの3名の取締役を置き，Aのみが代表取締役である取締役会設置会社において，取締役全員の任期が満了した場合を考えてみよう。この場合には，A，B，Cの3名は退任後も取締役としての権利義務を有し，Aは退任後も代表取締役としての権利義務を有することになる。このような状況で，取締役としての権利義務を有するBを代表取締役に選定することが可能なのである。この選定決議に基づいて就任する代表取締役Bは，代表取締役としての権利義務を有する者ではなく，正規の代表取締役である。正規の代表取締役が就任したのだから，代表取締役の欠員が解消し，Aは代表取締役としての権利義務を失うことになる。

　取締役としての権利義務を有する者を代表取締役に選定した場合の代表取締役の地位は，取締役としての権利義務を前提とするものだから，この代表取締役は，後任の取締役の就任により取締役としての権利義務を失った時点で退任する。後任の代表取締役が就任した時点ではない。

10　代表取締役についてのその他の変更

　取締役と同様に，氏や名に変更が生じた場合には，その旨を登記しなければならない。

　さらに，代表取締役については住所を登記するから，住所に変更が生じたときは，その旨を登記しなければならない。住所に変更が生じる原因としては，住所を移転した場合のほか，住居表示の実施，行政区画の変更などが考えられる。 H25-32 H19-33

　住所を移転した場合の登記記録例は次のようになる。

役員に関する事項	東京都新宿区新宿一丁目1番1号 代表取締役　　　　甲野太郎	令和1年6月29日就任
		令和1年7月2日登記
	東京都渋谷区渋谷一丁目1番1号 代表取締役　　　　甲野太郎	令和3年1月31日住所移転
		令和3年2月3日登記

　住所を移転した場合の登記原因は「住所移転」である。住居表示の実施があ

った場合には「住居表示実施」であり，行政区画等の変更の場合には「住所変更」である。

➡　行政区画の名称の変更があったときは，その変更による登記があったものとみなされ，当事者が登記を申請する必要はない（商登§26）。市の名称が変わった場合などである。

➡　住居表示の実施や行政区画の変更などによる登記を申請する場合には，登録免許税が非課税となる。登録免許税について扱う際に説明する。

住所移転の場合には，登記すべき事項として次のように記載すればよい。

代表取締役甲野太郎は，令和3年1月31日住所移転
　東京都渋谷区渋谷一丁目1番1号
　代表取締役　甲野太郎

登記の事由としては，何があったかがわかればいいので，「代表取締役の住所移転」と記載すればよい。

住所移転の登記の申請書に住所移転を証する書面を添付する必要はない。就任の際に住所を証する書面の添付が要求されないので，住所移転の場合にのみ要求するわけにはいかないのである。

➡　住居表示の実施や行政区画の変更などの場合には，登録免許税が非課税であることを証するために書面の添付が求められることがある。これも登録免許税のところで説明する。

第33節　取締役会設置会社以外の株式会社の代表取締役

Topics ・選定手続などは本来実体法の知識なのだが，会社法よりも商業登記法
　　　　　　で問われる可能性が高い。
　　　　　・迷ったら条文に戻るのが重要である。条文と矛盾するような独自の解
　　　　　　釈をしてしまわないように注意する必要がある。
　　　　　・珍しい先例や，特殊な事例に惑わされずに，基本的なケースを理解す
　　　　　　べきである。

1　代表取締役とは何か

　ここで，あらためて代表取締役とは何かを確認しておきたい。代表取締役の
定義は，会社法47条1項にあり，「株式会社を代表する取締役」が代表取締役
である。つまり，取締役とは別の機関として代表取締役があるのではなく，単
に代表権を有する取締役が代表取締役なのであって，明示的に代表取締役と定
められた者のみが代表取締役となるわけではない。特別な代表取締役の選定行
為がなくても，取締役に代表権が与えられることはある。

➡　会社法の定義に従うと，前節で扱った取締役としての権利義務を有する者
　の中から選定された代表取締役というのは，かなり特殊な存在である。

2　取締役が当然に代表取締役になる場合

> （株式会社の代表）
> **会社法第349条**　取締役は，株式会社を代表する。ただし，他に代表取締役そ
> の他株式会社を代表する者を定めた場合は，この限りでない。

　「取締役は，株式会社を代表する」というのは，「取締役に就任した者は，当
然に代表取締役に就任する」ということだと考えてよい。ただし書に該当する
場合を除き，「取締役＝代表取締役」なのである。取締役各自が代表取締役と
なるので，「各自代表」とよばれることがある。

　取締役が当然に代表取締役となるのであるから，代表取締役の地位のみを辞
任することはできない。

➡　代表取締役の地位のみの解職もできないが，一部の取締役のみを代表取締
　役と定めることにより，代表取締役と定めなかった取締役から代表権を奪う
　ことは可能であり，結果的に解職と同じ効果を得ることができる。

　次に，「他に代表取締役その他株式会社を代表する者を定めた場合」とはど

のような場合なのかを考えなければならない。「その他株式会社を代表する者」には指名委員会等設置会社の代表執行役や代表取締役の職務代行者（会§352）などが該当するが，それほど気にしなくてよい。「他に代表取締役を定めた場合」について考えればよい。

「他に代表取締役を定めた場合」には，現実に代表取締役を選定した場合のほか，代表取締役を定めなければならない場合も含まれるものと考えられている。会社法349条1項は取締役会設置会社についても適用される規定であるが，取締役会設置会社では取締役会の決議によって代表取締役を選定しなければならないため，常に「他に代表取締役を定めた場合」に該当することになる。したがって，取締役会設置会社では，取締役が当然に代表取締役になることはない。

「他に代表取締役を定めた場合」に該当している株式会社において，代表取締役が死亡などにより欠けた場合であっても，引き続き「他に代表取締役を定めた場合」に該当するものとする解釈が一般的である。つまり，代表取締役と定められた者が死亡し，代表取締役が欠けたときであっても，他の取締役の代表権が当然に復活することはないのが原則である。

3　取締役会設置会社以外の株式会社における代表取締役の定め方

> **会社法第349条**　（略）
> 3　株式会社（取締役会設置会社を除く。）は，定款，定款の定めに基づく取締役の互選又は株主総会の決議によって，取締役の中から代表取締役を定めることができる。

取締役会設置会社では，次の三つの方法で代表取締役を定めることができる。便宜上，条文とは違う順番で並べる。

　　ⅰ　定款の定めに基づく取締役の互選
　　ⅱ　株主総会の決議
　　ⅲ　定款

ⅰの場合には，様々な点で取締役会設置会社に近い扱いとなる。会社法の定めにより取締役会で代表取締役を定めなければならない株式会社と，定款の定めにより互選で代表取締役を定めなければならない株式会社では，どちらも取締役が当然に代表取締役にならない。

ⅲは，あまり気にしなくてよい。新たに定款で具体的に代表取締役を定める場合には，定款の変更のために結局株主総会の決議が必要だから，基本的にはⅱと大きな違いがない。ⅱとⅲは，一つのグループだと考えても大きな間違いはない。

なお，取締役会設置会社以外の株式会社では，定款の変更などにより選定方法が変わることがあるが，この節では，選定方法の変更は扱わない。
➡　第35節で扱う。

4　定款の定めに基づく取締役の互選

取締役会設置会社と同様に考えていくとよい。選定機関が取締役会から取締役の互選（取締役の過半数の一致）に代わっただけである。定款では，「当会社の代表取締役は，取締役の互選によって定める」などと定めることができる。
互選のほかに，代表取締役としての就任承諾が必要になる。

代表取締役の選定権と解職権は同じところにあるのが普通であり，取締役の過半数の一致があれば代表取締役の解職が可能と解するべきである。
➡　最終的には，定款の規定の解釈次第である。

取締役会設置会社の代表取締役のように，代表取締役の地位のみを辞任することができる。

5　株主総会の決議による選定

株主総会の決議により，一部の取締役のみを代表取締役と定めることができる。決議要件は普通決議でよい。株主総会の決議で定める場合には，その旨の定款の規定は不要である。定款で何も定めていなくても，株主総会の決議で代表取締役を定めることができる。

互選についての定款の定めがない取締役会設置会社以外の株式会社では，株主総会で代表取締役を定めなければ，取締役の全員が代表取締役となる。結局，代表取締役を定める株主総会の決議というのは，実質的に一部の取締役から代表権を奪う決議と考えることができる。そのため，株主総会で代表取締役を定めた場合には，代表取締役としての就任承諾は不要である。定款上，取締役には代表権があるのが原則なので，代表取締役への就任を拒否できないと考えてもよい。

　代表取締役への就任を拒否できないのであるから，代表取締役の地位のみの辞任はできない。

➕ アルファ

　株主総会の同意が得られるのであれば，他の取締役に代表権を与えるなどの方法により，代表権を失わせることができる。そのような行為を「辞任」とよぶのには違和感もあるが，登記原因として「辞任」を用いたいという要請もあり，株主総会の承認を得て辞任をするという行為は認められている。その意味で，前述の「辞任はできない」という表現は正確ではない。

　株主総会の決議により代表取締役を解職することは可能である。

6　定款による選定
　基本的には，株主総会の決議による選定と同様に考えればよい。代表取締役としての就任承諾は不要であり，株式会社に対する意思表示のみによって辞任することもできない。

7　代表取締役についてのその他の変更
　取締役の地位を失ったことにより代表取締役を退任した場合，死亡した場合，氏や名の変更があった場合，住所を移転した場合などは，登記手続も含め，取締役会設置会社と同じである。

8　登記手続
　基本的な登記手続は，取締役会設置会社と全く変わらない。登記事項も，登記原因も同じである。したがって，登記の事由も，登記すべき事項の記載も，取締役会設置会社の場合と同じである。
　➡　取締役が当然に代表取締役になる場合であっても，代表取締役の就任の登記は省略できない。登記原因は取締役についても代表取締役についても「就任」である。

9　添付書面
　添付書面については，取締役会設置会社の場合と異なる。

H19-32
H18-31　取締役会設置会社以外の株式会社では，就任を承諾したことを証する書面の印鑑証明書が必要となるのは取締役の就任の登記であって，代表取締役の就任の登記ではない。これは，代表取締役の選定方法によらない。

⑴　**取締役の互選によって定めた代表取締役の就任**

　　互選を証する書面として互選書，決定書，取締役の過半数の一致があった
ことを証する書面などを添付する。

　　また，互選には必ず定款の規定が必要なので，必ず定款の添付が必要にな
る。

➡　他の添付書面により定款の規定の存在が明らかになれば，定款の添付を
　　省略することも考えられる。

　　代表取締役が就任を承諾したことを証する書面の添付が必要になるのは，
代表取締役としての就任承諾が必要な場合であり，取締役の互選によって代
表取締役を定めた場合だけである。

　　互選の場合には，取締役が互選を証する書面に押印した印鑑についての印
鑑証明書の添付が必要になる（商登規§61Ⅵ②）。変更前の代表取締役が登
記所に提出している印鑑を押印している場合には印鑑証明書の添付を省略で
きる。取締役会設置会社における取締役会議事録の印鑑と同じである。

➡　取締役の互選には監査役は関与しないので，監査役の印鑑証明書が必要
　　になることはない。

⑵　**株主総会の決議によって定めた代表取締役の就任**

　　選定を証する株主総会議事録と株主リストを添付する。株主総会で代表取　`H29-29`
締役を選定するには，定款の規定は不要であり，定款の添付は不要である。　`H20-33`
就任承諾は不要であり，就任承諾を証する書面の添付も不要である。

　　株主総会の決議で代表取締役を定めた場合には，株主総会の議長と出席取
締役が株主総会議事録に押印した印鑑についての印鑑証明書の添付が必要に
なる（商登規§61Ⅵ①）。やはり，変更前の代表取締役が登記所に提出して
いる印鑑を押印している場合には印鑑証明書の添付を省略できる。

➕アルファ

　　株主総会の議事録には，会社法上押印する義務がない。しかし，株主総会
議事録が代表取締役の就任の登記の添付書面となる場合には，印鑑証明書の
添付が必要であり，そのために押印が不可欠となる。

➕ アルファ

　印鑑証明書の添付が必要となる出席取締役の範囲に注意する必要がある。株主総会の期間中に取締役の地位にあれば出席取締役に含まれ，株主総会中に就任した取締役や，株主総会の終結時に退任する取締役も出席取締役である。

　株主総会において取締役に選任され席上就任を承諾すれば出席取締役であるが，株主総会の終結後に就任を承諾した者は出席取締役に含まれない。また，株主総会の終結時に退任する取締役の後任として選任された取締役も出席取締役に含まれない。前任者の退任後に就任すると考えられるからである。

(3) 定款で定めたことによる代表取締役の就任

　定款の変更をした株主総会の議事録と株主リストを添付する。代表取締役の選定を証する書面として定款を添付するのは不適切である。

➡　定款を添付するのは，定款の規定の存在を証する場合であり，定款の変更の事実を証する場合ではない。定款を添付しても，通常は定款の変更の日付が明らかにはならないのである。

　結局，株主総会の決議で代表取締役を定める場合と変わりはない。就任承諾書の添付が不要なことも，株主総会議事録の印鑑についての印鑑証明書の添付が必要となることも同じである。

(4) 取締役が当然に代表取締役になる場合

H26記述
　取締役が当然に代表取締役になるのであり，代表取締役の就任の事実を証する書面の添付は不要である。取締役の就任の事実を明らかにすればよい。つまり，取締役の就任についての添付書面があればよい。

➕ アルファ

　取締役が当然に代表取締役になるためには，互選についての定款の定めが存在してはならない。しかし，定款の添付が必要になるのは定款の規定の存在を証明すべき場合であって，定款の規定の不存在を証明するために定款の規定が求められることは，原則的にない。

　取締役が当然に代表取締役になる場合には，取締役の選任が代表取締役の選定をも意味することになる。「取締役の選任＝代表取締役の選定」なのである。そのため，取締役を選任した株主総会の議長と出席取締役が株主総会議事録に押印した印鑑についての印鑑証明書の添付が必要になる。やはり，

変更前の代表取締役が登記所に提出している印鑑を押印している場合には印鑑証明書の添付を省略できる。

⑸　代表取締役の辞任

株式会社に対する意思表示のみによって辞任することができるのは，取締役の互選によって定められた代表取締役のみである。そして，この場合の辞任の登記の申請書には，辞任を証する辞任届などのほか，互選についての定款の定めがあることを証するため定款を添付しなければならない。

➡　結局，取締役会設置会社以外の株式会社では，辞任届のみを添付して代表取締役の辞任の登記を申請することはできない。

辞任届の印鑑について印鑑証明書を添付する場合がある点については，取締役会設置会社の代表取締役と同じである。登記所に印鑑を提出している者が登記所に提出している印鑑を押していない場合と代表者の全員が登記所に印鑑を提出していない場合である。

⑹　代表取締役が解職された場合

互選によって定められた代表取締役は，取締役の過半数の一致によって解職することができるので，取締役の過半数の一致があったことを証する書面を添付する。また，互選についての定款の定めがあることを証するため定款を添付しなければならない。

株主総会の決議で定められた代表取締役は，株主総会の決議で解職でき，解職した株主総会の議事録と株主リストを添付することになる。定款の添付は必要ない。定款で定められた代表取締役の解職も同様である。

取締役会設置会社以外の株式会社では，印鑑証明書の添付の難易度が高い。就任承諾を証する書面の印鑑証明書と選定を証する書面の印鑑証明書を区別するのが最初の一歩である。

選定を証する書面の印鑑証明書は次のようになっている。

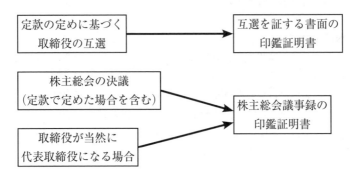

　取締役が当然に代表取締役になる場合が要注意である。取締役を選任した株主総会の議事録の印鑑について印鑑証明書を添付する。また，取締役会設置会社以外の株式会社なので，取締役が就任を承諾したことを証する書面についても印鑑証明書の添付が必要になる。就任承諾を証する書面として株主総会議事録の記載を援用する場合には，株主総会議事録の印鑑証明書が2種類の印鑑証明書を兼ねることになる。

　互選を証する書面について添付する場合も，株主総会議事録について添付する場合も，監査役の印鑑証明書が必要となることはない。監査役に押印義務はないのである。

第34節 取締役会を置く旨の定め

Topics・取締役会設置会社が取締役会を置く旨の定めを廃止する場合が要注意
である。
・どのように登記簿に記録されるのかを理解する。
・「代表権付与」などの登記は，難しさの割に出題可能性が低いので，
後回しにしても構わない。

1 取締役会を置く旨の定款の定めの変更

取締役会設置会社は，その旨を登記しなければならない。逆に取締役会設置
会社でない旨は登記事項とされていないので，取締役会設置会社である旨が登
記されていなければ，取締役会設置会社以外の株式会社である。

取締役会を置く旨の定款の定めを設ける定款の変更も，取締役会を置く旨の
定款の定めを廃止する定款の変更も，株主総会の特別決議によらなければなら
ない。

➕アルファ

会社法の規定に違反するような機関の登記は認められない。たとえば，株
式の譲渡制限に関する規定が登記されていない場合には，取締役会設置会社
である旨を廃止する登記はできない。監査役会設置会社である旨が登記され
ている場合なども同様である。

2 登記の事由

設定と廃止は，それぞれ「取締役会設置会社の定めの設定」「取締役会設置
会社の定めの廃止」とすればよい。

3 登記記録例

登記記録中会社状態区に次のように登記される。

取締役会設置会社 に関する事項	取締役会設置会社 　　　令和2年6月30日設定　　　令和2年7月1日登記
	令和3年3月31日廃止　　　令和3年4月1日登記

令和2年6月30日に取締役会を置く旨を定め，令和3年3月31日に取締役会
を置く旨の定めを廃止した場合である。

登記原因は「設定」と「廃止」である。取締役会を設置しても、「設置」ではなく「設定」である。また、「取締役会設置会社」と登記する以外にないから「変更」を用いる場面はない。

4　登記すべき事項の記載

設定の場合には、次のように記載する。

令和2年6月30日次のとおり設定
　取締役会設置会社

原則に従えば、「取締役会設置会社に関する事項」と記載すべきなのだが、取締役会設置会社である旨は「取締役会設置会社に関する事項」として登記する以外にないので、省略しても問題はないだろう。もちろん、「取締役会設置会社に関する事項」と記載しても問題はない。

廃止の場合には、次のようになる。

取締役会設置会社の定めは、令和3年3月31日廃止

「取締役会設置会社の定め」の「の定め」の部分は、あったほうが落着きがよいので入れているが、あまり気にしなくてよい。重要なのは、登記簿に記録される「令和3年3月31日廃止」である。

5　添付書面

特別決議により定款を変更した株主総会の議事録を添付する。

6　取締役会設置会社の定めを廃止した場合の代表取締役の扱い

取締役会設置会社とそれ以外の株式会社とでは、代表取締役の選定方法が異なる。取締役会を置く旨の定款の定めを廃止しても取締役の任期は満了しないから、取締役会設置会社が取締役会設置会社でなくなったときは、代表取締役が在任したまま、選定方法だけが異なることになる。

取締役会を置く旨の定款の定めを廃止した場合において、代表取締役を互選によって定める旨の定款の規定を設けず、代表取締役について何も定めなかった場合には、会社法349条1項ただし書の「他に代表取締役を定めた場合」に該当しないことになり、取締役全員が当然に代表取締役となる。

　この場合には，取締役会設置会社の定めの廃止の登記と同時に，取締役の全員が代表取締役となった旨の登記を申請しなければならない。

　具体的には，代表取締役について次のような登記をすることになる。

役員に関する事項	取締役　　　　　甲野太郎	令和2年6月28日就任
		令和2年7月1日登記
	取締役　　　　　甲野次郎	令和2年6月28日就任
		令和2年7月1日登記
	取締役　　　　　甲野三郎	令和2年6月28日就任
		令和2年7月1日登記
	東京都渋谷区渋谷一丁目1番1号 代表取締役　　　甲野太郎	令和2年6月28日就任 令和2年7月1日登記
	東京都渋谷区渋谷二丁目2番2号 代表取締役　　　甲野次郎	令和3年1月31日代表権付与 令和3年2月3日登記
	東京都渋谷区渋谷三丁目3番3号 代表取締役　　　甲野三郎	令和3年1月31日代表権付与 令和3年2月3日登記

| 取締役会設置会社に関する事項 | 取締役会設置会社 |
| | 令和3年1月31日廃止　　　令和3年2月3日登記 |

　令和3年1月31日に取締役会を置く旨の定款の定めを廃止した場合の登記で

ある。甲野太郎は以前から代表取締役であったが，甲野次郎と甲野三郎は取締役会設置会社以外の株式会社となったことにより当然に代表取締役になっている。

　代表取締役についての登記原因は「**代表権付与**」を用いる。代表取締役になっているのだが，選定行為がないので「就任」を用いるべきではないのである。

　なお，甲野太郎は引き続き代表取締役の地位にあるため，何も登記しなくてよい。

　申請書に記載する登記の事由は，「代表取締役の変更」で問題ないだろう。

　登記すべき事項の記載としては，就任の登記の「就任」を「代表権付与」に換えればよい。

令和3年1月31日次の者代表権付与
　東京都渋谷区渋谷二丁目2番2号
　代表取締役　甲野次郎
　東京都渋谷区渋谷三丁目3番3号
　代表取締役　甲野三郎
取締役会設置会社の定めは，令和3年1月31日廃止

　取締役が当然に代表取締役となるのであるから，代表取締役の登記について特別な添付書面は不要である。

　また，印鑑証明書の添付が要求されるのは代表取締役の就任の登記についてであるから，代表権付与の登記について印鑑証明書の添付は要求されない。

　取締役が当然に代表取締役となるのは，取締役会設置会社以外の株式会社となった場合において代表取締役について何も定めなかったときである。代表取締役を定めた場合には，その定め方に応じて必要な登記を申請することになる。変更前の代表取締役のみを引き続き代表取締役とした場合には，代表取締役について登記を申請する必要はない。

7　取締役会設置会社となった場合の代表取締役の扱い

　取締役会設置会社となった場合には，取締役会の決議によって代表取締役を選定しなければならない。取締役会設置会社となる前においても代表取締役を定めていたときは，代表取締役を選定する取締役会の決議の内容に応じ，必要な登記を申請すればよい。

　取締役会設置会社となる前に代表取締役を定めておらず，取締役の全員が代表取締役となっていた場合において，取締役会設置会社となった後，取締役会の決議で選定された代表取締役が就任したときは，代表取締役に就任した者以外の取締役は代表権を失い代表取締役を退任する。

➕ アルファ

　取締役会設置会社となった場合の扱いについては，取締役会の決議で選定された代表取締役が就任した時点で他の者が代表取締役を退任するという解釈のほかに，取締役会設置会社となった時点で代表取締役全員が退任するという解釈や，取締役会設置会社となっても代表取締役の地位には何も変更が生じない（代表取締役を選び直す必要はない）という解釈などが考えられる。詳細は省くが，現実的に取締役会の決議で選定された代表取締役が就任した時点で他の者が代表取締役を退任するという解釈が最も問題が少ないだろう。試験対策的にも，その解釈で構わない。

　最終的には，議事録の記載次第という面もある。現実の登記の申請においては，「取締役のうちＡのみを代表取締役とする」などのように議事録の記載を工夫し，誰が代表取締役なのかを明らかにすべきである。

　取締役会設置会社となった後に代表取締役を定めた場合には，代表取締役とされなかった者について「退任」を登記原因とする代表取締役の退任の登記を申請すべきである。一方，引き続き代表取締役の地位にある者については，その地位に変更がないので，何も登記を申請しなくてよい。

➡　特定の者にのみ代表権を与えるという決議は，他の者から代表権を奪うという決議でもあると考えることができる。しかし，明らかな解職の決議でない限り，登記原因は「解任」ではなく「退任」とすべきである。

　代表取締役の就任には，選定決議と就任承諾が必要だから，退任の事実を証する書面として選定決議をした取締役会議事録と就任を承諾したことを証する書面を退任の登記の申請書に添付することになる。一方，就任の登記ではないので，印鑑証明書を添付する必要はない。

➕ アルファ

　取締役会設置会社に関する定款の規定を変更する株主総会において選任された取締役については，変更後の定款の規定に基づく取締役と判断すればよい。就任を承諾したことを証する書面についての印鑑証明書の添付の要否に影響がある。議案の順番などは，考慮しなくてよい。

　たとえば，取締役会設置会社の定めの廃止の決議をした株主総会で選任された取締役については，議案の順番や就任承諾の時期にかかわらず，取締役会設置会社以外の株式会社の取締役として，その就任を承諾したことを証する書面についての印鑑証明書が必要になる。

第35節　代表取締役の選定方法の変更

Topics ・取締役会設置会社の定めの廃止や設定の場合の応用である。

・難易度が高く，解釈が固まっていない部分もあるので，後回しにしても構わない。無理して全部を理解する必要はない。

1　取締役の互選によって代表取締役を定める旨の定款の定めの変更

取締役の互選によって代表取締役を定める旨の定款の規定がある場合には，代表取締役の選定の手続が取締役会設置会社と似たものになる。結局，代表取締役の地位に関しては，取締役の互選によって代表取締役を定める旨の定款の規定を廃止した場合には取締役会設置会社の定めを廃止した場合と同様の扱いとなり，取締役の互選によって代表取締役を定める旨の定款の規定を設けた場合には取締役会設置会社の定めを設定した場合と同様の扱いになる。取締役の互選によって代表取締役を定める旨の定款の規定を廃止した場合には「代表権付与」を登記原因とする代表取締役の登記を申請することがあるし，取締役の互選によって代表取締役を定める旨の定款の規定を設けた場合には代表取締役の退任の登記を申請することがある。

➡　具体的な登記手続は，前節参照。

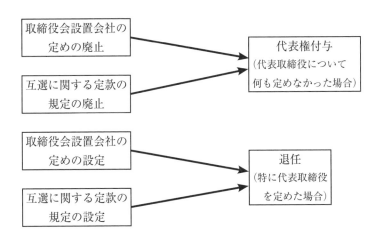

取締役の人数によって選定方法が変わるような定款の規定もある。「取締役が２名以上あるときは，取締役の互選によって代表取締役を定める」といった規定である。この規定は，取締役が２名以上である場合に限り互選するという趣旨であり，取締役が１名であるときは互選しないと解釈することができる。 **H26-34**

つまり，取締役が2名以上であるときは互選に関する定款の規定がある株式会社となり，取締役が1名であるときは互選に関する定款の規定がない株式会社となる。取締役の人数によって代表取締役の選定方法が変わるのである。このような定款の規定がある場合には，代表取締役である取締役が退任し，取締役が1名のみとなったときは，その者が当然に代表取締役となる。「代表権付与」を登記原因とする代表取締役の登記を申請することになるのである。この場合の登記の申請書には，定款の規定の存在を証するために定款を添付する必要がある。

「取締役2名以内を置き，取締役の互選により代表取締役1名を置く」といった定款の規定も同じように考えてよい。ポイントは，取締役が1名である状態が定款上許容されているかというところにある。1名である状態が許容されているなら，互選しない場合も許容されていることになる。

　一方，「取締役2名以上を置き，取締役の互選により代表取締役1名を置く」という定款の規定の場合には，取締役が1名である状態が許容されていない。この場合には，取締役が1名となったとしても，その者が当然に代表取締役になることはない。後任の取締役を選任し，互選によって代表取締役を定めなければならない。

📖ケーススタディ

　A，Bの2名の取締役を置き，Aのみが代表取締役である取締役会設置会社以外の株式会社において，Aが取締役を辞任した。どのような登記を申請すべきだろうか。

　定款の規定によって全く結論が異なることになる。具体的に見ていこう。

「取締役が2名以上あるときは，取締役の互選によって代表取締役を定める」という規定があった場合には，取締役Aの辞任により，取締役がBの1名のみとなる。取締役が1名のみとなったことにより，互選に関する定款の規定が適用されなくなるから，互選に関する定款の規定を廃止した場合と同様に，「代表権付与」を登記原因とする代表取締役Bの登記を申請しなければならない。

「取締役2名以上を置き，取締役の互選により代表取締役1名を置く」という規定があった場合には，結論が異なる。まず，この場合には，定款で定めた取締役の員数が「2名以上」となっている。そのため，取締役Aの辞任により，取締役の員数を欠くこととなり，Aは辞任後も取締役としての権利義務を有する。さらに，代表取締役を欠くこととなるため，代表取締役としての権利義務

も有することとなり，結局，この場合には何も登記を申請しない。後任の取締役が就任し，互選によって代表取締役を定めた後に取締役Aの辞任の登記と代表取締役Aの退任の登記を申請するのである。

　同じ定款の規定があった場合において，Aが死亡した場合には，取締役としての権利義務を有することがないが，やはりBが当然に代表取締役となることはなく，後任の取締役が就任し，互選によって代表取締役を定めた後に取締役Aの死亡の登記と代表取締役Aの死亡の登記を申請することになる。

2　新たに株主総会の決議で代表取締役を定めた場合

　代表取締役に関する定款の規定が一切なく，特に代表取締役を定めていない取締役会設置会社以外の株式会社においては，取締役の全員が当然に代表取締役となっている。この場合において，新たに株主総会の決議で代表取締役を定めた場合を考える。これも一種の選定方法の変更と考えることができる。

　この場合には，代表取締役と定められた者以外について，代表取締役の退任の登記を申請すべきである。一方，代表取締役と定められた者については，その地位に変更がなく，何も登記を申請しない。

　代表取締役であった者の一部を代表取締役と定める決議は，他の者から代表権を奪う趣旨であると考えることが可能である。そう考えると，この場合に代表取締役としての就任承諾が不要であることを理解しやすい。

➡　代表権を奪う趣旨と考えたとしても，登記原因は「解任」ではなく「退任」とすべきである。

3　株主総会の決議で定めた代表取締役が退任した場合

　実は，この場合が最も難しい。完全に解釈が固まっているとはいえないのである。

　先ほどのケーススタディと似た状況を考えてみよう。A，Bの2名が取締役で，株主総会の決議でAを代表取締役と定めていたが，Aが取締役を辞任した場合である。定款には何も定められていないとする。

　会社法349条に従い，「他に代表取締役を定めた場合」であれば，取締役が当然に代表取締役となることはない。問題は，代表取締役Aが退任しても，引き続き「他に代表取締役を定めた場合」に該当するかどうかである。

　いったん代表取締役を定めた以上，その者が退任しても引き続き「他に代表取締役を定めた場合」に該当し，取締役が当然に代表取締役になることはないと考える方が条文の解釈としては素直であり，試験対策的にもこの解釈を採用しておくのがよいだろう。つまり，Aが取締役を辞任しても（あるいは死亡しても），Bが当然に代表取締役になることはない。

　一方，代表取締役として定められた者が退任した時点で，もはや「他に代表取締役を定めた場合」に該当しないという解釈もある。Bが当然に代表取締役になるのである。この解釈では，代表取締役が存在しないという状態を回避できるというメリットがある。しかし，現時点では，この立場に基づく試験問題が出題される可能性は限りなく低いだろう。

第36節　社外取締役の登記

Topics・社外取締役である旨を登記する場合を理解する。
　　　　　・どのように登記簿に記録されるのかを把握する。

1　社外取締役の要件

　取締役のうち社外取締役の要件を満たすものは，当然に社外取締役である。社外取締役の要件については会社法の範囲であり，詳細な説明は避けるが，就任前の10年間に業務執行取締役等となったことがないことなどが要件として定められている（会§2⑮）。

2　社外取締役である旨を登記する場合

　社外取締役であっても，常に社外取締役である旨を登記するわけではない。社外取締役である旨を登記しなければならない場合は限られている。次の三つの場合である（会§911Ⅲ㉑ハ㉒ロ㉓イ）。これらのうち，一つに該当すれば社外取締役である旨の登記が必要になる。

　　・特別取締役による議決の定めがある場合
　　・監査等委員会設置会社である場合
　　・指名委員会等設置会社である場合

　特別取締役による議決の定めは，社外取締役が1名以上いないと定めることができない（会§373Ⅰ）。監査等委員会設置会社では，監査等委員の過半数が社外取締役でなければならず（会§331Ⅵ），取締役の過半数が社外取締役である場合には，定款の定めがなくても取締役会の決議により重要な業務執行の決定を取締役に委任することが可能になる（会§399の13Ⅴ）。また，指名委員会等設置会社では，各委員の過半数は，社外取締役でなければならない（会§400Ⅲ）。結局，社外取締役である旨を登記しなければならないのは，社外取締役がいることによって会社法上特別な効果が生じる場合である。

　社外取締役である旨を登記しなければならない場合以外の場合には，社外取締役である旨を登記する必要がないだけでなく，社外取締役である旨を登記することができない。

3　登記記録例

まず最初に，社外取締役についてどのように登記されるのかを見てしまおう。

役員に関する事項	取締役　　　　　　甲野太郎 （社外取締役）	令和3年6月30日就任
		令和3年7月1日登記

　社外取締役である旨は，取締役の登記の一部として登記される（厳密には，「役員に関するその他の事項」という扱いである）。取締役の登記から独立して社外取締役の登記があるわけではない。

　社外取締役については，社外取締役が就任・退任した場合の登記のほかに，既に取締役として登記されている者について社外取締役である旨を登記する必要が生じた場合の登記，社外取締役である旨を登記する必要がなくなった場合の登記，社外取締役として登記されている者が社外取締役でなくなった場合の登記が考えられる。

4　社外取締役の就任・退任

　登記の事由では，特に社外取締役である旨を明らかにする必要はなく，「取締役の変更」でよい。登記すべき事項の記載においては，取締役の就任・退任の登記に社外取締役である旨を加えればよい。重任でも同じである。

> 取締役（社外取締役）乙野太郎は，令和3年6月30日退任
> 取締役（社外取締役）甲野太郎は，令和3年6月30日就任

重要❗ ●

H26-32　社外取締役であることや，社外取締役でないことを添付書面で明らかにする必要はない。社外取締役であることによって添付書面が変わることはない。

　社外取締役の要件を満たすことは，ずっと過去にまで遡らないと明らかにできず，書面によって証明することは困難である。

5　社外取締役である旨を登記する必要が生じた場合

　社外取締役でなかった者が在任中に社外取締役となることはない。社外取締役の要件から明らかである。

　社外取締役である旨の登記が不要である場合でも，社外取締役の要件を満たす者が在任していることが考えられる。そのような株式会社が特別取締役による議決の定めを設けたときは，在任中の取締役について社外取締役である旨を登記する必要が生じる。

　なお，監査等委員会設置会社となった場合や，指名委員会等設置会社となった場合には，このような事態が生じない。監査等委員会設置会社や指名委員会等設置会社となると，取締役全員の任期が満了するため（会§332Ⅶ①），新たに就任した社外取締役について就任の登記をすることになるのである。

　具体的な登記手続については，特別取締役による議決の定めの設定と併せて申請することになるため，ここでは省略する。

➡　次節で詳しく扱う。

6　社外取締役である旨を登記する必要がなくなった場合

　在任中の社外取締役について，社外取締役である旨を登記する必要がなくなった場合には，社外取締役である旨を抹消する旨の変更の登記を申請しなければならない。特別取締役による議決の定めを廃止した場合である。

　監査等委員会設置会社でなくなった場合や，指名委員会等設置会社でなくなった場合には，やはり取締役全員の任期が満了するため（会§332Ⅶ②），社外取締役の退任の登記を申請することになる。

➡　特別取締役による議決の定めを廃止した場合の登記については，次節で扱う。

7　社外取締役でなくなった場合の登記

　社外取締役が在任中に社外取締役の要件に該当しなくなることがある。たとえば，次のような場合である。

・代表取締役に就任するなど，業務執行取締役になった場合
・使用人になった場合
・子会社の業務執行取締役や支配人などになった場合

　これらの場合以外にも，様々な原因により社外取締役でなくなることが考えられる。在任中に社外取締役でなくなったときは，その旨の登記を申請する必要がある。

登記記録例は，次のようになる。

役員に関する事項	取締役　　　　　甲野太郎 　（社外取締役）	令和2年6月30日就任
		令和2年7月1日登記
	取締役　　　　　甲野太郎	令和3年2月28日社外性喪失
		令和3年3月3日登記

　登記原因は，どのような理由で社外取締役でなくなった場合であっても「社外性喪失」である。

　申請書の登記の事由には，「社外性喪失」と記載してもいいが，「取締役の変更」でも問題ないだろう。

　登記すべき事項については，原因年月日である「令和3年2月28日社外性喪失」と変更後に記録される「取締役　甲野太郎」を記載すればよい。単純に「令和3年2月28日社外性喪失　取締役　甲野太郎」と並べて書いても問題はない。「社外取締役甲野太郎は，令和3年2月28日社外性喪失」でも大丈夫だろう。

　社外取締役でなくなったことを証する書面の添付は不要である。社外取締役の就任時に社外取締役であることを証する書面の添付を求めなかったことと一貫性のある扱いとするためである。

第37節　特別取締役による議決の定め

Topics ・社外取締役である旨の登記に注意する。

　　　　　・重要度はそれほど高くない。

1　特別取締役による議決の定めの設定と特別取締役の就任

　次の要件を満たす取締役会設置会社は，取締役会の決議により，特別取締役による議決の定めを設けることができる（会§373Ⅰ）。

➡　特別取締役による議決の定めの効果などについては，会社法の範囲であり，本書では説明しない。

　　　・取締役の数が6名以上であること
　　　・取締役のうち1名以上が社外取締役であること

　また，これらの要件を満たしていても，指名委員会等設置会社は特別取締役による議決の定めを設けることができず，監査等委員会設置会社のうち重要な業務執行の決定を取締役に委任することができるもの（会§399の13ⅤⅥ）は特別取締役による議決の定めを設けることができない。

　特別取締役による議決の定めがある株式会社においては，取締役会の決議によって特別取締役を選定する。特別取締役の就任には，その就任を承諾することが必要である。

➡　取締役会の決議によって定められた代表取締役と同様に考えればよい。

2　特別取締役の変更

　特別取締役は，取締役の地位を前提とするため，取締役の地位を失ったときは，特別取締役の地位も失う。

　また，特別取締役の地位を辞任することや，取締役会の決議によって解職することも可能と考えるべきである。

3　特別取締役による議決の定めの廃止

　取締役会の決議によって特別取締役による議決の定めを廃止することができる。

4　必要となる登記

　特別取締役による議決の定めを設けたときは，特別取締役による議決の定め

の設定の登記のほか，特別取締役の就任の登記と社外取締役の登記が必要になる。また，特別取締役による議決の定めを廃止したときは，特別取締役による議決の定めの廃止の登記のほか，特別取締役の退任の登記と社外取締役である旨を抹消する旨の変更の登記が必要になる。

➕アルファ

　監査等委員会設置会社であっても，重要な業務執行の決定を取締役に委任できない場合には，特別取締役による議決の定めを設けることができる。監査等委員会設置会社では，社外取締役である旨を登記しなければならない。そのため，監査等委員会設置会社が特別取締役による議決の定めの設定をした場合には，既に社外取締役に関する登記がされているはずなので新たに社外取締役の登記を申請する必要がない。また，監査等委員会設置会社が特別取締役による議決の定めの廃止をした場合には，引き続き社外取締役である旨を登記しなければならないので，社外取締役である旨を抹消する旨の変更の登記の申請は不要となる。

5　登記の事由

　新たに特別取締役による議決の定めを設けた場合には「特別取締役による議決の定めの設定」「特別取締役の変更」「取締役の変更」とすればよい。社外取締役の登記について「社外取締役の登記」としてもいいが，「取締役の変更」に含めても問題はないだろう。

　特別取締役による議決の定めを廃止した場合には「特別取締役による議決の定めの廃止」「特別取締役の変更」「取締役の変更」でよい。

6　登記記録例

H21記述　まずは，設定の場合の登記記録例である。特別取締役に関する事項は，登記記録中会社状態区に登記される。

特別取締役に関する事項	特別取締役による議決の定めがある 　　　令和3年1月31日設定　　令和3年2月3日登記

登記原因は「設定」である。

さらに，特別取締役の就任と社外取締役である旨が役員区に登記される。

役員に関する事項	取締役　　　　　甲野太郎	令和2年6月30日就任
		令和2年7月1日登記
	取締役　　　　　甲野太郎 （社外取締役）	
		令和3年2月3日社外取締役の登記
	特別取締役　　　甲野次郎	令和3年1月31日就任
		令和3年2月3日登記

　実際には，取締役が6名以上あり，特別取締役は3名以上あるはずだが，同じ内容の繰返しになるので省略している。

➡　社外取締役を特別取締役にする必要はない。逆に，社外取締役を特別取締役にしてはいけないということもない。

　社外取締役である旨の登記では，**原因年月日が空欄**となる。つまり，登記原因は不要である。
　特別取締役については，普通に「**就任**」でよい。

　特別取締役による議決の定めを廃止した場合には，次のようになる。

| 特別取締役に関する事項 | 特別取締役による議決の定めがある
　　令和3年1月31日設定　　　令和3年2月3日登記 |
| | 　　令和3年3月31日廃止　　　令和3年4月1日登記 |

登記原因は「**廃止**」である。

役員区には，特別取締役の退任と社外取締役である旨を抹消する旨が登記される。

役員に関する事項	取締役　　　　　甲野太郎	令和2年6月30日就任
		令和2年7月1日登記
	取締役　　　　　甲野太郎 （社外取締役）	
		令和3年2月3日社外取締役の登記
	取締役　　　　　甲野太郎	令和3年3月31日特別取締役の議決の定め廃止により変更
		令和3年4月1日登記
	特別取締役　　　甲野次郎	令和3年1月31日就任
		令和3年2月3日登記
		令和3年3月31日退任
		令和3年4月1日登記

　社外取締役である旨を抹消する旨の変更の登記の登記原因は「**特別取締役の議決の定め廃止により変更**」である。便宜的に「抹消」という単語を用いて説明してきたが，「抹消」と登記簿に記録されるものではない。

　特別取締役については「退任」である。特別取締役による議決の定めを廃止しても，特別取締役の登記が自動的に消えることはないので，退任の登記を申請する必要がある。

7　登記すべき事項の記載

特別取締役による議決の定めの設定は，次のように記載すればよい。

> 令和３年１月31日次のとおり設定
> 　特別取締役による議決の定めがある

原則的には登記記録の見出しである「特別取締役に関する事項」も記載すべきなのだが，「特別取締役に関する事項」であることは明らかであり，省略しても大丈夫だろう。

特別取締役と社外取締役については，次のように記載する。

H21記述

> 取締役甲野太郎は，社外取締役である。
> 特別取締役甲野次郎は，令和３年１月31日就任

社外取締役の登記については，このように記載するものとされている。原因年月日が登記されないので，登記原因やその年月日を記載してはいけない。社外取締役であることが明らかにできればよい。

➡　新たに社外取締役が就任した場合との違いに注意する。

特別取締役による議決の定めを廃止した場合には，次のように記載すればよい。今回は，役員区の登記も併せて記載する。

> 社外取締役甲野太郎につき，令和３年３月31日特別取締役の議決の定め廃止により変更
> 　取締役　甲野太郎
> 特別取締役甲野次郎は，令和３年３月31日退任
> 特別取締役による議決の定めは，令和３年３月31日廃止

記載する順番は，特にこだわらなくてよい。

社外取締役については，原因年月日を明らかにすることが重要である。「令和３年３月31日特別取締役の議決の定め廃止により変更」という語句が含まれていれば，多少違った書き方でも構わない。取締役甲野太郎についての登記だということがわかればよい。

特別取締役の退任と特別取締役による議決の定めの廃止については，特に困ることはないだろう。

8　添付書面

H19-33　特別取締役による議決の定めの設定・廃止，特別取締役の就任には，取締役会の決議が必要なので，取締役会議事録を添付する。また，特別取締役の就任の登記の申請書には，特別取締役が就任を承諾したことを証する書面を添付する。社外取締役の登記について，添付書面は不要である。

第38節　監査役

Topics・基本的な登記手続は取締役と同じである。
　　　　・任期と兼任禁止に注意する。

1　就　任

　基本的には取締役と同じである。株主総会の決議と就任承諾によって就任の効力が生じる。

➡　種類株式の内容に従い種類株主総会の決議によって選任されることもある。登記手続は，種類株主総会の決議によって選任された取締役と同じであり，取締役についての説明を参照してほしい。

2　地位を失う場合

　これも，基本的には取締役と同じである。

⑴　任期の満了

　選任後４年以内に終了する事業年度のうち最終のものに関する定時株主総会の終結時に任期が満了する（会§336）。

　公開会社でない株式会社に限って定款で選任後10年以内に終了する事業年度のうち最終のものに関する定時株主総会の終結の時まで任期を伸長できる。取締役と同じである。

　取締役と異なり，任期の短縮はできない。ただし，補欠の監査役については，定款によって，前任者の任期が満了するはずであった時まで任期を短縮できる。

　次の場合には，定款の変更によって任期が満了する。

・監査役を置く旨の定款の定めを廃止する定款の変更をした場合
・監査等委員会又は指名委員会等を置く旨の定款の変更をした場合
・監査役の監査の範囲を会計に関するものに限定する旨の定款の定めを廃止する定款の変更をした場合
・公開会社となる定款の変更をした場合

　監査の範囲を拡大する定款の変更をした場合に任期が満了することに注意する。監査の範囲を縮小する場合には，任期が満了しない。

(2) **辞　任**

取締役と同じである。

(3) **解　任**

決議要件が常に特別決議であることを除き，取締役と同じである。

(4) **死　亡**

死亡により，当然に監査役の地位を失う。

(5) **資格喪失**

欠格事由は，取締役と同じである。

(6) **破産手続開始の決定**

これも，取締役と同じである。

(7) **後見開始の審判**

これも，取締役と同じである。

3　兼任禁止

監査役については，次の者との兼任が禁止されている。

- ・同じ株式会社の取締役，支配人その他の使用人
- ・子会社の取締役，支配人その他の使用人，会計参与（会計参与が法人であるときは，その職務を行うべき社員），執行役

兼任禁止に違反する規定は当然に無効となるものではなく，原則として，一方の地位への就任承諾の意思表示が他方の地位の辞任の意思表示となると解される（最判平元.9.19）。

➡　実体法上の論点であり，特別な登記手続はない。たとえば，就任後に兼任禁止に該当することとなったとしても，当然に何らかの登記が必要となることはなく，辞任の義務が生じるにすぎない。

なお，会計参与の資格についての規定（会§333Ⅲ）に違反するため，結果的に同じ株式会社の会計参与を兼任することもできない。また，同様に会計監査人を兼任することもできない。

➡　会計監査人を兼任できない根拠は，会社法337条3項1号と公認会計士法

になる。

4　登記の事由

「監査役の変更」でよい。

5　登記記録例

取締役と同様である。監査役について住所が登記されることはない。

就任の場合の登記原因は「就任」であり，地位を失った場合には，発生した事実に応じ，「退任」「辞任」「解任」「死亡」「資格喪失」を使い分ける。「重任」の扱いも同じである。

6　登記すべき事項の記載

取締役と同様である。

7　添付書面

取締役と同様である。

監査役の就任の登記の申請書に印鑑証明書の添付が必要となることはない。

➡　取締役会の決議で選定された代表取締役の就任の登記の申請書に監査役の印鑑証明書を添付する場合はある。

監査役の就任についても，本人確認証明書の添付が必要である。添付しなければならないのは，再任でない場合で，印鑑証明書を添付しない場合である（商登規§61Ⅶ）。　**H27記述**

➡　取締役よりも忘れやすいので要注意である。印鑑証明書を添付しないことも，取締役より多い。

➡　取締役会設置会社以外の株式会社では，取締役について本人確認証明書を添付することはないが，監査役について本人確認証明書を添付することはある。

8　欠員が生じる場合

これも，取締役と同様である。欠員が生じる場合には，退任後も監査役としての権利義務を有することがある。監査役会設置会社では，監査役は3人以上で，そのうち半数以上は社外監査役でなければならないが，監査役会設置会社でなければ，最低1名でよい（会§335Ⅲ）。

➡　社外監査役の員数を欠く場合も，基本的には退任後に権利義務を有すると解するべきである。

9　監査役についてのその他の変更

　氏や名の変更があった場合について，取締役と同様である。

　また，取締役と同様に，婚姻によって氏を改めた場合には，旧姓を登記することができる（商登規§81の2）。

第39節　監査役設置会社の定めと監査の範囲

Topics・「監査役設置会社」の範囲に注意する。
　　　　・監査の範囲がどのように登記されるかに注意する。

1　監査役設置会社に関する登記事項

> **会社法第911条**　（略）
> 3　第1項の登記においては，次に掲げる事項を登記しなければならない。
> 　一～十六　（略）
> 　十七　監査役設置会社（監査役の監査の範囲を会計に関するものに限定する
> 　　旨の定款の定めがある株式会社を含む。）であるときは，その旨及び次に掲
> 　　げる事項
> 　　イ　監査役の監査の範囲を会計に関するものに限定する旨の定款の定めが
> 　　　ある株式会社であるときは，その旨
> 　　ロ　監査役の氏名

　監査役の監査の範囲を会計に関するものに限定する旨の定款の定めがある株
式会社は，会社法2条9号の定義に従うと監査役設置会社ではない。しかし，
監査役の監査の範囲を会計に関するものに限定する旨の定款の定めがある場合
でも，監査役を置く旨の定款の定めがあるときは，「監査役設置会社」と登記
しなければならない。
　さらに，監査役の監査の範囲を会計に関するものに限定する旨の定款の定め
がある場合には，その旨も登記しなければならない。

2　監査役を置く旨の定款の変更

　監査役を置く旨の定款の定めを設ける定款の変更も，監査役を置く旨の定款
の定めを廃止する定款の変更も，株主総会の特別決議によらなければならない。
　なお，監査役の監査の範囲に関する定款の規定の変更も，株主総会の特別決
議によって行う。

　監査役を置く旨の定款の定めを廃止したときは，監査役の任期が満了する（会
§336Ⅳ①）。

3　登記の事由

　「監査役設置会社の定めの設定」「監査役設置会社の定めの廃止」とすればよい。

　　監査役を置く旨の定款の定めを設けたときは，監査役の就任の登記も同時に
申請すべきである。

　　監査役を置く旨の定款の定めを廃止したときは，監査役の任期が満了するた
め，監査役の退任の登記も申請しなければならない。登記の事由としては，「監
査役の変更」と記載することになる。

　　監査役の監査の範囲を会計に関するものに限定する旨の定款の定めを設けた
ときは，「監査役の監査の範囲を会計に関するものに限定する旨の定款の定め
の設定」と素直に記載すればいいだろう。廃止ついても同様である。

4　登記記録例

　　次のように登記される。

監査役設置会社に関する事項	監査役設置会社
	令和3年1月31日設定　　令和3年2月3日登記
	令和3年3月31日廃止　　令和3年4月1日登記

H27記述
H26記述

　　登記原因としては「設定」と「廃止」を用いる。

H25記述
H19記述

　　監査役を置く旨の定款の定めを廃止したことにより監査役の任期が満了した
場合には，監査役の退任を登記しなければならない。登記記録は，通常の任期
満了による退任と同じである。

　監査役の監査の範囲を会計に関するものに限定する旨の定款の定めがある旨 `R2記述`
は，監査役設置会社である旨とは別に，役員区に登記される。 `H31記述`

役員に関する事項	監査役　　　　　　甲野太郎	令和2年6月30日就任
		令和2年7月1日登記
		令和3年2月28日退任
		令和3年3月1日登記
	監査役　　　　　　乙野太郎	令和3年2月28日就任
		令和3年3月1日登記
	<u>監査役の監査の範囲を会計に関するものに限定する旨の定款の定めがある</u>	令和2年5月31日設定
		令和2年6月1日登記
		令和3年2月28日廃止
		令和3年3月1日登記

　登記原因は「設定」と「廃止」である。監査役の監査の範囲についての定款 `H28記述`
の定めを廃止した場合には，監査役の任期が満了することに注意する。

5　登記すべき事項の記載

　取締役会設置会社の定めの設定・廃止と同様に記載すればよい。
　監査役の監査の範囲についても，原則どおり「令和2年5月31日設定」と原因年月日を記載し，「監査役の監査の範囲を会計に関するものに限定する旨の定款の定めがある」と登記簿に記録される事項をそのまま記載すればよい。

6　添付書面

　特別決議により定款を変更した株主総会の議事録と株主リストを添付しなければならない。

第40節　社外監査役の登記

Topics　・社外監査役である旨を登記する場合を理解する。
　　　　　・基本的には社外取締役の登記と同じである。

1　社外監査役の要件

　就任前の10年間に取締役，会計参与，支配人その他の使用人となったことがないこと等の要件を満たす監査役は，社外監査役である（会§2⑯）。

2　社外監査役である旨を登記する場合

　社外監査役である旨を登記しなければならない場合は，監査役会設置会社である場合に限られる（会§911Ⅲ⑱）。

3　登記記録例

　社外取締役についての登記と同様である。

4　社外監査役の就任・退任

H21記述　社外取締役についての登記と同様である。

5　監査役会設置会社の定めの設定・廃止に伴う登記

　監査役会設置会社となったことや監査役会設置会社でなくなったことに伴い，社外監査役に関する登記が必要となることがある。
➡　次節で詳しく説明する。

6　社外性喪失

　社外監査役として登記されている者が社外監査役の要件に該当しなくなった場合には，「社外性喪失」を登記原因とする登記を申請する。社外取締役と同じである。
➡　兼任禁止規定に違反することなく社外監査役の要件に該当しなくなった場合である。

第41節　監査役会を置く旨の定め

Topics・常に社外監査役の人数を気にする必要がある。
　　　　・社外監査役である旨の登記に注意する。

1　監査役会を置く旨の定款の定めの変更

　監査役会を置く旨の定款の定めを設ける定款の変更も，監査役会を置く旨の定款の定めを廃止する定款の変更も，株主総会の特別決議によらなければならない。そして，監査役会を置く旨を定款で定めたときは，その旨を登記しなければならない（会§911Ⅲ⑱）。

➡　監査役会設置会社は，当然に監査役設置会社である。したがって，監査役会設置会社である旨が登記されている株式会社では，監査役設置会社である旨も登記されている。

　監査役会設置会社では，監査役は3人以上でなければならず，監査役の半数以上は社外監査役でなければならない（会§335Ⅲ）。そして，監査役会設置会社では，監査役のうち社外監査役であるものについて社外監査役である旨を登記しなければならない（会§911Ⅲ⑱）。

2　登記の事由

　設定と廃止は，それぞれ「監査役会設置会社の定めの設定」「監査役会設置会社の定めの廃止」とすればよい。

　監査役会を置く旨の定款で定めを設けたときは，社外監査役である旨の登記を申請しなければならない。登記の事由としては「監査役の変更」でいい。
　監査役会を置く旨の定款の定めを廃止したときは，社外監査役である旨を抹消する旨の変更の登記を申請しなければならない。登記の事由としては，これも「監査役の変更」でいい。

3　登記記録例

　設定の場合には，次のように登記される。

監査役会設置会社に関する事項	監査役会設置会社 　　　　令和2年6月30日設定　　　令和2年7月1日登記

　登記原因は「設定」である。

H30記述
H21記述

　　　監査役会設置会社の定めの設定の登記の申請と同時に，社外監査役である旨の登記も申請しなければならない。監査役についての登記記録例は次のようになる。

役員に関する事項	監査役　　　　　　甲野太郎	令和1年6月30日就任
		令和1年7月2日登記
	監査役　　　　　　甲野太郎 （社外監査役）	
		令和2年7月1日社外監査役の登記

　　実際には，監査役が3人以上でなければならず，その半数以上が社外監査役である必要があるが，同様な記録の繰返しになるので省略している。

　　原因年月日は空欄である。

➡　特別取締役による議決の定めを設けた場合の社外取締役の登記と同様である。

　　廃止の場合には，次のようになる。

監査役会設置会社に関する事項	監査役会設置会社 　　　令和2年6月30日設定　　　令和2年7月1日登記
	令和3年3月31日廃止　　　令和3年4月1日登記

　　　登記原因は「廃止」である。

廃止の場合には，社外監査役である旨を抹消する旨の変更の登記もしなけれ `R2-29`
ばならない。

役員に関する事項	監査役　　　　甲野太郎	令和1年6月30日就任
		令和1年7月2日登記
	監査役　　　　甲野太郎 　（社外監査役）	
		令和2年7月1日社外 監査役の登記
	監査役　　　　甲野太郎	令和3年3月31日監査 役会の定め廃止により 変更
		令和3年4月1日登記

登記原因は「監査役会の定め廃止により変更」である。　　　　　`H23記述`

➡　特別取締役による議決の定めの廃止の場合と基本的な構造は同じである。

4　登記すべき事項の記載

設定の場合には，監査役会設置会社の定めの設定と社外監査役である旨の登記を同時に申請する。

> 監査役甲野太郎は，社外監査役である。
> 令和2年6月30日次のとおり設定
> 　監査役会設置会社

これまで登場してきた登記の記載方法を応用すればよいのである。

廃止の場合には，次のようになる。

社外監査役甲野太郎につき，令和3年3月31日監査役会の定め廃止により
変更
　監査役　甲野太郎
監査役会設置会社の定めは，令和3年3月31日廃止

「令和3年3月31日監査役会の定め廃止により変更」の部分が最も重要である。

5　添付書面

特別決議により定款を変更した株主総会の議事録と株主リストを添付する。

社外監査役に関する登記については，添付書面は不要である。

第42節　会計参与

Topics ・監査役や会計監査人と混同しないように注意する。
　　　　・書類等備置場所が登記される点に特色がある。
　　　　・添付書面にも注意が必要である。

1　会計参与に関する登記事項

> **会社法第911条**　（略）
> 3　第1項の登記においては，次に掲げる事項を登記しなければならない。
> 　一～十五　（略）
> 　十六　会計参与設置会社であるときは，その旨並びに会計参与の氏名又は名
> 　　称及び第378条第1項の場所

　会計参与設置会社である旨，会計参与の氏名又は名称，書類等備置場所が登記事項である。会計参与は法人でも就任できるので「氏名又は名称」を登記すると規定されている。また，会計参与は会計参与報告や計算書類などをその事務所の中から定めた場所に備え置かなければならないが，その備置きの場所も登記しなければならない。

2　会計参与を置く旨の定款の定めの変更

　会計参与を置く旨の定款の定めを設ける定款の変更も，会計参与を置く旨の定款の定めを廃止する定款の変更も，株主総会の特別決議によらなければならない。

3　会計参与の就任

　会計参与は，税理士，税理士法人，公認会計士，監査法人のいずれかでなければならない。
　就任の効力は，株主総会の決議と就任承諾によって生じる。取締役や監査役と同じである。会計参与に選任された者が法人である場合には，法人の代表者が就任承諾の意思表示をすることになる。

4　会計参与が地位を失う場合

　基本的には取締役と同じだが，若干違う点がある。

(1) 任期の満了

　　取締役の任期と同じである（会§334）。選任後2年以内に終了する事業年度のうち最終のものに関する定時株主総会の終結時に任期が満了する。

　　公開会社でない株式会社に限って定款で選任後10年以内に終了する事業年度のうち最終のものに関する定時株主総会の終結の時まで任期を伸長でき，定款か株主総会の決議で任期を短縮できる。

　　監査等委員会設置会社と指名委員会等設置会社では，取締役と同様に会計参与の任期も短くなる。

　　次の場合には，定款の変更によって任期が満了する。

- ・監査等委員会又は指名委員会等を置く旨の定款の変更をした場合
- ・監査等委員会又は指名委員会等を置く旨の定款の定めを廃止する定款の変更をした場合
- ・監査等委員会設置会社でも指名委員会等設置会社でもない株式会社が公開会社となる定款の変更をした場合
- ・会計参与を置く旨の定款の定めを廃止する定款の変更をした場合

(2) 辞　任

　　取締役と同じである。

(3) 解　任

　　取締役と同じである。

(4) 死　亡

　　死亡により，当然に会計参与の地位を失う。

(5) 資格喪失

　　次の者は，会計参与となることができない（会§333Ⅲ）。

- ・株式会社又はその子会社の取締役，監査役若しくは執行役又は支配人その他の使用人
- ・業務の停止の処分を受け，その停止の期間を経過しない者
- ・税理士法の規定により税理士業務を行うことができない者

　　これらは欠格事由と解されており，これらの事由に該当すると，会計参与

の地位を失う。また，税理士や公認会計士でなくなった場合にも，欠格事由
に該当する。

⑹　破産手続開始の決定

取締役と同様に，破産手続開始の決定を受けると退任する。

⑺　後見開始の審判

取締役と同様に，後見開始の審判を受けて成年被後見人となると退任する。
成年被後見人であることは，税理士の欠格事由とはされていない。

⑻　法人の解散

解散した税理士法人や監査法人は，業務を行うことができないので，退任
する。解散によって株式会社との委任関係が終了すると考えることもできる。

5　登記の事由

会計参与設置会社である旨については，「会計参与設置会社の定めの設定」「会
計参与設置会社の定めの廃止」とすればよい。

会計参与については，「会計参与の変更」でいい。

なお，会計参与設置会社の定めの設定は，会計参与の就任と同時に申請すべ
きであり，会計参与設置会社の定めの廃止は，既に会計参与がいない場合を除
き，会計参与の退任と同時に申請すべきである。

6　登記記録例

会計参与設置会社である旨は，次のように登記される。

会計参与設置会社 に関する事項	会計参与設置会社 　　　令和3年1月31日設定　　　令和3年2月3日登記
	令和3年3月31日廃止　　　令和3年4月1日登記

登記原因としては「設定」と「廃止」を用いる。　　　　　　　　　　H19記述

会計参与についての登記は，次のようになる。

役員に関する事項	会計参与　　　　　甲野太郎 （書類等備置場所）東京都渋 谷区渋谷一丁目1番1号	令和3年1月31日就任 - - - - - - - - - - - - - 令和3年2月3日登記

H19記述　　計算書類などを備え置く場所は，「書類等備置場所」として登記される。就任の場合の登記原因が「就任」であることは，取締役と同じである。

　地位を失った場合には，取締役と同様に，「退任」「辞任」「解任」「死亡」「資格喪失」といった登記原因を使い分ける。法人の解散により退任した場合には，「退任」を用いることになる。取締役と同様に，「重任」を用いる場合もある。

7　登記すべき事項の記載

　会計参与設置会社の定めを設けるとともに会計参与が就任した場合には，次のように記載する。

令和3年1月31日次の者就任
　会計参与　甲野太郎
　　（書類等備置場所）東京都渋谷区渋谷一丁目1番1号
令和3年1月31日次のとおり設定
　会計参与設置会社

　登記簿に記録されるとおりに「（書類等備置場所）」と記載すればよい。

　会計参与設置会社の定めの廃止や，会計参与の退任等は，他の役員や機関についての登記と同様である。

8　添付書面

　会計参与設置会社の定めの設定・廃止には，定款を変更した**株主総会の議事録**と**株主リスト**を添付する。

　就任の登記の添付書面については，注意が必要である。

> **第54条**　（略）
>
> 2　会計参与又は会計監査人の就任による変更の登記の申請書には，次の書面を添付しなければならない。
>
> 一　就任を承諾したことを証する書面
>
> 二　これらの者が法人であるときは，当該法人の登記事項証明書。ただし，当該登記所の管轄区域内に当該法人の主たる事務所がある場合を除く。
>
> 三　これらの者が法人でないときは，会計参与にあつては会社法第333条第1項に規定する者であること，会計監査人にあつては同法第337条第1項に規定する者であることを証する書面

　選任の決議をした株主総会の議事録と株主リストのほか会計参与が就任を承諾したことを証する書面を添付する点は，取締役と同じである。

　他に添付する書面は，会計参与が法人であるかどうかで異なる。

　会計参与が法人である場合には，法人の登記事項証明書を添付する。税理士　**H19記述**
法人も監査法人も登記義務があるので，登記されているのである。ただし，登記を申請する登記所（つまり，株式会社の本店の所在地を管轄する登記所）の管轄区域内に法人の主たる事務所がある場合には，登記事項証明書の添付を省略できる。また，申請書に会社法人等番号を記載することによって添付を省略することもできる（商登§19の3）。

➡　この登記事項証明書は，作成後3か月以内のものでなければならない（商登規§36の2）。

　会計参与が法人でない場合には，会計参与が税理士であることを証する書面か公認会計士であることを証する書面を添付しなければならない。こちらは，添付を省略できる場合がない。税理士であることを証する書面としては，日本税理士会連合会発行の税理士資格証明書が該当し，公認会計士であることを証する書面としては，日本公認会計士協会発行の会計参与資格証明書が該当する。

　会計参与については，印鑑証明書や本人確認証明書の添付が必要となることはない。

　退任の場合の添付書面は，基本的に取締役と同じである。

　業務停止の処分は官報で公告されるので，業務停止の処分を受けたことによる資格喪失の登記の申請書には，官報を添付すればよい。

9　欠員が生じる場合

H21-30　　欠員が生じる場合に退任後も権利義務を有する場合があることについて，取締役と同様である。

10　書類等備置場所の変更

　　会計参与がその事務所を移転したことなどによって，書類等備置場所に変更が生じることがある。書類等備置場所に変更が生じたときは，その旨の登記を申請しなければならない。

H24-30　　書類等備置場所の変更は，次のように登記される。

役員に関する事項	<u>会計参与　　　　　甲野太郎</u> <u>（書類等備置場所）東京都渋</u> <u>谷区渋谷一丁目１番１号</u>	令和３年１月31日就任
		令和３年２月３日登記
	会計参与　　　　　甲野太郎 （書類等備置場所）東京都新 宿区新宿一丁目１番１号	令和３年３月31日備置 場所の変更
		令和３年４月１日登記

　　登記の事由としては，何があったかがわかればいいので，「会計参与の書類等備置場所の変更」とすればよい。「会計参与の変更」としてしまっても問題はない。

　　登記すべき事項としては，次のような記載でよい。

会計参与甲野太郎につき，令和３年３月31日備置場所の変更
　　会計参与　甲野太郎
　　（書類等備置場所）東京都新宿区新宿一丁目１番１号

　　原因年月日と変更後に登記簿に記録される事項が明確に記載されていれば，多少違った記載でも問題はない。

重要❗ ●●●●●●●●●●●●●●●●●●●●●●●●●●●●●●●●●
　　書類等備置場所の変更の登記の申請書には，添付書面は不要である。

　会計参与の就任の登記に際して，書類等備置場所の決定に関する添付書面は要求されなかった。法人の場合の登記事項証明書も，書類等備置場所を証するためのものではないのである。

　就任の際に添付を求めない書面を変更の場合に添付させると，登記手続として一貫性を欠くことになってしまう。したがって，書類等備置場所の変更についての添付書面は不要である。

11　氏名・名称の変更

　氏や名の変更については，取締役と同じである。添付書面は必要ない。

　法人の名称変更の場合には，次のように登記される。

役員に関する事項	会計参与　　　　甲税理士法人（書類等備置場所）東京都渋谷区渋谷一丁目１番１号	令和３年１月31日就任 ------------- 令和３年２月３日登記
	会計参与　　　　乙税理士法人（書類等備置場所）東京都新宿区新宿一丁目１番１号	令和３年３月31日甲税理士法人の名称変更 ------------- 令和３年４月１日登記

　登記原因には，変更前の名称が含まれることになる。

　法人の名称変更の場合には，添付書面が必要になる。株式会社の本店と法人の主たる事務所が同じ登記所の管轄区域内にある場合と申請書に会社法人等番号を記載した場合を除き，登記事項証明書の添付が必要である（商登§54Ⅲ）。

➡　法人の場合には，就任の場合にも実在性を証する登記事項証明書の添付が必要だったのであり，名称変更の場合に添付を求めても登記手続の一貫性は保たれている。

　婚姻により氏を改めた場合には，旧姓を登記することが可能である（商登規§81の２）。

12　合　併

　会計参与である税理士法人や監査法人が合併をし，その権利義務が他の法人に承継されると，承継した法人が会計参与になる。この場合には，合併により消滅した法人についてその旨の登記をし，承継した法人について会計参与にな

った旨の登記をすることになる。

➡　名称変更の登記をしてはいけない。

　たとえば，会計参与である甲税理士法人と会計参与でない乙税理士法人が合併し，乙税理士法人が甲税理士法人の権利義務を承継した場合には，次のような登記になる。

役員に関する事項	会計参与　　　　　甲税理士法人 （書類等備置場所）東京都渋谷区渋谷一丁目1番1号	令和3年1月31日就任
		令和3年2月3日登記
		令和3年3月31日合併
		令和3年4月1日登記
	会計参与　　　　　乙税理士法人 （書類等備置場所）東京都新宿区新宿一丁目1番1号	令和3年3月31日就任
		令和3年4月1日登記

　消滅した法人についての登記原因を「合併」とし，承継した法人についての登記原因を「就任」とする。原因年月日の日付は，合併の効力発生日である。

➡　もし権利義務を承継した法人が合併前から会計参与であったのなら，就任の登記は不要である。

➕ アルファ

　税理士法人の合併も，監査法人の合併も，登記をすることによって効力が生じるとされている。会社とは異なる。

　合併があった場合の登記の申請書には，合併を証する登記事項証明書を添付しなければならない。合併をした旨は，消滅した法人においても権利義務を承継した法人においても登記されるので，どちらかの法人の登記事項証明書のみを添付すればよい。

第43節　会計監査人

Topics
・添付書面など，会計参与と似ている点が多いが，全く異なる機関なのできちんと区別しなければならない。
・再任したものとみなされる場合に注意する。
・監査役の同意による解任と仮会計監査人が重要論点である。

1　会計監査人に関する登記事項

> **会社法第911条**　(略)
> 3　第1項の登記においては，次に掲げる事項を登記しなければならない。
> 一～十八　(略)
> 十九　会計監査人設置会社であるときは，その旨及び会計監査人の氏名又は名称
> 二十　第346条第4項の規定により選任された一時会計監査人の職務を行うべき者を置いたときは，その氏名又は名称

　19号の規定は，特に注意すべきものではない。会計監査人設置会社である旨 **H25-33**
と会計監査人の氏名又は名称が登記事項だというだけである。
　重要なのは，20号の規定である。一時会計監査人の職務を行うべき者の氏名
又は名称も登記事項であり，かつ，当事者の申請によって登記されるのである。
➡　一時取締役の職務を行うべき者の氏名なども登記事項ではあるのだが，申
　　請ではなく，嘱託によって登記される。第3編で扱う。
➡　会社法911条3項の規定自体は設立の登記に際して登記すべき事項であり，
　　設立に際して一時会計監査人の職務を行うべき者を登記するというのは考え
　　にくいのだが，そこは気づかないふりをしてあげるのが優しさというもので
　　ある。

　一時会計監査人の職務を行うべき者は，仮会計監査人として登記される。今
後は，「一時会計監査人の職務を行うべき者」に代えて「仮会計監査人」とい
う用語を用いる。

2　会計監査人を置く旨の定款の定めの変更

　会計監査人を置く旨の定款の定めを設ける定款の変更も，会計監査人を置く
旨の定款の定めを廃止する定款の変更も，株主総会の特別決議によらなければ
ならない。

3　会計監査人の就任

会計監査人は，公認会計士か監査法人でなければならない。

就任の効力は，株主総会の決議と就任承諾によって生じる。取締役や監査役と同じである。会計監査人に選任された者が法人である場合には，法人の代表者が就任承諾の意思表示をすることになる。

4　会計監査人が地位を失う場合

基本的には，会計参与と同じである。違うのは，任期の満了と同時に再任された者とみなされる場合があることと，監査役の同意などにより解任できることなどである。

(1)　任期の満了と再任されたものとみなされる場合

会計監査人の任期は，選任後1年以内に終了する事業年度のうち最終のものに関する定時株主総会の終結の時までである（会§338Ⅰ）。任期を伸長することも短縮することもできない。

任期が満了する定時株主総会において別段の決議がされなかったときは，当該定時株主総会において再任されたものとみなされる（会§338Ⅱ）。

また，会計監査人を置く旨の定款の定めを廃止する定款の変更をした場合には，会計監査人の任期は満了する（会§338Ⅲ）。

(2)　解　任

株主総会の決議によって解任することができる。決議要件は，普通決議で足りる。

会計監査人が職務上の義務に違反した場合などには，監査役全員の同意などによって会計監査人を解任することができる（会§340）。この解任は，監査役会設置会社においては監査役会における監査役全員の同意によって行い，監査等委員会設置会社においては監査等委員会における監査等委員全員の同意によって行い，指名委員会等設置会社においては監査委員会における監査委員全員の同意によって行う。

(3)　資格喪失

次の者は，会計監査人となることができない（会§337Ⅲ）。

・公認会計士法の規定により計算書類について監査をすることができない者

　・株式会社の子会社若しくはその取締役，会計参与，監査役若しくは執行役から公認会計士若しくは監査法人の業務以外の業務により継続的な報酬を受けている者又はその配偶者（監査法人でその社員の半数以上がこの要件に該当するものを含む）

　これらは欠格事由と解されており，これらの事由に該当すると，会計監査人の地位を失う。また，公認会計士でなくなった場合にも，欠格事由に該当する。

➕ アルファ

　公認会計士法の範囲になるので詳細な解説は避けるが，同じ株式会社の役員は公認会計士法の規定により計算書類の監査ができず，欠格事由に該当することになる。兼任できない地位の範囲は，実際には会計参与よりも広い。

　業務停止の処分を受け，計算書類について監査をすることができなくなった場合には，欠格事由に該当することになる。欠格事由に該当する日は，処分をした日ではなく，処分により現実に計算書類の監査ができなくなる日である。

➕ アルファ

　業務の一部の停止の処分を受けても，計算書類の監査ができるのなら欠格事由には該当しない。停止された業務の範囲を考慮する必要がある。

⑷　その他の事由

　辞任，死亡，破産手続開始の決定，後見開始の審判，法人の解散については，会計参与と同じである。

5　仮会計監査人

　会計監査人に欠員が生じた場合において，遅滞なく会計監査人が選任されないときは，仮会計監査人を選任しなければならない（会§346Ⅳ）。 H29-32
　仮会計監査人の選任は，

　・監査役会設置会社以外の監査役設置会社では監査役
　・監査役会設置会社では監査役会
　・監査等委員会設置会社では監査等委員会
　・指名委員会等設置会社では監査委員会

が行う。

　仮会計監査人の選任は，現実に欠員が生じてから行わなければならず，会計監査人が退任することを条件としてあらかじめ選任するようなことはできない。

　仮会計監査人の資格・欠格事由については，会計監査人と同じである。

　仮会計監査人については任期が定められておらず，員数を満たす会計監査人の選任によって当然にその地位を失う。

H25-33　会計監査人については，仮会計監査人の制度があるため，**退任後もその権利義務を有することはない。**

6　登記の事由

　会計監査人設置会社である旨については，「会計監査人設置会社の定めの設定」「会計監査人設置会社の定めの廃止」とすればよい。

　会計監査人については，「会計監査人の変更」でいい。仮会計監査人については，会計監査人に含めず，「仮会計監査人の変更」とすべきである。

7　登記記録例

　会計監査人設置会社である旨は，次のように登記される。

会計監査人設置会社に関する事項	<u>会計監査人設置会社</u> 　　令和3年1月31日設定　　令和3年2月3日登記
	令和3年3月31日廃止　　令和3年4月1日登記

　登記原因としては「設定」と「廃止」を用いる。

　会計監査人についての登記は，次のようになる。

役員に関する事項	会計監査人　　　　甲監査法人	令和3年1月31日就任
		令和3年2月3日登記

　就任の場合には「就任」である。取締役と同じである。主たる事務所などを登記することはできない。

　地位を失った場合には，会計参与と同様に，「退任」「辞任」「解任」「死亡」「資格喪失」といった登記原因を使い分ける。

再任されたものとみなされた場合には,「重任」である。

　会計監査人を解任し, 仮会計監査人が就任した場合には, 次のように登記される。

役員に関する事項	<u>会計監査人</u>　　　<u>甲監査法人</u>	令和3年1月31日就任
		令和3年2月3日登記
		令和3年3月31日解任
		令和3年4月1日登記
	仮会計監査人　　　乙監査法人	令和3年3月31日就任
		令和3年4月1日登記

「会計監査人」の部分が「仮会計監査人」となるだけで, 特別な要素はない。

　後任の会計監査人が就任した場合には, 注意が必要である。

重要❶・・・・・・・・・・・・・・・・・・・・・・・・・・・・・・・・・

員数を満たす会計監査人の就任の登記をしたときは, 仮会計監査人の登記に抹消する記号が記録される。　`H29-32` `H24-30`

　登記記録例を見てしまうのが早いだろう。

役員に関する事項	<u>仮会計監査人</u>　　　<u>乙監査法人</u>	令和3年3月31日就任
		令和3年4月1日登記
	会計監査人　　　丙監査法人	令和3年5月1日就任
		令和3年5月2日登記

　仮会計監査人についての抹消する記号 (下線) は, 会計監査人の就任の登記

をした時点で登記官が記録する。つまり，会計監査人の就任の登記のみを申請すればよく，仮会計監査人の退任の登記は申請しない。

8　登記すべき事項の記載

これまでの登記と同様に，登記簿に記録される事項を記載すればよい。

9　添付書面

会計監査人設置会社の定めの設定・廃止には，定款を変更した株主総会の議事録と株主リストを添付する。

会計監査人の就任の登記の添付書面については，会計参与と同様の書面の添付が必要になる。

➡　商業登記法の条文も共通である。

まず，選任の決議をした株主総会の議事録と株主リストのほか会計監査人が就任を承諾したことを証する書面を添付する。

会計監査人が監査法人である場合には，株式会社の本店と監査法人の主たる事務所が同じ登記所の管轄区域内である場合と申請書に会社法人等番号を記載した場合を除き，法人の登記事項証明書を添付する。

会計監査人が公認会計士である場合には，会計監査人が公認会計士であることを証する書面を添付しなければならない。公認会計士であることを証する書面としては，日本公認会計士協会発行の会計監査人資格証明書が該当する。

＋ アルファ

H27-29　　会計監査人の選任や解任などの議案の内容は，監査役や監査役会などが決定する（会§344）。しかし，この議案の内容の決定について添付書面が必要となることはない。そもそも通常の議案についても取締役会の決議などが必要となるのであり（会§298），議案の内容の決定については添付書面を要求しないのが原則である。議案の内容の決定手続の瑕疵は，それのみでは決議の無効・取消しの原因とはならないと考えてもよいだろう。

退任の場合の添付書面は，基本的に会計参与と同じである。

H25-33　　監査役の同意などによって解任された場合には，解任をした機関に応じ，監査役全員の同意があったことを証する書面，監査役会の議事録，監査等委員会の議事録，監査委員会の議事録などを添付する。

　任期の満了する定時株主総会で別段の決議がなく，再任されたものとみなされた場合には，重任の登記を申請する。この場合の添付書面には，注意が必要である。

重要 ●

　再任されたものとみなされた場合の重任の登記の申請書には，就任を承諾したことを証する書面の添付は不要である。

> R2-29
> H23記述
> H20記述

　重任の登記は退任の登記と就任の登記を兼ねるものであるから，取締役などの重任の登記の申請書には，退任の登記の添付書面と就任の登記の添付書面を添付する必要がある。しかし，会計監査人が再任されたものとみなされた場合の重任の登記だけは例外であり，就任を承諾したことを証する書面の添付が免除されるのである。

> H19-33

　ただし，監査法人の登記事項証明書や公認会計士であることを証する書面は，原則どおり添付しなければならない。

> H25-33

➡　もちろん，本店と主たる事務所が同一管轄である場合には，監査法人の登記事項証明書は不要である。

　重任の日付を明らかにする必要があるので株主総会議事録を添付する必要がある。しかし，この株主総会議事録は，登記すべき事項についての決議があったことを証するために添付するわけではないので，株主リストは不要である。

　仮会計監査人の就任の登記の申請書には，仮会計監査人の選任についての監査役の決定書，監査役会議事録，監査等委員会議事録，監査委員会議事録などを添付する。また，仮会計監査人が就任を承諾したことを証する書面のほか，監査法人の登記事項証明書か公認会計士であることを証する書面を添付する。

> H18-31

10　氏名・名称の変更

　氏や名の変更，名称の変更については，会計参与と同じである。名称の変更の場合には，株式会社の本店と法人の主たる事務所が同じ登記所の管轄区域内にある場合と申請書に会社法人等番号を記載した場合を除き，登記事項証明書の添付が必要である。

　婚姻によって氏を改めた場合には，旧姓を登記することができる（商登規§81の2）。

11 合 併

　会計監査人が合併した場合も，会計参与が合併した場合と同様の登記をする。合併により消滅した法人について「合併」を登記原因とする登記をし，合併により権利義務を承継した法人について「就任」を登記原因とする登記をする。

第44節　監査等委員会設置会社

Topics・平成26年改正法によって創設された制度であるが，採用する企業が
　　　　　多く，試験対策においても重要である。
　　　　・監査等委員である取締役がどのように登記されるかに注意する。

1　監査等委員会設置会社に関する登記事項

> **会社法第911条**　（略）
> 3　第１項の登記においては，次に掲げる事項を登記しなければならない。
> 　一〜二十一　（略）
> 　二十二　監査等委員会設置会社であるときは，その旨及び次に掲げる事項
> 　　イ　監査等委員である取締役及びそれ以外の取締役の氏名
> 　　ロ　取締役のうち社外取締役であるものについて，社外取締役である旨
> 　　ハ　第399条の13第６項の規定による重要な業務執行の決定の取締役への委
> 　　　　任についての定款の定めがあるときは，その旨

　重要な業務執行の決定の取締役への委任については，二つの方法がある。定款の規定によらない場合と，定款の規定による場合である（会§399の13Ⅴ Ⅵ）。定款の規定によらない場合には，取締役の過半数が社外取締役である必要がある。登記事項となるのは，定款で定めた場合のみである。

　監査等委員会設置会社は，監査役を置くことができない（会§327Ⅳ）。一方，取締役会と会計監査人を必ず置かなければならない（同Ⅰ③⑤）。会計参与は置いても置かなくてもよい。

　監査等委員である取締役については，次のように登記される。

役員に関する事項	取締役・監査等委員　甲野太郎	令和２年６月30日就任
		令和２年７月１日登記
	取締役・監査等委員　乙野太郎 （社外取締役）	令和２年６月30日就任
		令和２年７月１日登記

　実際には，監査等委員は最低3名必要である。

　取締役の登記とは別に，監査等委員である旨を登記するわけではない。上の例でいうと，この登記のほかに「取締役　甲野太郎」と登記されることはないのである。取締役である旨と監査等委員である旨はまとめて登記され，社外取締役である場合にはその旨もまとめて登記される。
➡　次節で扱う監査委員の登記とは全く違う。

　監査等委員でない取締役の登記と代表取締役の登記については，監査等委員会設置会社でない場合と同じである。

　監査等委員会設置会社である旨と重要な業務執行の決定の取締役への委任に関する事項の登記は次のようになる。

監査等委員会設置会社に関する事項	監査等委員会設置会社 　　令和2年6月30日設定　　令和2年7月1日登記
重要な業務執行の決定の取締役への委任に関する事項	重要な業務執行の決定の取締役への委任についての定款の定めがある 　　令和2年6月30日設定　　令和2年7月1日登記

　重要な業務執行の決定を取締役に委任しないのであれば，重要な業務執行の決定の取締役への委任に関する事項は登記されない。

　監査等委員会設置会社については，監査等委員会設置会社における変更の登記のほか，新たに監査等委員会設置会社となった場合の登記と監査等委員会設置会社でなくなった場合の登記が考えられる。

2　監査等委員でない取締役の変更
　基本的には，監査等委員会設置会社でない株式会社と同じである。
　注意しなければならないのは，任期が違うという点だろう。定款で任期を定めていなければ，選任後1年以内に終了する事業年度のうち最終のものに関する定時株主総会の終結の時までである（会§332Ⅲ）。
　監査等委員でない取締役についても，社外取締役である場合にはその旨を登記しなければならない。
➡　重要な業務執行の決定の取締役への委任ができるかどうかの判断に必要で

ある。

3　監査等委員である取締役の変更

　監査等委員でない取締役とも任期が違う。選任後2年以内に終了する事業年度のうち最終のものに関する定時株主総会の終結の時までである（会§322）。定款で任期を短縮することはできない（同Ⅳ）。

　監査等委員である取締役の過半数は社外取締役でなければならず，社外取締役である旨を登記しなければならない。

　監査等委員である取締役の選任は株主総会の決議で行うので，監査等委員である取締役が監査等委員の地位のみを辞任して監査等委員でない取締役になることはない。「監査等委員である取締役」という一つの地位だと考えてもよいだろう。

4　新たに監査等委員会設置会社となった場合の登記

　監査等委員会を置く旨の定款の変更をしたときは，監査等委員会設置会社の　H28記述　定めの設定の登記のほか，次のような登記を申請する必要がある。

- ・監査等委員会を置く旨の定款の定めの設定により任期が満了した役員の退任の登記（代表取締役の退任も含む）
- ・監査等委員でない取締役（社外取締役については社外取締役である旨），監査等委員である取締役（社外取締役については社外取締役である旨），代表取締役の就任の登記
- ・会計監査人を置いていなかったときは，会計監査人設置会社の定めの設定の登記と会計監査人の就任の登記
- ・監査等委員会設置会社が置くことができない機関（監査役，監査役会など）についての廃止に伴う登記

　監査等委員会を置く旨の定款の変更により，役員の任期が満了することに注意する。なお，会計監査人の任期は満了しない。

　監査等委員会設置会社となる前に取締役であった者が監査等委員会設置会社となると同時に監査等委員である取締役となった場合には，取締役の退任の登記と監査等委員である取締役の就任の登記をすべきである。資格が違うのであるから，登記原因を「重任」とすべきではない。一方，監査等委員会設置会社となる前に取締役であった者が監査等委員でない取締役となった場合には，登記簿上引き続き「取締役」と登記されるのであるから，登記原因として「重任」

を用いることができる。さらに，監査等委員でない取締役について社外取締役である旨の登記が必要になったとしても「重任」でよく，代表取締役についても「重任」でよい。

役員に関する事項	取締役　　　　　　甲野太郎	令和2年6月30日就任
		令和2年7月1日登記
	取締役　　　　　　甲野太郎 （社外取締役）	令和3年6月30日重任
		令和3年7月1日登記
	取締役　　　　　　乙野太郎	令和2年6月30日就任
		令和2年7月1日登記
		令和3年6月30日退任
		令和3年7月1日登記
	取締役・監査等　乙野太郎 委員 　（社外取締役）	令和3年6月30日就任
		令和3年7月1日登記

5　監査等委員会設置会社でなくなった場合の登記

　監査等委員会を置く旨の定款の定めを廃止する定款の変更をしたときは，監査等委員会設置会社の定めの廃止の登記のほか，次のような登記を申請する必要がある。

　・監査等委員会を置く旨の定款の定めの廃止により任期が満了した監査等委員でない取締役と監査等委員である取締役の退任の登記（代表取締役の退任も含む）
　・新たに設置する機関についての設定の登記と就任の登記

　定款の変更により，取締役の任期が満了する。取締役と代表取締役について

は，登記原因が「重任」となることもある。会計監査人の任期は満了しない。

　取締役の任期は満了するので，社外取締役である旨の登記が不要となったとしても，社外取締役である旨のみを抹消するような登記をすることはない。

6　重要な業務執行の決定の取締役への委任に関する登記

　重要な業務執行の決定を取締役へ委任する旨を定款で定めた場合には，その旨を登記する。設定した場合の登記原因は「設定」であり，廃止した場合には「廃止」である。

　重要な業務執行の決定が取締役に委任された場合には，その委任に基づく取締役の決定により登記すべき事項が生じることがある。募集株式の発行に係る募集事項の決定が委任された場合などである。

　この委任には取締役会の決議が必要であり，委任に基づく取締役の決定により登記すべき事項が生じた場合には，取締役の決定があったことを証する書面のほかに，委任をした取締役会の議事録も添付しなければならない（商登§46Ⅳ）。

第45節　指名委員会等設置会社

Topics・代表執行役が株式会社の代表者である点が意外に重要である。印鑑証
　　　　明書の添付に注意したい。
　　　・任期に注意する必要がある。指名委員会等設置会社となった場合や，
　　　　指名委員会等設置会社でなくなった場合には，役員の任期が満了する。

1　指名委員会等設置会社に関する登記事項

会社法第911条　（略）

3　第1項の登記においては，次に掲げる事項を登記しなければならない。

　一～二十二　（略）

　二十三　指名委員会等設置会社であるときは，その旨及び次に掲げる事項

　　イ　取締役のうち社外取締役であるものについて，社外取締役である旨

　　ロ　各委員会の委員及び執行役の氏名

　　ハ　代表執行役の氏名及び住所

　指名委員会等設置会社を代表するのは代表執行役であり，代表取締役ではないため，代表取締役が登記されることはなく，代わりに代表執行役の氏名と住所が登記される。また，代表執行役とは別に，執行役の氏名も登記される。

　指名委員会，監査委員会，報酬委員会の委員の氏名も登記される。

➡　各委員会について最低3名の委員が必要だから，指名委員会等設置会社では，役員に関する事項として登記される事項が多くなる。

指名委員会等設置会社における役員に関する事項の登記は次のようになる。

役員に関する事項	取締役	甲野太郎
	取締役 （社外取締役）	甲野次郎
	取締役 （社外取締役）	甲野三郎
	会計監査人	甲監査法人
	指名委員	甲野太郎
	指名委員	甲野次郎
	指名委員	甲野三郎
	監査委員	甲野太郎
	監査委員	甲野次郎
	監査委員	甲野三郎
	報酬委員	甲野太郎
	報酬委員	甲野次郎
	報酬委員	甲野三郎
	執行役	乙野太郎
	東京都渋谷区渋谷一丁目1番1号 代表執行役　　乙野太郎	

　株式会社の設立直後は，このように原因年月日が登記されない状態となる。その後に就任した場合には，これまでの役員の登記と同様に原因年月日が登記される。

　この例では，全ての委員会の委員が同じ者となっているが，通常はこのようなことはないだろう。また，執行役が1名となっているが，執行役が複数であっても問題はない。

　指名委員会等設置会社である旨は，他の機関と同様に，「指名委員会等設置会社に関する事項」として「指名委員会等設置会社」と登記する。

　指名委員会等設置会社における変更の登記のほかに，指名委員会等設置会社となった場合の登記や指名委員会等設置会社でなくなった場合の登記があるが，指名委員会等設置会社となった場合と指名委員会等設置会社でなくなった場合については，この節の後半で扱う。

2　取締役の変更

　任期が選任後1年以内に終了する事業年度のうち最終のものに関する定時株主総会の終結時までとなる点に注意する。基本的な登記手続は，指名委員会等設置会社でない場合と変わらない。

3　指名委員会等の委員の変更

　取締役会の選定決議と委員への就任を承諾することによって就任の効力が生じる。

　委員は取締役であることを前提とするので，取締役の地位を失ったときは，委員の地位を失う。

➡　その意味で，代表取締役と同じように考えることができる。

　取締役会の決議によって解職することができ，委員の地位を辞任することもできる。

➡　監査等委員会設置会社の監査等委員と違う点である。

　登記原因は，代表取締役の登記と同じように考えればいい。「就任」「退任」「辞任」「解任」「死亡」「重任」などを用いる。

　就任の登記の申請書には，選定した取締役会の議事録と就任を承諾したことを証する書面の添付が必要である。

4　執行役の変更

　取締役会の選任決議と執行役への就任を承諾することによって就任の効力が生じる。

　執行役は，取締役である必要はない。逆に，取締役を執行役に選任することも差し支えない。ただし，監査委員は執行役を兼ねることができない。また，社外取締役が執行役となると，社外取締役の要件に該当しないこととなり，社外取締役の業務執行の登記を申請する必要が生じる。

　執行役の任期は，選任後1年以内に終了する事業年度のうち最終のものに関する定時株主総会の終結後最初に招集される取締役会の終結の時までである。

　取締役会の決議によって解任することができ，辞任することもできる。さらに，取締役と同様の欠格事由があり，欠格事由に該当することによって執行役の地位を失う。

　登記原因としては，「就任」「退任」「辞任」「解任」「死亡」「資格喪失」「重任」などを用いる。

　就任の登記の申請書には，選任した取締役会の議事録と就任を承諾したことを証する書面の添付が必要である。

　また，取締役や監査役と同様に本人確認証明書の添付が必要となることがある（商登規§61Ⅶ）。再任でない場合で，印鑑証明書を添付しない場合である。

5　代表執行役の変更

　取締役会の決議によって執行役の中から選定されるが，執行役が1名のみのときは，その者が代表執行役に選定されたものとされる（会§420Ⅰ）。執行役が1名の場合を除き，代表執行役としての就任承諾も必要である。執行役が1名の場合には，執行役への就任承諾が代表執行役への就任承諾も兼ねるものと思われる。執行役が1名の場合において，執行役への就任は承諾するが代表執行役への就任は拒否するという意思表示を認めるのは不都合だろう。

➡　執行役が1名の場合には，就任承諾の要否以外にも様々な問題があるはずなのだが，あまり積極的に論じられていないようである。試験対策的には，執行役が1名の場合を気にしすぎない方がいい。

　取締役会の決議によって解職することができ，代表執行役の地位のみを辞任することも可能である。

　登記原因としては，「就任」「退任」「辞任」「解任」「死亡」「重任」などを用いる。

　就任の登記の申請書には，選定した取締役会の議事録と就任を承諾したことを証する書面のほかに，印鑑証明書の添付が必要になる。

　まず，代表執行役の就任の登記の申請書には，再任の場合を除き，代表執行役が就任を承諾したことを証する書面の印鑑につき市町村長の作成した証明書を添付しなければならない（商登規§61Ⅴ Ⅳ後段）。取締役会設置会社における代表取締役の就任の登記と同じである。

　さらに，代表執行役の就任の登記の申請書には，代表執行役の選定に係る取締役会に出席した取締役が取締役会の議事録に押印した印鑑につき市町村長の作成した証明書を添付しなければならない（商登規§61Ⅵ③）。ただし，議事録に押印された印鑑と変更前の代表執行役（取締役を兼ねる者に限る。）が登記所に提出している印鑑とが同一であるときは，議事録に押印された印鑑についての証明書の添付を省略できる。**変更前の代表執行役が議事録に押印していても，その者が取締役を兼ねていない場合には，印鑑証明書の添付を省略できない。**執行役は常に取締役会に出席しなければならないものではないので，出席義務のない者が押印した印鑑を根拠として印鑑証明書の添付の省略を認めるわけにはいかないのである。

　印鑑を提出している代表執行役の辞任と執行役の辞任に基づく登記を申請する場合には，辞任届の印鑑について印鑑証明書の添付が必要となることがある（商登規§61Ⅷ）。代表取締役と同じである。登記所に提出している印鑑を辞任届に押しているのであれば，印鑑証明書の添付は不要となる。

6　新たに指名委員会等設置会社となった場合の登記

H26-32

　指名委員会等を置く旨の定款の変更をしたときは，指名委員会等設置会社の定めの設定の登記のほか，次のような登記を申請する必要がある。

・指名委員会等を置く旨の定款の定めの設定により任期が満了した役員の退任の登記（代表取締役の退任も含む）
・取締役（社外取締役については社外取締役である旨），委員，執行役，代表執行役の就任の登記
・会計監査人を置いていなかったときは，会計監査人設置会社の定めの設定の登記と会計監査人の就任の登記
・指名委員会等設置会社が置くことができない機関（監査役，監査役会など）

についての廃止に伴う登記

　監査等委員会を置く場合と同様に，指名委員会等を置く旨の定款の変更により，役員の任期が満了する。会計監査人の任期は満了しない。

7　指名委員会等設置会社でなくなった場合の登記

　指名委員会等を置く旨の定款の定めを廃止する定款の変更をしたときは，指名委員会等設置会社の定めの廃止の登記のほか，次のような登記を申請する必要がある。

- ・指名委員会等を置く旨の定款の定めの廃止により任期が満了した取締役の退任の登記
- ・委員，執行役，代表執行役の退任の登記
- ・新たに設置する機関についての設定の登記と就任の登記

　定款の変更により，取締役の任期が満了する。この場合も，会計監査人の任期は満了しない。
　特別取締役による議決の定めを設けず，監査等委員会を置くこととしない場合には，社外取締役である旨の登記は不要となる。
➡　ただし，変更前の社外取締役については，任期満了による退任の登記を申請することになる。

8　執行役の決定に基づく登記

　重要な業務執行の決定が執行役に委任された場合において，その委任に基づく執行役の決定により登記すべき事項が生じた場合には，執行役の決定があったことを証する書面のほかに，委任をした取締役会の議事録も添付しなければならない（商登§46Ⅴ）。
➡　募集株式の発行に係る募集事項の決定が執行役に委任された場合の募集株式の発行による変更の登記などである。

第46節　責任の免除

Topics ・どのように登記されるかを覚えておく必要がある。
・定款の規定を設けることができる株式会社の要件に注意する。

1　取締役等による免除に関する定款の定め

　次のいずれかに該当する株式会社は，取締役，会計参与，監査役，執行役，会計監査人の責任を取締役会の決議によって免除することができる旨を定款で定めることができる（会§426）。免除をする機関は，取締役会設置会社以外の株式会社では，取締役会の決議ではなく取締役の過半数の同意となる。

　　・取締役が2名以上ある監査役設置会社
　　・監査等委員会設置会社
　　・指名委員会等設置会社

R2記述　「監査役設置会社」には監査役の監査の範囲を会計に関するものに限定する旨の定款の定めがある株式会社が含まれないから，監査役の監査の範囲を制限している株式会社は，責任の免除に関する定款の定めを設けることができない。

　責任の免除に関する定款の変更は，株主総会の特別決議によって行う。定款の変更についての議案の提出に監査役などの同意が必要となることがあるが，この同意は登記手続に直接の影響がない。

2　登記の事由

　設定，変更，廃止のそれぞれについて，「取締役等の会社に対する責任の免除に関する規定の設定」「取締役等の会社に対する責任の免除に関する規定の変更」「取締役等の会社に対する責任の免除に関する規定の廃止」とすればよい。

3　登記記録例

設定の場合には，次のように登記される。

取締役等の会社に対する責任の免除に関する規定	当会社は，会社法第426条の規定により，取締役会の決議をもって，同法第423条の行為に関する取締役（取締役であった者を含む。）の責任を法令の限度において免除することができる。 　　　　令和3年2月1日設定　　　令和3年2月3日登記

登記原因は「設定」である。変更の場合には「変更」を用い，廃止の場合には「廃止」を用いる。

登記記録の見出しとしては「取締役等の会社に対する責任の免除に関する規定」を用いる。定款の規定の内容によってこの部分を変えるわけにはいかないので，責任の免除の対象が監査役だけであったとしても，「取締役等」のままである。

4　登記すべき事項の記載

設定の場合には，次のように記載する。

令和3年2月1日次のとおり設定
　取締役等の会社に対する責任の免除に関する規定
　　　当会社は，会社法第426条の規定により，取締役会の決議をもって，同法第423条の行為に関する取締役（取締役であった者を含む。）の責任を法令の限度において免除することができる。

これまでの様々な登記の原則どおりである。

変更や廃止についても，原則どおりに登記簿に記録される事項を明確に記載すればよい。

5　添付書面

定款を変更した株主総会の議事録と株主リストを添付する。

第47節　責任の制限

Topics・責任限定契約を締結できる対象の範囲に注意する。
　　　　・責任の免除と混同しないようにしたい。

1　責任限定契約についての定款の定め

　株式会社は，次の者と責任限定契約を締結できる旨を定款で定めることができる（会§427）。

　　・業務執行取締役等でない取締役
　　・会計参与
　　・監査役
　　・会計監査人

　これらの者の総称として，「非業務執行取締役等」という用語が用いられている。

　責任限定契約についての定款の定め（責任の制限についての定款の定め）を設けることができる株式会社の範囲は，特に制限されていない。つまり，責任の免除とは異なり，監査役の監査の範囲を会計に関するものに限定する旨の定款の定めがあっても構わない。

　責任限定契約に関する定款の変更は，株主総会の特別決議によって行う。

2　登記の事由

　「非業務執行取締役等の会社に対する責任の制限に関する規定の設定」「非業務執行取締役等の会社に対する責任の制限に関する規定の変更」「非業務執行取締役等の会社に対する責任の制限に関する規定の廃止」とすればよい。

3　登記記録例

次のように登記される。

非業務執行取締役等の会社に対する責任の制限に関する規定	当会社は，会社法第427条の規定により，取締役（業務執行取締役等であるものを除く。）及び監査役との間に，同法第423条の行為による賠償責任責任を限定する契約を締結することができる。ただし，当該契約に基づく賠償責任の限度額は，300万円以上であらかじめ定めた金額又は法令が規定する額のいずれか高い額とする。 　　　令和3年2月1日設定　　　令和3年2月3日登記

4　添付書面

定款を変更した株主総会の議事録と株主リストを添付する。

　現実に責任限定契約を締結する者がいなくても，定款で責任限定契約について定めたのであれば，定款の定めを登記しなければならない。つまり，契約の締結によって登記すべき事項が生じるわけではないから，責任限定契約についての契約書などを添付する必要はない。　　　　　　　　　　　　　　　　　　H25-33

第48節　電子提供措置をとる旨の定款の定め

Topics ・令和元年改正法により追加された制度であり，公布の日（令和元年
12月11日）から起算して3年6月を超えない範囲内において政令で
定める日から施行するものとされている。

・本書の執筆時点において具体的な登記手続は不明である。

1　株主総会資料の電子提供制度

　　株式会社は，株主総会参考書類や議決権行使書面などの一定の資料（株主総
会参考書類等）の内容である情報について電子提供措置をとる旨を定款で定め
ることができる（会§325の2）。電子提供措置をとる旨の定款の定めを設けた
場合には，株主総会参考書類等の内容である情報についてインターネットを利
用して提供すれば足り，株主総会参考書類や議決権行使書面などを株主に対し
て交付する必要がなくなる。

　　株主総会資料の電子提供制度を利用することができる株式会社について特別
な制限はない。取締役会設置会社以外の株式会社であっても電子提供措置をと
る旨を定款で定めることは可能である。一方，上場会社などの振替株式を発行
する株式会社は，電子提供措置をとる旨を定款で定める義務がある（社債，株
式等の振替に関する法律§159の2Ⅰ）。

　　電子提供措置をとる場合には，単に電子提供措置をとる旨を定款で定めれば
足りる。情報を提供するウェブページのアドレスなどを定款で定める必要はな
い。

　　電子提供措置に関する定款の変更は，株主総会の特別決議によって行う。

2　登記手続

　　「電子提供措置をとる旨の定款の定め」が登記事項とされている（会§911Ⅲ
⑫の2）。

　　定款の定めを設けるために必要な手続は，会社法上は株主総会の特別決議の
みである。株主総会議事録と株主リストが添付書面になると思われる。

第49節 設 立

Topics ・登記が効力要件であることを常に気にとめておきたい。
・登記記録に関する事項の登記に注意する。
・択一では，申請書の書き方よりも，どのような書面を添付するかの方
が重要である。特に，変態設立事項がある場合に注意する。

1　設立の登記の特徴

　会社は，本店の所在地において設立の登記をすることによって成立する。設立の登記は，会社成立の効力要件なのである。そのため，登記手続においても，他の登記と若干違う点がある。

　また，設立の登記は，新しく登記記録を起こすことになる登記である。普通の変更の登記は既に存在している登記記録を書き換えていく行為だったが，設立の登記では，何もないところに新しく登記記録を作っていく行為になる。

　この節で扱うのは，発起設立か募集設立によって設立された株式会社の登記である。組織再編行為による設立の登記は，第4章で扱う。

2　登記記録例

　まず，登記記録例でだいたいのイメージをつかんでしまおう。

会社法人等番号	0001－01－123456
商　号	第一電器株式会社
本　店	東京都中央区京橋一丁目1番1号
公告をする方法	官報に掲載してする
会社成立の年月日	令和3年4月1日
目　的	1　飲食店の経営 2　食品の販売 3　上記各号に附帯する一切の事業

発行可能株式総数	4万株	
発行済株式の総数 並びに種類及び数	1万株	
資本金の額	金1億円	
役員に関する事項	取締役	甲野太郎
	取締役	乙野太郎
	取締役	丙野太郎
	東京都中央区築地一丁目1番1号 代表取締役	甲野太郎
	監査役	丁野太郎
取締役会設置会社 に関する事項	取締役会設置会社	
監査役設置会社に 関する事項	監査役設置会社	
登記記録に関する 事項	設立 令和3年4月1日登記	

　新しく登記記録を起こすのであるから，登記簿に記録される事項は，基本的には申請書に登記すべき事項として記載した事項と一致する。

　まず，商号，本店，公告をする方法，会社成立の年月日，目的の五つは，どのような株式会社でも必ず登記される事項である。株式会社のみならず，持分会社でも必ず登記される。「商号，本店，公告をする方法，会社成立の年月日，目的」と呪文のように唱えて完璧に覚えてしまいたい。いろいろな場面で役に

立つ。ただし，**会社成立の年月日は設立の登記の申請書には記載しない**。会社
は登記をすることによって成立するので，登記を申請する時点ではまだ成立し
ていないから，会社が成立した年月日を記載するわけにはいかないのである。
登記をした日（実際には登記を申請した日）を「会社成立の年月日」として登
記官が記録してくれる（商登準§60）。

　登記記録に関する事項には，登記記録を起こした事由である「設立」が記録
される。その登記年月日と会社成立の年月日は一致することになる。登記が効
力要件だからである。登記年月日は登記官が記録するので，申請書には記載し
ない。

　株式会社の設立手続では，設立時取締役，設立時代表取締役，設立時監査役
などを定めるが，「設立時取締役」などと登記されることはない。登記をした
時点で株式会社が成立し，設立時取締役は取締役となってしまうのだから，「設
立時取締役」と登記することは無意味なのである。

　設立する株式会社の状況によって，これら以外にも様々な事項が登記される。
個々の登記事項については，これまでに説明した各種の変更の登記を参照して
ほしい。

3　登記期間

　何度も述べたように，設立の登記は会社成立の効力要件である。設立の登記
を申請する時点では，設立の効力が生じていない。そのため，登記期間が特殊
なものとなっている。

(1)　発起設立の方法による場合

　本店の所在地では，次の日のうち最も遅い日から2週間以内に設立の登記
を申請しなければならない（会§911Ⅰ）。この最も遅い日が設立手続の終了
した日となる。

　　・設立時取締役による設立に関する事項の調査が終了した日
　　・発起人が定めた日

　設立時取締役のほか，設立時監査役も調査すべき場合には，設立時取締役
と設立時監査役による調査となる（会§46Ⅰ）。また，指名委員会等設置会
社を設立する場合には，調査を終了した日に代えて設立時代表執行役が通知

を受けた日となる（同Ⅲ）。

➡　設立時監査役も調査しなければならない場合とはどのような場合か，会
社法の規定を復習しておこう。

　発起人は，「○年○月○日から2週間以内に設立の登記を申請する」と定
めることができ，そのように定めた場合には，それに従って設立の登記を申
請することになる。

(2)　募集設立の方法による場合

　募集設立の方法による場合には，次のうち最も遅い日から2週間以内に設
立の登記を申請しなければならない。

・創立総会の終結の日
・拒否権付種類株式の設立時発行株式の設立時種類株主を構成員とする種
類創立総会の決議をしたときは，当該決議の日
・変態設立事項を変更する創立総会の決議をしたときは，当該決議の日か
ら2週間を経過した日
・ある種類の株式を譲渡制限株式又は全部取得条項付種類株式とすること
についての種類創立総会の決議をしたときは，当該決議の日から2週間
を経過した日
・損害を及ぼすおそれがある場合の種類創立総会の決議をしたときは，当
該決議の日

　これらの日のうち最も遅い日が設立手続の終了日となる。

　決議の日としているものと決議をした日から2週間を経過した日としてい
るものがあることに注意する。決議をした日から2週間を経過した日が最も
遅い日であれば，その2週間を経過した日から2週間以内に登記を申請しな
ければならない。

　決議をした日から2週間を経過した日とされているものは，設立時発行株
式の引受けの取消しができる場合になっている（会§97，100Ⅱ）。設立時発
行株式の引受けが取り消されると，設立に際して発行する株式の数が減少し，
登記事項である発行済株式の総数が変わってしまうからである。

4　登記の事由

　設立の登記では，登記の事由に日付を記載する必要がある。登記が効力要件となっており，登記すべき事項として日付を記載できないので，登記の事由に設立手続終了の日付を記載し，登記期間を明らかにするのである。

　具体的には，登記期間のところで説明した設立手続終了の日付を明らかにして「○年○月○日発起設立の手続終了」「○年○月○日募集設立の手続終了」と記載する。

5　登記すべき事項の記載

　新たに登記記録を起こすことになるので，株式会社についての登記事項の全部を登記すべき事項として記載することになる。

　株式会社の登記事項全部をここで説明するわけにもいかないので，注意すべき点だけを指摘する。必要に応じて先ほどの登記記録例を確認してもらうとわかりやすいだろう。

⑴　発起人の氏名は登記すべき事項ではない

　株式会社の設立手続において最も重要な役割を与えられているのは発起人である。しかし，発起人の氏名などは登記されない。登記が完了した時点では株式会社が成立しているのであり，株式会社の成立後まで発起人の氏名を公示する必要性はないのである。

　同じように，発起設立であるか募集設立であるかなども登記されない。

⑵　役員の就任年月日は登記できない

　設立時取締役は，株式会社の成立と同時に取締役となる。取締役となる時期と株式会社が成立する時期は，どちらも登記の時である。登記によって取締役となり，登記するまでは取締役ではないのだから，申請書に就任年月日を記載して申請することはできない。他の役員についても同様である。

⑶　公告をする方法は必ず登記する

　会社の公告方法は，必ず定款で定めなければならない事項ではない（会§939）。定款で公告方法を定めなかった場合には，官報に掲載する方法が公告方法となるが（同Ⅳ），この場合には，「公告をする方法」として官報に掲載する方法で公告をする旨を登記しなければならない（会§911Ⅲ㉙）。

　定款で何も定めなくても登記すべき事項が生じるので注意すべきである。

(4)　登記記録に関する事項が登記される

　前述したように，設立の登記によって新たに登記記録が起こされることになるので，登記記録に関する事項として「設立」と登記される。

6　添付書面

（設立の登記）

第47条　（略）

2　設立の登記の申請書には，法令に別段の定めがある場合を除き，次の書面を添付しなければならない。

一　定款

二　会社法第57条第１項の募集をしたときは，同法第58条第１項に規定する設立時募集株式の引受けの申込み又は同法第61条の契約を証する書面

三　定款に会社法第28条各号に掲げる事項についての記載又は記録があるときは，次に掲げる書面

　　イ　検査役又は設立時取締役（設立しようとする株式会社が監査役設置会社である場合にあつては，設立時取締役及び設立時監査役）の調査報告を記載した書面及びその附属書類

　　ロ　会社法第33条第10項第２号に掲げる場合には，有価証券（同号に規定する有価証券をいう。以下同じ。）の市場価格を証する書面

　　ハ　会社法第33条第10項第３号に掲げる場合には，同号に規定する証明を記載した書面及びその附属書類

四　検査役の報告に関する裁判があつたときは，その謄本

五　会社法第34条第１項の規定による払込みがあつたことを証する書面（同法第57条第１項の募集をした場合にあつては，同法第64条第１項の金銭の保管に関する証明書）

六　株主名簿管理人を置いたときは，その者との契約を証する書面

七　設立時取締役が設立時代表取締役を選定したときは，これに関する書面

八　設立しようとする株式会社が委員会設置会社であるときは，設立時執行役の選任並びに設立時委員及び設立時代表執行役の選定に関する書面

九　創立総会及び種類創立総会の議事録

十　会社法の規定により選任され又は選定された設立時取締役，設立時監査役及び設立時代表取締役（設立しようとする株式会社が監査等委員会設置会社である場合にあつては設立時監査等委員である設立時取締役及びそれ以外の設立時取締役並びに設立時代表取締役，設立しようとする株式会社が指名委員会等設置会社である場合にあつては設立時取締役，設立時委員，

設立時執行役及び設立時代表執行役）が就任を承諾したことを証する書面

十一　設立時会計参与又は設立時会計監査人を選任したときは，次に掲げる書面

イ　就任を承諾したことを証する書面

ロ　これらの者が法人であるときは，当該法人の登記事項証明書。ただし，当該登記所の管轄区域内に当該法人の主たる事務所がある場合を除く。

ハ　これらの者が法人でないときは，設立時会計参与にあつては会社法第333条第１項に規定する者であること，設立時会計監査人にあつては同法第337条第１項に規定する者であることを証する書面

十二　会社法第373条第１項の規定による特別取締役（同項に規定する特別取締役をいう。以下同じ。）による議決の定めがあるときは，特別取締役の選定及びその選定された者が就任を承諾したことを証する書面

3　登記すべき事項につき発起人全員の同意又はある発起人の一致を要するときは，前項の登記の申請書にその同意又は一致があつたことを証する書面を添付しなければならない。

商業登記規則第61条　（略）

4　設立（合併及び組織変更による設立を除く。）の登記の申請書には，設立時取締役が就任を承諾したこと（略）を証する書面に押印した印鑑につき市町村長の作成した証明書を添付しなければならない。（以下略）

5　取締役会設置会社における前項の規定の適用については，同項中「設立時取締役」とあるのは「設立時代表取締役又は設立時代表執行役」と（略）する。

6　（略）

7　設立の登記又は取締役，監査役若しくは執行役の就任（再任を除く。）による変更の登記の申請書には，設立時取締役，設立時監査役，設立時執行役，取締役，監査役又は執行役（以下この項（略）において「取締役等」という。）が就任を承諾したこと（略）を証する書面に記載した取締役等の氏名及び住所と同一の氏名及び住所が記載されている市町村長その他の公務員が職務上作成した証明書（当該取締役等（略）が原本と相違がない旨を記載した謄本を含む。）を添付しなければならない。ただし，登記の申請書に第４項（第５項において読み替えて適用される場合を含む。）又は前項の規定により当該取締役等の印鑑につき市町村長の作成した証明書を添付する場合には，この限りでない。

8　（略）

9　設立の登記又は資本金の額の増加若しくは減少による変更の登記の申請書には，資本金の額が会社法及び会社計算規則（平成18年法務省令第13号）の規定に従つて計上されたことを証する書面を添付しなければならない。

　　設立の登記の申請書には，これらの書面全部を添付しなければならない。たくさんあって覚えづらいので，まず最も基本的な書面から覚えておくといいだろう。

　　最も基本的なパターンとして，取締役会と監査役を置く株式会社を発起設立の方法により設立する場合であって，変態設立事項がない場合を考える。
　　この場合に必要となる添付書面は，次のとおりである。

(1) 定　款

　　定款は，設立の方法にかかわらず，必ず添付する。添付する定款は，公証人の認証を受けたものでなければならない。

H24-28
H18-30
　　添付する必要があるのは設立する株式会社の定款であって，他の会社の定款を添付することはない。つまり，発起人が法人である場合には株式会社の設立が発起人である法人の目的の範囲内である必要があるが，発起人である法人の目的を明らかにするために発起人の定款を添付する必要はない（先例昭56.4.15-3087）。同様に，発起人が法人であっても，その法人の登記事項証明書の添付は必要ない。

(2) 払込みがあったことを証する書面

H29-28
H25-29
　　発起設立の場合には，払込みがあったことを証する書面を添付することになる。この払込みがあったことを証する書面として，具体的には次のどちらかの書面を添付することになる（先例平18.3.31-782）。
➡　募集株式の発行による変更の登記の添付書面と同じである。

・払込み取扱機関の作成した払込金受入証明書
・設立時代表取締役か設立時代表執行役が作成した払込取扱機関に払い込まれた金額を証する書面に次の書面のいずれかを合綴したもの
　a　払込取扱機関における口座の預金通帳の写し
　b　取引明細表その他の払込取扱機関が作成した書面

　　払込金受入証明書や取引明細表は払込みを取扱った銀行などに請求すれば発行してもらえる。これらの書面のどれでもいいが，通帳のコピーが最も簡単に入手できるので，設立時代表取締役か設立時代表執行役が作成した証明書に通帳のコピーを合綴したものを添付することが多い。
H25-29
　　取引明細表や通帳のコピーに代えて残高証明書を添付することは認められ

ない。残高の存在ではなく，払込みの事実を証明しなければならないからである。残高の存在では，預金債権を現物出資したと解釈する余地もあり，払込みの事実が明らかにならない。払込みの事実さえ明らかになればよく，払込み後に出金されていても問題はない。　H20-34

　払込取扱機関における口座の名義にも注意する必要がある。株式会社の成立前なので，株式会社名義の口座は用意できない。通常は発起人の代表の名義の口座に払い込むことになる。

　発起人でない設立時代表取締役の名義が許容されるかが問題となるが，発起人から設立時代表取締役への委任があれば許容される扱いであり，発起人が委任したことを証する書面の添付があれば，設立時代表取締役の名義でも登記の申請は受理される。　H25-29

(3)　設立時代表取締役の選定に関する書面
　取締役会設置会社を設立する場合には，原則として，設立時取締役の過半数の一致で設立時代表取締役を選定する（会§47ⅠⅢ）。設立時取締役の過半数の一致で設立時代表取締役を選定した場合には，設立時取締役の過半数の一致があったことを証する書面を添付することになる。

　設立時代表取締役を定款で定めることも可能であり，定款で設立時代表取締役を定めたのであれば，この書面の添付は不要である。

(4)　就任を承諾したことを証する書面
　設立時取締役，設立時監査役については，その就任承諾を得る必要がある。また，設立時取締役の過半数の一致によって設立時代表取締役を定めた場合には，設立時代表取締役についても就任承諾を得る必要がある。そのため，これらの者について，就任を承諾したことを証する書面を添付しなければならない。

　設立時取締役を定款で定めた場合において，その設立時取締役が発起人として定款に記名押印しているのであれば，定款から就任承諾の意思が明らかになるため，別途就任を承諾したことを証する書面を添付する必要はない。設立時監査役などについても同様である。ただし，本人確認証明書の添付が必要となるため，氏名だけでなく住所も記載されている必要がある。

(5) 印鑑証明書

取締役会設置会社を設立する場合には，設立時代表取締役が就任を承諾したことを証する書面の印鑑について，市区町村長の作成した印鑑証明書を添付しなければならない（商登規§61ⅤⅣ前段）。

➡ 取締役会設置会社以外の場合には，設立時取締役が就任を承諾したことを証する書面についての印鑑証明書である。後述する。

➡ 代表取締役の就任の登記とは異なり，選定を証する書面の印鑑については，印鑑証明書は不要である。就任承諾を証する書面の印鑑のみでいい。

(6) 本人確認証明書

印鑑証明書を添付しない設立時取締役と設立時監査役については，本人確認証明書の添付が必要になる。取締役会設置会社を設立する場合には，設立時代表取締役についてのみ印鑑証明書を添付するから，設立時代表取締役でない設立時取締役と設立時監査役の全員について本人確認証明書を添付しなければならないことになる。

(7) 発起人の一致があったことを証する書面

書面の具体的な名称としては，発起人の同意書，発起人の決定書などになる。発起人全員の同意や，発起人の過半数の一致が必要な場合には，必要な同意や一致があったことを証する書面を添付しなければならない。

設立手続における発起人の権限は非常に広範なので，様々な場面で全員の同意や過半数の一致が必要となるが，代表的なケースは次の三つである。

・設立時取締役などを選任する場合
・本店の具体的な所在場所を決定する場合
・設立時発行株式に関する事項の決定

それぞれ必要となる手続が違う。会社法の復習を兼ねて，個別に見ていこう。

設立時取締役の選任は，発起人の議決権の過半数で決定する（会§40Ⅰ）。発起人が引き受け，出資の履行をした設立時発行株式の数に応じて議決権を計算するのである。設立時監査役，設立時会計参与，設立時会計監査人の選任も同様である。

設立時役員等は，定款で具体的に定めてしまうことも可能で（会§38Ⅲ），定款で定めた場合には，設立時役員等の選任を証するために発起人の議決権

の過半数の一致があったことを証する書面を添付する必要がなくなる。

定款では，本店の所在地として最小行政区画（「○県○市」など）を定めればよく，具体的な所在場所を定める必要はなかった。定款で本店の具体的な所在場所を定めていない場合には，発起人の過半数の一致で定めることになる。発起人組合の意思決定は，民法の組合の規定に従い，その頭数の過半数で行うことになる（民§670Ⅰ）。したがって，本店の具体的な所在場所の決定も，発起人の頭数の過半数で行う。 `H24-28`

本店の具体的な所在場所を定款で定めてしまうことも可能であり，その場合には，本店の具体的な所在場所について発起人の過半数の一致があったことを証する書面の添付は不要になる。

発起人は，株式会社の設立手続全般を行うことができるから，本店の所在場所以外の事項も，会社法に別段の定めがなければ発起人の過半数で決定することができる。具体的には，株主名簿管理人の決定や，特別取締役による議決の定めを設ける旨なども，発起人の過半数で決定する。 `H21-28`

次の三つの事項は，定款で定めた場合を除き，発起人の全員の同意によって決定しなければならない（会§32Ⅰ）。

・発起人が割当てを受ける設立時発行株式の数
・設立時発行株式と引換えに払い込む金銭の額
・成立後の株式会社の資本金及び資本準備金の額に関する事項

これらの事項を定款で定めずに発起人が定めた場合には，発起人全員の同意があったことを証する書面の添付が必要になる。 `R3-28` `H23-29`

また，発起人全員の同意により発行可能株式総数を定めた場合（会§37）にも，発起人全員の同意があったことを証する書面を添付しなければならない。 `H19-29`

以上，定款，払込みがあったことを証する書面，設立時代表取締役の選定に関する書面，就任を承諾したことを証する書面，印鑑証明書，本人確認証明書，発起人の一致があったことを証する書面（発起人の決定書，発起人の同意書等）の7種類の書面が最も基本的な添付書面となる。代理人によって申請する場合には，委任状も必要となる。

募集設立の場合には，これらの書面に加えて次のような書面の添付が必要で

ある。

⑻　設立時募集株式の引受けの申込みを証する書面

設立時募集株式の引受けの申込みをした者から提出された株式申込証など
を添付する。

➡　募集株式の発行の場合と同様の書面である。

⑼　設立時募集株式の総数の引受けを行う契約を証する書面

引受けの申込みではなく，総数の引受けを行う契約を締結したときは，引
受けの申込みを証する書面に代えてこちらを添付する。

➡　これも募集株式の発行と同様である。

⑽　払込金の保管に関する証明書

この書面に限っては，発起設立における基本的な7種類の書面に加えて必
要となるのではなく，払込みがあったことを証する書面に代えて添付するこ
とになる。

払込みの事実ではなく，払込金の保管を金融機関が証明した書面でなけれ
ばならない。金融機関は，株式会社が成立するまで払込金の出金に応じない。
株式会社成立まで金融機関が払込みを保管するのである。

➡　発起設立の場合には，設立登記申請前に払い込まれた金銭を出金し，使
用することが可能であった。

⑾　創立総会議事録・種類創立総会議事録

募集設立の場合には，必ず創立総会を開催しなければならず，その議事録
を添付しなければならない。通常，創立総会において設立時取締役などが選
任される。

種類株式発行会社を設立する場合には，種類創立総会の開催が必要となる
ことがある。種類創立総会を開催したときは，種類創立総会の議事録を添付
する。

➡　種類株式発行会社を設立する場合でも，常に種類創立総会が必要となる
わけではない。

➡　創立総会と種類創立総会について株主リストが必要となることはない。

以上のほかに，設立する株式会社の機関によっては，さらに添付書面が必要
になり，また，添付する書面が変わってくる。

⑿　**設立時会計参与・設立時会計監査人に関する書面**

　設立時会計参与・設立時会計監査人が就任を承諾したことを証する書面のほか，自然人である場合にはその資格を証する書面，法人である場合には登記事項証明書の添付が必要になる。登記事項証明書については，設立する株式会社の本店と法人である設立時会計参与・設立時会計監査人の主たる事務所が同じ登記所の管轄区域内である場合と申請書に会社法人等番号を記載した場合には添付を省略できる。

➡　会計参与・会計監査人の就任の場合の添付書面と同様である。

⒀　**指名委員会等設置会社の機関に関する書面**

　設立する株式会社が指名委員会等設置会社の場合には，設立時執行役，設立時委員，設立時代表執行役の選任・設定について，設立時取締役の過半数の決定があったことを証する書面を添付しなければならない。また，これらの者が就任を承諾したことを証する書面も添付する。

　設立時代表執行役が就任を承諾したことを証する書面については，印鑑証明書を添付しなければならない（商登規§61Ⅴ Ⅳ前段）。また，設立時代表執行役でない設立時執行役については，本人確認証明書を添付しなければならない（商登規§61Ⅶ）。

⒁　**取締役会設置会社以外の株式会社を設立する場合**

　まず，設立時代表取締役の選定に関する書面が取締役会設置会社を設立する場合とは異なってくる。取締役会設置会社以外の株式会社を設立する場合には，設立時代表取締役の選定について次のような場合が考えられる。

・設立時代表取締役を特に定めず，設立時取締役の全員が当然に設立時代表取締役となる場合
・発起人が設立時代表取締役を定める場合
・定款で具体的に設立時代表取締役を定める場合
・定款で定められた方法により設立時代表取締役を定める場合

　取締役会設置会社以外の株式会社を設立する場合の設立時代表取締役の選定については，会社法に明文の規定がなく，解釈に委ねられている。

　まず，会社法349条1項の規定に基づき，設立時取締役の中から特に設立時代表取締役を定めず，定款に別段の定めがないのであれば，設立時取締役の全員が当然に設立時代表取締役となる。

　発起人は，会社法の規定に違反しない範囲で株式会社の設立に関する一切

の事項を決定できるので，設立時代表取締役を決定することも可能である。

また，定款で具体的に設立時代表取締役を定めることも差し支えない。

さらに，定款で設立時代表取締役の選定方法を定めることも可能である。たとえば，「設立時代表取締役は，設立時取締役の互選によって定める」と定款で定めることができ，このような定めがあるときは，設立時取締役の互選によって設立時代表取締役を定めることになる。

➕ アルファ

R3-28
H21-28
「取締役の互選によって代表取締役を定める」というような定款の規定があっても，この規定に基づいて設立時取締役の互選で設立時代表取締役を定めることはできない。代表取締役と設立時代表取締役は区別すべきものであり，代表取締役の選定方法を定めたからといって，その定めが設立時代表取締役の選定方法をも定めたものと解することはできないのである。

設立の登記の申請書には，設立時代表取締役の選定方法に応じ，必要な書面（発起人の過半数の一致があったことを証する書面など）を添付しなければならない。

設立時代表取締役としての就任承諾が必要になる場合には，就任を承諾したことを証する書面を添付しなければならない。

H21-28
取締役会設置会社以外の株式会社を設立する場合には，設立時取締役が就任を承諾したことを証する書面の印鑑について印鑑証明書の添付が必要になる（商登規§61Ⅳ前段）。設立時代表取締役の選定方法にかかわらず，設立時代表取締役の就任承諾ではなく，設立時取締役の就任承諾について印鑑証明書が必要になる。

➡　設立時代表取締役の選定を証する書面について印鑑証明書を添付する必要はない。取締役会設置会社を設立する場合と同じである。

設立時取締役について必ず印鑑証明書を添付するので，設立時取締役について本人確認証明書の添付が必要となることはない。取締役会設置会社以外の株式会社を設立する場合には，設立時監査役についてのみ本人確認証明書が必要になる。

⒂　株主名簿管理人

H31-28
H21-28
設立に際して株主名簿管理人を設置するときは，株主名簿管理人との契約を証する書面を添付しなければならない。また，定款で株主名簿管理人を置

く旨のみを定め，具体的な株主名簿管理人の氏名・名称を定めていないとき
は，発起人の過半数の一致により株主名簿管理人を定めなければならず，発
起人の過半数の一致があったことを証する書面を添付しなければならない。

⒃ **特別取締役**

設立に際して特別取締役による議決の定めを設けるときは，発起人の過半
数の一致により定めることになる。株式会社の成立後に特別取締役となる者
の選定も発起人の過半数の一致で定める。

➡ 株式会社の成立後においては取締役会の決議によるが，設立の際の決定
　機関については明文の規定がない。そして，明文の規定がないものは，全
　て発起人の過半数の一致で定めるのが原則である。

特別取締役による議決の定めを設けるときは，これらの決定について発起
人の過半数の一致があったことを証する書面のほか，特別取締役として選定
された者が就任を承諾したことを証する書面を添付しなければならない。

⒄ **変態設立事項に関する書面**

検査役の調査を受けたか，検査役の調査を省略したかで添付書面が変わっ
てくる。

➡ 金銭以外の財産の出資に関する事項と株式会社の成立後に譲り受ける財
　産（財産引受け）に関する事項以外の変態設立事項については，必ず検査
　役の調査が必要である。

検査役の調査を受けた場合には，検査役の調査報告を記載した書面及びそ
の附属書類を添付しなければならない。

さらに，検査役の調査報告を受けた裁判所が定款の規定を不当と認め，変 `H26-29`
更する決定をしたときは，裁判の謄本も添付しなければならない。

検査役の調査を省略した場合には，設立時取締役の調査報告を記載した書 `H26-30`
面及びその附属書類を添付しなければならない。設立時監査役も調査すべき `H24-28`
場合には設立時取締役及び設立時監査役の調査報告となる。 `H23-29`

➡ 変態設立事項が何もない場合には，設立時取締役の調査報告を記載した `H18-30`
　書面の添付は不要である。

➡ 結局，変態設立事項についての定款の定めがあるときは，検査役の調査
　報告か，設立時取締役の調査報告か，どちらか一方の添付が必要になる。
　設立時取締役の調査は，設立の登記の登記期間の起算点となることがある

が，起算点となったとしても，常に設立時取締役の調査報告についての書面を添付するわけではない。

設立に際して検査役の調査を省略できるのは，500万円を超えない場合，市場価格のある有価証券である場合，弁護士などの証明を受けた場合の三つである。それぞれ添付書面が異なる。

対象となる財産の価額の総額が500万円を超えない場合には，追加の添付書面は不要である。定款で定めた価額の総額が500万円を超えないことは，定款から明らかだからである。

対象となる財産が市場価格のある有価証券であることによって検査役の調査を省略した場合には有価証券の市場価格を証する書面を添付する。市場価格は，定款認証の日のものである。

➡　具体的にどのような書面を添付するかについては，募集株式の発行のところで扱った。

弁護士などの証明を受けたために検査役の調査を省略した場合には，**弁護士等の証明を記載した書面及びその附属書類**を添付する。不動産である場合には，不動産鑑定士の鑑定評価も添付する。

➡　これも，募集株式の発行による変更の登記の添付書面と同様である。

⒅　資本金の額が会社法及び会社計算規則の規定に従って計上されたことを証する書面

設立の登記の申請書には，資本金の額が会社法及び会社計算規則の規定に従って計上されたことを証する書面を添付すると規定されている（商登規§61Ⅸ）。しかし，設立に際して出資される財産が金銭のみである場合には，商業登記規則61条9項の書面の添付は不要である。資本金の額は払い込まれた金銭の額に基づいて計算すればよく，払い込まれた金銭の額は払込みがあったことを証する書面から明らかだからである（先例平19.1.17 - 91）。

一方，設立に際して金銭以外の財産が出資された場合には，**資本金の額が会社法及び会社計算規則の規定に従って計上されたことを証する書面**を添付しなければならない。資本金の額の計算には，原則として給付された財産の給付の日における価額（時価）を用いるのであり，給付の日における価額を添付書面によって明らかにしなければならないのである。

7　代表者

　　株式会社の成立前に設立時代表取締役が設立中の株式会社を代表することは
できないのが原則だが，設立の登記申請は，設立時代表取締役が代表取締役と
して株式会社を代表して申請する。指名委員会等設置会社を設立する場合には，
代表執行役である。代表取締役・代表執行役の最初の仕事が設立の登記の申請
である。発起人が申請することはできない。

➡　　もちろん，発起人が設立時代表取締役を兼ねていれば問題ない。

第50節　存続期間と解散の事由

Topics・まず，登記事項であることを忘れないようにしたい。
　　　　・登記手続自体は難しくない。

1　存続期間と解散の事由についての定款の定め

　株式会社は，その存続期間を定款で定めることができ，また，解散の事由を定款で定めることができる（会§471①②）。解散の事由は，明確で，客観的に判断ができるものでなければならない。

　存続期間についての定款の変更も，解散の事由についての定款の変更も，株主総会の特別決議によって行う。

2　登記の事由

　「存続期間の設定」「存続期間の変更」「存続期間の廃止」でいいだろう。解散の事由も同様である。

3　登記記録例

　存続期間も解散の事由も登記記録中会社状態区に登記される。

➡　「取締役会設置会社に関する事項」なども会社状態区である。

　存続期間は次のように登記される。

存続期間	会社成立の日から満30年 　　　　令和３年４月１日設定　　　令和３年４月２日登記

　登記原因は「設定」である。「変更」「廃止」も，他の登記と同様に登記される。

　解散の事由は次のようになる。

解散の事由	当会社は，瀬戸内海に沈没している日本丸の引揚作業並びにその解体及び処分が完了したときに解散する 　　　　令和３年４月１日設定　　　令和３年４月２日登記

　やはり，登記原因は「設定」「変更」「廃止」である。

4　登記すべき事項の記載

これまでの登記と同様に考えればよい。

存続期間の設定では，次のようになる。

令和3年4月1日次のとおり設定
　存続期間
　　会社成立の日から満30年

「変更」「廃止」についても，特別なことは何もない。

解散の事由も同様である。

5　添付書面

定款を変更した**株主総会の議事録**と**株主リスト**を添付する。

第51節　解　散

Topics・解散の事由によって登記手続が変わってくる。
　　　　・通常，清算人などの登記も同時に申請するが，清算人などの登記は次
　　　　　節で扱う。
　　　　・添付書面に注意する。

1　解散の事由

　株式会社は，次の事由によって解散する（会§471）。

➡　解散したものとみなされる場合（みなし解散）については，この節の最後
　で扱う。

　　・定款で定めた存続期間の満了
　　・定款で定めた解散の事由の発生
　　・株主総会の決議
　　・合併（合併により当該株式会社が消滅する場合に限る）
　　・破産手続開始の決定
　　・解散を命ずる裁判

　これらのうち，この節では上の三つのみを扱う。合併による解散は組織再編
行為のところで説明する。また，破産手続開始の決定と解散を命ずる裁判があ
った場合には，裁判所書記官の嘱託に基づく登記になり，当事者が解散の登記
を申請することはない。

　存続期間が満了した場合や解散の事由が発生した場合には，当然に解散する
ことになる。
　株主総会における解散の決議は，特別決議によらなければならない。

➕ **アルファ**

　存続期間が満了した場合には，解散の日付に注意する必要がある。存続期
間として「令和3年3月31日まで」と定めた場合を考えよう。この場合には，
令和3年3月31日まで解散しないのだから，解散するのはその翌日となる。
つまり，令和3年4月1日付けで解散することになる。
　「会社成立の日から満30年」のように存続期間を定めた場合も，同じように
考えればよい。ただし，この場合には，初日不算入によって30年の期間を計
算すべきである。そして，30年の期間が満了した日の翌日が解散の日となる。

　一般に，株主総会の決議には条件や期限を設けることができるが，解散の決議については慎重になる必要がある。解散の決議に無制限に条件や期限を設けることを認めると，存続期間や解散の事由を登記事項とした趣旨が損なわれるのである。

　たとえば，半年後に解散する場合の期限付きの決議を考えてみよう。この決議の効果は，存続期間を半年後までとする存続期間を定めた場合と同じになる。期限付きの解散決議にすれば存続期間についての登記を回避できるとすると，存続期間を登記によって公示するものとした趣旨が損なわれてしまう。したがって，株主総会の日付から実際に解散する日までの期間が長くなる場合には，解散の決議ではなく存続期間を定める決議をすべきである。一方で，半年後に解散するという株主総会の決議があったときは，その決議に基づいて存続期間の設定の登記を申請することも可能である。なお，何日以上が存続期間で，何日未満が期限付き解散決議であるといった明確な基準があるわけではない。あくまでも「相当の期間」である。

2　解散の登記と清算人の登記

> （解散の登記）
> **第71条**　解散の登記において登記すべき事項は，解散の旨並びにその事由及び年月日とする。

　解散すると清算人が就任することになる。清算人についても一定の事項を登記しなければならないが，解散の登記と清算人の登記とを同時に申請することは義務づけられていない。条文上は，清算人の登記を申請せずに，解散の登記のみを申請することができる。

➡　逆に，解散の登記をせずに清算人の登記のみを申請することはできない。

➡　条文上は同時に申請しなくていいが，通常は解散の登記と清算人の登記を同時に申請する。

3　登記の事由

「解散」で構わない。登記の事由では，解散の事由を特定しなくても構わない。

4　登記記録例

存続期間が満了した場合には，次のようになる。

解　散	令和3年4月1日存続期間の満了により解散 　　　　　　　　　　　　　　令和3年4月2日登記

「令和3年4月1日存続期間の満了により解散」と登記される。他の登記とは異なり，「設定」や「変更」とは登記されない。

　解散の事由が発生した場合には，同様に「令和3年4月1日定款所定の解散事由の発生により解散」である。また，株主総会の決議によって解散した場合には「令和3年4月1日株主総会の決議により解散」である。

5　登記すべき事項の記載

登記簿に記録される事項をそのまま記載すればよい。たとえば，「令和3年4月1日株主総会の決議により解散」と記載すればいいのである。

6　添付書面

> **第71条**　（略）
> 2　定款で定めた解散の事由の発生による解散の登記の申請書には，その事由の発生を証する書面を添付しなければならない。
> 3　代表清算人の申請に係る解散の登記の申請書には，その資格を証する書面を添付しなければならない。ただし，当該代表清算人が会社法第478条第1項第1号の規定により清算株式会社の清算人となつたもの（同法第483条第4項に規定する場合にあつては，同項の規定により清算株式会社の代表清算人となつたもの）であるときは，この限りでない。

定款で定めた解散の事由の発生の場合には，解散の事由の発生を証する書面の添付が必要になる。解散の事由自体は登記されているため，解散の事由の存在を証明する必要はない。

　株主総会の決議によって解散した場合には，株主総会の議事録と株主リストを添付する。

　存続期間の満了の場合には，特別な添付書面は不要である。存続期間は登記されており，存続期間が満了したことは客観的に明らかだからである。

➡　客観的に明らかだといっても，登記官が勝手に解散の登記をするわけには

いかない。当事者が申請する必要がある。

　解散の登記は，代表取締役ではなく，代表清算人が株式会社を代表して申請する。そのため，代表清算人が誰であるかを明らかにしなければならない。

　解散の登記と代表清算人の登記を同時に申請する場合には，同時に申請する代表清算人の登記によって代表清算人が誰であるかが明らかになる。

　また，取締役が清算人（法定清算人）となり，代表取締役が代表清算人（法定代表清算人）となった場合には，特に書面を添付する必要はない。つまり，代表取締役として登記されている者が株式会社を代表して申請している場合には，登記官は，その者が代表清算人であると判断する。 `H20-31`

　これらの場合以外の場合（代表取締役以外の者を代表清算人とし，代表清算人の登記を同時に申請しない場合）には，解散の登記の申請書に**代表清算人の資格を証する書面**を添付しなければならない。

➡　わざわざ代表清算人の資格を証する書面を添付してまで解散の登記と代表清算人の登記を分けて申請するメリットはないので，通常は解散の登記と代表清算人の登記を同時に申請するのである。

7　解散の登記をした場合の機関に関する登記の扱い

（解散等の登記）

商業登記規則第72条　会社法第471条（第4号及び第5号を除く。）又は第472条第1項本文の規定による解散の登記をしたときは，次に掲げる登記を抹消する記号を記録しなければならない。

　一　取締役会設置会社である旨の登記並びに取締役，代表取締役及び社外取締役に関する登記

　二　特別取締役による議決の定めがある旨の登記及び特別取締役に関する登記

　三　会計参与設置会社である旨の登記及び会計参与に関する登記

　四　会計監査人設置会社である旨の登記及び会計監査人に関する登記

　五　監査等委員会設置会社である旨の登記，監査等委員である取締役に関する登記及び重要な業務執行の決定の取締役への委任についての定款の定めがある旨の登記

　六　指名委員会等設置会社である旨の登記並びに委員，執行役及び代表執行役に関する登記

2　前項の規定は，設立の無効又は株式移転の無効の登記をした場合について準用する。

解散後は，取締役，取締役会などの機関を置くことはできない。解散後に置くことができない機関については，その登記をそのままにしておくことはできないため，何らかの処理が必要になる。

➡　監査役，監査役会は，解散後も置くことができる。会社法の知識を確認しておこう。

➡　支配人の登記についても抹消する記号が記録される。支配人の登記のところで扱う。

重要❗ •

H28-33
H26-32
取締役などの登記については，解散の登記をした時点で，登記官によって抹消する記号が記録される。退任の登記などを申請する必要はない。

抹消する記号というのは，単に下線のことであると考えていい。

登記記録例を見てみよう。

役員に関する事項	取締役　　　　　甲野太郎	令和2年6月30日就任
		令和2年7月1日登記
	取締役　　　　　甲野次郎	令和2年6月30日就任
		令和2年7月1日登記
	取締役　　　　　甲野三郎	令和2年6月30日就任
		令和2年7月1日登記
	東京都渋谷区渋谷一丁目1番1号 代表取締役　　　甲野太郎	令和2年6月30日就任
		令和2年7月1日登記
	監査役　　　　　乙野一郎	令和2年6月30日就任
		令和2年7月1日登記

取締役会設置会社に関する事項	取締役会設置会社
監査役設置会社に関する事項	監査役設置会社
解　　散	令和3年4月1日株主総会の決議により解散 令和3年4月2日登記

　このように「抹消する記号を記録」という規定の場合には，文字どおり抹消する記号（下線）のみが記録される。解散の登記を除き，原因年月日も登記年月日も記録されない。

➡　監査役の氏名と監査役設置会社である旨については下線が引かれないことに注意しよう。

　条文上の根拠がないものについては，登記官が勝手に登記をするわけにはいかない。たとえば，株式の譲渡制限に関する規定として「当会社の株式を譲渡により取得するには，取締役会の承認を受けなければならない」と登記されている場合であっても，この「取締役会」の部分を登記官が勝手に変更するわけにはいかないのである。このような株式の譲渡制限に関する規定が定められている場合には，当事者が定款を変更し，矛盾のない規定に変更した上で変更の登記を申請すべきである。

8　みなし解散

　12年間登記をしなかったことなどの一定の要件に該当する株式会社は，休眠会社として扱われ，一定の手続を経た上で解散したものとみなされる。休眠会社のみなし解散である（会§472）。

> （職権による解散の登記）
> **第72条**　会社法第472条第1項本文の規定による解散の登記は，登記官が，職権でしなければならない。

　当事者が12年間登記をしなかったことにより解散したものとみなされたのだ

から，解散の登記を当事者が申請することは期待できない。そのため，休眠会社のみなし解散の登記は，登記官が職権で行うことになる。

　具体的には，次のように登記される。

解　散	令和3年4月1日会社法第472条第1項の規定により解散
	令和3年4月2日登記

　置くことができない機関について抹消する記号が記録される点は，申請による解散の登記と同じである。

第52節 清　算

・どのように登記されるかを覚えておく必要がある。
　　　　　・ここでも添付書面が重要である。
　　　　　・最初の清算人の登記と清算開始後の清算人に関する変更の登記の違い
　　　　　　に注意する。

1　清算の開始原因

次の場合には，清算をしなければならない。

・合併と破産手続開始の決定以外の事由によって解散した場合
・設立の無効の訴えに係る請求を認容する判決が確定した場合
・株式移転の無効の訴えに係る請求を認容する判決が確定した場合

清算をしなければならない場合には，清算人などを登記しなければならない。

重要🔔・・・・・・・・・・・・・・・・・・・・・・・・・・・・・・・・

嘱託や登記官の職権によって解散の登記をする場合でも，清算人の登記は申請
しなければならない。

設立や株式移転の無効の訴えに係る請求を認容する判決が確定した場合に
は，その旨の登記が裁判所書記官によって嘱託されるが，この場合でも清算人
の登記は当事者の申請によって行われる。

2　清算人の登記と清算人に関する変更の登記

清算開始後最初の清算人の登記と，既に清算人が就任した後に申請する清算
人に関する変更の登記は，様々な点で違いがある。本書では，商業登記法の用
語に従い，最初の清算人の登記を清算人の登記とし，清算人の登記が完了した
後の清算人についての登記を清算人に関する変更の登記として区別する。

（清算人の登記）
会社法第928条　第478条第1項第1号に掲げる者が清算株式会社の清算人とな
　ったときは，解散の日から2週間以内に，その本店の所在地において，次に
　掲げる事項を登記しなければならない。
　一　清算人の氏名

> 　二　代表清算人の氏名及び住所
> 　三　清算株式会社が清算人会設置会社であるときは，その旨
> **2**　（略）
> **3**　清算人が選任されたときは，2週間以内に，その本店の所在地において，清算株式会社にあっては第1項各号に掲げる事項を（中略）登記しなければならない。

H25-34
H24-31
　清算人の氏名のほかに，代表清算人の氏名及び住所，清算人会設置会社である旨も登記される。これらの事項も含めて，清算人の登記，清算人に関する変更の登記と表現することにする。

➡　まずは，清算人の登記について説明していく。

3　最初の清算人の定め方

　最初の清算人の定め方には，次のようなものがある（会§478）。

・取締役が当然に清算人になる（法定清算人）
・定款で定める
・株主総会の決議で選任する
・裁判所が選任する

　解散を命ずる裁判によって解散した場合などは，裁判所の選任によらなければならない。

➡　清算人の定め方については会社法の範囲であり，詳細な説明はしない。

重要❗・・・・・・・・・・・・・・・・・・・・・・・・・・・・・・・・・

H28-33
　裁判所が最初の清算人を選任した場合でも，その登記は嘱託されず，当事者が清算人の登記を申請しなければならない。

　どのような方法で清算人を定めても，その登記を申請しなければならない。登記事項も同じである。

　取締役が当然に清算人になる場合には，当然になるのであり，清算人の就任承諾は不要である。定款や株主総会の決議で定めた場合には，清算人としての就任承諾が必要になる。裁判所が選任した場合には，裁判所の手続中で就任承諾の意思が確認される。

法定清算人となるのは，解散の時点で取締役の地位にある者である。退任後も取締役としての権利義務を有する者でもいい。

登記手続的には，解散の時点で取締役として登記されている者が法定清算H22–32人になるといえる。したがって，解散前に死亡している者などについては，法定清算人とならず，法定清算人とならないことを明らかにするためにも死亡の登記を申請しなければならない。

解散後，しばらく経ってから株主総会の決議で清算人を選任した場合には，その清算人は最初の清算人とはいえない。この場合には，解散と同時に法定清算人が就任し，その後に株主総会の決議で清算人を選任したと解釈するべきである。登記手続的にも，法定清算人の登記を省略できない。

4　最初の代表清算人の定め方

取締役が法定清算人となった場合において，特に代表取締役を定めていたときは，代表取締役が代表清算人になる（会§483Ⅳ）。この場合には，別途代表清算人を定める必要はない。

代表清算人の定め方は，清算人会設置会社かどうかで異なる。基本的には，代表取締役の定め方と同じであり，取締役を清算人に置き換え，取締役会を清算人会に置き換えればよい。就任承諾の要否についても，代表取締役と同様に考えればよい。

清算人会設置会社以外の清算株式会社では，定款，株主総会の決議，定款の定めに基づく清算人の互選によって代表清算人を定めることができ，特に代表清算人を定めなかったときは，清算人全員が当然に代表清算人となる（会§483）。

裁判所が清算人を選任した場合には，これらの方法によって代表清算人を定めることができず，裁判所が代表清算人を定めることになる（会§483Ⅴ）。

清算人会設置会社では，清算人会の決議によって代表清算人を選定する（会§489Ⅲ）。

裁判所が代表清算人を定めた場合には，清算人会の決議によって代表清算人を選定することができない（会§483Ⅴ，489Ⅴ）。

5　清算人会を置く旨

　清算人会を置く旨は，定款で定めなければならない。解散と同時に清算人会を置く旨を定款で定めることもできるが，解散後に清算人会を置く旨を解散前にあらかじめ定めておくこともできる。

6　清算人の登記の登記記録例

　まず，登記記録例を見てしまうのがいいだろう。

役員に関する事項	清算人　　　　　甲野太郎	
		令和3年4月2日登記
	清算人　　　　　甲野次郎	
		令和3年4月2日登記
	清算人　　　　　甲野三郎	
		令和3年4月2日登記
	東京都渋谷区渋谷一丁目1番1号 代表清算人　　　甲野太郎	令和3年4月2日登記
清算人会設置会社に関する事項	清算人会設置会社 　　　　　　　　　　　　令和3年4月2日登記	
解　　散	令和3年4月1日株主総会の決議により解散 　　　　　　　　　　　　令和3年4月2日登記	

　　解散の登記によって抹消する記号が記録されている事項などは省略している。

H29記述
H22-30
　　原因年月日は空欄である。「就任」などと登記されることはない。最初の清算人なので，解散と同時に清算人となったことが明らかだからである。清算人会設置会社である旨についても，「設定」などとは登記されない。
　　清算人が1名のみであっても，清算人の氏名のほか，代表清算人の住所と氏

名を登記しなければならない。

7　清算人の登記の登記手続

原因年月日が登記されないために申請書の記載も特殊なものとなる。

まず，登記の事由には日付が必要になる。具体的には，「令和３年４月１日 **H29記述** 清算人及び代表清算人の選任」とすればよい。原因年月日を登記しない場合には，登記の事由に日付を記載するというのが，登記手続の原則である。

日付としては，解散の日付を用いればよい。法定清算人の場合には選任行為がないので，「選任」ではなく「就任」を用いる方が自然かもしれない。いずれにしても，登記の事由であり，登記簿には記録されないので，それほど神経質にならなくてよい。

清算人会設置会社であるときは，登記の事由として「清算人会設置会社の定め設定」と記載する。「設定」と登記されることはなく，「設定」と記載することには違和感もあるが，登記の事由なので，何があったかがわかれば問題ない。

登記すべき事項としては，登記簿に記録される事項をそのまま記載すればよい。原因年月日を記載してはいけない。

```
清算人　甲野太郎
清算人　甲野次郎
清算人　甲野三郎
東京都渋谷区渋谷一丁目１番１号
代表清算人　甲野太郎
清算人会設置会社
```

原因年月日がないと落着きが悪いが，登記簿に記録されない事項を記載するのは不適切である。

（清算人の登記）
第73条　清算人の登記の申請書には，定款を添付しなければならない。
2　会社法第478条第１項第２号又は第３号に掲げる者が清算人となつた場合の清算人の登記の申請書には，就任を承諾したことを証する書面を添付しなければならない。
3　裁判所が選任した者が清算人となつた場合の清算人の登記の申請書には，

> その選任及び会社法第928条第1項第2号に掲げる事項を証する書面を添付しなければならない。

H31-33
H25-34
H22-32
H20-33

まず，必ず定款の添付が必要である。特例有限会社を除き，例外はない。

🖐**理由**　清算人会の設置の有無を定款で確認する必要があるから。

　一般に，定款を添付するのは定款の規定の存在を証明する場合であって，定款の規定の不存在を証明するために定款を添付することはないのだが，この場合は例外であり，清算人や清算人会について何の規定もなくても，定款の添付が必要である。

　他の添付書面は，清算人の定め方によって異なってくる。
　法定清算人の場合は，特別な添付書面は要らない。定款の添付さえあればよい。

H22-32
　定款で定めた者が清算人となった場合には，清算人が就任を承諾したことを証する書面の添付が必要になる。
　株主総会の決議で選任した者が清算人となった場合には，株主総会の議事録と株主リストのほか，清算人が就任を承諾したことを証する書面を添付しなければならない。
　裁判所が選任した者が清算人となった場合には，選任を証する書面として，選任決定書の正本か認証のある謄本を添付しなければならない。

	定款以外の添付書面
法定清算人	不要
定款で定めた者	・就任を承諾したことを証する書面
株主総会の決議で選任した者	・就任を承諾したことを証する書面 ・株主総会議事録と株主リスト
裁判所が選任した者	・選任決定書

　代表清算人を定めた場合には，代表清算人の選定を証する清算人の互選があったことを証する書面や清算人会の議事録も添付する。代表清算人としての就任承諾が必要な場合には，代表清算人が就任を承諾したことを証する書面も必要である。

　取締役や代表取締役と異なり，清算人や代表清算人についての登記の申請書に印鑑証明書や本人確認証明書の添付が必要となることはない。 H25-34 H22-32 H19-32

➡　代表清算人が登記所に印鑑を提出することは可能であるし，書面で登記を申請するなら提出する必要がある。

8　監査等委員会設置会社であった場合の清算人の登記

　清算の開始前に監査等委員会設置会社であった清算株式会社では，法定清算人となるのは，監査等委員である取締役以外の取締役である（会§478Ⅴ）。監査等委員である取締役は，法定清算人とならない。

　清算の開始原因に該当した時において公開会社か大会社であった清算株式会社は，監査役を置かなければならない（会§477Ⅳ）。そして，監査役の設置義務がある場合には，清算の開始前の監査等委員である取締役が監査役となる（会§477Ⅴ）。

　取締役の登記などについては抹消する記号が記録されるが，監査役の登記や監査役設置会社の定めの登記は申請によって行うことになる。

9　指名委員会等設置会社であった場合の清算人の登記

　清算の開始前に指名委員会等設置会社であった清算株式会社では，法定清算人となるのは，監査委員以外の取締役である（会§478Ⅵ）。
　清算の開始によって監査役の設置義務が生じる場合には，監査委員が監査役となる（会§477Ⅵ）。
　監査役の登記と監査役設置会社の定めの登記は，申請によって行う。

10　清算人に関する変更の登記

　清算人の登記が完了した後，清算人に関する登記に変更が生じたときは，その旨の登記を申請しなければならない。基本的には，役員の変更の登記と同じように考えればよい。

　清算人・代表清算人は，辞任，解任・解職，死亡，欠格事由に該当したこと

などにより，その地位を失う。裁判所が選任した清算人を株主総会の決議によって解任することはできず（会§479Ⅰ），裁判所が定めた代表清算人を清算人会などの機関が解職することはできない（会§489Ⅴ）。

➡　裁判所が選任した清算人の解任は，解任の裁判によることになる（会§479Ⅱ）。裁判によって解任された場合には，裁判所書記官によって解任の登記が嘱託される（会§937Ⅰ②ホ）。

清算人の選任は株主総会の決議による。代表清算人の定め方は前述したとおりである。

清算人に関する変更の登記においては，原則どおり原因年月日が登記される。

役員に関する事項	清算人　　　　　甲野太郎	
		令和3年4月2日登記
		令和3年4月30日死亡
		令和3年5月6日登記
	清算人　　　　　甲野四郎	令和3年5月1日就任
		令和3年5月6日登記

清算人会設置会社に関する事項	清算人会設置会社	
		令和3年4月2日登記
	令和3年5月1日廃止	令和3年5月6日登記

添付書面については，役員の変更の登記と同様に考えればよい。

第53節　継　続

Topics・継続の登記と同時に申請すべき登記に注意する。
　　　　・継続の場合も，中間省略は許されない。

1　継続の手続

　次の場合には，清算結了前に限り，株主総会の特別決議によって株式会社を継続することができる（会§473）。

・定款で定めた存続期間の満了によって解散した場合
・定款で定めた解散の事由の発生によって解散した場合
・株主総会の決議によって解散した場合
・休眠会社のみなし解散によって解散したものとみなされた後3年以内

　継続により解散前の状態となるが，解散前に設置していた機関が当然に復活するわけではない。たとえば，解散前の取締役が当然にその地位に復帰するようなことはない。そのため，継続に際しては，取締役の選任などの決議も行わなければならない。

2　継続と同時に申請すべき登記

　解散の登記によって，取締役や取締役会設置会社などの登記に抹消する記号が記録された。継続に際してこれらの登記が復活することはないから，継続後の機関に応じ，取締役の就任，代表取締役の就任，取締役会設置会社の定めの設定などを申請しなければならない。

（継続の登記）
商業登記規則第73条　会社法第473条の規定による継続の登記をしたときは，解散の登記，清算人会設置会社である旨の登記並びに清算人及び代表清算人に関する登記を抹消する記号を記録しなければならない。

　清算人の登記などは，抹消する記号が記録される。したがって，清算人の退任の登記などを申請する必要はない。

＋アルファ

　定款で存続期間を定めていた場合において，存続期間の満了に気づかず，　H20-31

345

存続期間の満了後に継続した場合には，中間省略をすることなく全ての登記を申請すべきである。具体的には，解散の登記，法定清算人の登記，継続の登記，存続期間の廃止の登記，取締役及び代表取締役の就任の登記などを申請しなければならない。解散の登記と同時に継続の登記を申請する場合でも，清算人の登記を省略することはできない。

3　登記の事由

継続については，「会社継続」とすればよい。

継続に際して置く機関については「取締役及び代表取締役の変更」「取締役会設置会社の定めの設定」などと原則どおりに記載する。

4　登記記録例

H30記述　　次のように登記される。今回は極力省略せずに掲載する。

役員に関する事項	取締役　　　　　甲野太郎	令和2年6月30日就任
		令和2年7月1日登記
	取締役　　　　　甲野次郎	令和2年6月30日就任
		令和2年7月1日登記
	取締役　　　　　甲野三郎	令和2年6月30日就任
		令和2年7月1日登記
	取締役　　　　　甲野太郎	令和3年5月1日就任
		令和3年5月6日登記
	取締役　　　　　甲野次郎	令和3年5月1日就任
		令和3年5月6日登記

	取締役　　　　　甲野三郎	令和3年5月1日就任
		令和3年5月6日登記
	<u>東京都渋谷区渋谷一丁目1番 1号</u> <u>代表取締役　　　　甲野太郎</u>	令和2年6月30日就任
		令和2年7月1日登記
	東京都渋谷区渋谷一丁目1番 1号 代表取締役　　　　甲野太郎	令和3年5月1日就任
		令和3年5月6日登記
	<u>清算人　　　　　甲野太郎</u>	
		令和3年4月2日登記
	<u>清算人　　　　　甲野次郎</u>	
		令和3年4月2日登記
	<u>清算人　　　　　甲野三郎</u>	
		令和3年4月2日登記
	<u>東京都渋谷区渋谷一丁目1番 1号</u> <u>代表清算人　　　　甲野太郎</u>	令和3年4月2日登記
	監査役　　　　　乙野一郎	令和2年6月30日就任
		令和2年7月1日登記
会社継続	令和3年5月1日会社継続	
		令和3年5月6日登記

取締役会設置会社に関する事項	取締役会設置会社
	取締役会設置会社 　　令和3年5月1日設定　　令和3年5月6日登記
監査役設置会社に関する事項	監査役設置会社
清算人会設置会社に関する事項	清算人会設置会社 　　　　　　　　　　　　　令和3年4月2日登記
解　　散	令和3年4月1日株主総会の決議により解散 　　　　　　　　　　　　　令和3年4月2日登記

　令和3年4月1日に解散し，令和3年5月1日に継続した場合である。
　継続については，「令和3年5月1日会社継続」と登記される。

5　登記すべき事項の記載

　継続については，「令和3年5月1日会社継続」と記載すればよい。
　取締役の就任や，取締役会設置会社の定めの設定などは，普通に登記すべき事項を記載すればよい。

6　添付書面

　継続などの決議をした株主総会の議事録と株主リストを添付する。また，設置する機関に応じ，必要な書面（就任を承諾したことを証する書面，印鑑証明書など）を添付する。
　登記すべき事項について定款の規定がないと明らかにならないときは，定款の添付が必要である。

➕アルファ

　取締役会を置く旨などの定款の定めを解散に際してわざわざ廃止することは考えにくい。清算株式会社が置くことのできない機関についての定款の定めがあっても，解散の効力には影響がない。つまり，清算株式会社の定款に取締役会を置く旨の定めが残っていることも考えられる。
　そのような株式会社が継続する場合には，既に取締役会を置く旨の定款の

定めがあるので，継続に際して定款を変更しなくても，取締役会設置会社と
して継続することが考えられる。明確な通達などがあるわけではないが，こ
のような場合には，継続の登記の申請書に定款を添付し，取締役会設置会社
の定めの設定も申請することができると思われる。もっとも，現実的には，
取締役会設置会社として継続する旨を議事録に記載するなどとして，誤解の
無いようにすべきである。

第54節　清算結了

Topics　・残余財産や債務をゼロにする必要がある。
・清算結了の登記をするまで登記は閉鎖されないが，登記が効力要件ではない。
・支店の所在地でも登記する必要がある。

1　清算の手続

株式会社の清算は，原則として次のような流れになる。

・清算開始
　↓
・債権申出の催告
　↓
・債務の弁済
　↓
・残余財産の分配
　↓
・決算報告の作成・承認

債権申出の催告の期間は，2か月間必要である（会§499 I）。そのため，清算には，最低2か月間必要である。

重要❗ ・・・・・・・・・・・・・・・・・・・・・・・・・・・・

H25-34
H20-31
　株式会社の解散の日から2か月を経過しない限り，清算結了の登記を申請することはできない（先例昭33.3.18－572）。

厳密には解散の日ではなく債権申出の催告をした日だが，登記簿上明らかなのは解散の日である。
解散の日であって，解散の登記を申請した日ではない。そのため，解散の日から2か月を経過しているのであれば，解散の登記，清算人の登記，清算結了の登記を1通の申請書で申請することも可能である。

2　決算報告の承認

決算報告の承認前に，債務の弁済と残余財産の分配が完了していなければならない。債務や財産が残っている場合には，決算報告の承認は無効である。

　債務が存在してはいけないので，株式会社の債務につき重畳的債務引受があっても債務の弁済が完了したとはいえない。免責的債務引受があって，株式会社に弁済の責任がなくなったのであれば，決算報告の承認を経て清算を結了することができる（先例昭43.5.2 - 1265）。

　債務の弁済と残余財産の分配が完了した後に決算報告を作成する。決算報告は，次の事項を内容とするものでなければならない（会施規§150）。

　　・債権の取立て，資産の処分その他の行為によって得た収入の額
　　・債務の弁済，清算に係る費用の支払その他の行為による費用の額
　　・残余財産の額（支払税額がある場合には，その税額及び当該税額を控除した後の財産の額）
　　・1株当たりの分配額（種類株式発行会社にあっては，各種類の株式の1株あたりの分配額）

　1株当たりの分配額については，残余財産の分配を完了した日などを注記しなければならない。

　清算人会設置会社においては，決算報告について，まず清算人会の承認を受けなければならない（会§507Ⅱ）。
　清算人会の設置の有無にかかわらず，決算報告について株主総会の承認を得ることにより清算は結了する（会§507Ⅲ）。

3　登記の事由
　「清算結了」でよい。

4　登記記録例
　次のように登記される。

登記記録に関する事項	令和3年3月31日清算結了 　　　　　　　　　　　　　　令和3年4月1日登記 　　　　　　　　　　　　　　令和3年4月1日閉鎖

　清算結了の登記をしたときは，登記記録が閉鎖される（商登規§80Ⅰ⑤Ⅱ）。もっとも，登記記録の閉鎖は登記官が行うので，申請に際して当事者が登記記

録の閉鎖を意識する必要はない。

5　登記すべき事項の記載

　登記簿に記録される事項をそのまま「令和３年３月31日清算結了」と記載すればよい。「登記記録に関する事項」と記載しなくても問題はない。

6　添付書面

（清算結了の登記）

第75条　清算結了の登記の申請書には，会社法第507条第３項の規定による決算報告の承認があつたことを証する書面を添付しなければならない。

H20-31　決算報告の承認があったことを証する書面として，株主総会議事録と株主リストを添付する。この株主総会議事録は，決算報告書が合綴されたものである必要がある。

　これ以外に特別な添付書面は必要ない。債権申出の公告・催告などについての添付書面は不要である。また，決算報告について清算人会の承認を受けた場合でも，清算人会議事録の添付は不要である。

➕アルファ

　解散の登記をした後10年を経過したときは，登記官は，原則として，その株式会社の登記記録を閉鎖することができる（商登規§81）。清算結了の登記を申請せずに放置されている株式会社の登記記録を整理するためである。もっとも，登記記録が閉鎖されたとしても当然に法人格が消滅するわけではない。清算を結了していない旨の申出により登記記録を復活させることも可能である。

　この規定は，持分会社についても準用される。

第55節　本店移転

Topics ・本店移転の日付に注意する。
　　　　　・管轄により，登記手続が大きく異なる。
　　　　　・経由申請の処理について正しく理解する。

1　本店についての定款の定め

　定款では，本店の所在地を定めなければならない。本店の所在地としては，「○県○市」のように最小行政区画までを定めればよい。東京都の特別区では「東京都新宿区」のように区まで定めればよく，地方自治法252の19第１項の指定都市（政令指定都市，横浜市，大阪市，名古屋市など）では，市までを定めればよい。また，任意に「○県○市○町一丁目１番１号」のように具体的な所在場所を定款で定めることも可能である。

2　本店移転の手続

　本店の移転によって定款で定めた本店の所在地が異なることとなるときは，株主総会の特別決議によって定款を変更する必要がある。定款で定めた本店の所在地内で移転する場合などには，定款の変更は不要である。

➡　定款で定めた本店の所在地と登記所の管轄は多くの場合一致しない。混同しないようにしたい。県内全域が一つの登記所の管轄である県も少なくない。

　本店移転の時期と具体的な本店の移転先は，取締役会設置会社では取締役会の決議で，取締役会設置会社以外の株式会社では取締役の過半数の一致で，決定する。

➡　取締役会設置会社以外の株式会社では，株主総会の権限が株式会社に関する一切の事項に及ぶので，株主総会でも本店の移転について決定できる。

　本店移転には，現実の移転が必要である。

　登記される本店移転の日付は，これらの手続が全部完了した日であるが，申請書に記載する本店移転の日と本店を移転する日として決議した日に矛盾があってはいけない。通常は，株主総会で定款を変更し，取締役会か取締役の過半数の一致により必要な事項を決定し，現実に移転するという順番になる。定款の変更は，本店移転の効力発生を条件として行うが，特に条件が付されていなくても問題はない。

➡　もっとも，特に択一で問われるのは，通常ではないケースである。

H26-30
H25-28
　現実に本店が移転した後，その本店移転について取締役会の承認決議があった場合には，承認決議の日が本店移転の日となる（先例昭35.12.6 - 3060）。定款の変更が必要な場合において，現実に本店が移転した後に定款の変更の決議を行った場合には，定款を変更した株主総会の日が本店移転の日である。

📖ケーススタディ

　定款の変更が不要な本店移転について，取締役会の決議で4月1日を移転の日と決議したが，現実に本店を移転したのは4月2日だった。どのような登記を申請すべきだろうか。

　議事録上の日付が4月1日となっているのに，登記の申請書に本店の移転の日付を4月2日と記載すべきではない。この場合には，取締役会の決議をやりなおし，本店移転後に承認決議を行ったものとして，承認決議の日を本店移転の日として申請するというのが模範解答である。

➡　模範解答ではない解答もある。後述するが，現実に本店を移転した日を添付書面で明らかにすることは求められていない。したがって，4月1日を本店移転の日付として申請してしまえば，本店移転の登記は受理されてしまうのである。しかし，このような「登記官にばれなければ問題ない」といった姿勢は良くないだろう。

H23記述
　本店移転の時期として，「4月1日に移転する」と定めずに「4月1日から4月7日までの間に移転する」と定めることもできる。この場合には，現実に移転した日付がこの範囲内であれば，現実に移転した日付を本店移転の日として登記を申請できる。
「4月1日から4月7日までの間で代表取締役が決定した日」のように定めることも可能である。

➡　現実に移転する日の決定を業務執行者に委任していると解釈することもできる。

3　管轄が同じ場合の登記手続

　移転前の本店の所在場所と移転後の本店の所在場所が同じ登記所の管轄区域内であれば，他の変更の登記と大きな違いはない。

　登記の事由は「本店移転」でよい。
➡　これは，管轄が違う場合でも同じである。

登記記録例は，次のようになる。

本　店	東京都渋谷区渋谷一丁目1番1号	
	東京都渋谷区渋谷二丁目3番4号	令和3年3月1日移転
		令和3年3月3日登記

登記原因は「移転」である。「変更」としてはいけない。

登記すべき事項は次のように記載すればよい。

令和3年3月1日次のとおり移転
　本店　東京都渋谷区渋谷二丁目3番4号

他の例と同様に，「次のとおり」は必須ではない。登記簿に記録される事項が漏れなく記載されていればそれでよい。

定款の変更が必要な場合には株主総会議事録と株主リストの添付が必要である。また，本店の移転について決定した取締役会の議事録か取締役の過半数の一致があったことを証する書面を添付する。現実に本店を移転した日付を添付書面で明らかにする必要はない。

➡　「4月1日から4月7日までの間に移転する」と決定した場合でも，現実に本店が移転したことを添付書面で明らかにする必要はない。

➡　代理人によって申請する場合には，委任状に本店移転の日の記載があることが望ましい。

➕アルファ

　登記簿に記録する本店，支店，住所などは，都道府県名を省略しないのが原則である。都道府県名を省略することができるのは例外的な場合であり，政令指定都市である場合と都道府県の名称と市の名称が同じ場合（長野県長野市，奈良県奈良市など）に限られる（先例昭32.12.24－2419）。

➕アルファ

　登記の申請書の冒頭には商号と本店を記載するが，この本店は登記記録を特定するためのものであるため，移転前の本店の所在場所を記載する必要が

ある。商号の変更の場合と同じ考え方である。

4　管轄が違う場合の登記手続

（本店移転の登記）

第51条　本店を他の登記所の管轄区域内に移転した場合の新所在地における登記の申請は、旧所在地を管轄する登記所を経由してしなければならない。

2　前項の登記の申請と旧所在地における登記の申請とは、同時にしなければならない。

3　第1項の登記の申請書には、第18条の書面を除き、他の書面の添付を要しない。

　　移転前の本店の所在場所と移転後の本店の所在場所が同じ登記所の管轄区域内にない場合、つまり本店の旧所在地を管轄する登記所と本店の新所在地を管轄する登記所が異なる場合には、旧所在地を管轄する登記所を経由して新所在地における登記を申請することになる。経由申請である。

　　また、旧所在地における登記の申請と新所在地における登記の申請は、同時にしなければならない。同時申請である。

　　結局、旧所在地における登記の申請書と新所在地における登記の申請書をそれぞれ作成し、その2通の申請書を同時に旧所在地を管轄する登記所に提出するのである。

理由　旧所在地と新所在地で違う事項が登記されることを避けるため。

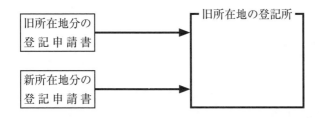

> **第52条**　旧所在地を管轄する登記所においては，前条第２項の登記の申請のいずれかにつき第24条各号のいずれかに掲げる事由があるときは，これらの申請を共に却下しなければならない。
> 2　旧所在地を管轄する登記所においては，前項の場合を除き，遅滞なく，前条第１項の登記の申請書及びその添付書面（略）を新所在地を管轄する登記所に送付しなければならない。
> 3　新所在地を管轄する登記所においては，前項の申請書の送付を受けた場合において，前条第１項の登記をしたとき，又はその登記の申請を却下したときは，遅滞なく，その旨を旧所在地を管轄する登記所に通知しなければならない。
> 4　旧所在地を管轄する登記所においては，前項の規定により登記をした旨の通知を受けるまでは，登記をすることができない。
> 5　新所在地を管轄する登記所において前条第１項の登記の申請を却下したときは，旧所在地における登記の申請は，却下されたものとみなす。

　まず，旧所在地を管轄する登記所では，旧所在地における登記と新所在地における登記の両方の申請を審査する。却下事由があるときは，両方の申請を却下しなければならず，どちらか一方のみ受理するようなことはできない。

　却下事由がなければ，旧所在地を管轄する登記所は，新所在地における登記の申請書を新所在地を管轄する登記所に送付する。この段階では，申請書を送付するのみで，登記が実行されることはない。

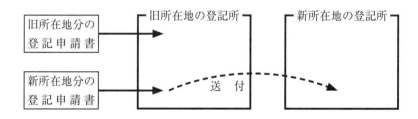

　新所在地を管轄する登記所では，新所在地における登記の申請を審査する。却下事由があれば申請を却下し，却下事由がなければ登記を実行する。

　旧所在地だけでなく，新所在地でも審査をするのは，移転後の所在場所に同一の商号の登記がないことを確認する必要があるからである。

➡　本店の所在場所と商号の両方が同じ登記は認められない。商号の変更の登記のところで扱っている。

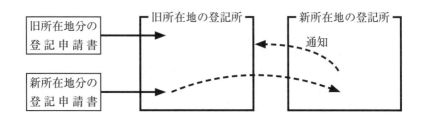

H26-30　旧所在地を管轄する登記所では，新所在地で登記をした旨の通知を受けた後に登記を実行する。つまり，**新所在地で登記されてから旧所在地で登記をする**ことになる。新所在地で却下をした旨の通知を受けた場合には，旧所在地における登記の申請は，却下したものとみなされる。

　　これらの申請書の送付や通知などの手続は，登記官が行う登記所内部の手続である。申請手続としては，2通の申請書を旧所在地を管轄する登記所に提出する点に注意すればよい。

　　旧所在地においては，次のように登記される。

本　店	東京都渋谷区渋谷一丁目1番1号

登記記録に関する事項	令和3年3月31日横浜市中区北仲通五丁目57番地に本店移転 令和3年4月8日登記 令和3年4月8日閉鎖

　　旧所在地の管轄区域内から本店がなくなるので，**旧所在地における登記記録は閉鎖される**。そのため，本店を移転した旨は登記記録に関する事項として登記される。

H26記述
H23記述　旧所在地における登記の申請書には，「令和3年3月31日横浜市中区北仲通五丁目57番地に本店移転」のように登記簿に記録される事項をそのまま記載すればよい。

　➡　登記記録の閉鎖は法令（商登規§80Ⅰ①Ⅱ）の規定に従って登記官が行う

ので，申請書に登記記録を閉鎖する旨を記載する必要はない。

新所在地では，新しく登記記録を起こすことになる。

（他の登記所の管轄区域内への本店の移転の登記）

会社法第916条　会社がその本店を他の登記所の管轄区域内に移転したときは，2週間以内に，旧所在地においては移転の登記をし，新所在地においては次の各号に掲げる会社の区分に応じ，当該各号に定める事項を登記しなければならない。

一　株式会社　第911条第3項各号に掲げる事項

第53条　新所在地における登記においては，会社成立の年月日並びに本店を移転した旨及びその年月日をも登記しなければならない。

（本店移転の登記）

商業登記規則第65条　（略）

2　本店を他の登記所の管轄区域内に移転した場合の新所在地における登記においては，取締役，監査等委員である取締役，会計参与，監査役，代表取締役，特別取締役，委員，執行役，代表執行役及び会計監査人の就任の年月日をも登記しなければならない。

3　法第53条の規定により登記すべき事項（会社成立の年月日を除く。）は，登記記録中登記記録区に記録しなければならない。

新所在地では，設立の登記と同一の事項，会社成立の年月日，本店を移転した旨及びその年月日，役員などの就任の年月日を登記する。

設立の登記と同一の事項としては，旧所在地で登記されていた事項のうち現に効力を有する事項が該当する。

➡　ほとんどの事項が「現に効力を有する事項」になるので，「現に効力を有する事項」ではないものを把握した方がよい。

旧所在地で変更の登記が行われている場合には，変更の過程を新所在地で登記する必要はない。

具体的に見ていこう。旧所在地で次のように登記されていたとする。

資本金の額	金１億円	
	金２億円	令和２年12月１日変更
		令和２年12月２日登記

新所在地では，設立の登記と同一の事項であり，現に効力を有する事項のみを登記する。したがって，次のようになる。

資本金の額	金２億円

変更前の事項，つまり下線が引かれている事項や，原因年月日，登記年月日を新所在地において登記する必要はない。

H23記述　役員に関する事項のみが例外的な扱いとなる。役員については，新所在地でも任期の判断が可能なようにしておく必要があるので，就任年月日を登記する必要がある。

旧所在地で次のように登記されていたとすると，

役員に関する事項	取締役　　甲野太郎	平成30年６月30日就任
		平成30年７月１日登記
	取締役　　甲野太郎	令和２年６月30日重任
		令和２年７月１日登記
	取締役　　甲野次郎	令和２年６月30日就任
		令和２年７月１日登記

新所在地では次のようになる。

役員に関する事項	取締役　　　　　甲野太郎	令和2年6月30日重任
	取締役　　　　　甲野次郎	令和2年6月30日就任

　原因年月日として，就任や重任の年月日が登記される。登記年月日は空欄である。

　吸収合併をした旨や吸収分割をした旨は，現に効力を有する事項ではない。つまり，旧所在地で登記されていても，新所在地では登記しない。

　新所在地では，新しく登記記録を起こすことになるので，登記記録に関する事項として登記記録を起こした事由及び年月日を登記することになる。本店を移転した旨及びその年月日が登記記録を起こした事由になるのである。

登記記録に関する事項	令和3年3月31日東京都渋谷区渋谷一丁目1番1号から本店移転　　　　　　　　　　　　　令和3年4月5日登記

　商号区には，新本店を登記し，本店を移転した旨は登記されない。

本　店	横浜市中区北仲通五丁目57番地

　結局，役員に関する事項と登記記録に関する事項以外は，設立の登記と同じように登記される。

　申請書の登記すべき事項の記載については，省略することができる。登記官は，旧所在地においてどのような登記がされていたかを容易に知ることができるため，申請書の記載に基づかずに登記すべき事項を把握できるからである。新所在地における登記の申請書の登記すべき事項としては，登記記録に関する

事項として登記される「○年○月○日○○から本店移転」のみを記載すればよい（先例平29.7.6-111）。

　旧所在地における登記の申請書には，管轄区域内の本店移転と同様に，株主総会議事録や取締役会議事録などを添付する。
➡　登記所の管轄が最小行政区画よりも小さいことはないので，管轄が異なる場合には必ず定款の変更が必要になる。

H26-30
H19-28

　新所在地における登記の申請書には，代理人の権限を証する書面（委任状）のみを添付する（商登§51Ⅲ）。

理由　同時申請なので，議事録などは旧所在地における登記の申請の審査に際して確認すればよい。同じものを両方の申請書に添付するのは非効率である。委任状を添付しなければならないのは，書面による申請において，新所在地に新しく提出する印鑑と委任状の印鑑を照合する必要があるからである。

＋アルファ

　旧所在地における登記の申請と一括して他の登記を申請することができる。商号の変更や取締役の変更などを旧所在地における本店移転の登記の申請書に一緒に記載し，一括して申請することができるのである。しかし，新所在地における登記の申請書には，本店移転以外の登記について記載することはできない。経由申請をすることができるのは本店移転のように明文の規定がある登記のみであり，他の登記を経由申請の方法によって申請することはできないのである。

第56節　支店の設置・移転・廃止

Topics ・支店の所在地における登記は，廃止されることが確定しているため，説明は省略する。この節で扱うのは，本店の所在地における支店の登記である。

・登録免許税の額が論点となるが，登録免許税についてはここでは扱わず，第3編で扱う。

1　支店の設置・移転・廃止の手続

基本的には本店移転と同様であるが，任意に定款で支店について定めていない限り，定款の変更は不要である。したがって，株主総会の決議は不要である。

取締役会設置会社では取締役会の決議で，取締役会設置会社以外の株式会社では取締役の過半数の一致で，支店の設置・移転・廃止に関する事項を決定する。

移転の時期の定め方なども，本店移転と同様である。　H26-30

2　登記手続

登記の事由は「支店設置」「支店移転」「支店廃止」でいい。もちろん「支店の設置」であっても何の問題もない。

登記記録例は，次のようになる。

支　店	1 東京都新宿区新宿一丁目1番1号	令和2年12月1日設置
		令和2年12月2日登記
	東京都新宿区新宿二丁目2番2号	令和3年1月1日移転
		令和3年1月6日登記

設置の場合の登記原因は「設置」であり，移転の場合には「移転」である。　H25記述

廃止の場合には，次のようになる。

支　店	1 東京都新宿区新宿三丁目3番3号	令和2年12月1日設置
		令和2年12月2日登記
		令和3年1月31日廃止
		令和3年2月3日登記

登記原因は「廃止」である。

　支店の登記については，支店番号が記録される。支店番号は，その登記所における登記の順序に従って付され（商登準§60Ⅱ），支店を特定するために用いられる。

　設置の場合の登記すべき事項の記載は次のようになる。

> 令和2年12月1日次のとおり設置
> 　　支店　東京都新宿区新宿一丁目1番1号

　登記簿に記録される語句が漏れなく記載されていれば十分だが，支店番号は登記官が付すので，申請書に記載しなくても構わない。

　支店は複数置かれることが考えられるから，支店の移転の場合には，移転した支店を特定する必要がある。

> 東京都新宿区新宿一丁目1番1号の支店は，令和3年1月1日移転
> 　　支店　東京都新宿区新宿二丁目2番2号

　支店を特定するために移転前の所在場所を記載しているが，支店番号を用いて支店を特定することも可能である。
➡　オンラインによる申請などでは，支店番号で特定する。

　廃止の場合にも，廃止した支店を特定する必要がある。支店を特定した上で「令和3年1月31日廃止」などと記載すればよい。

　添付書面としては，支店の設置・移転・廃止について決定した取締役会の議事録や取締役の過半数の一致があったことを証する書面などが必要になる。

第57節　本店と支店についてのその他の変更

Topics ・申請が必要な場合と不要な場合がある。

　　　　・添付書面の根拠と添付が必要な理由を理解しておくとよい。

1　移転以外の変更

次の場合には，本店や支店を移転しなくても，その所在場所に変更が生じる。

- ・行政区画，郡，区，市町村内の町若しくは字又はそれらの名称の変更があった場合
- ・行政区画などの変更に伴う地番の変更があった場合
- ・住居表示の実施があった場合

　住居表示の実施は，「住居表示に関する法律」に基づいて行われるものである。通常，住居表示の実施があると建物の場所を探すのが容易になる。住居表示が未実施の場合には「○市○町○番地」と地番によって場所が表されるが，住居表示が実施されると「○市○町○丁目○番○号」といった形式で場所（建物）が特定される。

➡　住居表示の場合の「○番」や「○号」は，一定のルールに従って定められることが多い。「○号」は，一つのブロック内で時計回りに振られることが多く，慣れていれば住居表示だけで建物を特定できる。

2　行政区画等の変更

（行政区画等の変更）

第26条　行政区画，郡，区，市町村内の町若しくは字又はそれらの名称の変更があつたときは，その変更による登記があつたものとみなす。

（行政区画等の変更）

商業登記規則第42条　登記簿に記録された行政区画，郡，区，市町村内の町若しくは字又はそれらの名称の変更があつたときは，登記官は，登記簿にその変更があつたことを記録することができる。

　少し昔の例になるが，大宮市などがさいたま市になったケースを想定してもらえればよい。こういった場合には，登記があったものとみなされ，また，登記官がその変更を記録することができるため，**当事者が登記を申請する必要はない**。

申請ではないので，覚える必要は全くないが，登記記録例は次のようになる。

支　店	1 東京都北多摩郡田無町一丁目 ２番地	
	東京都西東京市北一丁目２番地	令和２年10月１日変更
		令和２年10月８日修正

　登記ではないので，登記年月日を記録すべき欄に「登記」ではなく「修正」と記録される（商登準§56）。

　登記があったものとみなされるのは行政区画そのものの変更や名称の変更などであり，地番の変更を伴う場合については，登記があったものとみなされない。地番の変更の場合には，登記官がどのような変更があったかを知ることが困難であり，登記を申請しなければならないのである。

3　申請による本店と支店の変更

　地番の変更や住居表示の実施によって本店や支店の所在場所に変更が生じたときは，その旨の登記を申請しなければならない。

　住居表示の実施の場合には，次のように登記される。

本　店	東京都中央区京橋一丁目１番地	
	東京都中央区京橋一丁目１番１号	令和２年10月１日住居表示実施
		令和２年10月８日登記

　地番の変更の場合も，登記原因が「名称地番変更」などになることを除き，同じような登記になる。

　これらの変更の登記の申請書には，商業登記法上は，委任状以外の添付書面が必要ない。しかし，これらの変更の登記は登録免許税法５条４号（住居表示

の実施）又は5号（地番の変更）の規定により非課税となり，非課税であることを証するため，市区町村長の作成した証明書などを添付しなければならない（登税§5，登税規§1）。

　また，申請書には，登録免許税を記載すべき欄に「登録免許税法第5条第4号の規定により免除」などと記載すべきとされている。

第58節　支配人

Topics・会社以外の商人の支配人について扱う際に復習できるので，ここでは
　　　　　簡単に眺めておけばよい。
　　　　・選任の旨や選任年月日は登記されない。
　　　　・本店や支店の移転，支店の廃止があった場合の登記に注意する。

1　支配人の選任

　株式会社は，その本店や支店について支配人を選任することができる。支配
人の選任は，完全に任意であり，置いてもいいし，置かなくてもいい。

　支配人の選任は，取締役会設置会社では取締役会の決議で，取締役会設置会
社以外の株式会社では取締役の過半数の一致で行う（会§348Ⅲ①，362Ⅳ③）。
　支配人としての就任承諾は，必ずしも必要ではない。通常は，既に雇用関係
にある者に支配人の権限が授与されることになる。
➡　少なくとも，登記手続において就任承諾が考慮されることはない。

　支配人について特別の資格は定められていない。ただし，代表取締役を支配
人に選任する決議は無効とされている（先例昭40.1.19−104）。

2　支配人が地位を失う場合

　支配人は，死亡，破産手続開始の決定，後見開始の審判によってその地位を
失う（民§111Ⅰ）。
　また，支配人の地位を辞任することができ，支配人の地位を解任することが
できる。
　さらに，支配人を置いた支店を廃止したときは，支配人は当然にその地位を
失う。

＋アルファ

　会社法には，株式会社が解散した場合に支配人が退任する旨の規定はない。　**H29記述**
しかし，会社の支配人の登記は，会社の解散の登記によって抹消する記号が　**H28-33**
記録される（商登規§59）。
　一方，清算株式会社が支配人を選任することも可能である（会§482Ⅲ①，　**H24-31**
489Ⅵ③）。したがって，解散の登記によって抹消する記号が記録されるが，
いったん解散の登記をした後は，支配人選任の登記をすることが可能になる。

3　支配人を置いた営業所移転

> （会社の支配人の登記）
>
> **第44条**　会社の支配人の登記は，会社の登記簿にする。
>
> 2　前項の登記において登記すべき事項は，次のとおりとする。
>
> 一　支配人の氏名及び住所
>
> 二　支配人を置いた営業所
>
> （会社の支配人を置いた営業所の移転等の登記）
>
> **商業登記規則第58条**　会社の支配人を置いた本店又は支店について移転，変更又は廃止があつたときは，本店又は支店に関する移転，変更又は廃止の登記の申請と支配人を置いた営業所に関する移転，変更又は廃止の登記の申請とは，同時にしなければならない。

H29記述　支配人を置いた本店や支店は，支配人を置いた営業所として登記される。そのため，本店や支店の移転があると，支配人を置いた営業所に変更が生じる。この場合には，本店や支店の移転の登記と支配人を置いた営業所移転の登記を同時に申請しなければならない。

重要❶ ●

H19-28　支配人は，常に本店の所在地で登記される。

　　本店に置いた支配人も，支店に置いた支配人も，本店の所在地において登記することになる（会§918）。支配人を置いた営業所の所在地で登記するわけではない。

4　登記の事由

「支配人の選任」「支配人の代理権消滅」「支配人を置いた営業所移転」のように記載すべきである。

「支配人の変更」とすべきではない。登記の事由は，登録免許税の区分がわかる程度に具体的に記載すべきであるが，支配人の選任・代理権消滅と支配人を置いた営業所移転は，別区分として登録免許税を計算するのである。

➡　第3編で詳しく扱う。支配人についての登記は，支店の登記と並んで登録免許税の計算における重要論点である。

5　登記記録例

選任の場合には，次のように登記される。 H30記述

支配人に関する事項	横浜市中区山下町１番地 甲　野　太　郎 営業所　東京都渋谷区渋谷一丁目１番１号	令和３年３月３日登記

　１行目には，支配人の住所が記録される。２行目が氏名で，３行目が支配人を置いた営業所の所在場所である。本店に置いた支配人でも，支店に置いた支配人でも，同じように営業所の所在場所を登記する。「本店」「支店」とは登記しない。等しく「営業所」である。

　原因年月日は空欄となる。登記年月日のみが記録される。

➡　設立と同時に置いた支配人については，登記年月日も記録されない。

重要❗ ●

支配人の選任の登記では，選任の旨や，選任の年月日は登記されない。

　辞任した場合には，次のようになる。 H30記述

支配人に関する事項	横浜市中区山下町１番地 甲　野　太　郎 営業所　東京都渋谷区渋谷一丁目１番１号	令和３年３月３日登記
		令和３年３月31日辞任
		令和３年４月１日登記

　登記原因は「辞任」である。

　解任の場合には「解任」であり，死亡の場合には「死亡」，破産手続開始の H25記述 決定があった場合には「破産手続開始決定」，後見開始の審判があった場合には「後見開始の審判」である。

　支配人を置いた支店を廃止した場合には，支店の廃止の登記と同時に支配人を置いた営業所廃止の登記をすることになり，登記原因は「支配人を置いた営業所廃止」となる。

支配人を置いた営業所移転は，次のようになる。

支配人に関する事項	横浜市中区山下町１番地 甲　野　太　郎 営業所　東京都渋谷区渋谷一丁目１番１号	
		令和３年３月３日登記
	横浜市中区山下町１番地 甲　野　太　郎 営業所　東京都新宿区新宿一丁目１番１号	令和３年３月31日営業所移転
		令和３年４月１日登記

H25記述　登記原因は「営業所移転」である。

　その他，支配人の住所や氏名に変更が生じたときは，「甲野太郎の氏変更」や「移転」を登記原因とする登記をすることになる。

➡　「営業所移転」と「移転」は全く異なる事実を意味する。

6　登記すべき事項の記載

　いつもどおり，登記簿に記録される事項を記載すればよい。

　選任の登記では，選任の旨や年月日が登記されないので，「選任」と記載したり日付を記載してはいけない。

> 支配人に関する事項
> 　横浜市中区山下町１番地
> 　甲野太郎
> 　営業所　東京都渋谷区渋谷一丁目１番１号

　多少違っても，登記簿に記録される事項が含まれていればよい。

　支配人は複数のことがあり得るから，選任以外の場合には，どの支配人についての登記であるかを特定する必要がある。支配人を特定した上で，原因年月日などの新たに登記簿に記録される事項を記載すればよい。

　支配人の氏名で特定できるが，「東京都渋谷区渋谷一丁目１番１号に置いた支配人甲野太郎」と営業所も加えると丁寧である。

7　添付書面

> **第45条**　会社の支配人の選任の登記の申請書には，支配人の選任を証する書面を添付しなければならない。
> 2　会社の支配人の代理権の消滅の登記の申請書には，これを証する書面を添付しなければならない。

選任の場合には，取締役会の議事録か取締役の過半数の一致があったことを証する書面を添付する。

代理権の消滅を証する書面については，役員の退任を証する書面と同じように考えればよい。

支配人を置いた営業所廃止や支配人を置いた営業所移転については，同時に申請する支店の廃止や移転などの登記の添付書面から，営業所廃止・営業所移転の事実が明らかになる。

8　他管轄への本店移転があった場合の登記手続

本店を他の登記所の管轄区域内に移転した場合には，新所在地における本店　H22-30
移転の登記の申請が経由申請になる。支配人を置いた営業所移転の登記は，本店移転の登記と同時に申請しなければならないが，旧所在地における本店移転の登記と同時に申請し，新所在地に対して重ねて営業所移転の登記を申請する必要はない。新所在地では，移転後の新営業所を登記すればよく，「営業所移転」とは登記しないのである。結局，営業所移転の登記の申請が経由申請になることはない。

➡　旧所在地における申請書の登記の事由には「本店移転」「支配人を置いた営業所移転」と記載することになり，新所在地における申請書の登記の事由には「本店移転」と記載することになるのである。

第59節　株式会社の登記の添付書面

Topics ・株式会社の登記の申請書に添付する書面について，横断的に整理する。
・決議があったものとみなされる場合に注意する。

1　株主総会議事録

　株主総会の決議によって登記すべき事項が生じた場合には，登記の申請書に株主総会議事録を添付する。

　株主総会の招集には一定の手続が必要だが，招集の手続について重ねて書面を添付する必要はない。しかし，株主総会の招集手続の法令違反は株主総会の決議の取消しの原因となり（会§831），明らかに招集手続の法令違反が認められる場合には，登記の申請は受理されない（商登§24⑩）。

➡　募集株式の発行直後に株主総会を招集し，かつ，その株主総会における議決権について基準日を定めていない場合などである。

　招集手続に明らかな瑕疵があっても，議決権を行使することができる株主の全員の出席があれば，瑕疵は治癒し，株主総会議事録を添付して登記を申請することができる。

➡　創立総会についても，同じように考える。

　株主総会の招集を請求した株主が自ら株主総会を招集する場合には，裁判所の許可が必要である（会§297）。この場合には，株主総会議事録のほかに裁判所の許可を得たことを証する書面の添付が必要になるが，株主全員の出席があれば，裁判所の許可を得たことを証する書面の添付がなくても申請が受理されるという先例がある（先例昭43.8.30－2770）。

　株主総会の決議に期限や条件を設けることは，原則として差し支えない（先例昭37.10.27－228）。

　会社法上は，株主総会議事録に取締役が署名・記名押印する義務はない。しかし，株主総会の決議で代表取締役を定めた場合など，議事録に押した印鑑について印鑑証明書を添付する必要があるときは，議事録に記名押印しなければならない。

　株主全員の書面又は電磁的記録による同意の意思表示があれば，株主総会の決議の省略ができ，株主総会の決議があったものとみなされる（会§319）。株

主総会の決議があったものとみなされた場合にも，議事録が作成されるので（会
施規§72Ⅳ①），申請書には，株主総会の決議があったものとみなされた場合
に該当することを証する書面（商登§46Ⅲ）として，株主総会議事録を添付す
る。

➡　商業登記法46条3項の条文を読むと，議事録に代えて別な書面を添付する
　ようにもとれるが，議事録に代えて議事録を添付するのである。

　議案の提出について監査役の同意などが必要となる場合でも，監査役の同意
についての書面を添付する必要はない。議案の内容を監査役が決定する場合も，
同様に不要である。

　登記すべき事項について株主総会の決議が必要な場合には，**株主リスト**の添
付も必要である。ほとんどの場合において株主総会議事録を添付するなら株主
リストも添付する。株主総会議事録を添付するが株主リストは添付しないとい
う例外だけを覚えておいた方が効率がいい。
　一つ目の例外は，役員の任期満了時期を明らかにするためだけに定時株主総
会の議事録を添付する場合である。定時株主総会の終結時に取締役の任期が満
了する場合には，定時株主総会で登記すべき事項に関する決議を全く行わなか
ったとしても，退任日を明らかにするために定時株主総会の議事録を添付する
必要がある。この場合には，登記すべき事項についての決議があったわけでは
ないので，株主リストは不要である。同じ理由で，会計監査人が再任されたも
のとみなされた場合も，定時株主総会の議事録は添付するが，株主リストは添
付しない。
　二つ目の例外は，新株予約権の行使があった場合において，増加する資本金
の額について定めた内容を明らかにするために株主総会議事録を添付する場合
である。新株予約権の行使のところで説明したように，この場合には，株主総
会議事録を添付するが，株主リストは添付しない。

➡　例外がこの二つに限られるわけではないが，試験対策的には，この二つを
　覚えておけばよい。

2　取締役会議事録
　取締役会の招集手続についても，添付書面は不要である。

　取締役会議事録には，出席した取締役と監査役が署名か記名押印をしなけれ
ばならない（会§369Ⅲ）。登記所に印鑑を提出している者については，登記所
に提出している印鑑を押すことが望ましいが，印鑑証明書の添付が必要となる

場合を除き，他の印鑑でも申請は却下されない。

R2-29
H20-33
　取締役の全員の書面又は電磁的記録による同意があり，監査役が異議を述べていないときは，定款の定めに基づき，取締役会の決議の省略ができ，取締役会の決議があったものとみなされる（会§370）。この場合の申請書には，取締役会の決議があったものとみなされた場合に該当することを証する書面（商登§46Ⅲ）として，取締役会議事録と定款を添付する。

3　業務執行の決定の委任があった場合

第46条　（略）
4　監査等委員会設置会社における登記すべき事項につき，会社法第399条の13第5項又は第6項の取締役会の決議による委任に基づく取締役の決定があつたときは，申請書に，当該取締役会の議事録のほか，当該決定があつたことを証する書面を添付しなければならない。
5　指名委員会等設置会社における登記すべき事項につき，会社法第416条第4項の取締役会の決議による委任に基づく執行役の決定があつたときは，申請書に，当該取締役会の議事録のほか，当該決定があつたことを証する書面を添付しなければならない。

　取締役会の決議により業務執行の決定が委任された場合には，委任に基づく決定があったことを証する書面のほか，委任した取締役会の議事録も添付しなければならない。
➡　委任できる事項はたくさんあるが，募集株式の発行における募集事項の決定が代表的な例だろう。

　監査等委員会設置会社において業務執行の決定を取締役に委任することができるのは，取締役の過半数が社外取締役である場合と定款の定めがある場合である（会§399の13ⅤⅥ）。監査等委員会設置会社では，社外取締役である旨が登記され，また，重要な業務執行の決定の取締役への委任についての定款の定めがある旨が登記されるため（会§911Ⅲ㉒），委任できること自体は登記簿から明らかとなる。したがって，委任できること自体を添付書面で明らかにする必要はない。委任の内容までは明らかにならないため，委任した取締役会の議事録は必要である。

4　印鑑証明書

就任又は設立の登記では，次のような印鑑証明書の添付が必要になる。

	就任承諾を証する書面の印鑑証明書	選定を証する書面の印鑑証明書
添付が必要になる場合	・設立の登記 ・取締役会設置会社以外の株式会社における取締役の就任の登記 ・取締役会設置会社における代表取締役の就任の登記	代表取締役の就任の登記
添付が必要になる者	・取締役会設置会社以外の株式会社では，設立時取締役と取締役 ・取締役会設置会社では，設立時代表取締役と代表取締役	選定を証する書面に押印した者 （株主総会議事録については議長を含み，取締役会議事録については監査役を含む）
添付を省略できる場合	再任の場合 （設立の場合には省略できない）	登記所に提出している印鑑が押印されている場合

　指名委員会等設置会社では，代表取締役を代表執行役に置き換える必要がある。設立の登記の申請書には選定を証する書面について印鑑証明書を添付する必要がないことと，取締役会設置会社かどうかで添付すべき印鑑証明書が異なることが注意すべき点である。

　清算人や代表清算人について印鑑証明書が必要になることはない。

➡　組織再編行為による設立では若干異なる。組織変更と新設合併の場合に限り，設立の登記に印鑑証明書を添付する必要がない。第4章で触れる。

　辞任の登記の申請書に印鑑証明書の添付が必要となることもある。添付が必要となるのは，代表者が辞任した場合の登記である。代表取締役がその地位を辞任した場合だけではなく，代表取締役が取締役の地位を辞任して代表取締役を退任した場合も含まれる。指名委員会等設置会社の代表執行役についても同

じように考える。

辞任を証する書面の印鑑証明書は，登記所に印鑑を提出している者がいる場合と，登記所に印鑑を提出している者が1名もいない場合で扱いが異なる。

登記所に印鑑を提出している者がいる場合は，登記所に印鑑を提出しているにもかかわらず，登記所に提出している印鑑を押していない者について印鑑証明書が必要になる。最初から登記所に印鑑を提出していない者については，印鑑証明書は不要である。

一方，登記所に印鑑を提出している者が1名もいない場合には，代表者の辞任を証する書面について常に印鑑証明書が必要になる。

外国人など，市区町村に印鑑を登録していない者については，印鑑証明書に代えて署名証明書を添付することになる（先例昭48.1.29-821）。

5　本人確認証明書

印鑑証明書を添付する場合には，本人確認証明書が不要なので，まずは印鑑証明書の添付について正しく判断する必要がある。

印鑑証明書の添付が不要で，かつ再任ではない場合には，取締役，監査役，執行役について本人確認証明書の添付が必要になる。設立の場合には，設立時取締役，設立時監査役，設立時執行役である。

取締役会設置会社以外の株式会社では，再任でない取締役について印鑑証明書が必要になるので，取締役について本人確認証明書の添付が必要となることはない。

6　商業登記規則61条9項の書面

H28-32

設立の登記，資本金の額の増加による変更の登記，資本金の額の減少による変更の登記の申請書には，資本金の額が会社法及び会社計算規則の規定に従って計上されたことを証する書面を添付すると規定されている。しかし，資本金の額が適法であることが登記簿から明らかである場合や，他の規定に基づく添付書面によって資本金の額が適法であることが明らかになる場合には，商業登記規則61条9項の書面の添付は不要になる。結局，商業登記規則61条9項の規定に基づき資本金の額が会社法及び会社計算規則の規定に従って計上されたことを証する書面の添付が必要になるのは，次の場合である（先例平19.1.17-91）。

➡　それぞれ該当する登記のところで説明済みである。

・設立に際して金銭以外の財産の出資があった場合の設立の登記

・募集株式の発行によって資本金の額が増加した場合
・新株予約権の行使によって資本金の額が増加した場合
・取得条項付新株予約権の取得と引換えに株式を発行したことによって資本金の額が増加した場合

7　公告をしたことを証する書面

　82ページで説明したように，公告か通知のどちらか一方で足りる場合には，公告をしたことを証する書面も，通知をしたことを証する書面も，添付する必要がない。添付が不要となる主な公告は，次のとおりである。

`H22-29`
`H21-29`
`H21-35`
`H18-32`

・基準日の公告
・募集株式の発行に際しての公告
・募集新株予約権の発行に際しての公告
・反対株主の株式買取請求に関する公告
・新株予約権買取請求に関する公告

　これらの公告について，公告をしたことを証する書面の添付が必要となることはない。

第３章
持分会社の登記

第1節　持分会社の登記事項

Topics ・株式会社との違いを把握する。株式会社よりも，かなり少ない。

・持分会社間でも登記事項は異なる。登記事項の違いが登記手続の違いに直結するので，確実に覚えておきたい。

1　持分会社の登記

　　持分会社の登記事項も区ごとに登記されるが，株式会社とは異なる。商号区，目的区，社員区，会社支配人区，支店区，会社履歴区，会社状態区，登記記録区となっており，合同会社のみ資本区が加わる。株式に関する事項などが登記されないので，株式会社よりも登記事項が少ない。

　　株式会社で登記されず，持分会社でのみ登記されるのは，社員に関する事項である。そのため，社員に関する登記を理解すれば，持分会社の登記のほとんどが理解できたことになる。

2　合名会社の登記事項

H18-35 　　会社法912条と商業登記規則に基づき，株式会社と同様に列記していこう。本店の所在地における登記事項である。

区の名称	記録すべき事項
商号区	会社法人等番号 商号 商号譲渡人の債務に関する免責 本店の所在場所 会社の公告方法 会社成立の年月日

目的区	目的
社員区	社員，代表社員，清算人及び代表清算人 社員の業務執行権又は代表権に関する事項
会社支配人区	支配人 支配人を置いた営業所
支店区	支店の所在場所
会社履歴区	会社の継続 合併をした旨並びに吸収合併消滅会社の商号及び本店 分割をした旨並びに吸収分割会社の商号及び本店
会社状態区	存続期間の定め 解散の事由の定め 解散（登記記録区に記録すべき事項を除く。） 設立の無効 設立の取消し 民事再生に関する登記（他の区に記録すべきものを除く。） 承認援助手続に関する事項（社員区に記録すべきものを除く。） 破産に関する事項（社員区及び登記記録区に記録すべきものを除く。）
登記記録区	登記記録を起こした事由及び年月日 登記記録を閉鎖した事由及び年月日 登記記録を復活した事由及び年月日

　社員については，次の事項が登記される（会§912⑤⑥）。

➡　詳細は社員に関する登記について扱う際に説明する。

　・社員の氏名又は名称及び住所
　・合名会社を代表する社員の氏名又は名称（合名会社を代表しない社員があ

る場合に限る。)
・合名会社を代表する社員が法人であるときは，当該社員の職務を行うべき
者の氏名及び住所

　　合名会社の社員についても，株式会社の取締役などと同様に，婚姻によって
氏を改めた場合には，婚姻前の氏（旧姓）を登記することができる（商登規§
88の2）。
➡　合資会社と合同会社も同じである。

3　合資会社の登記事項

H18-35　社員区以外は，合名会社と同じである。合資会社の社員区は，次のようにな
る。

社員区	無限責任社員，有限責任社員，代表社員，清算人及び代表清算人 有限責任社員の出資の目的及びその価額並びに既に履行した出資の価額 社員の業務執行権又は代表権に関する事項

　　そして，社員については，次の事項が登記される（会§913⑤⑥⑦⑧⑨）。

・社員の氏名又は名称及び住所
・社員が有限責任社員又は無限責任社員のいずれかであるかの別
・有限責任社員の出資の目的及びその価額並びに既に履行した出資の価額
・合資会社を代表する社員の氏名又は名称（合資会社を代表しない社員があ
る場合に限る。)
・合資会社を代表する社員が法人であるときは，当該社員の職務を行うべき
者の氏名及び住所

4　合同会社の登記事項

　合同会社では，**資本金の額**が登記される。資本区と社員区以外は，ほぼ他の持分会社と共通である。

資本区	資本金の額
社員区	業務執行社員，代表社員，清算人及び代表清算人 社員の業務執行権又は代表権に関する事項

　社員については，次の事項が登記される（会§914⑥⑦⑧）。

・合同会社の業務を執行する社員の氏名又は名称
・合同会社を代表する社員の氏名又は名称及び住所
・合同会社を代表する社員が法人であるときは，当該社員の職務を行うべき者の氏名及び住所

　合同会社では，業務を執行しない社員について登記されない。

第2節　株式会社と共通の登記

Topics・業務執行と定款の変更の機関に注意する。

　　　　・忘れている事項については，株式会社に戻って確認しておこう。

　　　　・持分会社については，択一対策が重要である。なので，申請書の書き
　　　　方の重要性は低い。添付書面が重要である。

1　業務執行と定款の変更

　定款で何も定めていない場合には，社員各自が持分会社の業務を執行し，社員の過半数により業務を決定する（会§590ⅠⅡ）。定款で業務を執行する社員を定めた場合には，定款で定めた業務を執行する社員各自が持分会社の業務を執行し，業務を執行する社員の過半数により業務を決定する（同ⅠⅡ）。本書では，業務を執行する社員を業務執行社員とよぶことにする。定款で何も定めていなければ，社員全員が業務執行社員である。

　業務執行社員が取締役会設置会社における取締役に相当し，業務執行社員の過半数による決定が取締役会の決議に相当する。そのため，取締役会設置会社において取締役会議事録の添付が必要となった場合には，持分会社では，業務執行社員の過半数の一致があったことを証する書面の添付が必要になるといえる。

➡　定款で何も定めていなければ，社員全員が業務執行社員だから，社員の過半数の一致があったことを証する書面が業務執行社員の過半数の一致があったことを証する書面となる。

　持分会社の定款の変更は，総社員の同意によって行うが，定款に別段の定めがある場合には，定款で定めた方法によって行う（会§637）。したがって，定款の変更を伴う登記の申請書には，原則として総社員の同意があったことを証する書面の添付が必要になる。定款の定めがある場合には，定款の規定によって添付書面が異なる。「社員の過半数の一致により定款を変更することができる」と定款で定めているのであれば，定款と社員の過半数の一致があったことを証する書面を添付する。

2　商号の変更

　株式会社と同じ登記手続になる。定款の変更について，総社員の同意があったことを証する書面などを添付することになる。

3　公告をする方法の変更

　株式会社と同じである。持分会社も電子公告を公告方法とすることができる。ただし，持分会社では貸借対照表の公告義務がないので，貸借対照表に係る情報の提供を受けるために必要な事項は登記されない。

4　目的の変更

　株式会社と同じである。

5　存続期間と解散の事由

　株式会社と同じである。

6　本店移転や支店に関する登記

　株式会社と同じである。本店の所在地についての定款の変更が必要となる場合には，定款の変更について総社員の同意があったことを証する書面などを添付する。本店の移転や支店の設置・移転・廃止については，業務執行社員の過半数の一致があったことを証する書面の添付が必要になる。

7　支配人

　基本的には株式会社と同じである。

　支配人の選任と解任は，定款で業務執行社員を定めた場合であっても，社員の過半数によって決定しなければならない（会§591Ⅱ）。ただし，支配人の選任・解任の方法について定款で定めることも可能である。

第3節　合名会社の社員の登記

Topics ・3種類の持分会社の中では簡単な方である。まずは合名会社を確実に
理解しておこう。

　　　　・常に代表社員が登記されるわけではない。代表社員が登記される場合
と登記されない場合を区別できるようにする。

1　社員と代表社員についての登記事項

　最初に社員が法人ではなく自然人である場合を考える。法人である場合については、この節の後半で扱う。

　まず、どのように登記されるかを見てしまおう。

社員に関する事項	東京都渋谷区渋谷一丁目1番1号 社員　　　　　　　甲野太郎

　原因年月日が登記されない設立当初の社員についての例である。

　社員については、氏名と住所が登記される。合名会社では、業務執行権の有無、代表権の有無にかかわらず、社員全員の氏名と住所が登記される。

　合名会社を代表する社員（代表社員）の氏名は、登記される場合と登記されない場合がある。

重要❶ ・・・・・・・・・・・・・・・・・・・・・・・・・・・・・・・・・・

H27-32 　合名会社を代表しない社員がいる場合に限って代表社員の氏名が登記される。
社員全員が合名会社を代表する場合には、代表社員の登記をしない。

　社員A、社員Bが両方とも代表権を持ち、代表社員であるなら、社員Aの登記と社員Bの登記だけをすればよい。一方、社員Aのみが代表社員であるなら、社員Aの登記と社員Bの登記のほかに、代表社員Aの登記が必要となる。

代表社員についての登記が必要となる場合には，次のようになる。

社員に関する事項	東京都渋谷区渋谷一丁目1番1号 社員　　　　　　甲野太郎
	東京都渋谷区渋谷二丁目2番2号 社員　　　　　　甲野次郎
	代表社員　　　　甲野太郎

　代表社員については，氏名のみが登記される。代表社員の登記の有無は，社員についての登記事項に影響がない。

2　社員の加入

　社員の氏名は定款で定めなければならないから，社員の加入には，定款の変更が必要である。
- ➡　定款の定めに基づき死亡した社員の相続人が加入する場合には，定款の変更をしたものとみなされる（会§608Ⅲ）。

　社員が持分を社員以外の者に譲渡した場合には，持分を譲渡した社員が退社し，持分を譲り受けた者が加入する。この場合も定款の変更が必要である。

3　社員の退社

　社員の退社には，任意退社，法定退社，持分の差押債権者による退社がある。

　任意退社には，6か月前までに予告して退社する予告退社とやむを得ない事由がある場合の退社がある（会§606）。

　法定退社の事由は次のとおりである（会§607）。

・定款で定めた事由の発生
・総社員の同意
・死亡
・合併による解散
・破産手続開始の決定
・解散

・後見開始の審判

・除名

　これらのうち，破産手続開始の決定，解散，後見開始の審判については，退社の事由としない旨を定款で定めることができる。

　除名の場合には，裁判所書記官によって登記が嘱託されることになる（会§937Ⅰ①ル）。

➡　嘱託については，第3編でまとめて扱う。

　死亡については，その相続人が持分を承継する旨を定款で定めることができる（会§608）。相続人が以前から社員である場合を除き，相続人が社員として加入する。定款で何も定めていなければ，相続人が社員となることはない。

➡　合併も同様である。

4　代表社員

　定款で何も定めていなければ，社員全員が代表社員になる。定款で業務執行社員のみを定めていれば，業務執行社員全員が代表社員になる。

　定款で代表社員を定めている場合には，定款で定めた者が代表社員となる。また，社員の互選によって代表社員を定める旨の定款の定めがある場合には，定款の規定に従って社員の互選により定められた者が代表社員となる。

➡　結局，代表社員を定めるには，何らかの定款の規定が必要である。

　就任承諾の要否について明確な根拠はないが，株式会社と同様に考えると，社員の互選によって定めた場合には，代表社員としての就任承諾が必要である。

5　登記記録例

　次のように登記される。

社員に関する事項	東京都渋谷区渋谷一丁目1番1号 社員　　　　　　甲野太郎	令和2年12月1日加入
		令和2年12月2日登記
		令和3年2月1日退社
		令和3年2月3日登記

　加入の場合の登記原因は「加入」である。

　退社の場合には，退社の事由によって異なる。任意退社，定款で定めた事由の発生，総社員の同意，持分の差押債権者による退社の場合には「退社」を用いる。死亡の場合には「死亡」，破産手続開始の決定があった場合には「破産手続開始決定」，後見開始の審判があった場合には「後見開始」である。

　代表社員の登記については注意が必要である。次の登記記録を見てみよう。

社員に関する事項	東京都渋谷区渋谷一丁目1番1号 社員　　　　　　甲野太郎	
	東京都渋谷区渋谷二丁目2番2号 社員　　　　　　甲野次郎	令和3年2月1日加入 - - - - - - - - - - 令和3年2月3日登記
	代表社員　　　　甲野太郎	令和3年3月1日就任 - - - - - - - - - - 令和3年3月3日登記

　令和3年2月1日に社員として甲野次郎が加入し，令和3年3月1日に社員中甲野太郎のみを代表社員とした場合の登記である。令和3年3月1日までは，社員の全員が代表社員なのだが，社員の全員が代表社員である場合には，代表社員の氏名は登記されない。

　令和3年3月1日までは甲野太郎と甲野次郎が代表社員だったのであり，令和3年3月1日に発生した事実は甲野次郎が代表社員ではなくなったということで，甲野太郎の地位に変更はないのだが，その場合でも代表社員についての登記原因は「就任」となる。

　社員が持分を社員以外に者に譲渡した場合には，退社の登記と加入の登記をそれぞれの社員についてする。

　社員が死亡し，その相続人が定款の定めに基づいて加入した場合には，死亡の登記と加入の登記をそれぞれの社員についてすることになる。相続による加入も，登記原因は単に「加入」である。

逆に，社員の全員が代表社員となった場合には，次のような登記になる。

社員に関する事項	東京都渋谷区渋谷一丁目１番１号 社員　　　　　　甲野太郎	
	東京都渋谷区渋谷二丁目２番２号 社員　　　　　　甲野次郎	
		令和３年３月１日死亡
		令和３年３月３日登記
	代表社員　　　　甲野太郎	
		令和３年３月１日社員が１名となったため抹消
		令和３年３月３日登記

　代表社員でない社員甲野次郎が死亡した場合である。甲野次郎の死亡により，社員全員が代表社員となるので，代表社員の氏名を登記できなくなる。この場合には登記原因を「社員が１名となったため抹消」とし，代表社員の氏名に抹消する記号（下線）が記録されることになる。

重要❷ ・・・・・・・・・・・・・・・・・・・・・・・・・・・・・
　社員の全員が代表社員となったときは，代表社員の氏名を抹消する登記をしなければならない。

　社員全員を代表社員と定めることにより，代表社員の氏名を登記できなくなることも考えられる。この場合には，登記原因を「会社を代表しない社員の不存在により抹消」とすることになる。

　代表社員が辞任したときは登記原因を「辞任」とし，代表社員が死亡したときは登記原因を「死亡」とする。

　社員や代表社員の氏・名の変更，住所の変更などについては，株式会社の取締役や代表取締役と同様の登記になる。

　登記の事由は「社員の変更」「代表社員の変更」などでよく，登記すべき事項としては，原則どおり登記簿に記録される事項を漏れなく記載すればよい。
➡　持分会社の登記については，申請書を書くことよりも，択一式で正解を導くための知識が重要である。そのため，今後，特に注意すべき場合を除き，登記の事由や登記すべき事項の記載についての説明は省略する。

6　添付書面
　社員の加入の場合には，通常は定款の変更が必要であるので，定款の変更についての総社員の同意があったことを証する書面などを添付する。　H18-35
　持分の譲渡があった場合には，定款の変更を証する書面のほか，持分の譲渡契約書などを添付する。
　社員が死亡し，その相続人が加入した場合には，死亡の登記と加入の登記を申請するが，死亡の登記について死亡を証する書面の添付が必要であり，加入の登記について，相続人であることを証する書面のほか，相続人が加入する旨の定款の規定の存在を証するために定款を添付する。　H24-34
　任意退社の場合には，その事実を証する書面を添付し，破産手続開始の決定や後見開始の審判があった場合には，取締役の登記と同様にその事実を証する書面を添付する（商登§96Ⅰ）。　H22-34

　定款で代表社員を定めたことにより代表社員が就任した場合には，定款の変更について総社員の同意があったことを証する書面などを添付する。
　定款の定めに基づく社員の互選により代表社員が就任した場合には，定款と社員の互選（過半数の一致）があったことを証する書面を添付する。

7　社員が法人である場合の登記
　社員が法人である場合には，社員の氏名に代えて社員の名称を登記する。

　法人が解散したことにより退社した場合には登記原因を「解散」とし，合併したことにより退社した場合には登記原因を「合併」とする。

　代表社員が法人であるときは，代表社員の職務を行うべき者（職務執行者）の氏名と住所を登記しなければならない。この登記は，代表社員の氏名の登記が不要な場合と代表社員の氏名を登記しなければならない場合とで異なる。　R2-34

➡ 会社法上は業務執行権があれば職務を行うべき者を選任しなければならないのだが（会§598Ⅰ），登記事項となるのは代表権がある場合だけである。

H23-33　社員全員が代表社員であり代表社員の氏名の登記が不要な場合には，次のようになる。

社員に関する事項	東京都渋谷区渋谷一丁目1番1号 社員　　　　　　株式会社甲野商店 東京都新宿区新宿一丁目1番1号 職務執行者　　　甲野一郎

　一方，社員の一部のみが代表社員であり代表社員の氏名を登記すべき場合には，次のようになる。

社員に関する事項	東京都渋谷区渋谷一丁目1番1号 社員　　　　　　株式会社甲野商店
	東京都渋谷区渋谷二丁目2番2号 社員　　　　　　甲野次郎
	代表社員　　　　株式会社甲野商店 東京都新宿区新宿一丁目1番1号 職務執行者　　　甲野一郎

　複数の職務執行者を定めることもできる。

社員に関する事項	代表社員　　　　株式会社甲野商店 東京都新宿区新宿一丁目1番1号 職務執行者　　　甲野一郎
	代表社員　　　　株式会社甲野商店 東京都新宿区新宿二丁目2番2号 職務執行者　　　乙野一郎

代表社員の地位に変更がなくても，職務執行者に変更があった場合には，その旨を登記しなければならない。職務執行者が就任した場合の登記原因は「職務執行者就任」であり，職務執行者が辞任した場合の登記原因は「職務執行者辞任」である。

社員が法人である場合は，社員の加入の登記の添付書面についても注意が必要である（商登§96Ⅰ，94②③）。

(1)　法人が代表社員である場合

社員全員が代表社員であり，代表社員の氏名の登記が不要な場合もこちらに含まれる。

法人の実在性を証するため，法人の登記事項証明書を添付しなければならない。ただし，合名会社の本店の所在地を管轄する登記所の管轄区域内にその社員の本店か主たる事務所がある場合と申請書に会社法人等番号を記載した場合には，登記事項証明書の添付が不要となる。

➡　社員となれる法人は会社に限られないので，本店ではなく主たる事務所も含む規定になっている。

さらに，職務執行者の選任に関する書面と職務執行者が就任を承諾したことを証する書面を添付しなければならない。　R3-33　H28-34

(2)　法人が代表社員以外の社員である場合

この場合には，登記事項証明書の添付が必要だが，職務執行者に関する添付書面は不要である。

法人である社員の名称，本店，主たる事務所の変更の登記の申請書には，登記事項証明書を添付しなければならない（商登§96Ⅱ）。これも，管轄が同じ場合と会社法人等番号を記載した場合には添付が不要である。

職務執行者の就任や辞任があった場合には，その事実を証する書面の添付が必要になる。

第4節　合資会社の社員の登記

Topics　・社員の責任など，登記される事項が増えるので，登記手続も複雑になる。
　　　　　・合名会社の登記についての知識を発展させていけばよい。

1　社員についての登記事項

　まず，登記記録例を見てしまおう。

➡　社員が法人である場合の論点は，合名会社と同じである。話を単純化するため，社員が自然人である前提で進めていくことにする。

社員に関する事項	東京都渋谷区渋谷一丁目１番１号 無限責任社員　　甲野太郎
	東京都渋谷区渋谷二丁目２番２号 有限責任社員　　甲野次郎 金100万円　内金50万円履行

重要！ •

　合資会社では，無限責任社員であるか有限責任社員であるかを登記する。また，有限責任社員については，出資の目的，価額，既に履行した出資の価額を登記する。

　有限責任社員の責任は，出資の価額と既に履行した出資の価額に基づいて計算されるから，これらの事項を登記する必要がある。

　有限責任社員の出資の目的が金銭以外の場合には，次のようになる。

社員に関する事項	東京都渋谷区渋谷二丁目２番２号 有限責任社員　　甲野次郎 東京都中央区築地一丁目12番所在　家屋番号12番の建物１棟，この価額金120万円　全部履行

2　合名会社と共通の登記手続

　無限責任社員についての登記事項は合名会社の社員と共通であるので，無限責任社員の加入や退社については，合名会社と同じである。

　また，代表社員についての登記や職務執行者についての登記も，合名会社と同じである。

3　既に履行した出資の価額を証する書面の添付

　有限責任社員については，出資の目的，価額，既に履行した出資の価額を登　H24-34
記する。出資の目的と価額は，社員の加入の登記に添付する定款により明らかとなる。既に履行した出資の価額については，有限責任社員が既に履行した出資の価額を証する書面を添付して明らかにする。

重要👉 •

　社員の加入など，既に履行した出資の価額が新たに登記される場合の登記の申請書には，既に履行した出資の価額を証する書面を添付しなければならない。

　既に履行した出資の価額を証する書面としては，代表社員が作成した出資金額収書，財産の引継書などが該当する。

4　合資会社の社員に特有な登記手続

　業務を執行しない有限責任社員の持分の譲渡は，業務を執行する社員の全員の承諾によって行うことができる（会§585Ⅱ）。

➡　本質的に実体法の論点なのだが，なぜか商業登記法で出題される。

　持分の一部を譲渡した場合には譲渡した社員が退社しないが，持分の全部を　H23-33
譲渡した場合には譲渡した社員が退社する。有限責任社員の持分を譲り受けた者が以前から有限責任社員であった場合には，譲り受けた者の出資の価額と既に履行した出資の価額が増加する。この場合には，登記原因を「持分の譲受」とする登記をする。有限責任社員の持分を譲り受けた者が社員でなかった場合には，譲り受けた者が社員として加入する。

　業務を執行する社員の全員の承諾に基づく有限責任社員の持分の譲渡により　H27-32
社員に変更が生じた場合の登記の申請書には，業務を執行する社員の全員の承諾があったことを証する書面のほか，業務執行社員が誰であるかを明らかにするため定款を添付する。

➕ **アルファ**

H24-34

　無限責任社員の持分を譲り受けた者は無限責任社員として加入し，有限責任社員の持分を譲り受けた者は有限責任社員として加入する。問題は，有限責任社員が無限責任社員に持分を譲渡した場合と無限責任社員が有限責任社員に持分を譲渡した場合の扱いである。

　結論を述べると，無限責任社員が有限責任社員の持分を譲り受けても無限責任社員のままであり，有限責任社員が無限責任社員の持分を譲り受けた場合には無限責任社員となるものと考えるべきである。一つの社員の中で無限責任社員と有限責任社員の立場を併存させることができない以上，より重い責任を負うものとしないと債権者を害することになるからである。

　合資会社では，社員の責任の変更が考えられる。無限責任社員を有限責任社員としたり，有限責任社員を無限責任社員とすることである。
➡　合名会社や合同会社では，社員の責任の変更は持分会社の種類の変更につながる。

　社員の責任を変更した場合には，「責任変更」を登記原因とする登記をする。責任の変更には定款の変更が必要なので，定款の変更について総社員の同意があったことを証する書面などを添付しなければならない。

5　出資に関する登記

　有限責任社員については，出資の増加，出資の減少，出資の目的の変更，出資の履行などにより登記すべき事項が生じる。

H22-34
H18-35

　出資の増加，出資の減少，出資の目的の変更には，定款の変更が必要なので，その登記の申請書には，定款の変更について総社員の同意があったことを証する書面などの添付が必要である。

　出資の履行があった場合の変更の登記の申請書には，出資の履行があったことを証する書面を添付しなければならない（商登§112）。

第5節　合同会社の社員の登記

Topics ・社員全員が登記されるわけではない。
・誰の住所が登記されるのかに注意する。
・資本金の額に変更が生じる場合に注意する。

1　社員についての登記事項

次のように登記される。

社員に関する事項	業務執行社員　　　甲野太郎
	東京都渋谷区渋谷一丁目1番1号 代表社員　　　　　甲野太郎

重要! ●

合同会社では，業務執行社員の氏名のほか，代表社員の住所と氏名が登記される。業務執行権のない社員の氏名は登記されない。
業務執行社員の全員が代表社員であっても，代表社員の住所と氏名を登記する。

合名会社や合資会社の社員に関する登記とは全く異なるので，注意しなければならない。

職務執行者が登記されるのは，代表社員についてのみである。業務執行社員 **H23-33** については職務執行者が登記されない。
なお，業務執行社員以外の社員を代表社員とすることはできないので，代表社員は必ず業務執行社員である。

2　業務執行社員の変更

社員以外の者が業務執行社員として加入した場合，業務執行社員が退社した場合のほか，既存の社員を業務執行社員とした場合や，業務執行社員から業務執行権を奪う場合などが考えられる。いずれの場合も，定款の変更が必要である。

社員の加入により資本金の額が増加することがある。合同会社では資本金の額が登記事項であるため，業務執行社員の加入により，資本金の額の変更の登

記をすることが考えられる。

➡　資本金の額の変更については，次節で扱う。

H30-35　　　合同会社の社員の加入の効力は，その出資の履行を完了した時に生じる。定款を変更しても，出資の履行が完了するまでは，社員の加入の効力が生じない。

3　代表社員の変更

実体法上の代表社員の変更については，合名会社と同じである。

必ず代表社員の住所と氏名を登記するので，「社員が1名となったため抹消」のような代表社員の氏名を抹消する登記はない。

4　業務執行権を持たない社員の加入

業務執行権を持たない社員が加入した場合であっても，資本金の額が増加した場合には，資本金の額の変更の登記が必要になる。

➡　次節で扱う。

5　登記記録例

業務執行社員については，次のように登記される。

社員に関する事項	業務執行社員　　甲野太郎	令和3年2月1日加入
		令和3年2月3日登記
		令和3年3月1日退社
		令和3年3月3日登記
	業務執行社員　　甲野次郎	令和3年2月1日業務執行権付与
		令和3年2月3日登記
		令和3年3月1日業務執行権喪失
		令和3年3月3日登記

　業務執行社員として加入した場合や業務執行社員が退社した場合には，「加入」「退社」となる。一方，業務執行社員でない社員を業務執行社員とした場合には，「業務執行権付与」とし，業務執行社員を業務執行社員でない社員とした場合には「業務執行権喪失」とする。

　代表社員については，住所が登記される点に注意する必要がある。「就任」「辞任」「死亡」などを登記原因とする登記が考えられる。

6　添付書面

　定款の変更を伴う登記については，定款の変更について総社員の同意があったことを証する書面などを添付する。業務執行社員が法人である場合の業務執行社員の加入の登記と業務執行権付与の登記の申請書には，原則として登記事項証明書の添付が必要である。

　代表社員の変更の登記の申請書に添付すべき書面についても，合名会社と同様である。

（社員の加入による変更の登記）

第119条　社員の加入による変更の登記の申請書には，会社法第604条第3項に規定する出資に係る払込み又は給付があつたことを証する書面を添付しなければならない。

　社員の加入の効力発生日を明らかにするために，出資に係る払込みがあったことを証する書面か出資に係る給付があったことを証する書面の添付が必要である。

➡　社員の加入の効力発生日を明らかにするためであるので，社員の加入によって資本金の額が増加しなくても添付が必要である。

H29-33　出資に係る払込みがあったことを証する書面としては，株式会社における募集株式の発行と同様の書面を添付すればよい。出資に係る給付があったことを証する書面としては，財産の引継書などを添付する。

➕アルファ

　募集株式の発行では，金銭以外の財産の給付について給付の事実を証する書面の添付が不要とされていた。合同会社についての扱いは，募集株式の発行についての扱いと異なり，違和感があるかもしれない。

　このような扱いになった背景には旧商法以来の経緯があるので単純ではないが，合同会社では，金銭以外の財産を出資の目的とする場合でも検査役の調査が不要であり，検査役の調査に関する添付書面が必要となることがない代わりに給付があったことを証する書面の添付が求められていると理解してしまえばいいだろう。

　募集新株予約権の発行に際しても金銭以外の財産の給付があったことを証する書面の添付が必要となることがあるが，募集新株予約権の発行に際しても，検査役の調査が必要となることはなかった。

第6節　合同会社の資本金の額に関する登記

Topics ・持分会社のうち合同会社のみ資本金の額が登記される。
　　　　・特に資本金の額の減少について，添付書面に注意する必要がある。

1　資本金の額の増加

　社員による出資の履行があった場合には，履行された出資の価額の範囲内で資本金の額が増加する。増加する資本金の額は出資の価額の全部でも一部でも構わない。株式会社と異なり，増加する資本金の額に制限はなく，資本金の額を増加しないことも許される。出資の価額のうち何円を資本金とするかは，業務執行社員の過半数の一致により定める。

　資本剰余金の額を減少して資本金の額を増加することもできる。資本剰余金の資本組入れである。

2　資本金の額の減少

　次の場合には，資本金の額の減少をすることができる。

・退社する社員に対して持分の払戻しをする場合
・社員に対して出資の払戻しをする場合
・損失の塡補に充てる場合

　合同会社では，いずれの場合でも債権者の異議手続が必要である（会§627）。また，資本金の額の減少の効力発生日は，債権者の異議手続の全部が終了した日である（同Ⅵ）。

3　登記記録例

　登記記録自体は，株式会社と変わりがない。　　　　　　　　　　　`H23-33`

資本金の額	金100万円	
	金200万円	令和3年3月1日変更
		令和3年3月3日登記

　登記原因は「変更」である。

4　添付書面

H31-32
H29-33

　資本金の額の増加についても，減少についても，**資本金の額が会社法及び会社計算規則の規定に従って計上されたことを証する書面**の添付が必要である（商登規§92，61Ⅸ）。ただし，出資に係る財産が金銭のみである場合の資本金の額の増加については，資本金の額が会社法及び会社計算規則の規定に従って計上されたことを証する書面の添付が不要となる（先例平19.1.17-91）。株式会社の設立と同様に考えればよい。

H27-32

　出資の履行があった場合には，出資に係る払込みがあったことを証する書面か出資に係る給付があったことを証する書面を添付しなければならない。新たに社員が加入した場合には加入の事実を証する書面の添付も必要だが，業務執行社員の加入の登記と同時に資本金の額の変更の登記を申請する場合には，業務執行社員の加入についての添付書面が資本金の額の変更についての添付書面を兼ねることになる。

　出資の価額は定款で定める事項なので，定款で定めた出資の価額を増加した場合には，定款の変更について総社員の同意があったことを証する書面などを添付しなければならない。

　出資された財産の価額のうち，資本金とする額を業務執行社員の過半数の一致により定めた場合には，業務執行社員の過半数の一致があったことを証する書面を添付しなければならない。

H19-35

　資本金の額の減少の場合には，**債権者の異議手続に関する書面**を添付しなければならない。具体的な添付書面は，株式会社における資本金の額の減少と同じである。

➕ アルファ

　株式会社では，資本金の額の減少による変更の登記の申請書に資本金の額が会社法及び会社計算規則の規定に従って計上されたことを証する書面を添付する必要がなかった。合同会社では，常に資本金の額が会社法及び会社計算規則の規定に従って計上されたことを証する書面を添付しなければならない。

　合同会社では，資本金の額の減少について，剰余金額（会§626ⅡⅢ）や損失の額（会§620Ⅱ）による制限があるため，資本金の額が会社法及び会社計算規則の規定に従って計上されたことを証する書面でこれらの額を明らかにしなければならないのである。

第7節　設　立

Topics ・株式会社よりも簡単に設立することが可能である。株式会社との違い
に注意したい。
・持分会社の種類による違いにも注意する。

1　持分会社の設立の手続

　持分会社の設立のためには，定款の作成が必要である。株式会社と異なり，
持分会社の定款については，公証人の認証が不要である。

　合同会社を設立する場合に限り，社員になろうとする者による出資の履行が
必要である（会§578）。

　持分会社は，その本店の所在地において設立の登記をすることによって成立
する（会§579）。この点は，株式会社と同じである。

2　登記手続

　持分会社の設立については，具体的な登記期間が定められていない。　`H25-28`

　登記の事由には，「設立の手続終了」と記載すればよい。登記すべき事項と
して設立の日付を記載することはできないが，登記期間の起算日を明らかにす
る必要がないため，登記の事由にも手続終了の日付を記載する必要がない。

　登記すべき事項としては，登記簿に記録される事項を漏れなく記載すればよ
い。登記すべき事項として設立の日付を記載することはできない。株式会社と
同様に，登記記録に関する事項として「設立」と登記されることになる。

3　添付書面

　常に定款の添付が必要である。公証人の認証は不要である。

(1)　合名会社の設立

　法人である社員についての添付書面が必要である。法人である社員が加入
した場合の登記と同様に，登記事項証明書，代表社員の職務を行うべき者の
選任に関する書面，代表社員の職務を行うべき者が就任を承諾したことを証
する書面などを添付する。

(2) **合資会社の設立**

　　法人である社員についての添付書面が必要である。また，有限責任社員が既に履行した出資の価額を証する書面を添付しなければならない（商登§110）。

(3) **合同会社の設立**

　　法人である業務執行社員・代表社員についての添付書面が必要である。また，出資に係る払込み又は給付があったことを証する書面を添付しなければならない（商登§117）。

R3-33　　資本金の額を明らかにするため，資本金の額が会社法及び会社計算規則の規定に従って計上されたことを証する書面と設立時の資本金の額につき業務執行社員の過半数の一致があったことを証する書面も添付しなければならない。ただし，出資に係る財産が金銭のみである場合には，資本金の額が会社法及び会社計算規則の規定に従って計上されたことを証する書面の添付が不要となる（先例平19.1.17－91）。株式会社の設立と同様である。

第8節　解散・清算

Topics ・持分会社では，任意清算に常に注意しなければならない。
　　　　・合同会社では，様々な点で違う手続になる。

1　解散の事由

持分会社は，次の事由によって解散する。

・定款で定めた存続期間の満了
・定款で定めた解散の事由の発生
・総社員の同意
・社員が欠けたこと
・合併（合併により当該持分会社が消滅する場合に限る）
・破産手続開始の決定
・解散を命ずる裁判

　合併による解散については，組織再編行為のところで扱う。破産手続開始の決定と解散を命ずる裁判があった場合には，嘱託による登記手続になり，当事者が解散の登記を申請することはない。

➕ **アルファ**

　合資会社の社員が1名となった場合には，合名会社か合同会社となる種類の変更となる。合資会社では，無限責任社員と有限責任社員が同時に欠けた場合に限り，社員が欠けたことにより解散する。

　定款で定めた存続期間の満了，定款で定めた解散の事由の発生，総社員の同意によって解散した合名会社と合資会社に限り，定款又は総社員の同意によって定めた方法により財産の処分をすることができる（任意清算，会§668）。任意清算の場合には，清算人が就任しない。

2　解散の登記手続

　登記簿の記録は，株式会社の解散と同様である。
「令和3年3月31日総社員の同意により解散」「令和3年3月31日社員が欠けたため解散」などと記録される。　H23-33

　添付書面については，株式会社の解散と同様に考えればよい。

3　清算の開始

次の場合には，清算をしなければならない（会§644）。

・合併と破産手続開始の決定以外の事由により解散した場合
・設立の無効の訴えに係る請求を認容する判決が確定した場合
・設立の取消しの訴えに係る請求を認容する判決が確定した場合

清算をしなければならない場合には，任意清算の場合を除き，清算人を置かなければならない。

次の者が最初の清算人となる（会§647）。

・業務を執行する社員（他の方法で清算人を定めなかった場合）
・定款で定める者
・業務執行社員の過半数の同意によって定める者
・裁判所が選任する者

社員が欠けたことによって解散した場合，解散を命ずる裁判によって解散した場合や設立の無効・取消しの訴えにより清算をしなければならない場合には，裁判所が清算人を選任する。

持分会社では，法人が清算人となることもある。

特に代表清算人を定めない場合には，清算人の全員が代表清算人になる（会§655Ⅰ）。業務を執行する社員が清算人となる場合において，代表社員を定めていたときは，代表社員が代表清算人となる（同Ⅳ）。定款，定款の定めに基づく清算人の互選によって代表清算人を定めることができるが（同Ⅲ），裁判所が清算人を選任した場合には，代表清算人も裁判所が定める（同Ⅴ）。

株式会社と同様に，裁判所が清算人を定めても，清算人の登記は代表清算人が申請することになる。清算人の登記は嘱託によらない。

持分会社では，清算人会を置くことはできない。

4　清算人の登記手続

清算人についての登記事項は，どの種類の持分会社でも同じである。

> **会社法第928条**　（略）
> 2　第647条第1項第1号に掲げる者が清算持分会社の清算人となったときは，解散の日から2週間以内に，その本店の所在地において，次に掲げる事項を登記しなければならない。
> 一　清算人の氏名又は名称及び住所
> 二　清算持分会社を代表する清算人の氏名又は名称（清算持分会社を代表しない清算人がある場合に限る。）
> 三　清算持分会社を代表する清算人が法人であるときは，清算人の職務を行うべき者の氏名及び住所

　清算人について　氏名（法人の場合は名称）と住所を登記する。そして，代表清算人の氏名・名称は，**清算持分会社を代表しない清算人がある場合に限っ**て登記する。合名会社や合資会社の代表社員と同様の扱いだが，代表清算人については，合同会社も合名会社・合資会社と同じ扱いとなる。清算人の全員が代表清算人である場合には，代表清算人としての登記をすることができない。 **R2-32** **H25-34**

　清算人の全員が代表清算人である場合の登記記録例は次のようになる。

社員に関する事項	東京都渋谷区渋谷一丁目1番1号 清算人　　　　甲野太郎	令和3年3月3日登記
	東京都渋谷区渋谷二丁目2番2号 清算人　　　　甲野次郎	令和3年3月3日登記

　株式会社の場合と同様に，最初の清算人については原因年月日が記録されない。この場合には，甲野太郎も甲野次郎も清算持分会社を代表できる。

代表清算人でない清算人がいる場合には，次のようになる。

社員に関する事項	東京都渋谷区渋谷一丁目1番1号 清算人　　　　　甲野太郎	------ 令和3年3月3日登記
	東京都渋谷区渋谷二丁目2番2号 清算人　　　　　甲野次郎	------ 令和3年3月3日登記
	代表清算人　　　　甲野太郎	------ 令和3年3月3日登記

　代表清算人が法人であり，代表清算人の氏名を登記しない場合には，次のようになる。

社員に関する事項	東京都渋谷区渋谷一丁目1番1号 清算人　　株式会社甲野商店 東京都新宿区新宿一丁目1番1号 職務執行者　　　　甲野一郎	------ 令和3年3月3日登記

　代表清算人の氏名を登記すべき場合には，代表清算人のところで職務執行者が登記される。

社員に関する事項	代表清算人　株式会社甲野商店 東京都新宿区新宿一丁目1番1号 職務執行者　　　　甲野一郎	------ 令和3年3月3日登記

　株式会社と同様に，最初の清算人以外の清算人，つまり清算開始後に就任し

た清算人については，就任年月日が登記される。

（清算人の登記）

第99条　次の各号に掲げる者が清算持分会社の清算人となつた場合の清算人の登記の申請書には，当該各号に定める書面を添付しなければならない。

一　会社法第647条第1項第1号に掲げる者
　　定款

二　会社法第647条第1項第2号に掲げる者
　　定款及び就任を承諾したことを証する書面

三　会社法第647条第1項第3号に掲げる者
　　就任を承諾したことを証する書面

四　裁判所が選任した者
　　その選任及び会社法第928条第2項第2号に掲げる事項を証する書面

2　第94条（第2号に係る部分に限る。）の規定は，清算持分会社を代表する清算人（前項第1号又は第4号に掲げる者に限る。）が法人である場合の同項の登記について準用する。

3　第94条（第2号又は第3号に係る部分に限る。）の規定は，清算持分会社の清算人（第1項第2号又は第3号に掲げる者に限る。）が法人である場合の同項の登記について準用する。

清算人の登記の添付書面は，清算人の定め方によって異なる。

特に清算人を定めず，業務を執行する社員が清算人になったときは，定款を　**H18-35**
添付する。定款で別に清算人を定めていないことを証するためである。また，合名会社と合資会社では業務執行社員が登記簿上明らかではないので，業務執行社員の氏名を明らかにするためにも添付する。清算人としての就任承諾は不要であり，就任承諾を証する書面の添付も不要となる。

定款で清算人を定めている場合には，定款と就任を承諾したことを証する書面を添付する。

業務執行社員の過半数の一致によって清算人を定めた場合には，就任を承諾　**R2-32**
したことを証する書面のほか，業務執行社員の過半数の一致があったことを証　**H25-34**
する書面（商登§93）を添付する。

　裁判所が清算人を選任した場合には，選任を証する書面として，**選任決定書**の正本か認証のある謄本を添付する。

	添付書面
業務執行社員が清算人となった場合	・定款
定款で定める者が清算人となった場合	・定款 ・就任を承諾したことを証する書面
業務執行社員の過半数の同意で定めた者が清算人となった場合	・就任を承諾したことを証する書面 ・業務執行社員の過半数の一致があったことを証する書面
裁判所が選任した者が清算人となった場合	・選任決定書

　代表清算人を定めた場合には，代表清算人を定めたことを証する書面の添付も必要となる。定款の定めに基づく清算人の互選によって代表清算人を定めた場合には，定款，清算人の互選（過半数の一致）があったことを証する書面，代表清算人が就任を承諾したことを証する書面である。

　清算人が法人である場合には，登記事項証明書などの添付が必要となることがある。
　清算人の定め方によらず，法人が代表清算人となった場合には，法人の登記事項証明書，職務執行者の選任に関する書面，職務執行者が就任を承諾したことを証する書面の添付が必要である。清算持分会社の本店の所在地を管轄する登記所の管轄区域内に法人の本店がある場合と申請書に会社法人等番号を記載した場合には，登記事項証明書の添付は不要である。
　定款で定める法人が清算人となった場合と業務執行社員の過半数の同意で定めた法人が清算人となった場合には，代表清算人でない清算人についても登記事項証明書の添付が必要である。これも，管轄が同じか会社法人等番号の記載があるなら添付が不要となる。

➕ アルファ

　業務執行社員が清算人となった場合と裁判所が選任した者が清算人となった場合については，代表清算人でない清算人について登記事項証明書を添付する必要がないというのが商業登記法の規定である。これは，持分会社の種類によらない。

　登記事項証明書は，法人の実在性を確認するために添付する。法人である業務執行社員については社員の加入や業務執行権の付与などの登記に際して登記事項証明書の添付が求められているため，清算人となった場合に再度登記事項証明書を添付させる必要はないということだろう。裁判所が選任した場合については，裁判所の手続において法人の実在性が確認されているためと思われる。

5　任意清算の場合

　任意清算の場合には，清算人が置かれない。清算前の業務執行社員が引き続き業務を執行し，清算前の代表社員が引き続き代表する。社員に関する登記は，清算開始前も清算開始後も変わらない。

6　社員に関する登記の扱い

（清算人の登記）

商業登記規則第86条　会社法第928条第2項又は第3項の規定による清算人の登記をしたときは，代表社員に関する登記を抹消する記号を記録しなければならない。

2　前項の規定は，会社法第641条第4号若しくは第7号の規定による解散の登記をした場合又は設立の無効若しくは取消しの登記をした場合について準用する。

（解散等の登記）

商業登記規則第91条　会社法第641条（第5号及び第6号を除く。）の規定による解散の登記をしたときは，業務を執行する社員及び代表社員に関する登記を抹消する記号を記録しなければならない。

2　前項の規定は，設立の無効又は取消しの登記をした場合について準用する。

　86条が合名会社と合資会社についての規定であり，91条が合同会社についての規定である。

　任意清算の場合を除き，清算が開始した場合には，代表社員は代表権を失い，

業務執行社員は業務執行権を失う。したがって，任意清算以外の場合には，代表社員や業務執行社員についての登記に抹消する記号を記録する必要がある。

　合同会社では，任意清算がない。そのため，解散の登記をした時点で業務執行社員と代表社員の登記について抹消する記号が記録される。

　合名会社と合資会社では，解散の事由によっては任意清算がある。任意清算ができない事由によって解散した場合には，解散の登記をした時点で代表社員の登記について抹消する記号が記録される。具体的には，社員が欠けたことにより解散した場合と解散を命ずる裁判により解散した場合である。
　任意清算が可能な場合，つまり定款で定めた存続期間の満了，定款で定めた解散の事由の発生，総社員の同意によって解散した場合には，解散の登記をした時点では任意清算かどうかが明らかにならず，清算人の登記をした時点で任意清算でないことが明らかになる。そのため，清算人の登記をした時点で代表社員の登記について抹消する記号が記録される。

➡　社員の登記については，抹消する記号が記録されない。抹消する記号が記録されるのは，代表社員の登記のみである。

　支配人の登記については，株式会社と同様に，解散の登記をした時点で抹消する記号が記録される（商登規§59）。

R2-34　清算持分会社では，社員の死亡や合併の場合を除いて社員が退社しない（会§674②）。また，定款の定めがなくても死亡した社員の相続人や合併により権利義務を承継した法人がその持分を承継する（会§675）。

第9節　継　続

Topics・総社員の同意がなくても継続できる。
・基本的な考え方は，株式会社と同じである。

1　継続が可能な場合

次の場合には，清算が結了するまで，持分会社を継続することができる（会
§642，845）。

・定款で定めた存続期間の満了によって解散した場合
・定款で定めた解散の事由の発生によって解散した場合
・総社員の同意によって解散した場合
・設立の無効又は取消しの訴えに係る請求を認容する判決が確定した場合に
おいて，その無効又は取消しの原因が一部の社員のみにあるとき

解散した場合には，社員の一部の同意しか得られなくても，同意しなかった **R2-32**
社員を退社させ，継続することができる（会§642Ⅱ）。設立の無効又は取消し
の訴えがあった場合には，無効又は取消しの原因がある社員以外の社員全員の
同意によって継続することができる（会§845）。無効又は取消しの原因がある
社員については，退社したものとみなされる。

2　継続の登記手続

継続と同時に社員が退社した場合には，社員の退社の登記も必要になる。 **H31-34**
➡　合同会社では不要である。業務執行社員や代表社員については，既に抹消
する記号が記録されているはずである。

設立の無効・取消しがあった場合の登記は裁判所書記官の嘱託によるが（会
§937Ⅰ），その後の継続の登記は，当事者の申請によって行う。

清算人や代表清算人の登記は，継続の登記をすることによって抹消する記号
が記録されるため（商登規§85），清算人の退任などを申請する必要はない。

継続後の持分会社の種類や状況に応じ，代表社員や業務執行社員についての
登記を申請する必要がある。

継続の登記の登記記録例は次のようになる。

会社継続	令和3年3月1日会社継続
	令和3年3月3日登記

　継続の登記の申請書には，継続について社員の同意があったことを証する書面などを添付しなければならない。

　設立の無効・取消しの訴えに係る請求を認容する判決が確定した場合において，無効・取消しの原因がある社員以外の社員全員の同意によって継続したときは，判決の謄本を添付しなければならない（商登§103）。

 　無効・取消しの原因がある社員の氏名を確認するため。

第10節　清算結了

Topics ・任意清算に注意する。

　　　　　・合同会社の清算について，実体法の知識を復習するチャンスである。

1　清算の結了

　清算人による清算（法定清算）は，債務の弁済と残余財産の分配が完了した後に，清算に係る計算をして，社員の承認を受けることによって結了する（会§667Ⅰ）。

　任意清算の場合には，財産の処分が完了することによって清算が結了する。

　清算結了の登記は，清算人による清算の場合には清算に係る計算について社員の承認を受けた日から2週間以内に，任意清算の場合には財産の処分を完了した日から2週間以内に，その本店の所在地において申請しなければならない（会§929②③）。 H25-34

2　清算結了の登記手続

　株式会社と同様に登記される。

登記記録に関する事項	令和3年3月31日清算結了 　　　　　　　　　　令和3年4月1日登記 　　　　　　　　　　令和3年4月1日閉鎖

　清算結了の登記によって，登記記録が閉鎖される。

（清算結了の登記）

第102条　清算結了の登記の申請書には，会社法第667条の規定による清算に係る計算の承認があつたことを証する書面（同法第668条第1項の財産の処分の方法を定めた場合にあつては，その財産の処分が完了したことを証する総社員が作成した書面）を添付しなければならない。

　清算人による清算の場合には，清算に係る計算の承認があったことを証する書面として総社員の同意書などを添付する。任意清算の場合には，財産の処分が完了したことを証する総社員が作成した書面を添付する。

3　合同会社の清算

H25-34　　合同会社が清算をする場合には，株式会社と同様に，債権者に対する債権申出の催告が必要になる（会§660）。この催告の期間は，2か月以上必要であるため，合同会社では，清算開始から2か月を経過しないと清算が結了しない。したがって，解散の日から2か月に満たない日付を清算結了の日付として清算結了の登記を申請することはできない。株式会社と同じである。

　　合名会社と合資会社では，債権申出の催告は不要であり，解散の日から2か月を経過しなくても清算を結了することができる。

➕アルファ

　　任意清算の場合には，債権者の異議手続が必要であり，債権者の異議手続には1か月以上の期間が必要である（会§670）。明確な先例はないが，任意清算の場合には，1か月を経過しないと清算が結了しないと思われる。

　　債権申出の催告についても，債権者の異議手続についても，添付書面が必要となることはない。

第11節　種類の変更

Topics・実体法上は定款の変更だが，登記手続上は設立と解散になる。

　　　　・定款の変更をしたものとみなされる場合が要注意である。

　　　　・合同会社となる場合の添付書面について，添付が必要となる理由を理解したい。

1　種類の変更の手続

　持分会社は，他の種類の持分会社となる定款の変更をすることができる（会§638）。また，合資会社の有限責任社員全員が退社した場合には合資会社が合名会社となる定款の変更をしたものとみなされ，合資会社の無限責任社員全員が退社した場合には合資会社が合同会社となる定款の変更をしたものとみなされる（会§639）。

　合同会社となる定款の変更をした場合には，社員の出資の履行が完了した日に定款の変更の効力が生じる（会§640Ⅰ）。一方，合資会社の無限責任社員の退社により合同会社となる定款の変更をしたものとみなされる場合については，無限責任社員の退社により直ちに定款の変更をしたものとみなされ，出資の履行は効力発生日に影響を与えない（同Ⅱ）。

2　種類の変更の登記手続

（持分会社の種類の変更の登記）

会社法第919条　持分会社が第638条の規定により他の種類の持分会社となったときは，同条に規定する定款の変更の効力が生じた日から2週間以内に，その本店の所在地において，種類の変更前の持分会社については解散の登記をし，種類の変更後の持分会社については設立の登記をしなければならない。

第106条　合名会社が会社法第638条第1項の規定により合資会社又は合同会社となつた場合の合名会社についての登記の申請と前条第1項又は第2項の登記の申請とは，同時にしなければならない。

2　申請書の添付書面に関する規定は，合名会社についての前項の登記の申請については，適用しない。

3　登記官は，第1項の登記の申請のいずれかにつき第24条各号のいずれかに掲げる事由があるときは，これらの申請を共に却下しなければならない。

商業登記法106条の規定は，他の持分会社の種類の変更についても準用される（商登§113Ⅲ，122Ⅲ）。

H20-30　種類の変更は，実体法上は定款の変更にすぎないが，登記手続としては，解散の登記と設立の登記をすることになる。そして，解散の登記と設立の登記は，同時に申請しなければならない。

➡　申請する登記所は同じなので，経由申請にはならない。

登記手続としては設立の登記だが，通常の設立とは異なり，登記が効力要件ではない。

まずは種類の変更による解散の登記である。登記の事由は「種類変更による解散」でよい。

登記記録に関する事項	令和3年3月1日東京都渋谷区渋谷一丁目1番1号合資会社渋谷製菓に種類変更し解散 　　　　　　　　　　令和3年3月3日登記 　　　　　　　　　　令和3年3月3日閉鎖

種類の変更による解散の登記によって，種類の変更前の登記記録は閉鎖されるから，登記記録に関する事項として解散の旨が記録される。

➕ **アルファ**

社員の退社によって種類の変更をしたものとみなされた場合には，退社の登記も申請しなければならない。登記記録は閉鎖されるが，退社の登記を省略することはできない扱いである。

種類の変更による設立の登記の登記の事由は「種類変更による設立」でよい。登記が効力要件ではないから，登記の事由に日付を記載する必要はない。

登記記録は，通常の設立とほぼ同じだが，登記記録に関する事項として記録される事項のみが違う。

登記記録に関する事項	令和3年3月1日合名会社渋谷製菓を種類変更し設立 　　　　　　　　　　令和3年3月3日登記

種類の変更による設立の登記では，種類の変更前の商号，種類を変更した旨，

種類の変更の年月日が登記される（商登§104）。

　種類の変更による設立の登記においては，種類の変更前の商号のみが記録され，本店は記録されない。種類の変更に際して本店に変更が生じることは想定されていないのである。もし，種類の変更と同時に本店を移転したのなら，種類の変更に関する登記のほかに本店移転の登記を申請する必要がある。

　種類の変更による設立では，会社成立の年月日も登記される。この場合の会社成立の年月日は，登記を申請する者が登記すべき事項として記載するが，種類の変更による設立の日付ではなく，法人が成立した年月日，つまり種類の変更前の会社について登記されていた会社成立の年月日である。

3　種類の変更による解散の登記の添付書面

　種類の変更による解散の登記については，一切の添付書面が不要である。委 R3-33
任状も必要ない。

> **理由**　同時に申請する種類の変更による設立の登記の申請書に添付される書面によって，種類の変更の事実が明らかとなるため。また，種類の変更による設立の登記について会社を代表する者が種類の変更による解散の登記についても会社を代表するので，設立と解散で委任の関係が異なることはないから。

4　種類の変更による合名会社の設立の登記の添付書面

> **第113条**　合資会社が会社法第638条第2項第1号又は第639条第1項の規定により合名会社となつた場合の合名会社についてする登記の申請書には，定款を添付しなければならない。
> **第122条**　合同会社が会社法第638条第3項第1号の規定により合名会社となつた場合の合名会社についてする登記の申請書には，定款を添付しなければならない。

　種類の変更後の定款を必ず添付しなければならない。登記事項を定款によって明らかにするためである。定款について，公証人の認証は不要である。

　種類の変更のために定款を変更した場合には，定款の変更について総社員の同意があったことを証する書面などを添付しなければならない。

➕**アルファ**

　通常の設立の場合には法人である社員について登記事項証明書の添付が必要となることがあったが，種類の変更による設立の場合には，登記事項証明書を添付すべき旨が規定されていない。

　合資会社から合名会社になった場合には，法人である社員は合資会社でも登記されていたため，再度登記事項証明書を添付させなくてよいだろう。しかし，合同会社から合名会社になった場合には，以前に登記されていなかった社員について新たに登記されることもある。新たに登記される社員が法人である場合には登記事項証明書の添付を求めるのが妥当な登記手続だと思うのだが，登記事項証明書の添付を求める明文の規定はない。合同会社から合資会社となった場合も同様である。

5　種類の変更による合資会社の設立の登記の添付書面

> **第105条**　合名会社が会社法第638条第1項第1号又は第2号の規定により合資会社となつた場合の合資会社についてする登記の申請書には，次の書面を添付しなければならない。
> 　一　定款
> 　二　有限責任社員が既に履行した出資の価額を証する書面
> 　三　有限責任社員を加入させたときは，その加入を証する書面（法人である社員の加入の場合にあつては，第94条第2号又は第3号に掲げる書面を含む。）
> **第122条**　（略）
> 2　合同会社が会社法第638条第3項第2号又は第3号の規定により合資会社となつた場合の合資会社についてする登記の申請書には，次の書面を添付しなければならない。
> 　一　定款
> 　二　有限責任社員が既に履行した出資の価額を証する書面
> 　三　無限責任社員を加入させたときは，その加入を証する書面（法人である社員の加入の場合にあつては，第94条第2号又は第3号に掲げる書面を含む。）

　定款の添付が必要なのは共通である。定款を変更した場合には，定款の変更について総社員の同意があったことを証する書面などを添付するのも共通である。

　種類の変更後に合資会社となる場合には，新たに有限責任社員の既に履行し

た出資の価額が登記されることになるので，有限責任社員が既に履行した出資の価額を証する書面を添付しなければならない。また，新たに社員を加入させて合資会社となった場合には，社員の加入を証する書面として総社員の同意があったことを証する書面などを添付し，新たに加入した社員が法人である場合には，法人である社員についての書面（登記事項証明書など）を添付しなければならない。社員の加入に伴い代表社員を定めた場合には，代表社員を定めたことを証する書面なども添付する。

6　種類の変更による合同会社の設立の登記の添付書面

> **第105条**　（略）
> 2　合名会社が会社法第638条第1項第3号の規定により合同会社となつた場合の合同会社についてする登記の申請書には，次の書面を添付しなければならない。
> 　一　定款
> 　二　会社法第640条第1項の規定による出資に係る払込み及び給付が完了したことを証する書面
> **第113条**　（略）
> 2　合資会社が会社法第638条第2項第2号又は第639条第2項の規定により合同会社となつた場合の合同会社についてする登記の申請書には，次の書面を添付しなければならない。
> 　一　定款
> 　二　会社法第638条第2項第2号の規定により合同会社となつた場合には，同法第640条第1項の規定による出資に係る払込み及び給付が完了したことを証する書面

　定款の添付が必要なのは共通である。定款を変更した場合には，定款の変更について総社員の同意があったことを証する書面などを添付するのも共通である。

　合同会社では，定款を変更して合同会社となった場合と定款を変更したものとみなされた場合とを区別する必要がある。

　定款を変更して合同会社となった場合には，出資の履行が完了した時に定款の変更の効力が生じるので，出資に係る払込み及び給付が完了したことを証する書面を添付しなければならない。

　一方，合資会社の無限責任社員の退社により合同会社となる定款の変更をし H20-30

421

たものとみなされた場合には，出資の履行が完了していなくても効力が生じるので，出資に関する添付書面は不要である。

➕アルファ

　合資会社の無限責任社員全員が退社すると，直ちに合同会社になってしまう。その後に無限責任社員を入社させても，合同会社となった後に合資会社となるのであり，種類の変更の登記を省略することはできない。中間省略はできないのが商業登記のルールである。無限責任社員が1名しかいない合資会社では，その者の死亡などによって直ちに合同会社になってしまうため，注意する必要がある。

　種類の変更に際して新たに代表社員を定めた場合には，代表社員を定めたことを証する書面なども添付する。

　合同会社となる場合には，常に**資本金の額が会社法及び会社計算規則の規定に従って計上されたことを証する書面**を添付しなければならない（商登規§92，61Ⅸ）。種類の変更によって当然に資本金の額が変わることはないが，合名会社と合資会社では資本金の額が登記されないため，この書面の添付がないと資本金の額が明らかにならないのである。

第4章
組織再編行為の登記

第1節 組織変更

Topics ・持分会社の種類の変更と似た登記手続になる。
・持分会社となる場合の方が添付書面が難しくなる。

1 持分会社が株式会社となる組織変更

　持分会社が株式会社となる組織変更をする場合には，定款に別段の定めがある場合を除き組織変更計画について総社員の同意が必要であり（会§781Ⅰ），債権者の異議手続が必要である（同Ⅱ，779）。合同会社が組織変更をする場合には，官報に掲載する方法による公告のほかに定款で定めた公告方法による公告をすれば知れている債権者に対する各別の催告を省略できるが，合名会社と合資会社が組織変更をする場合には，知れている債権者に対する各別の催告を必ずしなければならない。

　組織変更の効力は，必要な手続が完了した後，組織変更計画で定めた日に生じる（会§747）。ただし，効力発生日を変更することも可能である（会§781Ⅱ，780）。

2 株式会社が持分会社となる組織変更

　株式会社が持分会社となる組織変更をする場合には，必ず組織変更計画について総株主の同意が必要である（会§776Ⅰ）。債権者の異議手続が必要であり，官報に掲載する方法による公告のほかに定款で定めた公告方法による公告をすれば知れている債権者に対する各別の催告を省略できる（会§779）。

　現に株券を発行している株券発行会社では，株券の提出に関する公告（株券提供公告）が必要である（会§219Ⅰ⑤）。

　新株予約権証券が発行されている場合には，新株予約権証券の提出に関する公告（新株予約権証券提供公告）が必要である（会§293Ⅰ②）。

➡ 　新株予約権付社債券の提出に関する公告も含めて新株予約権証券提供公告ということにする。

　組織変更の効力は，持分会社の組織変更と同様に，組織変更計画で定めた日に生じる（会§747）。ただし，効力発生日を変更することも可能である（会§

780)。

3　組織変更の登記手続

　持分会社の種類の変更と同様に，実体法上は解散と設立ではないが，組織変更による解散の登記と組織変更による設立の登記を申請しなければならない。解散の登記と設立の登記は，同時に申請しなければならない。

　組織変更による解散の登記では，登記の事由を「組織変更による解散」とする。

　種類の変更と同じような登記になる。登記記録は閉鎖されることになる。

登記記録に関する事項	令和3年3月1日東京都渋谷区渋谷一丁目1番1号株式会社渋谷製菓に組織変更し解散 令和3年3月3日登記 令和3年3月3日閉鎖

　組織変更による設立の登記の登記の事由は「組織変更による設立」であり，これも種類の変更と同じような登記になる。

登記記録に関する事項	令和3年3月1日合名会社渋谷製菓を組織変更し設立 令和3年3月3日登記

　登記記録に関する事項以外に通常の設立と同様の事項を登記する。会社成立の年月日は申請書に登記すべき事項として記載しなければならず，組織変更前に会社成立の年月日として登記されていた日付を記載する。

　組織変更による設立の登記において，組織変更前の会社の本店は登記されず，組織変更に際して本店に変更が生じることは想定されていない。持分会社の種類の変更と同じである。

4　組織変更による解散の登記の添付書面

　組織変更による解散の登記については，持分会社の種類の変更の場合と同様に，一切の添付書面が不要である。

5　組織変更による株式会社の設立の登記の添付書面

（組織変更の登記）

第107条　合名会社が組織変更をした場合の組織変更後の株式会社についてする登記の申請書には，次の書面を添付しなければならない。
一　組織変更計画書
二　定款
三　組織変更後の株式会社の取締役（組織変更後の株式会社が監査役設置会社（監査役の監査の範囲を会計に関するものに限定する旨の定款の定めがある株式会社を含む。）である場合にあつては取締役及び監査役，組織変更後の株式会社が監査等委員会設置会社である場合にあつては監査等委員である取締役及びそれ以外の取締役）が就任を承諾したことを証する書面
四　組織変更後の株式会社の会計参与又は会計監査人を定めたときは，第54条第2項各号に掲げる書面
五　第47条第2項第6号に掲げる書面
六　会社法第781条第2項において準用する同法第779条第2項（第2号を除く。）の規定による公告及び催告をしたこと並びに異議を述べた債権者があるときは，当該債権者に対し弁済し若しくは相当の担保を提供し若しくは当該債権者に弁済を受けさせることを目的として相当の財産を信託したこと又は当該組織変更をしても当該債権者を害するおそれがないことを証する書面

　合資会社や合同会社が組織変更をした場合も，この規定が準用される。

　組織変更計画書と定款は，必ず添付しなければならない。定款について公証人の認証は不要である。

　組織変更後の株式会社の役員などについて，通常の役員の変更の場合と同様に，就任を承諾したことを証する書面などを添付する。
　組織変更では登記が効力要件ではないから，組織変更後の株式会社が取締役会設置会社である場合には，組織変更の効力発生後に取締役会で代表取締役を選定することができる。取締役会の決議で代表取締役を選定した場合には，取締役会議事録を添付する。
　株主名簿管理人を置く場合には，株主名簿管理人との契約を証する書面を添付する。

常に債権者の異議手続が必要であり，**債権者の異議手続に関する書面の添付が必要になる**。具体的な添付書面は，株式会社の資本金の額の減少の登記と同様である。ただし，各別の催告を省略できない場合があることに注意する。

以上のほか，組織変更計画について**総社員の同意があったことを証する書面の添付が必要である**（商登§93）。定款に別段の定めがあれば総社員の同意が不要であり，その場合には，定款の定めに従い必要な書面を添付する。その定款の定めの存在を証するために持分会社の定款も必要である。

H21-35　組織変更に際して資本金の額に変更が生じることはない。しかし，合名会社と合資会社では，資本金の額が登記事項ではない。そのため，**合名会社が組織変更をした場合と合資会社が組織変更をした場合に限っては，資本金の額が会社法及び会社計算規則の規定に従って計上されたことを証する書面を添付しなければならない**（商登規§61Ⅸ）。

通常の株式会社の設立の場合には，就任を承諾したことを証する書面について印鑑証明書の添付が必要となることがあったが，組織変更による設立の場合には，印鑑証明書の添付は不要である（商登規§61Ⅳ括弧書）。

しかし，**本人確認証明書の添付は必要となる**（商登規§61Ⅷ）。組織変更の場合には再任ということがなく，印鑑証明書の添付も不要だから，取締役，監査役，執行役として登記する者の全員について本人確認証明書の添付が必要となる。

さらに，登録免許税法施行規則第12条第4項の規定に関する証明書の添付が必要である。

➡　添付の理由や証明書の内容については，登録免許税のところで説明する。

6　組織変更による合名会社の設立の登記の添付書面

> **第77条**　前条の登記の申請書には，次の書面を添付しなければならない。
> 一　組織変更計画書
> 二　定款
> 三　会社法第779条第2項の規定による公告及び催告（同条第3項の規定により公告を官報のほか時事に関する事項を掲載する日刊新聞紙又は電子公告によつてした場合にあつては，これらの方法による公告）をしたこと並びに異議を述べた債権者があるときは，当該債権者に対し弁済し若しくは相

　　当の担保を提供し若しくは当該債権者に弁済を受けさせることを目的とし
　　て相当の財産を信託したこと又は当該組織変更をしても当該債権者を害す
　　るおそれがないことを証する書面
　四　組織変更をする株式会社が株券発行会社であるときは，第59条第1項第
　　2号に掲げる書面
　五　組織変更をする株式会社が新株予約権を発行しているときは，第59条第
　　2項第2号に掲げる書面
　六　法人が組織変更後の持分会社を代表する社員となるときは，次に掲げる
　　書面
　　イ　当該法人の登記事項証明書。ただし，当該登記所の管轄区域内に当該
　　　法人の本店又は主たる事務所がある場合を除く。
　　ロ　当該社員の職務を行うべき者の選任に関する書面
　　ハ　当該社員の職務を行うべき者が就任を承諾したことを証する書面
　七　法人が組織変更後の持分会社の社員（略）となるときは，同号イに掲げ
　　る書面。ただし，同号イただし書に規定する場合を除く。

　この場合も，組織変更計画書と定款は必ず添付する。
　債権者の異議手続に関する書面の添付も必要である。

　株券発行会社が組織変更をした場合には，株券提供公告をしたことを証する H26-31
書面か株式の全部について株券を発行していないことを証する書面のどちらか
を添付する。
➡　具体的な書面については，株式の譲渡制限に関する規定の設定の登記と同
　　様である。

　新株予約権を発行していたときは，新株予約権証券提供公告をしたことを証
する書面か新株予約権証券を発行していないことを証する書面のどちらかを添
付する。
➡　取得条項付新株予約権の取得のところで同様の書面を扱っている。

　法人である社員については，社員の加入の場合と同様の書面（登記事項証明
書など）を添付しなければならない。

　組織変更計画について株主全員の同意があったことを証する書面の添付も必
要である（商登§46Ⅰ）。また，株主リストも必要である（商登規§61Ⅱ）。

　　　合名会社では資本金の額が登記されないので，資本金の額が会社法及び会社
計算規則の規定に従って計上されたことを証する書面の添付は不要であり，登
録免許税法施行規則第12条第4項の規定に関する証明書も不要である。

7　組織変更による合資会社の設立の登記の添付書面

　　　合名会社の場合と同様な書面を添付する。

H19-34
　　　さらに，有限責任社員が既に履行した出資の価額を証する書面を添付しなけ
ればならない（商登§77⑧）。

8　組織変更による合同会社の設立の登記の添付書面

H26記述
　　　合名会社の場合と同様な書面を添付するが，法人である社員について添付書
面が必要となるのは，業務執行社員・代表社員である場合に限られる。

H21-35
　　　合同会社の業務執行社員の加入の場合の登記の申請書には，出資の履行につ
いての添付書面が必要だったが，組織変更の場合には，出資の履行についての
書面は不要である。株式会社が合同会社となる場合には，通常，株式会社の株
主が株式に代えて合同会社の持分を取得するのであり，出資を履行する必要は
ないのである。

　➡　そう考えると，合資会社となる場合に有限責任社員が既に履行した出資の
　　価額を証する書面を求めることに違和感を覚えるが，商業登記法がそのよう
　　に定めている以上しかたがない。

　　　合同会社では，資本金の額を登記しなければならない。しかし，組織変更に
際して資本金の額に変更が生じることはないため，組織変更前の株式会社の登
記から資本金の額が明らかであり，資本金の額が会社法及び会社計算規則の規
定に従って計上されたことを証する書面の添付は不要である。

H21-35
　　　合同会社となる場合も，登録免許税法施行規則第12条第4項の規定に関する
証明書の添付が必要である。

　➡　詳細は登録免許税のところで説明する。

9　効力発生日の変更

　　　組織変更計画で定めた効力発生日を変更することが可能である（会§780Ⅰ）。
変更は，業務執行の決定機関が行う。

H20-32
　　　効力発生日を変更した場合には，組織変更による設立の登記の申請書にその
決定を証する書面（取締役会議事録，業務執行社員の過半数の一致があったこ

とを証する書面など）を添付しなければならない。しかし，効力発生日の変更に関する公告（会§780Ⅱ）についての添付書面は不要である。

➡　他の組織再編行為でも同様の扱いである。

第2節　吸収合併

Topics・経由申請が必要になることがある。
　　　　・商業登記法でも実体法の知識が問われることが多い。会社法の規定を
　　　　　復習しておこう。
　　　　・登記手続における消滅会社の代表者に注意する。

1　吸収合併消滅会社における手続

株式会社では，次のような手続が必要になる。

・吸収合併契約の締結
・吸収合併契約の承認
・債権者の異議手続
・株券提供公告
・新株予約権証券提供公告

株券提供公告と新株予約権証券提供公告は，常に必要となるものではない。また，これらの手続の順序は，特に定められていない。

吸収合併契約の承認については，株主総会の決議による場合のほか，総株主の同意が必要になる場合，種類株主総会の決議が必要になる場合，種類株主全員の同意が必要になる場合がある（会§783）。また，吸収合併の相手方の会社（吸収合併存続会社）が特別支配会社である場合には，原則として吸収合併契約の承認が不要となる（略式手続，会§784）。

➡　全て実体法である会社法の知識である。曖昧なところは会社法に戻って確認しておこう。

持分会社では，株券提供公告と新株予約権証券提供公告以外の手続が必要になる。

吸収合併契約の承認は，定款に別段の定めがある場合を除き，総社員の同意によって行う（会§793Ⅰ①）。

吸収合併消滅会社が合名会社か合資会社であり，吸収合併存続会社が株式会社か合同会社である場合，つまり吸収合併により無限責任社員がいなくなる場合には，債権者の異議手続に際し，知れている債権者に対する各別の催告を省略できない（会§793Ⅱ，789）。

吸収合併の効力は，吸収合併契約で定めた日に生じる（会§750, 752）。ただし，必要な手続が完了していなければならず，また，組織変更と同様に効力発生日を変更することもできる（会§790）。

➡ 効力発生日の変更は，吸収分割や株式交換でも同じである。これ以降，効力発生日の変更についての説明は省略する。

2　吸収合併存続会社における手続

吸収合併契約の締結，吸収合併契約の承認，債権者の異議手続が必要である。

株式会社における吸収合併契約の承認は，株主総会の決議によるほか，種類株主総会の決議が必要になる場合がある（会§795）。

相手方である吸収合併消滅会社が特別支配会社である場合には，原則として吸収合併契約の承認が不要になる（略式手続，会§796Ⅰ）。また，吸収合併に際して交付する財産の額が一定の額を超えない場合には，原則として吸収合併契約の承認が不要になる（簡易な手続，会§796Ⅲ）。

持分会社における吸収合併契約の承認は，吸収合併に際して社員が加入する場合に限って必要である（会§802Ⅰ①）。定款に別段の定めがある場合を除き，総社員の同意によって行う。

3　吸収合併の登記手続

（吸収合併の登記）
会社法第921条　会社が吸収合併をしたときは，その効力が生じた日から2週間以内に，その本店の所在地において，吸収合併により消滅する会社については解散の登記をし，吸収合併後存続する会社については変更の登記をしなければならない。

（合併の登記）
第79条　吸収合併による変更の登記又は新設合併による設立の登記においては，合併をした旨並びに吸収合併により消滅する会社（以下「吸収合併消滅会社」という。）又は新設合併により消滅する会社（以下「新設合併消滅会社」という。）の商号及び本店をも登記しなければならない。

第82条　合併による解散の登記の申請については，吸収合併後存続する会社（以下「吸収合併存続会社」という。）又は新設合併により設立する会社（以下「新設合併設立会社」という。）を代表すべき者が吸収合併消滅会社又は新設合併消滅会社を代表する。

> 2　前項の登記の申請は，当該登記所の管轄区域内に吸収合併存続会社又は新設合併設立会社の本店がないときは，その本店の所在地を管轄する登記所を経由してしなければならない。
> 3　第1項の登記の申請と第80条又は前条の登記の申請とは，同時にしなければならない。
> 4　申請書の添付書面に関する規定は，第1項の登記の申請については，適用しない。

　吸収合併があったときは，本店の所在地において，吸収合併による解散の登記と吸収合併による変更の登記をすることになる。この二つの登記は，同時に申請しなければならない。そして，吸収合併存続会社の本店と吸収合併消滅会社の本店が同じ登記所の管轄区域内にない場合には，吸収合併による解散の登記は，吸収合併存続会社の本店の所在地を管轄する登記所を経由して申請しなければならない。

➡　支店の所在地における登記手続については後述する。組織変更とは若干異なる。

　吸収合併による変更の登記では，吸収合併をした旨などが登記される。また，発行済株式の総数や資本金の額に変更が生じたときは，その旨を登記する。

　吸収合併による解散の登記については，代表者に注意する必要がある。

重要🔴・・・・・・・・・・・・・・・・・・・・・・・・・・・・

　吸収合併による解散の登記の申請に際して吸収合併消滅会社を代表するのは，吸収合併存続会社の代表者である。吸収合併消滅会社の代表者が登記手続に直接関与することはない。

➕アルファ

　吸収合併の場合には，登記を申請する時点で吸収合併の効力が生じている。つまり，登記を申請する時点では，吸収合併消滅会社は実体上既に解散している。そのため，吸収合併消滅会社の代表者であった者に代表する権限がないのは当然である。吸収合併の場合には当然なのだが，登記が効力要件である新設合併でも同様の扱いであることに注意する必要がある。

　申請書には，申請人とその代表者などを記載するが，吸収合併存続会社の代表者が吸収合併消滅会社を代表する結果，吸収合併による解散の登記の申請書

には，次のように記載することになる。

```
東京都渋谷区渋谷一丁目1番1号
申請人　渋谷商事株式会社

東京都新宿区新宿一丁目1番1号
存続会社　新宿商事株式会社

東京都新宿区新宿二丁目2番2号
代表取締役　新宿太郎

東京都新宿区新宿三丁目3番3号
上記代理人　新宿三郎　㊞
```

司法書士などの委任による代理人が申請する場合である。

なお，吸収合併による変更の登記の申請書には，次のように記載する。

```
東京都新宿区新宿一丁目1番1号
申請人　新宿商事株式会社

東京都新宿区新宿二丁目2番2号
代表取締役　新宿太郎

東京都新宿区新宿三丁目3番3号
上記代理人　新宿三郎　㊞
```

　結局，両方の登記の申請について，会社の代表者が同じ者となる。司法書士などに委任する場合には，1名の代表者が両方の登記の申請を委任すればよい。

　吸収合併による解散の登記では，登記の事由として「吸収合併による解散」とすればよい。「合併による解散」でも問題はない。

登記記録に関する事項	令和3年3月1日東京都新宿区新宿一丁目1番1号新宿商事株式会社に合併し解散 　　　　　　　　　　令和3年3月10日登記 　　　　　　　　　　令和3年3月10日閉鎖

　組織変更による解散とおおむね同じである。

H24記述　吸収合併による変更の登記の登記の事由は「吸収合併による変更」でよい。
　吸収合併存続会社では，吸収合併をした旨が次のように登記される。登記記録中会社履歴区に記録される。

吸収合併	令和3年3月1日東京都渋谷区渋谷一丁目1番1号渋谷商事株式会社を合併 　　　　　　　　　　令和3年3月7日登記

　申請書の登記すべき事項には，登記簿に記録される事項をそのまま記載すればよいが，登記記録の見出しである「吸収合併」は省略して構わない。

H24記述　吸収合併存続株式会社では，吸収合併に際して株式を発行することにより，発行済株式の総数や資本金の額が増加することがある。この場合の登記原因は，募集株式の発行などと同様に，単に「変更」である。登記すべき事項の記載も，募集株式の発行などと同様でよい。
　吸収合併に際して新株予約権を発行した場合には，「発行」を登記原因として新株予約権の登記をすることになる。

　吸収合併存続持分会社では，吸収合併に際して社員が加入することがあり，社員が加入した場合には，合併による社員の加入を登記しなければならない。

　経由申請の処理は，本店移転と同じではない。
　吸収合併による変更の登記の申請書と吸収合併による解散の登記の申請書の提出を受けた吸収合併存続会社の本店の所在地を管轄する登記所は，両方の申請を審査することになる（商登§83）。ここまでは，本店移転と同じである。
　両方の申請に却下事由がないときは，吸収合併存続会社の本店の所在地を管

轄する登記所において，吸収合併による変更の登記をする。本店移転の場合には，登記をせずに申請書を送付し，新所在地で登記をした旨の通知を受けてから旧所在地における登記をしたが，吸収合併の場合には，そのような手続は不要である。まず，吸収合併存続会社の本店の所在地において登記をし，その登記の日付を吸収合併による解散の申請書に記載して，吸収合併消滅会社の本店の所在地を管轄する登記所に申請書を送付するのである。

吸収合併	本店移転
①　両方の申請を審査 ②　吸収合併による変更の登記を実行 ③　登記の日を記載して申請書を送付 ④　吸収合併による解散の登記を実行	①　両方の申請を審査 ②　申請書を送付 ③　新所在地における登記を実行 ④　登記をした旨を通知 ⑤　旧所在地における登記を実行

4　吸収合併による解散の登記の添付書面

　　吸収合併による解散の登記については，組織変更の場合と同様に，一切の添付書面が不要である。

5　吸収合併による変更の登記の添付書面

　　吸収合併存続会社が株式会社である場合と持分会社である場合とで異なる。

(1)　吸収合併存続会社が株式会社である場合

第80条　吸収合併による変更の登記の申請書には，次の書面を添付しなければならない。
　一　吸収合併契約書
　二　会社法第796条第1項本文又は第2項本文に規定する場合には，当該場合に該当することを証する書面（同条第3項の規定により吸収合併に反対する旨を通知した株主がある場合にあつては，同項の規定により株主総会の決議による承認を受けなければならない場合に該当しないことを証する書面を含む。）
　三　会社法第799条第2項の規定による公告及び催告（同条第3項の規定により公告を官報のほか時事に関する事項を掲載する日刊新聞紙又は電子公告

によつてした場合にあつては，これらの方法による公告）をしたこと並び
に異議を述べた債権者があるときは，当該債権者に対し弁済し若しくは相
当の担保を提供し若しくは当該債権者に弁済を受けさせることを目的とし
て相当の財産を信託したこと又は当該吸収合併をしても当該債権者を害す
るおそれがないことを証する書面

四　資本金の額が会社法第445条第5項の規定に従つて計上されたことを証す
る書面

五　吸収合併消滅会社の登記事項証明書。ただし，当該登記所の管轄区域内
に吸収合併消滅会社の本店がある場合を除く。

六　吸収合併消滅会社が株式会社であるときは，会社法第783条第1項から第
4項までの規定による吸収合併契約の承認その他の手続があつたことを証
する書面（同法第784条第1項本文に規定する場合にあつては，当該場合に
該当することを証する書面及び取締役の過半数の一致があつたことを証す
る書面又は取締役会の議事録）

七　吸収合併消滅会社が持分会社であるときは，総社員の同意（定款に別段
の定めがある場合にあつては，その定めによる手続）があつたことを証す
る書面

八　吸収合併消滅会社において会社法第789条第2項（第3号を除き，同法第
793条第2項において準用する場合を含む。）の規定による公告及び催告（同
法第789条第3項（同法第793条第2項において準用する場合を含む。）の規
定により公告を官報のほか時事に関する事項を掲載する日刊新聞紙又は電
子公告によつてした株式会社又は合同会社にあつては，これらの方法によ
る公告）をしたこと並びに異議を述べた債権者があるときは，当該債権者
に対し弁済し若しくは相当の担保を提供し若しくは当該債権者に弁済を受
けさせることを目的として相当の財産を信託したこと又は当該吸収合併を
しても当該債権者を害するおそれがないことを証する書面

九　吸収合併消滅会社が株券発行会社であるときは，第59条第1項第2号に
掲げる書面

十　吸収合併消滅会社が新株予約権を発行しているときは，第59条第2項第
2号に掲げる書面

H31記述
H24記述

まず，吸収合併契約書は必ず添付しなければならない。

吸収合併存続株式会社における吸収合併契約の承認についての書面が必要
になる（商登§46）。株主総会の決議で吸収合併契約を承認した場合には，
株主総会議事録を添付し，種類株主総会の決議が必要な場合には，種類株主

総会議事録を添付する。株主リストも必要である。簡易な手続や略式手続による場合には，吸収合併契約の締結に関する取締役会議事録か取締役の過半数の一致があったことを証する書面を添付する。

　吸収合併存続会社における簡易な手続による場合には，簡易な手続によることができる場合に該当することを証する書面を添付しなければならない。簡易な手続の要件とされている吸収合併存続会社の純資産額などを記載し，代表者が証明した書面を添付することになる。また，反対の意思を通知した株主の有する株式の数が一定の数を超えてはいけないので（会§796Ⅲ），反対の意思を通知した株主の有する株式の数についての代表者が証明した書面も添付する。

　吸収合併存続会社における略式手続による場合には，略式手続によることができる場合に該当することを証する書面を添付しなければならない。吸収合併消滅会社が特別支配会社であることを証明する必要があり，具体的には，吸収合併存続会社の株主名簿を添付することになる。

　吸収合併存続会社と吸収合併消滅会社の両方について債権者の異議手続に関する書面も添付しなければならない。
➡　具体的な添付書面は，債権者の異議手続が必要になる他の場合と同じである。

　吸収合併により資本金の額が増加した場合には，資本金の額が会社法第445条第5項の規定に従って計上されたことを証する書面を添付しなければならない。
➡　この書面を添付するので，商業登記規則61条9項の書面（資本金の額が会社法及び会社計算規則の規定に従って計上されたことを証する書面）を重ねて添付する必要はない。

　吸収合併消滅会社の本店が吸収合併存続会社の本店の所在地を管轄する登記所の管轄区域内にない場合，つまり吸収合併による解散の登記が経由申請になる場合には，吸収合併消滅会社の登記事項証明書を添付しなければならない。この登記事項証明書についても，会社法人等番号を記載した場合には添付を省略できる。

理由　吸収合併消滅会社の実在とその内容を明らかにするため。

　吸収合併消滅会社における吸収合併契約の承認についての書面が必要になる。吸収合併消滅会社が株式会社である場合には，略式手続の場合も含め，株主総会議事録，種類株主総会議事録，株主全員の同意があったことを証する書面，種類株主全員の同意があったことを証する書面，取締役会議事録，取締役の過半数の一致があったことを証する書面などである。吸収合併消滅株式会社についても株主リストは必要である。略式手続の場合には，吸収合併存続会社が特別支配会社であることを証するため，吸収合併消滅会社の株主名簿を添付する。

　吸収合併消滅会社が持分会社であるときは，総社員の同意があったことを証する書面を添付する。定款に別段の定めがある場合には，総社員の同意があったことを証する書面に代えて，定款と定款で定めた方法による吸収合併契約の承認があったことを証する書面を添付する。

H20–32　吸収合併消滅会社が株券発行会社である場合には，株券提供公告をしたことを証する書面か株式の全部について株券を発行していないことを証する書面のどちらかを添付する。

　また，吸収合併消滅会社が新株予約権を発行していたときは，新株予約権証券提供公告をしたことを証する書面か新株予約権証券を発行していないことを証する書面のどちらかを添付する。

➡　組織変更の場合と同じである。

　以上のほか，登録免許税法施行規則第12条第5項の規定に関する証明書の添付が必要である。

➡　添付の理由や証明書の内容については，登録免許税のところで説明する。

(2) 吸収合併存続会社が持分会社である場合

第108条　吸収合併による変更の登記の申請書には，次の書面を添付しなければならない。
一　吸収合併契約書
二　第80条第5号から第10号までに掲げる書面
三　会社法第802条第2項において準用する同法第799条第2項（第3号を除く。）の規定による公告及び催告（同法第802条第2項において準用する同法第799条第3項の規定により公告を官報のほか時事に関する事項を掲載する日刊新聞紙又は電子公告によつてした場合にあつては，これらの方法による公告）をしたこと並びに異議を述べた債権者があるときは，当該債権

者に対し弁済し若しくは相当の担保を提供し若しくは当該債権者に弁済を
受けさせることを目的として相当の財産を信託したこと又は当該吸収合併
をしても当該債権者を害するおそれがないことを証する書面
四　法人が吸収合併存続会社の社員となるときは，第94条第2号又は第3号
に掲げる書面
第124条　第108条の規定は，合同会社の登記について準用する。この場合にお
いて，同条第1項第4号及び第2項第5号中「社員」とあるのは，「業務を執
行する社員」と読み替えるものとする。

　吸収合併存続会社が株式会社である場合と多くの書面が共通である。吸収
合併契約書，債権者の異議手続に関する書面，吸収合併消滅会社の登記事項
証明書，吸収合併消滅会社が株券発行会社である場合の株券提供公告をした
ことを証する書面・株式の全部について株券を発行していないことを証する
書面，吸収合併消滅会社が新株予約権を発行していた場合の新株予約権証券
提供公告をしたことを証する書面・新株予約権証券を発行していないことを
証する書面などは，共通である。
　吸収合併契約の承認に関する書面も株式会社が存続する場合と同様に添付
するが，吸収合併存続会社が持分会社である場合には，吸収合併に際して社
員が加入する場合に限り総社員の同意が必要である。定款に別段の定めがあ
れば，この場合でも総社員の同意は不要である。

　結局，吸収合併存続会社が株式会社である場合との違いは，資本金の額に
関する添付書面と社員の加入に関する添付書面になる。

　吸収合併存続会社が合名会社か合資会社である場合には，資本金の額が登
記事項ではないので，吸収合併により資本金の額が増加したとしても，資本
金の額に関しての書面を添付する必要はない。同様の理由によって，登録免
許税法施行規則第12条第5項の規定に関する証明書も不要である。
　吸収合併存続会社が合同会社である場合には，**資本金の額が会社法及び会
社計算規則の規定に従って計上されたことを証する書面**を添付しなければな
らない（商登規§92，61Ⅸ）。また，**登録免許税法施行規則第12条第5項の
規定に関する証明書**も添付しなければならない。

　合併に際して社員が加入し，その社員が法人である場合には，その法人の
登記事項証明書など，社員の加入の場合に必要となった書面と同様の書面を
添付する。合同会社の場合には，加入した社員が業務執行社員である場合に

限って同様の書面の添付が必要になる。

6　独占禁止法に基づく届出が必要な場合

（合併，会社分割又は株式移転による登記の申請書の記載）

商業登記規則第110条　合併，会社分割又は株式移転につき私的独占の禁止及び公正取引の確保に関する法律（昭和22年法律第54号）第15条第2項，第15条の2第2項若しくは第3項又は第15条の3第2項の規定による届出をした場合においては，合併による変更若しくは設立の登記，吸収分割承継会社がする吸収分割による変更の登記若しくは新設分割による設立の登記又は株式移転による設立の登記の申請書には，届出をした年月日を記載し，同法第15条第3項，第15条の2第4項又は第15条の3第3項において準用する同法第10条第8項ただし書の規定による期間の短縮があつたときは，その期間をも記載しなければならない。

　私的独占の禁止及び公正取引の確保に関する法律（独占禁止法）に基づき，公正取引委員会への届出が必要になることがある。届出が必要となる場合の要件を覚える必要はないが，届出が必要となる場合には，届出受理の日から30日を経過するまでは合併をすることができない。ただし，公正取引委員会がその期間を短縮することは可能である。

　公正取引委員会への届出が必要な場合には，独占禁止法に違反していないことなどを明らかにするため，登記の申請書に届出をした年月日を記載しなければならない。また，合併をすることができるまでの期間の短縮があったときは，その期間も記載しなければならない。

➡　新設合併，吸収分割，新設分割，株式移転も同様の扱いとなる。他の組織再編行為については，説明を省略する。

7　吸収合併の登記の効力

会社法第750条　（略）

2　吸収合併消滅会社の吸収合併による解散は，吸収合併の登記の後でなければ，これをもって第三者に対抗することができない。

　持分会社についても同様の規定がある（会§752Ⅱ）。「善意の第三者」ではなく単に「第三者」であることに注意する必要がある。

　会社法の規定は不動産を対象としたものではないが，話をわかりやすくするために不動産の物権変動を考えることにする。

　吸収合併による権利義務の承継は，相続と同様に一般承継（包括承継）であり，吸収合併の効力発生により，当然に権利義務が承継される。法定相続分の承継を第三者に対抗するには登記は不要であったが，吸収合併の効力発生は，自然人の死亡に比べて第三者にとってわかりにくい。そのため，吸収合併の登記を第三者に対する対抗要件としているのである。

　ここで注意すべきなのは，不動産についての登記ではなく，吸収合併の登記が対抗要件となっていることである。すなわち，商業登記である吸収合併の登記があれば，不動産についての登記がなくても，吸収合併による承継を対抗できるのである。

📖**ケーススタディ**

　吸収合併によりA株式会社が消滅し，B株式会社がその権利義務を承継した。A株式会社の代表取締役であった甲は，吸収合併の効力発生後，A株式会社が所有者として登記されている土地を乙に売却した。乙は所有権の移転をB株式会社に対抗できるだろうか。

　無権代理や表見代理を考えることも不可能ではないが，ここでは単に対抗問題として考えよう。吸収合併存続会社であるB株式会社と土地の買主である乙との間の対抗関係である。

　吸収合併の効力発生自体に対抗力はない。対抗力があるのは吸収合併の登記である。なので，不動産の所有権移転と吸収合併の登記の前後を考える必要がある。

　吸収合併の効力発生後，吸収合併の登記前に所有権移転があったときは，B株式会社は吸収合併による所有権の承継を乙に対抗できない。この場合，乙の善意は問題にならない。乙が吸収合併の事実を知っていたとしても，B株式会社は乙に対抗できないのである。

　一方，吸収合併の登記後に所有権移転があった場合には，乙が所有権移転の登記を完了していたとしても，B株式会社が吸収合併による所有権の承継を対抗することができる。会社についての吸収合併の登記さえあればよく，不動産についての所有権移転の登記がなくても，所有権の承継を対抗できるのである。

第3節　新設合併

Topics ・登記が効力要件である。
　　　　　・添付書面の多くは吸収合併と共通である。

1　新設合併の手続

株式会社では，次のような手続が必要になる。

・新設合併契約の締結
・新設合併契約の承認
・債権者の異議手続
・株券提供公告
・新株予約権証券提供公告

株式会社が消滅し，持分会社を設立する場合には，新設合併契約について総株主の同意が必要になる（会§804）。

持分会社でも，株券提供公告と新株予約権証券提供公告以外は同じである。

新設合併契約の承認手続は，吸収合併の場合とだいたい同じだが，新設合併では略式手続や簡易な手続はない。

新設合併の効力は，新設合併設立会社の成立の日に生じる（会§754，756）。つまり，**新設合併設立会社の本店の所在地における設立の登記の日に新設合併の効力が生じる**（会§49，579）。

2　登記期間

登記が効力要件となるので，登記期間に注意する必要がある。

株式会社が消滅し，株式会社を設立する場合には，次の日のうち最も遅い日から登記期間が進行する。

➡　全部を覚える必要はない。だいたいの雰囲気だけつかんでおけばよい。

・新設合併契約の承認に係る株主総会の決議の日
・種類株主総会の決議が必要なときはその決議の日
・反対株主の株式買取請求に係る通知・公告をした日から20日を経過した日
・新株予約権買取請求に係る通知・公告をした日から20日を経過した日

・債権者の異議手続が終了した日
・新設合併消滅会社が合意により定めた日

　これらの日のうち最も遅い日から2週間以内にその本店の所在地において登記をしなければならない（会§922）。

➡　反対株主の株式買取請求や新株予約権買取請求があると，新設合併に際して発行する株式の数が変わることがあり，登記事項に影響がある可能性があるので，買取請求ができる期間中は登記を申請できないのである。

　持分会社が消滅する場合には，株主総会の決議の日に代えて総社員の同意を得た日になる。定款に別段の定めがある場合には，その定款の定めに基づく手続が終了した日である。また，持分会社では反対株主の株式買取請求や新株予約権買取請求は行われない。

　設立する会社が持分会社である場合には，株式会社における新設合併契約について総株主の同意が必要になるので，その同意を得た日が登記期間に影響を与える日となる。総株主の同意が必要であれば，反対株主の買取請求はできない。

3　新設合併の登記手続

　吸収合併と同様に同時申請・経由申請となる。

　新設合併では，新設合併による解散の登記と新設合併による設立の登記を同時に申請する。本店の所在地を管轄する登記所が異なる場合には，新設合併による解散の登記が経由申請となる。新設合併消滅会社は2以上であるから，3以上の会社についての登記を同時に申請することになる。

➡　経由申請についての細かい点は，吸収合併と同じである。

　吸収合併と同様に，新設合併による解散の登記の申請については新設合併設立会社の代表者が新設合併消滅会社を代表する（商登§82Ⅰ）。

　新設合併による解散の登記の登記の事由は，「新設合併による解散」でよい。
登記簿の記録は，次のようになる。

登記記録に関する事項	令和3年3月3日東京都新宿区新宿一丁目1番1号新宿商事株式会社と合併して東京都港区東麻布一丁目1番1号港商事株式会社を設立し解散 令和3年3月8日登記 令和3年3月8日閉鎖

　新設合併は登記が効力要件だが，設立の登記の時点で効力が生じるので，経由申請である解散の登記の日と効力発生日は一致しない。
　登記が効力要件なので申請書の登記すべき事項としては効力発生日を記載しないのが原則に照らすと正しい。効力発生日である登記の日は，新設合併設立会社の本店の所在地を管轄する登記所において申請書に記載される（商登§83Ⅱ）。しかし，登記記録に関する事項として記録される事項をそのまま登記すべき事項として記載して申請しても，問題はないだろう。

　新設合併による設立の登記については，登記によって設立の効力が生じるため，登記期間の算定のために登記の事由に手続終了の日付を記載しなければならない。「令和3年2月28日新設合併の手続終了」のように記載すればよい。
　登記簿の記録は通常の設立と同じだが，登記記録に関する事項だけが異なる。

登記記録に関する事項	東京都新宿区新宿一丁目1番1号新宿商事株式会社及び東京都渋谷区渋谷一丁目1番1号渋谷商事株式会社の合併により設立 令和3年3月3日登記

4　新設合併による解散の登記の添付書面

　一切の添付書面が不要である。吸収合併と同じである。

5　新設合併による設立の登記の添付書面

第81条　新設合併による設立の登記の申請書には，次の書面を添付しなければならない。
　一　新設合併契約書

二　定款

三　第47条第２項第６号から第８号まで及び第10号から第12号までに掲げる書面

四　前条第４号に掲げる書面

五　新設合併消滅会社の登記事項証明書。ただし，当該登記所の管轄区域内に新設合併消滅会社の本店がある場合を除く。

六　新設合併消滅会社が株式会社であるときは，会社法第804条第１項及び第３項の規定による新設合併契約の承認その他の手続があつたことを証する書面

七　新設合併消滅会社が持分会社であるときは，総社員の同意（定款に別段の定めがある場合にあつては，その定めによる手続）があつたことを証する書面

八　新設合併消滅会社において会社法第810条第２項（第３号を除き，同法第813条第２項において準用する場合を含む。）の規定による公告及び催告（同法第810条第３項（同法第813条第２項において準用する場合を含む。）の規定により公告を官報のほか時事に関する事項を掲載する日刊新聞紙又は電子公告によつてした株式会社又は合同会社にあつては，これらの方法による公告）をしたこと並びに異議を述べた債権者があるときは，当該債権者に対し弁済し若しくは相当の担保を提供し若しくは当該債権者に弁済を受けさせることを目的として相当の財産を信託したこと又は当該新設合併をしても当該債権者を害するおそれがないことを証する書面

九　新設合併消滅会社が株券発行会社であるときは，第59条第１項第２号に掲げる書面

十　新設合併消滅会社が新株予約権を発行しているときは，第59条第２項第２号に掲げる書面

第108条　（略）

2　新設合併による設立の登記の申請書には，次の書面を添付しなければならない。

一　新設合併契約書

二　定款

三　第81条第５号及び第７号から第10号までに掲げる書面

四　新設合併消滅会社が株式会社であるときは，総株主の同意があつたことを証する書面

五　法人が新設合併設立会社の社員となるときは，第94条第２号又は第３号に掲げる書面

まず，株式会社を設立する場合について，吸収合併と同様の書面から見ていこう。

新設合併契約書，資本金の額が会社法第445条第5項の規定に従って計上されたことを証する書面，登記事項証明書（解散の登記が経由申請になる場合であって会社法人等番号を記載しなかった場合），新設合併消滅会社における債権者の異議手続に関する書面，新設合併消滅会社における株券提供公告をしたことを証する書面（株券を発行していない株券発行会社である場合には，株式の全部について株券を発行していないことを証する書面），新設合併消滅会社における新株予約権証券提供公告をしたことを証する書面（新株予約権証券を発行していない場合には，新株予約権証券を発行していないことを証する書面）の添付が必要となる。新設合併契約の承認に関する書面の添付も必要である。株主総会議事録，種類株主総会議事録，株主リスト，総社員の同意があったことを証する書面などである。

さらに，設立の登記であるために必要となる書面がある。

新設合併設立会社の定款，株主名簿管理人を置いたときは株主名簿管理人との契約を証する書面，設立時代表取締役を選定したときは設立時代表取締役の選定に関する書面，指名委員会等設置会社を設立するときは設立時執行役の選任並びに設立時委員及び設立時代表執行役の選定に関する書面，就任を承諾したことを証する書面，設立時会計参与・設立時会計監査人について登記事項証明書や税理士・公認会計士であることを証する書面などが必要になる。

➡　設立時代表取締役の選定は，通常の設立と同様の方法で行う。取締役会設置会社を設立する場合には，設立時取締役の過半数の一致によって選定する。新設合併契約で設立時代表取締役の氏名を定める必要はない（会§753Ⅰ）。

R2-33　就任を承諾したことを証する書面について，印鑑証明書の添付が必要となることはない（商登規§61Ⅳ）。

一方，本人確認証明書の添付は必要である（商登規§61Ⅶ）。再任ではなく，印鑑証明書を添付しないから，取締役，監査役，執行役として登記する者の全員について本人確認証明書が必要になる。

➡　組織変更と同じ扱いである。

登録免許税法施行規則第12条第3項の規定に関する証明書も添付しなければならない。

持分会社を設立する場合の添付書面もほぼ同様である。

新設合併契約書，登記事項証明書（解散の登記が経由申請になる場合であっ

て会社法人等番号を記載しなかった場合），新設合併消滅会社における債権者
の異議手続に関する書面，新設合併消滅会社における株券提供公告をしたこと
を証する書面（株券を発行していない株券発行会社である場合には，株式の全
部について株券を発行していないことを証する書面），新設合併消滅会社にお
ける新株予約権証券提供公告をしたことを証する書面（新株予約権証券を発行
していない場合には，新株予約権証券を発行していないことを証する書面）を
添付する。設立する持分会社が合同会社である場合に限り，資本金の額が会社
法及び会社計算規則の規定に従って計上されたことを証する書面の添付が必要
になる。新設合併消滅会社が株式会社である場合には，新設合併契約について
株主全員の同意があったことを証する書面と株主リストを添付する。新設合併
消滅会社が持分会社である場合には，総社員の同意があったことを証する書面
などである。

　新設合併設立会社の定款が必要であり，法人である社員（合同会社では業務
執行社員）について登記事項証明書などが必要になる。

　設立する会社が合同会社である場合には，登録免許税法施行規則第12条第３
項の規定に関する証明書も添付しなければならない。

第4節　吸収分割

Topics・吸収合併との違いを意識するとよい。
・債権者の異議手続に注意が必要である。
・両方の会社で変更の登記をする。どちらの会社であるかを区別しなければならない。

1　吸収分割会社における手続

　　吸収分割会社では，次のような手続が必要になる。なお，合名会社と合資会社は，吸収分割会社となることができない。

　　・吸収分割契約の締結
　　・吸収分割契約の承認
　　・債権者の異議手続
　　・新株予約権証券提供公告

　　株券提供公告が必要となることはない。

　　吸収分割契約の承認については，株主総会の決議，種類株主総会の決議，総社員の同意などが必要になる。総株主の同意や種類株主全員の同意が必要となることはない。総社員の同意が必要となるのは，合同会社がその事業に関して有する権利義務の全部を他の会社に承継させる場合である（会§793Ⅰ②）。承継させる権利義務が一部のみであれば，総社員の同意は必要ない。
　　吸収分割会社においては，略式手続と簡易な手続が可能である。

　　債権者の異議手続と新株予約権証券提供公告は，常に必要となるわけではない。
　　吸収分割後も吸収分割会社に対して債務の履行を請求できる債権者は，原則として異議を述べることができないので，異議を述べることができる債権者が1人もいない場合には，債権者の異議手続が不要になる。
➡　詳細は，会社法に戻って確認してほしい。

　　新株予約権を発行していても，その新株予約権が消滅するかどうかは，吸収分割契約の内容次第である。全部の新株予約権が当然に消滅するわけではない。

　　吸収分割の効力は，必要な手続が終了していれば，吸収分割契約で定めた日

に生じる（会§759, 761）。

2　吸収分割承継会社における手続

　吸収分割承継会社については，会社の種類に関する制限はない。合名会社も合資会社も，吸収分割により権利義務を承継することは可能である。

　吸収分割契約の締結，吸収分割契約の承認，債権者の異議手続が必要である。

　吸収分割契約の承認については，株主総会の決議，種類株主総会の決議，総社員の同意などが必要になる。総社員の同意が必要になるのは，吸収分割に際して社員が加入する場合である（会§802 I ②）。
　吸収分割承継会社でも，略式手続と簡易な手続が可能である。

3　吸収分割の登記手続

　吸収分割があったときは，本店の所在地において，吸収分割会社がする吸収分割による変更の登記と吸収分割承継会社がする吸収分割による変更の登記をすることになる。吸収合併と同様に同時申請であり，吸収分割会社がする吸収分割による変更の登記は，同じ登記所の管轄区域内に本店がない場合には，経由申請となる（商登§87）。

　吸収合併と異なり，それぞれの会社の代表者がそれぞれの会社を代表して申請する。通常の変更の登記と同じである。

　どちらの登記でも，登記の事由は「吸収分割による変更」でよい。

　吸収分割会社がする吸収分割による変更の登記では，次のように登記される。登記記録が閉鎖されることはないので，登記記録に関する事項として登記されるのではない。

会社分割	令和3年3月1日東京都新宿区新宿一丁目1番1号新宿商事株式会社に分割 　　　　　　　　　　　　　　　令和3年3月10日登記

　申請書には，登記すべき事項として登記簿に記録される事項を記載すればよいが，登記記録の見出しである「会社分割」は省略してよい。

　吸収分割に際して新株予約権が消滅する場合，つまり吸収分割契約新株予約権について吸収分割契約で定めた場合には，新株予約権について次のように登記される。

新株予約権	第1回新株予約権 　新株予約権の数 　　100個 　新株予約権の目的たる株式の種類及び数又はその算定方法 　　普通株式　5000株 　募集新株予約権の払込金額若しくはその算定方法又は払込を要しないとする旨 　　無償 　新株予約権の行使に際して出資される財産の価額又はその算定方法 　　100万円 　新株予約権を行使することができる期間 　　令和7年3月31日まで	
		令和2年12月1日発行 - - - - - - - - - - - 令和2年12月2日登記
	令和3年3月1日吸収分割契約新株予約権消滅 　　　　　　令和3年3月10日登記	

　申請書には，登記すべき事項として「第1回新株予約権」とその名称を特定した上で「令和3年3月1日吸収分割契約新株予約権消滅」と記載すればよい。

吸収分割承継会社がする吸収分割による変更の登記では，次のように登記される。

| 会社分割 | 令和3年3月1日東京都渋谷区渋谷一丁目1番1号渋谷商事株式会社から分割
<div align="right">令和3年3月8日登記</div> |

　さらに，吸収分割に際して株式を発行し，発行済株式の総数と資本金の額が増加した場合には，その旨も登記する。登記原因は「変更」であり，募集株式の発行と同じ登記になる。登記すべき事項の記載も募集株式の発行の場合と同じでよい。

　吸収分割契約新株予約権がある場合など，吸収分割に際して新株予約権を発行した場合には，新株予約権の発行も登記する。登記原因は「発行」であり，募集新株予約権の発行と同じ事項が登記される。

　吸収分割承継会社が持分会社であり，吸収分割に際して社員が加入したときは，社員の加入について登記しなければならない。ただし，合同会社では業務執行社員が加入した場合になる。

4　吸収分割会社がする吸収分割による変更の登記の添付書面

> **第87条**　（略）
> 3　第1項の登記の申請書には，第18条の書面を除き，他の書面の添付を要しない。

　この規定は，吸収分割会社が合同会社である場合にも，準用される（商登§125，109Ⅲ）。

　吸収分割会社がする吸収分割による変更の登記については，委任状が必要だが，他の書面は不要である。

➡　令和元年改正法（令和3年2月15日施行）の前は，登記所の作成した印鑑証明書も必要だった。

➕ **アルファ**

　　吸収分割と同時に，吸収分割会社の資本金の額を減少することがある（計算規§38Ⅱ）。この資本金の額の減少は，吸収分割の手続の一部として行われるのではなく，吸収分割とは独立の手続である。なお，吸収分割契約新株予約権消滅は，吸収分割の手続の一部である。

H26-35　　したがって，吸収分割会社がする吸収分割による変更の登記のほかに資本金の額の減少による変更の登記を申請しなければならないのだが，吸収分割会社がする吸収分割による変更の登記が経由申請となる場合には，資本金の額の減少による変更の登記を一括して（同時に）申請することはできず，別途，別の申請書で資本金の額の減少による変更の登記を申請しなければならない。法令の根拠がない登記を経由申請することはできず，資本金の額の減少による変更の登記について経由申請を認める規定はないので，資本金の額の減少による変更の登記は，経由申請によらずに直接管轄登記所に申請しなければならないのである。

　　吸収分割会社がする吸収分割による変更の登記が経由申請でなければ，原則どおり他の登記を一括して申請書に記載し，申請することができる。

5　吸収分割承継会社がする吸収分割による変更の登記の添付書面

第85条　吸収分割承継会社がする吸収分割による変更の登記の申請書には，次の書面を添付しなければならない。

一　吸収分割契約書

二　会社法第796条第1項本文又は第2項本文に規定する場合には，当該場合に該当することを証する書面（同条第3項の規定により吸収分割に反対する旨を通知した株主がある場合にあつては，同項の規定により株主総会の決議による承認を受けなければならない場合に該当しないことを証する書面を含む。）

三　会社法第799条第2項の規定による公告及び催告（同条第3項の規定により公告を官報のほか時事に関する事項を掲載する日刊新聞紙又は電子公告によつてした場合にあつては，これらの方法による公告）をしたこと並びに異議を述べた債権者があるときは，当該債権者に対し弁済し若しくは相当の担保を提供し若しくは当該債権者に弁済を受けさせることを目的として相当の財産を信託したこと又は当該吸収分割をしても当該債権者を害するおそれがないことを証する書面

四　資本金の額が会社法第445条第5項の規定に従つて計上されたことを証する書面

五　吸収分割会社の登記事項証明書。ただし，当該登記所の管轄区域内に吸収分割会社の本店がある場合を除く。

六　吸収分割会社が株式会社であるときは，会社法第783条第1項の規定による吸収分割契約の承認があつたことを証する書面（同法第784条第1項本文又は第3項に規定する場合にあつては，当該場合に該当することを証する書面及び取締役の過半数の一致があつたことを証する書面又は取締役会の議事録）

七　吸収分割会社が合同会社であるときは，総社員の同意（定款に別段の定めがある場合にあつては，その定めによる手続）があつたことを証する書面（当該合同会社がその事業に関して有する権利義務の一部を他の会社に承継させる場合にあつては，社員の過半数の一致があつたことを証する書面）

八　吸収分割会社において会社法第789条第2項（第3号を除き，同法第793条第2項において準用する場合を含む。）の規定による公告及び催告（同法第789条第3項（同法第793条第2項において準用する場合を含む。以下この号において同じ。）の規定により公告を官報のほか時事に関する事項を掲載する日刊新聞紙又は電子公告によつてした場合にあつては，これらの方法による公告（同法第789条第3項の規定により各別の催告をすることを要しない場合以外の場合にあつては，当該公告及び催告））をしたこと並びに異議を述べた債権者があるときは，当該債権者に対し弁済し若しくは相当の担保を提供し若しくは当該債権者に弁済を受けさせることを目的として相当の財産を信託したこと又は当該吸収分割をしても当該債権者を害するおそれがないことを証する書面

九　吸収分割会社が新株予約権を発行している場合であつて，会社法第758条第5号に規定する場合には，第59条第2項第2号に掲げる書面

第109条　吸収分割承継会社がする吸収分割による変更の登記の申請書には，次の書面を添付しなければならない。

一　吸収分割契約書

二　第85条第5号から第8号までに掲げる書面

三　会社法第802条第2項において準用する同法第799条第2項（第3号を除く。）の規定による公告及び催告（同法第802条第2項において準用する同法第799条第3項の規定により公告を官報のほか時事に関する事項を掲載する日刊新聞紙又は電子公告によつてした場合にあつては，これらの方法による公告）をしたこと並びに異議を述べた債権者があるときは，当該債権者に対し弁済し若しくは相当の担保を提供し若しくは当該債権者に弁済を受けさせることを目的として相当の財産を信託したこと又は当該吸収分割

　　をしても当該債権者を害するおそれがないことを証する書面
　四　法人が吸収分割承継会社の社員となるときは，第94条第2号又は第3号
　　に掲げる書面

　多くの書面が吸収合併と似たものになる。

　株式会社が吸収分割承継会社である場合には，**吸収分割契約書**，**略式手続・
簡易な手続に該当することを証する書面**，**債権者の異議手続に関する書面**，**資
本金の額が会社法第445条第5項の規定に従って計上されたことを証する書面**，
吸収分割会社の登記事項証明書（吸収分割会社がする吸収分割による変更の登
記が経由申請となる場合であって会社法人等番号を記載しなかった場合），吸
収分割会社における**吸収分割契約の承認に関する書面**，吸収分割会社における
債権者の異議手続に関する書面，吸収分割会社における**新株予約権証券提供公
告をしたことを証する書面**（吸収分割契約新株予約権につき新株予約権証券を
発行していない場合には，**新株予約権証券を発行していないことを証する書面**）
を添付し，さらに，吸収分割承継会社において吸収分割計画を承認した株主総
会の議事録などを添付する。

　ポイントは，吸収合併との違いである。吸収分割では，吸収合併と異なり，
株券提供公告をしたことを証する書面の添付が必要となることがない。また，
吸収分割会社において一切の債権者の異議手続が不要になることがある。吸収
分割契約の承認機関も吸収合併と完全に同じわけではない。両方の会社で簡易
な手続が可能である。

➡　結局，全ては実体法の論点である。実体法である会社法の知識で商業登記
　法の問題も解けてしまう。

　持分会社が吸収分割承継会社である場合には，株式会社が吸収分割承継会社
となる場合とほぼ同様の書面のほか，新たに加入する法人である社員について
登記事項証明書などの添付が必要になる。合同会社が吸収分割承継会社であり，
吸収分割に際して資本金の額を増加するときは，資本金の額が会社法第445条
第5項の規定に従って計上されたことを証する書面ではなく，**資本金の額が会
社法及び会社計算規則の規定に従って計上されたことを証する書面**を添付する。

➡　会社法445条5項は，株式会社についての条文である。

　登録免許税法施行規則についての書面が必要になることはない。

➡　登録免許税のところで整理する。

➕ **アルファ**

　持分会社が吸収分割承継会社である場合には，吸収分割契約新株予約権について吸収分割契約で定めることはできない（会§760）。つまり，吸収分割契約に基づいて吸収分割会社の新株予約権が消滅することはない。そのため，商業登記法109条1項2号では，85条9号の書面（新株予約権証券提供公告をしたことを証する書面・新株予約権証券を発行していないことを証する書面）を含んでいないのである。

➕ **アルファ**

　吸収分割についての会社の登記には，吸収合併についての会社の登記のような対抗力はない。したがって，吸収分割による物権変動を対抗するには，原則どおりの対抗要件を備えなければならない。不動産であれば不動産登記である。新設分割でも同じ結論になる。

　会社分割による権利義務の承継は一般承継・包括承継であると表現されることが多いが，対抗要件に注目すると，相続や合併とは異なるものだと考えることができる。

第5節　新設分割

Topics・新設合併とは，会社の数が違う。
・新設合併の登記手続の理解と新設分割についての会社法の知識があれ
　　　　　ば，特に難しい論点はない。

1　新設分割の手続

新設分割会社は，株式会社か合同会社のどちらかに限られる。
株式会社では，次のような手続が必要になる。

・新設分割計画の作成
・新設分割計画の承認
・債権者の異議手続
・新株予約権証券提供公告

合同会社でも，新株予約権提供公告が不要である点以外は同じである。

　新設分割計画の承認には，株式会社では株主総会の決議や種類株主総会の決
議などが必要になる（会§804）。新設合併と異なり，総株主の同意が必要にな
ることはない。合同会社では，その権利義務の全部を他の会社に承継させる場
合に限り，総社員の同意が必要になる。合同会社では，定款で別段の定めをす
ることもできる。
　新設分割では，簡易な手続も可能である。

　新設分割の効力は，新設分割設立会社の本店の所在地における設立の登記の
日に生じる。

2　登記期間

　新設合併と同様に，登記期間に注意する必要がある。
　新設分割計画の承認，債権者の異議手続，反対株主の株式買取請求のための
期間などの必要な手続が終了した日から登記期間が進行することになる（会§
924）。本店の所在地において，2週間以内に新設分割による設立の登記と新設
分割会社がする新設分割による変更の登記を申請しなければならない。

3　新設分割の登記手続

新設合併と同様に同時申請・経由申請となる。

　新設分割会社がする新設分割による変更の登記では，吸収分割と同じ事項が登記される。登記の事由は，「新設分割による変更」でよい。

会社分割	令和3年3月3日東京都新宿区新宿一丁目1番1号新宿商事株式会社に分割 　　　　　　　　　　　　　　　　令和3年3月8日登記

　新設分割計画新株予約権については，消滅した旨の登記をする。

新株予約権	第1回新株予約権 　新株予約権の数 　　100個 　新株予約権の目的たる株式の種類及び数又はその算定方法 　　普通株式　5000株 　募集新株予約権の払込金額若しくはその算定方法又は払込を要しないとする旨 　　無償 　新株予約権の行使に際して出資される財産の価額又はその算定方法 　　100万円 　新株予約権を行使することができる期間 　　令和7年3月31日まで
	令和2年12月1日発行 　- - - - - - - - - - - - - - - - 　　　　　　　令和2年12月2日登記
	令和3年3月3日新設分割計画新株予約権消滅 　　　　　　　　　　　　令和3年3月8日登記

H22記述　　　新設分割による設立の登記については，新設合併による設立と同様に，登記の事由として手続終了の日付を記載する。「令和3年2月28日新設分割の手続終了」のように記載すればよい。

　　設立の登記では，登記記録に関する事項として次のように登記される。

登記記録に関する事項	東京都渋谷区渋谷一丁目1番1号渋谷商事株式会社から分割により設立 　　　　　　　　　　　　　　　　令和3年3月3日登記

4　新設分割会社がする新設分割による変更の登記の添付書面

　　吸収分割と同様に，新設分割会社がする新設分割による変更の登記の申請書には，委任状以外の添付書面は不要である。

5　新設分割による設立の登記の添付書面

> **第86条**　新設分割による設立の登記の申請書には，次の書面を添付しなければならない。
>
> 一　新設分割計画書
>
> 二　定款
>
> 三　第47条第2項第6号から第8号まで及び第10号から第12号までに掲げる書面
>
> 四　前条第4号に掲げる書面
>
> 五　新設分割会社の登記事項証明書。ただし，当該登記所の管轄区域内に新設分割会社の本店がある場合を除く。
>
> 六　新設分割会社が株式会社であるときは，会社法第804条第1項の規定による新設分割計画の承認があつたことを証する書面（同法第805条に規定する場合にあつては，当該場合に該当することを証する書面及び取締役の過半数の一致があつたことを証する書面又は取締役会の議事録）
>
> 七　新設分割会社が合同会社であるときは，総社員の同意（定款に別段の定めがある場合にあつては，その定めによる手続）があつたことを証する書面（当該合同会社がその事業に関して有する権利義務の一部を他の会社に承継させる場合にあつては，社員の過半数の一致があつたことを証する書面）
>
> 八　新設分割会社において会社法第810条第2項（第3号を除き，同法第813条第2項において準用する場合を含む。）の規定による公告及び催告（同法

第810条第3項（同法第813条第2項において準用する場合を含む。以下この号において同じ。）の規定により公告を官報のほか時事に関する事項を掲載する日刊新聞紙又は電子公告によつてした場合にあつては，これらの方法による公告（同法第810条第3項の規定により各別の催告をすることを要しない場合以外の場合にあつては，当該公告及び催告））をしたこと並びに異議を述べた債権者があるときは，当該債権者に対し弁済し若しくは相当の担保を提供し若しくは当該債権者に弁済を受けさせることを目的として相当の財産を信託したこと又は当該新設分割をしても当該債権者を害するおそれがないことを証する書面

九　新設分割会社が新株予約権を発行している場合であつて，会社法第763条第10号に規定する場合には，第59条第2項第2号に掲げる書面

第109条　（略）

2　新設分割による設立の登記の申請書には，次の書面を添付しなければならない。

一　新設分割計画書

二　定款

三　第86条第5号から第8号までに掲げる書面

四　法人が新設分割設立会社の社員となるときは，第94条第2号又は第3号に掲げる書面

　基本的には新設合併と同じである。

　株式会社を設立する場合には，新設分割計画書，資本金の額が会社法第445 **H22記述** 条第5項の規定に従って計上されたことを証する書面，登記事項証明書（新設分割会社がする新設分割による変更の登記が経由申請になる場合であって会社法人等番号を記載しなかった場合），新設分割会社における債権者の異議手続に関する書面，新設分割会社における新株予約権証券提供公告をしたことを証する書面（新設分割計画新株予約権につき新株予約権証券を発行していない場合には，新株予約権証券を発行していないことを証する書面）を添付する。新設分割計画の承認に関する株主総会議事録，種類株主総会議事録，総社員の同意があったことを証する書面なども添付する。

　さらに，新設分割設立会社の定款，株主名簿管理人を置いたときは株主名簿管理人との契約を証する書面，設立時代表取締役を選定したときは設立時代表取締役の選定に関する書面，指名委員会等設置会社を設立するときは設立時執行役の選任並びに設立時委員及び設立時代表執行役の選定に関する書面，就任を承諾したことを証する書面，設立時会計参与・設立時会計監査人について登記事項証明書や税理士・公認会計士であることを証する書面などが必要になる。

　通常の設立と同様に，就任を承諾したことを証する書面について，印鑑証明書の添付が必要である（商登規§61ⅣⅤ）。設立する株式会社が取締役会設置会社かどうかで添付の必要な者が異なる。

　印鑑証明書を添付しない設立時取締役，設立時監査役，設立時執行役については，本人確認証明書の添付が必要である（商登規§61Ⅶ）。

➡　取締役，監査役，執行役として登記される者については，印鑑証明書か本人確認証明書のどちらかが必ず必要になる。

　持分会社を設立する場合の添付書面もほぼ同様であり，新設分割計画書，登記事項証明書（新設分割会社がする新設分割による変更の登記が経由申請になる場合であって会社法人等番号を記載しなかった場合），新設分割会社における債権者の異議手続に関する書面を添付する。設立する持分会社が合同会社である場合に限り，資本金の額が会社法及び会社計算規則の規定に従って計上されたことを証する書面の添付が必要になる。新設分割計画の承認に関する書面の添付も必要である。

　新設分割設立会社の定款が必要であり，法人である社員（合同会社では業務執行社員）について登記事項証明書などが必要になる。

　登録免許税法施行規則に関する書面の添付が必要になることはない。

第6節　株式交換

Topics　・株式交換をした旨は登記されない。
　　　　　・株式交換をしても，常に登記が必要となるわけではない。

1　株式交換完全子会社における手続

　株式交換完全子会社では，次のような手続が必要になる。なお，株式交換完全子会社は，常に株式会社である。

　・株式交換契約の締結
　・株式交換契約の承認
　・債権者の異議手続
　・株券提供公告
　・新株予約権証券提供公告

　株式交換契約の承認については，株主総会の決議，種類株主総会の決議，総株主の同意，種類株主全員の同意などが必要になる（会§783）。
　株式交換完全子会社においては，略式手続が可能である。

　債権者の異議手続は，異議を述べることができる債権者がいる場合に限り必要になる。異議を述べることができるのは，株式交換契約新株予約権が新株予約権付社債に付された新株予約権である場合の新株予約権付社債についての社債権者のみである（会§789Ⅰ③）。
　新株予約権証券提供公告は，株式交換契約新株予約権についてのみ必要になる。

　株式交換の効力は，必要な手続が終了していれば，株式交換契約で定めた日に生じる（会§769，771）。

2　株式交換完全親会社における手続

　株式交換完全親会社は，株式会社か合同会社である。

　株式交換契約の締結，株式交換契約の承認，債権者の異議手続が必要である。

　株式交換契約の承認については，株主総会の決議，種類株主総会の決議，総社員の同意などが必要になる。総社員の同意が必要になるのは，株式交換に際

して社員が加入する場合である（会§802Ⅰ③）。

　株式交換完全親会社においては，略式手続と簡易な手続が可能である。

　株式交換完全親会社の純資産が減少する可能性がある場合に限り債権者の異議手続が必要になる。具体的には，株式交換に際して株式交換完全子会社の株主に株式・持分以外の財産を交付する場合と，株式交換契約新株予約権が新株予約権付社債であるために社債に係る債務を承継する場合である（会§779Ⅰ③）。

➡　厳密には「株式・持分以外の財産」ではないが，おおざっぱに「株式・持分以外の財産」と考えても，それほど問題はない。

3　株式交換の登記手続

　株式交換があったからといって，必ず登記が必要となるわけではない。

重要❗ •

H24-32　株式交換をした旨が登記されることはない。

　吸収合併をした旨や吸収分割をした旨は登記された。たとえば，吸収分割では「令和3年3月1日東京都新宿区新宿一丁目1番1号新宿商事株式会社に分割」とか，「令和3年3月1日東京都渋谷区渋谷一丁目1番1号渋谷商事株式会社から分割」といった事項が登記簿に記録された。株式交換では，このような事項は登記されない。

　株式交換をした場合に登記が必要となるのは，株式交換によって登記事項に変更が生じた場合である。

重要❗ •

　株式交換完全子会社では新株予約権が消滅した場合に限って登記が必要になる。
　株式交換完全親株式会社では発行済株式の総数や資本金の額が増加した場合と新株予約権を発行した場合に限って登記が必要になり，株式交換完全親合同会社では業務執行社員が加入した場合と資本金の額が増加した場合に限って登記が必要になる。

　株式交換完全子会社がする株式交換による変更の登記（新株予約権の消滅の登記）は，株式交換完全親会社がする株式交換による変更の登記と**同時申請**となり，本店の所在地を管轄する登記所が異なる場合には，株式交換完全子会社がする登記は，**経由申請**となる（商登§91）。

➡　株式交換契約新株予約権が消滅する場合には，その新株予約権者に対して株式交換完全親会社が新株予約権を発行して交付する。そのため，株式交換完全子会社についてのみ登記が必要となることはない。

　吸収分割と同様に，それぞれの会社の代表者がそれぞれの会社を代表して申請する。

　株式交換契約新株予約権については，次のように登記される。

新株予約権	第1回新株予約権 　新株予約権の数 　　100個 　新株予約権の目的たる株式の種類及び数又はその算定方法 　　普通株式　5000株 　募集新株予約権の払込金額若しくはその算定方法又は払込を要しないとする旨 　　無償 　新株予約権の行使に際して出資される財産の価額又はその算定方法 　　100万円 　新株予約権を行使することができる期間 　　令和7年3月31日まで	
		令和2年12月1日発行
		令和2年12月2日登記
	令和3年3月1日株式交換契約新株予約権消滅 　　　　　　　　令和3年3月10日登記	

　株式交換完全親株式会社が株式を発行した場合には，発行済株式の総数や資本金の額が増加する。登記簿の記録は，募集株式の発行と完全に同じであり，登記原因は「変更」である。ただし，登記の事由は「株式交換による変更」でよい。

　新株予約権を発行した場合には，新株予約権を発行した旨を登記する。登記原因は「発行」であり，募集新株予約権の発行と同じように登記される。

　株式交換完全親合同会社では，業務執行社員が加入した旨や，資本金の額が増加した旨を登記することになる。通常の業務執行社員の加入や資本金の額の増加と同じように登記される。

4　株式交換完全子会社がする株式交換による変更の登記の添付書面

　吸収分割会社がする吸収分割による変更の登記と同様に，株式交換完全子会社がする株式交換による変更の登記の申請書には，委任状以外の添付書面は不要である。（商登§91Ⅲ）。

5　株式交換完全親会社がする株式交換による変更の登記の添付書面

第89条　株式交換をする株式会社の発行済株式の全部を取得する会社（以下「株式交換完全親会社」という。）がする株式交換による変更の登記の申請書には，次の書面を添付しなければならない。
一　株式交換契約書
二　会社法第796条第1項本文又は第2項本文に規定する場合には，当該場合に該当することを証する書面（同条第3項の規定により株式交換に反対する旨を通知した株主がある場合にあつては，同項の規定により株主総会の決議による承認を受けなければならない場合に該当しないことを証する書面を含む。）
三　会社法第799条第2項の規定による公告及び催告（同条第3項の規定により公告を官報のほか時事に関する事項を掲載する日刊新聞紙又は電子公告によつてした場合にあつては，これらの方法による公告）をしたこと並びに異議を述べた債権者があるときは，当該債権者に対し弁済し若しくは相当の担保を提供し若しくは当該債権者に弁済を受けさせることを目的として相当の財産を信託したこと又は当該株式交換をしても当該債権者を害するおそれがないことを証する書面
四　資本金の額が会社法第445条第5項の規定に従つて計上されたことを証する書面

五　株式交換をする株式会社（以下「株式交換完全子会社」という。）の登記事項証明書。ただし，当該登記所の管轄区域内に株式交換完全子会社の本店がある場合を除く。

六　株式交換完全子会社において会社法第783条第1項から第4項までの規定による株式交換契約の承認その他の手続があつたことを証する書面（同法第784条第1項本文に規定する場合にあつては，当該場合に該当することを証する書面及び取締役の過半数の一致があつたことを証する書面又は取締役会の議事録）

七　株式交換完全子会社において会社法第789条第2項の規定による公告及び催告（同条第3項の規定により公告を官報のほか時事に関する事項を掲載する日刊新聞紙又は電子公告によつてした場合にあつては，これらの方法による公告）をしたこと並びに異議を述べた債権者があるときは，当該債権者に対し弁済し若しくは相当の担保を提供し若しくは当該債権者に弁済を受けさせることを目的として相当の財産を信託したこと又は当該株式交換をしても当該債権者を害するおそれがないことを証する書面

八　株式交換完全子会社が株券発行会社であるときは，第59条第1項第2号に掲げる書面

九　株式交換完全子会社が新株予約権を発行している場合であつて，会社法第768条第1項第4号に規定する場合には，第59条第2項第2号に掲げる書面

第126条　株式交換完全親会社がする株式交換による変更の登記の申請書には，次の書面を添付しなければならない。

一　株式交換契約書

二　第89条第5号から第8号までに掲げる書面

三　会社法第802条第2項において準用する同法第799条第2項（第3号を除く。）の規定による公告及び催告（同法第802条第2項において準用する同法第799条第3項の規定により公告を官報のほか時事に関する事項を掲載する日刊新聞紙又は電子公告によつてした場合にあつては，これらの方法による公告）をしたこと並びに異議を述べた債権者があるときは，当該債権者に対し弁済し若しくは相当の担保を提供し若しくは当該債権者に弁済を受けさせることを目的として相当の財産を信託したこと又は当該株式交換をしても当該債権者を害するおそれがないことを証する書面

四　法人が株式交換完全親会社の業務を執行する社員となるときは，第94条第2号又は第3号に掲げる書面

吸収合併や吸収分割と同様の書面を添付する。

R2-33 　株式会社が株式交換完全親会社となる場合には，株式交換契約書，略式手続・簡易な手続に該当することを証する書面，債権者の異議手続に関する書面，資本金の額が会社法第445条第5項の規定に従って計上されたことを証する書面，株式交換完全子会社の登記事項証明書（株式交換完全子会社の本店が登記を申請する登記所の管轄区域内にない場合であって会社法人等番号を記載しなかった場合），株式交換完全子会社における株式交換契約の承認に関する書面，株式交換完全子会社における債権者の異議手続に関する書面，株式交換完全子会社における株券提供公告をしたことを証する書面（株券を発行していない株券発行会社である場合には，株式の全部について株券を発行していないことを証する書面），株式交換完全子会社における新株予約権証券提供公告をしたことを証する書面（株式交換契約新株予約権につき新株予約権証券を発行していない場合には，新株予約権証券を発行していないことを証する書面）を添付し，さらに，株式交換完全親会社において株式交換契約を承認した株主総会の議事録などを添付する。

➡　株式交換完全子会社についての登記を申請しない場合でも，添付書面は変わらない。登記事項証明書なども添付する。

　株式交換では，吸収分割と異なり，株券提供公告をしたことを証する書面の添付が必要となることがある。また，株式交換完全親会社においても，株式交換完全子会社においても，一切の債権者の異議手続が不要になることがある。

　合同会社が株式交換完全親会社である場合には，新たに加入する法人である業務執行社員について登記事項証明書などの添付が必要になる。また，資本金の額が会社法第445条第5項の規定に従って計上されたことを証する書面ではなく，資本金の額が会社法及び会社計算規則の規定に従って計上されたことを証する書面を添付する。

　登録免許税法施行規則についての書面が必要になることはない。

＋アルファ

　合同会社が株式交換完全親会社である場合には，株式交換契約新株予約権について株式交換契約で定めることはできない（会§770）。株式交換契約新株予約権がないから，社債に係る債務を承継することもなく，株式交換完全子会社において債権者の異議手続が必要となることもない。
　商業登記法126条1項2号では，89条7号の書面として株式交換完全子会

社における債権者の異議手続に関する書面を添付すべき旨が規定されているが，現実には89条7号の書面を添付すべき場合はない。

　株式交換契約新株予約権がないので，同時申請や経由申請が必要になることもない。商業登記法126条2項では，91条と92条の規定を準用するとしているが，合同会社が株式交換完全親会社となる場合において91条と92条が適用される場面はない。

第7節　株式移転

Topics ・設立の登記では，通常の設立の登記と同じ事項が登記される。
・注意すべき点があるとすれば，新株予約権についての登記ぐらいである。

1　株式移転の手続

　次のような手続が必要になる。なお，株式移転をする会社（株式移転完全子会社）も，株式移転により設立する会社（株式移転設立完全親会社）も，株式会社である。

・株式移転計画の作成
・株式移転計画の承認
・債権者の異議手続
・株券提供公告
・新株予約権証券提供公告

　株式移転計画の承認には，株主総会の決議，種類株主総会の決議などが必要になる（会§804）。総株主の同意が必要になることはない。
　略式手続や簡易な手続は認められない。

　債権者の異議手続は，株式交換の場合と同様に，株式移転計画新株予約権が新株予約権付社債である場合のその社債権者に対してのみ必要になる。

　株式移転の効力は，株式移転設立完全親会社の本店の所在地における設立の登記の日に生じる。

2　登記期間

　株式移転計画の承認，債権者の異議手続，反対株主の株式買取請求のための期間などの必要な手続が終了した日から登記期間が進行することになる（会§925）。本店の所在地において，2週間以内に株式移転による設立の登記を申請しなければならない。また，株式移転計画新株予約権があるときは，株式移転完全子会社がする株式移転による変更の登記（株式移転計画新株予約権の消滅の登記）を申請しなければならない。

3　株式移転の登記手続

　株式移転完全子会社がする株式移転による変更の登記（株式移転計画新株予約権の消滅の登記）は，株式移転による設立の登記と同様に同時申請・経由申請となる。株式交換と同様に，株式移転をした旨は登記されない。

　株式移転計画新株予約権については，消滅した旨の登記をする。

新株予約権	第1回新株予約権 　新株予約権の数 　　100個 　新株予約権の目的たる株式の種類及び数又はその算定方法 　　普通株式　5000株 　募集新株予約権の払込金額若しくはその算定方法又は払込を要しないとする旨 　　無償 　新株予約権の行使に際して出資される財産の価額又はその算定方法 　　100万円 　新株予約権を行使することができる期間 　　令和7年3月31日まで
	令和2年12月1日発行 - 　　　　　　　　　　　令和2年12月2日登記
	令和3年3月3日株式移転計画新株予約権消滅 　　　　　　　　　　　令和3年3月8日登記

　株式移転による設立の登記については，登記の事由として「令和3年2月28日株式移転の手続終了」と手続終了の日を記載すればよい。

重要❗・・・・・・・・・・・・・・・・・・・・・・・・・・・・・・・・・・・・・

　　株式移転による設立の登記では，通常の設立と完全に同じ事項が登記される。

R2-33　　登記記録に関する事項も含めて通常の設立と同じである。「株式移転」という文字が登記されることはない。

　➡　しいていえば，新株予約権が登記されることがある点だけが違う。発起設立や募集設立の手続では，新株予約権を発行することができないのである。

4　株式移転完全子会社がする株式移転による変更の登記の添付書面

　　株式移転完全子会社がする株式移転による変更の登記の申請書には，委任状以外の添付書面は不要である。

5　株式移転による設立の登記の添付書面

（株式移転の登記）

第90条　株式移転による設立の登記の申請書には，次の書面を添付しなければならない。

一　株式移転計画書

二　定款

三　第47条第2項第6号から第8号まで及び第10号から第12号までに掲げる書面

四　前条第4号に掲げる書面

五　株式移転をする株式会社（以下「株式移転完全子会社」という。）の登記事項証明書。ただし，当該登記所の管轄区域内に株式移転完全子会社の本店がある場合を除く。

六　株式移転完全子会社において会社法第804条第1項及び第3項の規定による株式移転計画の承認その他の手続があつたことを証する書面

七　株式移転完全子会社において会社法第810条第2項の規定による公告及び催告（同条第3項の規定により公告を官報のほか時事に関する事項を掲載する日刊新聞紙又は電子公告によつてした場合にあつては，これらの方法による公告）をしたこと並びに異議を述べた債権者があるときは，当該債権者に対し弁済し若しくは相当の担保を提供し若しくは当該債権者に弁済を受けさせることを目的として相当の財産を信託したこと又は当該株式移転をしても当該債権者を害するおそれがないことを証する書面

八　株式移転完全子会社が株券発行会社であるときは，第59条第1項第2号に掲げる書面

　九　株式移転完全子会社が新株予約権を発行している場合であつて，会社法
　　第773条第1項第9号に規定する場合には，第59条第2項第2号に掲げる書
　　面

　株式移転計画書，資本金の額が会社法第445条第5項の規定に従って計上さ　H26-31
れたことを証する書面，登記事項証明書（株式移転完全子会社の本店が登記を　H18-32
申請する登記所の管轄区域内にない場合であって会社法人等番号を記載しなか
った場合），株式移転完全子会社における債権者の異議手続に関する書面，株
式移転完全子会社における株券提供公告をしたことを証する書面（株券を発行
していない株券発行会社である場合には，株式の全部について株券を発行して
いないことを証する書面），株式移転完全子会社における新株予約権証券提供
公告をしたことを証する書面（株式移転計画新株予約権につき新株予約権証券
を発行していない場合には，新株予約権証券を発行していないことを証する書
面）を添付する。株式移転計画の承認に関する株主総会議事録，種類株主総会
議事録なども添付する。

　さらに，株式移転設立完全親会社の定款，株主名簿管理人を置いたときは株　H29-29
主名簿管理人との契約を証する書面，設立時代表取締役を選定したときは設立
時代表取締役の選定に関する書面，指名委員会等設置会社を設立するときは設
立時執行役の選任並びに設立時委員及び設立時代表執行役の選定に関する書
面，就任を承諾したことを証する書面，設立時会計参与・設立時会計監査人に
ついて登記事項証明書や税理士・公認会計士であることを証する書面などが必
要になる。

　印鑑証明書と本人確認証明書の添付も必要である（商登規§61ⅣⅤⅦ）。通
常の設立と同じであり，新設分割とも同じである。

　登録免許税法施行規則に関する書面の添付が必要になることはない。

第8節　株式交付

Topics ・令和元年改正法（令和３年３月１日施行）により追加された制度である。
・組織再編行為と考えるより，特殊な募集株式の発行と考えた方が手続について理解しやすい。

1　株式交付の手続

　株式交付は，株式会社が他の株式会社を子会社とするための制度である。子会社とする株式会社（株式交付子会社）の株主と株式交付をする株式会社（株式交付親会社）との間の行為であり，株式交付親会社は，株式交付子会社の株主から株式交付子会社の株式を譲り受け，その対価として株式交付親会社の株式を交付することになる。

➡　株式交付子会社の株式を現物出資財産とする募集株式の発行と同じ結果を得ることになる。

　必要な手続は次のとおりである。募集株式と同様の手続のほか，株式交付に似た手続も必要になる。

・株式交付計画の作成
・株式交付計画の承認
・債権者の異議手続
・株式交付子会社の株式の譲渡しの申込み
・株式交付親会社が譲り受ける株式交付子会社の株式の割当て

　株式交付計画の承認については，株主総会の決議，種類株主総会の決議などが必要になる（会§816の３）。簡易な手続は可能であるが，略式手続は認められない（会§816の４）。

　債権者の異議手続が必要になるのは，株式交付に際して株式交付親会社の株式以外の財産を交付する場合に限られる（会§816の８Ⅰ）。

➡　株式交換と同様に，厳密には「株式以外の財産」ではなく，「株式に準ずるもの」も株式と同様に扱われる。

　譲渡しの申込みと割当ての手続に代えて，株式交付親会社が株式交付に際して譲り受ける株式交付子会社の株式の総数の譲渡しを行う契約を締結すること

も可能である（会§774の6）。

➡　基本的には募集株式の発行と同じように考えてよい。

　株式交付に際して株式交付子会社の新株予約権を譲り受けることも可能だが，株式を譲り受ける場合とほぼ同じ手続であり，特別な手続が必要となるものではない。

　また，株式交付子会社の株式の譲渡人に対して株式交付親会社の新株予約権を交付することも可能である。

➡　株式を一切譲り受けずに新株予約権のみを譲り受けることはできないし，株式を一切交付せずに新株予約権のみを交付することもできない。

　株式交付の効力は，必要な手続が終了していれば，株式交付計画で定めた日に生じる（会§774の11）。

2　株式交付の登記手続

　株式交付があった場合に変更が生じるのは，基本的には，発行済株式の総数と資本金の額である。

重要❗・・・・・・・・・・・・・・・・・・・・・・・・・・・・・・・・・

株式交付による変更の登記は，募集株式の発行による変更の登記と違いがない。

　株式交付があった旨や株式交付子会社の商号などが登記されることはない。また，株式交付子会社の登記事項には一切変更が生じないので，株式交付子会社について登記が必要となることはない。

　以上の内容については，例外がある。株式交付に際して新株予約権を発行して交付した場合である。新たに新株予約権を発行した場合には，新株予約権を発行した旨の登記が必要である。

　また，株式交付に際して自己株式の交付のみを行い，株式も新株予約権も発行しなかった場合には，株式交付に関して登記すべき事項が一切ないということもあり得る。

3　株式交換による変更の登記の添付書面

（株式交付の登記）
第90条の2　株式交付による変更の登記の申請書には，次の書面を添付しなけ

ればならない。
一　株式交付計画書
二　株式の譲渡しの申込み又は会社法第774条の6の契約を証する書面
三　会社法第816条の4第1項本文に規定する場合には，当該場合に該当する
　ことを証する書面（同条第2項の規定により株式交付に反対する旨を通知
　した株主がある場合にあつては，同項の規定により株主総会の決議による
　承認を受けなければならない場合に該当しないことを証する書面を含む。）
四　会社法第816条の8第2項の規定による公告及び催告（同条第3項の規定
　により公告を官報のほか時事に関する事項を掲載する日刊新聞紙又は電子
　公告によつてした場合にあつては，これらの方法による公告）をしたこと
　並びに異議を述べた債権者があるときは，当該債権者に対し弁済し若しく
　は相当の担保を提供し若しくは当該債権者に弁済を受けさせることを目的
　として相当の財産を信託したこと又は当該株式交付をしても当該債権者を
　害するおそれがないことを証する書面
五　資本金の額が会社法第445条第5項の規定に従つて計上されたことを証す
　る書面

　株式交付計画書，簡易な手続に該当することを証する書面，債権者の異議手
続に関する書面，資本金の額が会社法第445条第5項の規定に従って計上され
たことを証する書面については，株式交換と同様の書面となる。株式交付計
画を承認した株主総会の議事録なども必要である。株式の譲渡しの申込みを証
する書面，株式交付親会社が株式交付に際して譲り受ける株式交付子会社の株
式の総数の譲渡しを行う契約を証する書面（総数譲渡し契約を証する書面）に
ついては，募集株式の発行と同様の書面となる。
➡　株式交換では株式交換完全子会社について登記を申請しない場合であって
　も株式交換完全子会社の登記事項証明書が必要となることがあったが，株式
　交付では株式交付子会社の登記事項証明書が必要となることはない。

第5章

特例有限会社の登記

第1節　特例有限会社の登記事項

Topics・通常の株式会社についての規定の多くがそのまま適用されるが，商業
　　　　登記では通常の株式会社との違いが大きい。
　　　・特に役員に関する登記が要注意である。

1　特例有限会社の登記事項
特例有限会社では，通常の株式会社と登記事項が異なる（整備§43）。

重要❶・・・・・・・・・・・・・・・・・・・・・・・・・・・・・・
特例有限会社では，取締役と監査役について氏名のほか住所が登記される。　**H20-28**
代表取締役の氏名は，特例有限会社を代表しない取締役がある場合に限って登
記される。
監査役設置会社である旨が登記されることはない。

通常の株式会社では代表取締役の氏名と住所を登記したが，特例有限会社で
は，取締役の氏名と住所を登記し，取締役の全員が代表取締役であるときは，
代表取締役の氏名を登記しない。
➡　合名会社や合資会社の代表社員の登記と同じように考えればよい。

また，清算人についての登記事項も異なり，清算人について氏名と住所を登
記し，代表清算人の氏名は，特例有限会社を代表しない清算人がある場合に限
って登記する。
➡　清算持分会社と同じである。

2　登記記録例
特例有限会社については，次のように登記される。

会社法人等番号	0100-02-123456

商　　号	第一電器有限会社
本　　店	東京都中央区京橋一丁目1番1号
公告をする方法	官報に掲載してする
会社成立の年月日	平成12年10月1日
目　　的	1　家庭電器用品の製造及び販売 2　家具，什器類の製造及び販売 3　光学機械の販売 4　前各号に附帯する一切の事業
発行可能株式総数	5000株
発行済株式の総数並びに種類及び数	発行済株式の総数 　　5000株
資本金の額	金500万円
株式の譲渡制限に関する規定	当会社の株式を譲渡により取得することについて当会社の承認を要する。当会社の株主が当会社の株式を譲渡により取得する場合においては当会社が承認したものとみなす。
役員に関する事項	東京都千代田区霞が関一丁目3番5号 取締役　　　　　　甲野太郎
	東京都大田区東蒲田二丁目3番1号 監査役　　　　　　乙野太郎
登記記録に関する事項	設立 　　　　　　　　　　平成12年10月1日登記

　実際には，公告をする方法，発行可能株式総数，発行済株式の総数並びに種類及び数，株式の譲渡制限に関する規定について「平成17年法律第87号第136条の規定により平成18年5月1日登記」と記録されているが，気にする必要はない。

➡　これを理解するには，会社法施行前の旧有限会社法の知識が必要になる。

　取締役と監査役について住所が登記されること，代表取締役の氏名が登記されていないこと，監査役設置会社である旨が登記されていないことを確認しておこう。監査役の監査の範囲を会計に関するものに限定する旨の定款の定めがある旨も，特例有限会社では登記されない。　H30-34

第2節　特例有限会社における変更の登記

Topics ・ここでも実体法の知識が前提になる。

・難しかったら後回しでも構わない。通常の株式会社に比べると，重要度は圧倒的に低い。

1　特例有限会社では登記されない事項

H18-34　前節で触れた事項のほかに，特例有限会社では置くことができない機関，定めることができない事項があるため，次の事項が登記されることはない。

・取締役，代表取締役，監査役以外の役員に関する事項（会計参与，会計監査人，委員，執行役など）
・機関に関する事項（取締役会設置会社である旨など）
・貸借対照表に係る情報の提供を受けるために必要な事項

特例有限会社では，監査役以外の機関を定款で定めることにより設置することはできない（整備§17）。また，計算書類の公告義務はない（整備§28）。

H19-30　特例有限会社では，株式の譲渡制限に関する規定を廃止することができない（整備§9）。したがって，株式の譲渡制限に関する規定の廃止の登記をすることはできない。

➡　譲渡の承認機関を変更することは可能であり，承認機関の変更によって変更の登記をする場合はある。

特例有限会社は，吸収合併により権利義務を承継することや，吸収分割により権利義務を承継することができない（整備§37）。したがって，それらの登記はできない。

➡　吸収合併消滅会社や吸収分割会社となることは可能である。

H20-28　株式交換や株式移転は一切できない（整備§38）。したがって，それらの登記はできない。

2　代表取締役についての登記

特例有限会社では，代表取締役でない取締役がいる場合には代表取締役の氏名を登記するが，取締役の全員が代表取締役である場合には代表取締役の氏名を登記しない。したがって，代表取締役である取締役Aと代表取締役でない取

締役Bが置かれている特例有限会社において，取締役Bが代表取締役となった
ときは，代表取締役Aの氏名を抹消する旨の登記を申請することになる。

➡　合名会社や合資会社の代表社員の登記と同じように考えればよい。

3　清算人の登記

特例有限会社は，清算人会を置くことができない（整備§33Ⅰ）。

通常の株式会社の清算人の登記の申請書には，清算人会の設置に関する定款　R2-32
の定めを確認するために定款を添付する必要があった（商登§73Ⅰ）。しかし，　H29-29
特例有限会社では，清算人会の設置に関する定款の定めを確認する必要はない。
したがって，清算人の登記の申請書に常に定款を添付する必要はない。もっと
も，定款で定めた者が清算人となった場合には定款の添付が必要であり，また，
法定清算人の場合には定款で清算人を定めていないことを証するために定款の
添付が必要である。結局，定款の添付が不要なのは，株主総会の決議で定めた
者が最初の清算人になった場合と，裁判所が最初の清算人を定めた場合である。

清算人について氏名と住所を登記し，代表清算人の氏名は特例有限会社を代　R2-32
表しない清算人がある場合に限って登記する（整備§43Ⅱ）。

➡　清算持分会社と同じである。

第3節　通常の株式会社への移行

Topics　・いろいろと例外的な扱いが多い。例外であることを認識しておかない
と混乱する。
　　　　　・混乱を避けるために後回しにしてもよい。他の登記を完璧にしてから
手を付けてもいいだろう。

1　通常の株式会社への移行の手続

　特例有限会社は，「有限会社」の文字を含まず「株式会社」の文字を含む商
号に変更することによって，通常の株式会社へ移行することができる。商号の
変更には，株主総会の特別決議による定款の変更が必要だが，その効力は，本
店の所在地において登記をすることによって生じる。通常の株式会社への移行
は，登記が効力要件なのである。

➡　債権者の異議手続などの特別な手続は不要である。その点で組織変更とは
異なる。

2　株式会社となる商号の変更と同時にする行為

　通常の株式会社へ移行すると同時に，商号以外の定款の変更をすることがあ
る。通常の株式会社になると同時に公開会社となることも可能であるし，各種
の機関を設置することもできる。また，募集株式の発行を同時に行うこともで
きる。

　通常の株式会社になることにより，取締役の任期についての規定が適用され
ることになる。特例有限会社では，取締役の任期が法定されていないのである。
任期についての会社法の規定が適用される結果，通常の株式会社になると同時
に取締役の任期が満了することが考えられる。そのような場合には，株式会社
へ移行すると同時に，取締役を選任しなければならない。

3　登記手続

　商号変更による特例有限会社の解散の登記と商号変更による株式会社の設立
の登記を申請しなければならない。この二つの登記は同時に申請しなければな
らない。基本的には組織変更の登記と同じように考えればいいのだが，登記が
効力要件であることに伴って様々な問題が生じる。

　商号変更による特例有限会社の解散の登記の登記記録例は，次のようになる。登記の事由は，「商号変更による解散」とすればよい。 H24記述

登記記録に関する事項	令和3年3月3日東京都新宿区新宿一丁目1番1号新宿商事株式会社に商号変更し，移行したことにより解散 令和3年3月3日登記 令和3年3月3日閉鎖

　登記が効力要件であるが，申請書の登記すべき事項としても登記申請日を記載して「令和3年3月3日東京都新宿区新宿一丁目1番1号新宿商事株式会社に商号変更し，移行したことにより解散」と記載してしまって構わない。ただし，郵送で申請する場合には，登記申請日（申請の受付がされる日）がわからないため，日付を記載しない。

　商号変更による株式会社の設立の登記では，登記の事由として「令和3年2月28日商号変更による設立」と記載するものとされている。日付は，定款の変更に係る株主総会の決議があった日である。登記期間がこの日から2週間以内となっているためである。 H24記述
➡　設立の日ではない日付を記載して「商号変更による設立」とするのは違和感があるが，諦めることもときには必要である。

　通常の株式会社への移行と同時に効力が生じる役員の就任などについて，別途登記の事由として記載する必要はない。 H24記述

　商号変更による株式会社の設立の登記では，通常の設立と同様の事項を登記する。ただし，登記記録に関する事項は次のようになる。登記が効力要件であるにもかかわらず，登記記録に関する事項として日付が記録される。 H24記述

登記記録に関する事項	令和3年3月3日新宿商事有限会社を商号変更し，移行したことにより設立 令和3年3月3日登記

　会社成立の年月日としては，特例有限会社の登記において登記されていた会社成立の年月日を登記する。 H24記述

　　申請書の登記すべき事項としては，登記簿に記録される事項をそのまま記載して申請すればよい。ただし，役員に関する事項は例外である。

　　役員に関する事項としては，次のように記録される。

役員に関する事項	取締役　　　　　　　甲野太郎	平成16年6月30日就任
	取締役　　　　　　　甲野次郎	平成16年6月30日就任
	東京都渋谷区渋谷一丁目1番1号 代表取締役　　　　　甲野太郎	平成16年6月30日就任

H24記述　　本店の移転の新所在地における登記のように就任年月日が記録されるが，この就任年月日は，申請書に記載しない。登記官が記録する扱いである。通常の株式会社に移行すると同時に就任する役員についても，登記官が就任年月日を記録する。

　　通常の株式会社に移行することにより，役員に関する登記事項が変わることにも注意が必要である。

H24記述　　通常の株式会社になると同時に役員が退任することがあるが，その場合でも退任の登記は不要である。退任の旨が登記されずに，特例有限会社の登記記録は閉鎖される。

H24記述　　通常の株式会社になると同時に変更する事項については，変更の旨を登記しない。変更後の事項を設立の登記の申請書に記載して申請すればよい。たとえば，募集株式の発行を同時にした場合には，変更後の発行済株式の総数や資本金の額を記載すればよい。

＋アルファ

　　通常の株式会社に移行すると同時に取締役会設置会社となる場合には，代表取締役の選定方法に注意する必要がある。登記が効力要件であるから，取締役会設置会社となるのは登記の時点である。登記の前は取締役会設置会社

ではないから，登記の前に取締役会を開催することはできない。結局，通常の株式会社になると同時に取締役会設置会社となる場合でも，通常の株式会社になると同時に就任する代表取締役を取締役会で選定することはできない。

いくつかの対策が考えられるが，定款で移行後の代表取締役を定めてしまうのが最も問題が少ないだろう。

➕ アルファ

通常の株式会社に移行すると同時に本店を移転することにも問題がある。`H23-32`解散の登記と設立の登記の登記記録に関する事項を見比べればわかるが，設立の登記の登記記録に関する事項には，特例有限会社の本店が記録されない。通常の株式会社に移行すると同時に本店を移転してしまうと，株式会社の登記記録に関する事項の記録から特例有限会社の登記記録をたどることができなくなってしまう。

これは，純粋に登記手続だけの問題なので，通常の株式会社への移行の登記とは別に本店移転の登記を申請すれば大丈夫である。たとえば，特例有限会社のままで本店移転の登記を申請し，続けて通常の株式会社への移行の登記を申請すればよい。

4　添付書面

解散の登記については，一切の添付書面が不要である。`H24記述`

設立の登記については，定款を変更した株主総会の議事録と株主リストを添`H23-32`付する。また，移行後の株式会社の定款を添付する。

同時に募集株式の発行などをした場合には，それぞれ必要な書面を添付する。

同時に就任する役員についても必要な書面を添付する。就任を承諾したことを証する書面などである。取締役の就任や代表取締役の就任について印鑑証明書の添付が必要となることもある。就任の旨は登記されないが，添付書面は就任の登記と同じである。

第6章
外国会社の登記

第1節　外国会社とは何か

Topics・まず，実体法を理解しよう。
　　　　・日本における代表者について正しく理解する必要がある。

1　外国会社とは何か

　　外国会社とは，外国の法令に準拠して設立された法人その他の外国の団体であって，会社と同種のもの又は会社に類似するものをいう（会§2②）。
　　外国の法令に準拠して設立されたというのが一つのポイントである。会社法の規定に基づいて設立されたのであれば，外国会社ではない。外国の法令に準拠しているので，必ずしも会社法に基づく会社と同じような機関が置かれているわけではない。

➕アルファ

　　日本に本店を置き，又は日本において事業を行うことを主たる目的とする外国会社は，日本において取引を継続してすることができない（会§821Ⅰ）。このような外国会社は，疑似外国会社とよばれる。日本に本店を置き，もっぱら日本で事業を行うのであれば，会社法に基づいて会社を設立すべきなのである。会社法の規定の適用を免れるために外国の法律に準拠して法人を設立することは，認めるべきではないのである。

2　外国会社の日本における代表者

（外国会社の日本における代表者）
会社法第817条　外国会社は，日本において取引を継続してしようとするときは，日本における代表者を定めなければならない。この場合において，その日本における代表者のうち一人以上は，日本に住所を有する者でなければならない。
2　外国会社の日本における代表者は，当該外国会社の日本における業務に関する一切の裁判上又は裁判外の行為をする権限を有する。

　日本において取引を継続してするには，日本における代表者で日本に住所を [H20-29] 有するものを一人以上定めなければならない。日本における代表者を定める必要はあるが，営業所を設置する義務はない。また，日本における代表者について，国籍による制限は一切ない。

　そして，日本における代表者を定めた後，外国会社の登記をしなければならない（会§818Ⅰ）。

　日本における代表者の権限は支配人に似ているが，日本における代表者は営業所ごとに定められるものではなく，また，登記手続上は大きく異なることになる。なお，外国会社が日本に置いた営業所について支配人を選任することも可能である（会§10）。

第2節　基本的な登記手続と登記事項

Topics・日本に営業所を置く場合と置かない場合で異なる。
　　　　・公告方法についての登記がややこしい。

1　管　轄

（外国会社の登記）

会社法第933条　外国会社が第817条第１項の規定により初めて日本における代表者を定めたときは，３週間以内に，次の各号に掲げる場合の区分に応じ，当該各号に定める地において，外国会社の登記をしなければならない。
　一　日本に営業所を設けていない場合　日本における代表者（日本に住所を有するものに限る。以下この節において同じ。）の住所地
　二　日本に営業所を設けた場合　当該営業所の所在地

（管轄の特例）

第127条　日本に営業所を設けていない外国会社の日本における代表者（日本に住所を有するものに限る。第130条第１項を除き，以下この節において同じ。）の住所地は，第１条の３及び第24条第１号の規定の適用については，営業所の所在地とみなす。

（申請人）

第128条　外国会社の登記の申請については，日本における代表者が外国会社を代表する。

　外国会社の登記の管轄は，営業所を設けた場合と設けていない場合とで異なる。営業所を設けた場合には**営業所の所在地**で外国会社の登記をするが，日本に営業所を設けていない外国会社の登記は，**日本における代表者の住所地**である。日本における代表者が複数ある場合には，その全員の住所地で登記することになる。

　登記手続では，日本に住所を有する日本における代表者が問題となるのであり，日本に住所を有しない日本における代表者は登記手続にほとんど影響を与えない。本書では，単に「日本における代表者」という場合，日本に住所を有する日本における代表者を指すものとする。日本に住所を有しない場合に限り，その旨を明記することにする。

H28-28　　外国会社の登記の申請は，日本における代表者が外国会社を代表してするこ

とになる。外国会社の代表者（株式会社でいう代表取締役など）が外国会社を代表して登記を申請することはできない。

　日本における代表者は，外国会社の登記の申請書に押印すべき者として，そ H22-33
の印鑑を登記所に提出することができる（商登§12Ⅰ①）。
➡　外国会社だからといって，印鑑の提出について特別な扱いがあるわけではない。

2　登記記録例

　まず，登記記録例を見てしまおう。営業所を設置した場合の例である。

会社法人等番号	0110 - 03 - 123456
商　　号	アメリカンジムアンドメアリーコーポレーション
本　　店	アメリカ合衆国カリフォルニア州ロサンゼルス市ハーバ通4番地
公告をする方法	官報に掲載してする。 （準拠法の規定による公告） ロサンゼルス市で発行されるアメリカン・ポスト紙に掲載してする。
会社設立の準拠法	アメリカ合衆国カリフォルニア州会社法
会社成立の年月日	昭和40年1月1日
目　　的	1　コンピュータ及び関連機器の輸出入及び販売 2　コンピュータ用ソフトウエア及び映像，音楽，ゲーム等のデジタルコンテンツの輸出入及び販売 3　その他これらに附帯し，又は関連する事業
発行可能株式総数	5万株

発行済株式の総数並びに種類及び数	発行済株式の総数 　　　３万株		
資本金の額	30万米ドル		
役員に関する事項	取締役		ジム・ブラウン
	取締役		メアリー・ブラウン
	取締役		ジョン・ホフマン
	アメリカ合衆国カリフォルニア州ロサンゼルス市ダウンタウン８番地 代表取締役　　　　ジム・ブラウン		
	東京都渋谷区宇田川町１番10号 日本における代　ロバート・ウィリアム 表者		
支　店	1 アメリカ合衆国カリフォルニア州サンフランシスコ市サンセット通３番地		
	2 東京都渋谷区宇田川町１番10号		
登記記録に関する事項	令和３年２月１日営業所設置 　　　　　　　　　　　　令和３年２月３日登記		

　営業所を設置しない場合には，支店として営業所が登記されず，登記記録に関する事項として次のように登記される。

登記記録に関する事項	令和3年2月1日日本における代表者選任 　　　　　　　　　　　　　　　令和3年2月3日登記

3　登記事項

> **会社法第933条**　（略）
> 2　外国会社の登記においては，日本における同種の会社又は最も類似する会社の種類に従い，第911条第3項各号又は第912条から第914条までの各号に掲げる事項を登記するほか，次に掲げる事項を登記しなければならない。
> 一　外国会社の設立の準拠法
> 二　日本における代表者の氏名及び住所
> 三　日本における同種の会社又は最も類似する会社が株式会社であるときは，第1号に規定する準拠法の規定による公告をする方法
> 四　前号に規定する場合において，第819条第3項に規定する措置をとることとするときは，同条第1項に規定する貸借対照表に相当するものの内容である情報について不特定多数の者がその提供を受けるために必要な事項であって法務省令で定めるもの
> 五　第939条第2項の規定による公告方法についての定めがあるときは，その定め
> 六　前号の定めが電子公告を公告方法とする旨のものであるときは，次に掲げる事項
> 　イ　電子公告により公告すべき内容である情報について不特定多数の者がその提供を受けるために必要な事項であって法務省令で定めるもの
> 　ロ　第939条第3項後段の規定による定めがあるときは，その定め
> 七　第5号の定めがないときは，第939条第4項の規定により官報に掲載する方法を公告方法とする旨

　外国会社が日本の会社の種類のどれに相当するかで登記事項が異なる。株式会社に相当する外国会社については株式会社の登記事項を登記し，合名会社に相当する外国会社については合名会社の登記事項を登記する。

　外国会社の設立の準拠法や日本における代表者の氏名及び住所については，登記記録例のように登記されることになる。

　株式会社に相当する外国会社については，日本における公告方法のほか，準拠法の規定による公告をする方法についても登記する。日本における公告方法を定めていない場合には，官報に掲載する方法が公告方法となる。貸借対照表に係る情報の提供を受けるために必要な事項も登記することができる。

➡　条文を読んでもわかりづらいので，登記記録例を眺めて視覚的に覚えてしまうのがよい。

H20-29　　外国会社も，支配人を選任した場合には，支配人の登記をしなければならない（会§933Ⅳ，918）。支配人の登記は本店の所在地においてするものとされているが，外国会社の登記については本店と支店の区別がないので，外国会社の全部の登記において支配人を登記する。たとえば，日本にA営業所とB営業所を設けた場合には，A営業所を管轄する登記所においてもB営業所を管轄する登記所においても外国会社の登記をするが，この外国会社がA営業所に支配人を置いたときは，A営業所を管轄する登記所においてもB営業所を管轄する登記所においても支配人の登記をしなければならない。

➕ アルファ

　会社法933条1項において「日本における代表者（日本に住所を有するものに限る。以下この節において同じ。）」と規定されている。したがって，会社法933条2項2号の「日本における代表者」は，日本に住所を有するものである。会社法上は，日本に住所を有しない日本における代表者は登記事項ではない。

　一方で，商業登記法127条では「日本における代表者（日本に住所を有するものに限る。第130条第1項を除き，以下この節において同じ。）」と規定されている。商業登記法130条1項は，日本における代表者の変更についての規定である。つまり，商業登記法では，日本に住所を有しない日本における代表者に変更が生じた場合であっても，その旨の登記が必要となることを前提にしている。商業登記法では，日本に住所を有しない日本における代表者が登記事項であるように読める。

　平成20年本試験では，日本に住所を有しない日本における代表者が登記事項であるという趣旨の出題を行ったが，その後，2とおりの正解を発表し，日本に住所を有しない日本における代表者は登記事項ではないと判断しても正解と扱っている。立法的に解決してほしい問題だが，微妙な状況にある現状では，今後この論点が出題されることはないだろう。

4　登記期間

　外国会社についての変更の登記の登記期間は，変更が生じてから３週間以内 H25-28 である（会§933Ⅳ）。ただし，登記すべき事項が外国において生じたときは，登記の期間は，その通知が日本における代表者に到達した日から起算する（同Ⅴ）。

➡　外国において生じた事項については，登記期間が緩和されている。立法の趣旨から考えると，登記すべき事項の発生を電話やメールで通知された時点ではなく，登記申請に必要な書面が届いた日を通知の到達した日と考えるべきだろう。

　登記期間の算定の根拠を明らかにするため，登記すべき事項が外国で生じた場合の外国会社の登記の申請書には，通知書の到達した年月日を記載しなければならない（商登規§93）。

5　添付書面の通則

> **第130条**　日本における代表者の変更又は外国において生じた登記事項の変更についての登記の申請書には，その変更の事実を証する外国会社の本国の管轄官庁又は日本における領事その他権限がある官憲の認証を受けた書面を添付しなければならない。

　外国会社の登記の申請書に添付する書面については，官憲の認証が必要とされている。必要な書面が外国語で作成されている場合には，その内容の翻訳を記載した書面も添付しなければならない。

　日本に複数の営業所を設けている場合において，登記を申請する度に同じ書面の添付を求めるのは煩雑である。そこで，既に１箇所の営業所で登記をした場合には，その登記事項証明書を添付することにより，変更の事実を証する書面の添付を省略することができる（商登§130Ⅲ）。申請書に会社法人等番号を記載することで登記事項証明書の添付に代えることもできる。

第3節　各種の登記

Topics ・経由申請となる場合に注意する。

・日本における代表者全員の退任は，登記が効力要件となる。

1　初めてする外国会社の登記

日本における代表者を定めたときは，外国会社の登記をすることになる。日本における代表者を定めると同時に営業所を設置した場合には営業所の所在地において登記をし，営業所を設置しない場合には日本における代表者の住所地で登記をする。

（外国会社の登記）

第129条　会社法第933条第１項の規定による外国会社の登記の申請書には，次の書面を添付しなければならない。

一　本店の存在を認めるに足りる書面

二　日本における代表者の資格を証する書面

三　外国会社の定款その他外国会社の性質を識別するに足りる書面

四　会社法第939条第２項の規定による公告方法についての定めがあるときは，これを証する書面

定款が本店の存在を認めるに足りる書面を兼ねる場合もある。

日本における代表者の資格を証する書面としては，任命書などを添付することになる。

公告方法を定めた場合に限り，その定めを証する書面を添付する。公告方法を定めていないなら，官報に掲載する方法が公告方法となる。

2　営業所移転の登記

日本に営業所を設けた外国会社が全ての営業所を他の登記所の管轄区域内に移転した場合の営業所移転の登記は，会社の本店移転の登記と同様に，旧所在地における登記と新所在地における登記を同時に申請し，かつ，旧所在地を管轄する登記所を経由して新所在地における登記を申請する（商登§131Ⅰ）。

移転するのが全ての営業所でなければ，同時申請や経由申請は不要である。複数の営業所を同時に移転するのは通常では考えにくいので，営業所が１箇所である場合をイメージすればよい。

　登記期間は，旧所在地では3週間以内であり，新所在地では4週間以内である（会§935Ⅱ）。

➡　同時申請なのに登記期間が異なるのはおかしいが，そのように規定されているのである。

3　日本における代表者の住所移転の登記

　日本に営業所を設けていない外国会社においては，日本における代表者の住所地が営業所の所在地と同じ役割を担うことになる。そのため，日本に営業所を設けていない外国会社の日本における代表者全員が住所を他の登記所の管轄区域内に移転した場合の住所移転の登記は，営業所移転の登記と同様に同時申請かつ経由申請になる（商登§131Ⅲ）。

　登記期間は，旧住所地では3週間以内であり，新住所地では4週間以内である（会§935Ⅰ）。

4　営業所設置の登記

　日本に営業所を設けていない外国会社は，日本における代表者の住所地で外国会社の登記をする。日本における代表者の住所地で外国会社の登記をしている外国会社が新たに営業所を設けたときは，登記の管轄が日本における代表者の住所地から営業所の所在地に代わることになる。そのため，この場合には，日本における代表者の住所地における登記と営業所の所在地における登記を同時に申請することになり，日本における代表者の住所地を管轄する登記所を経由して営業所設置の登記を申請する（商登§131Ⅳ）。

　登記期間は，日本における代表者の住所地では3週間以内であり，営業所の所在地では4週間以内である（会§936Ⅰ）。

5　営業所閉鎖の登記

　全ての営業所を閉鎖しても，外国会社の登記義務は消滅しない。日本における代表者の住所地で登記することになるのである。全ての営業所を閉鎖した場合には，営業所の所在地における登記と日本における代表者の住所地における登記が同時申請となり，日本における代表者の住所地における登記が経由申請となる（商登§131）。

　営業所の所在地においては，登記記録に関する事項として「令和3年2月1日東京都新宿区北新宿一丁目8番22号の営業所閉鎖」と登記されることになる

が，こういった事項が記録されている場合には，その後に日本における代表者の住所地で登記されているはずである。

　登記期間は，営業所の所在地では3週間以内であり，日本における代表者の住所地では4週間以内である（会§936Ⅱ）。

6　日本における代表者全員の退任の登記

> （日本に住所を有する日本における代表者の退任）
> **会社法第820条**　外国会社の登記をした外国会社は，日本における代表者（日本に住所を有するものに限る。）の全員が退任しようとするときは，当該外国会社の債権者に対し異議があれば一定の期間内にこれを述べることができる旨を官報に公告し，かつ，知れている債権者には，各別にこれを催告しなければならない。ただし，当該期間は，1箇月を下ることができない。
> **2**　債権者が前項の期間内に異議を述べたときは，同項の外国会社は，当該債権者に対し，弁済し，若しくは相当の担保を提供し，又は当該債権者に弁済を受けさせることを目的として信託会社等に相当の財産を信託しなければならない。ただし，同項の退任をしても当該債権者を害するおそれがないときは，この限りでない。
> **3**　第1項の退任は，前2項の手続が終了した後にその登記をすることによって，その効力を生ずる。

　日本における代表者全員の退任には，まず，**債権者の異議手続**が必要である。そして，債権者の異議手続が終了した後に登記をすることによって効力が発生する。**登記が効力要件**である。

　債権者の異議手続に際して知れている債権者に対する各別の催告を省略することはできない。

　裁判所による清算の開始命令があった場合は例外で，この場合には，株式会社の特別清算と同様の手続によって清算する（会§822）。この場合には，裁判所書記官の嘱託によって必要な登記がなされる（会§938Ⅵ）。

日本における代表者全員の退任については，次のように登記される。

登記記録に関する事項	すべての日本における代表者退任 令和3年3月3日登記 令和3年3月3日閉鎖

登記が効力要件であるため，退任日は登記されない。

第130条　（略）

2　日本における代表者の全員が退任しようとする場合には，その登記の申請書には，前項の書面のほか，会社法第820条第1項の規定による公告及び催告をしたこと並びに異議を述べた債権者があるときは，当該債権者に対し弁済し若しくは相当の担保を提供し若しくは当該債権者に弁済を受けさせることを目的として相当の財産を信託したこと又は退任をしても当該債権者を害するおそれがないことを証する書面を添付しなければならない。ただし，当該外国会社が同法第822条第1項の規定により清算の開始を命じられたときは，この限りでない。

申請書には，債権者の異議手続に関する書面を添付する。各別の催告が省略できないことに注意する。

7　外国会社が持分会社の社員となることの可否

外国会社は，持分会社の社員となることができる。持分会社の社員となること自体は,「日本において取引を継続してしようとするとき」に該当しないため，登記をしていない外国会社であっても，持分会社の社員となることができる。 `H20-29`

登記をしていない外国会社が持分会社の社員となった場合において，持分会社の登記の申請書に登記事項証明書を添付すべき場合には，登記事項証明書に代えて本国官憲の作成した証明書を添付することができる。

第7章
会社以外の商人の登記

第1節　商号の登記

Topics・免責の登記や相続人による登記などが問われる。
・商号の登記の抹消に注意する。

1　商号の登記の要否

　会社以外の商人は，その商号を登記することができる（商§11Ⅱ）。会社以外の商人の商号の登記は任意であり，登記義務はない。

➡　わざわざ商号を登記するメリットは，それほどない。法務省の統計によると，商号の登記は，例年全国で1,000件に満たない程度である。

　商号の新設の登記は任意だが，いったん商号を登記した以上，その変更や消滅については，遅滞なく登記を申請しなければならない（商§10）。会社と異なり具体的な登記期間はなく，「遅滞なく」とのみ規定されている。

2　登記事項

> **第28条**　商号の登記は，営業所ごとにしなければならない。
> 2　商号の登記において登記すべき事項は，次のとおりとする。
> 　一　商号
> 　二　営業の種類
> 　三　営業所
> 　四　商号使用者の氏名及び住所

　商号の登記は営業所ごとに行う。商号使用者の住所地で登記するのではない。

　同一の営業について複数の商号を使用することはできない（先例明31.12.8－1972）。そのため，商号使用者と営業の種類が同じで，商号のみが異なるような商号の登記は認められない（先例昭42.7.11－463）。

　会社と同様に，同一の営業所の所在場所において同一の商号の登記をするこ

とはできない（商登§27）。

　登記簿の記録は，次のようになる。

商　　　号	甲野太郎呉服店
営業所	東京都千代田区霞が関一丁目1番1号
会社法人等番号	0001 - 04 - 123456
商号使用者の氏名及び住所	東京都千代田区大手町一丁目3番3号 甲野太郎
営業の種類	呉服類の販売
登記記録に関する事項	新設 令和3年2月3日登記

3　営業所移転の登記

> **第29条**　商号の登記をした者は，その営業所を他の登記所の管轄区域内に移転したときは，旧所在地においては営業所移転の登記を，新所在地においては前条第2項各号に掲げる事項の登記を申請しなければならない。
> （営業所移転の登記の添付書面）
> **商業登記規則第52条**　法第29条第1項の規定による新所在地における登記の申請書には，旧所在地においてした登記を証する書面を添付しなければならない。

　商号の登記では，営業所移転が経由申請とならない。
　旧所在地では，営業所移転の旨を登記して登記記録を閉鎖する。
　新所在地では，新設の場合と全く同じ事項が登記される。登記記録に関する事項も「新設」であり，営業所移転の旨は登記されない。
➡　新所在地における登記は新設と全く同じなのだが，登録免許税が違う。営業所移転の登記の方が安くなる。

　新所在地における登記の申請書には，旧所在地においてした登記を証する書

面（登記事項証明書）を添付しなければならない。

> 🖐️**理由**　新設ではなく営業所移転であることを明らかにするため。

➕ アルファ

　登記事項証明書の添付が必要な場合であっても，申請書に会社法人等番号を記載すれば添付は省略できた。しかし，その根拠である商業登記法19条の3では「この法律の規定により（略）添付しなければならないとされている登記事項証明書」と規定しており，商業登記規則の規定により登記事項証明書の添付が必要となる場合については商業登記法19条の3の範囲外である。そのため，商業登記規則52条の規定に基づいて添付する登記事項証明書については，法令上は，添付の省略が不可能である。

4　商号の譲渡の登記

> **第30条**　商号の譲渡による変更の登記は，譲受人の申請によつてする。
> 2　前項の登記の申請書には，譲渡人の承諾書及び商法第15条第1項の規定に該当することを証する書面を添付しなければならない。

　商号の譲渡があった場合には，商号の譲渡の登記を申請する。この登記の申請は，商号の譲受人が単独でする。譲渡人の意思は添付された承諾書によって確認することになる。

　譲渡人が登記所に印鑑を提出している場合には，譲渡人は，その承諾書に登記所に提出している印鑑を押せばよい。登記所に提出している印鑑を押せないのであれば，市町村に登録している印鑑を押し，市町村長の作成した印鑑証明書を添付しなければならない（商登規§52の2）。

➡　印鑑の提出は義務ではないことを思いだしておこう。

　商号は，営業とともにする場合と営業を廃止する場合に限って譲渡することができる（商§15Ⅰ）。そのため，商号の譲渡の登記の申請書には，譲渡人の承諾書のほか，営業とともに譲渡したことを証する書面か営業を廃止したことを証する書面を添付しなければならない。

　商号の譲受人は，シンプルに商号の譲渡の登記を申請すればよいのだが，登記簿の記録は特殊なものになる。単純に商号使用者の氏名と住所を書き換える登記にはならない。

　商号の譲渡の登記手続を理解する前提して，会社法人等番号についてきちん
と理解しておく必要がある。会社法人等番号は，特定の会社，外国会社その他
の商人を識別するための番号（商登§7）であった。そして，会社以外の商人
についても会社法人等番号は付される。会社法人等番号によって商人が特定で
きる必要があるから，同じ商人には同じ会社法人等番号が付されなければなら
ず，違う商人には必ず違う会社法人等番号が付されなければならない。つまり，
会社法人等番号と商人との間は，完全に一対一の対応がなければならない。

　そのため，商号の譲渡があった場合であっても，商号の譲渡人の会社法人等
番号をそのまま商号の譲受人の会社法人等番号とすることはできない。商号の
譲渡人の会社法人等番号と商号の譲受人の会社法人等番号は異なるものでなけ
ればならない。

　一方，商業登記の登記記録は商人ごとに起こされ，ひとつの登記記録に複数
の会社法人等番号が記録されるようなことはない。会社法人等番号が異なるな
ら登記記録も異なることになる。

　その結果，商号の譲渡の登記をする場合には，商号の譲渡人についての登記
記録を閉鎖し，新たに商号の譲受人についての登記記録を起こさなければなら
ないこととなる（商登規§52の3Ⅰ）。

　具体的には，商号の譲渡人についての登記記録では登記記録に関する事項と
して「令和3年3月1日東京都新宿区北新宿一丁目1番1号丙野次郎に商号譲
渡」と記録して閉鎖し，商号の譲受人については新たに商号の登記をする場合
と同様の事項を記録して登記記録を起こすことになる。ただし，商号の譲受人
についての登記記録の登記記録に関する事項には「令和3年3月1日東京都千
代田区大手町一丁目3番3号甲野太郎から商号譲渡」と記録される（先例平
27.9.30－122）。

➡　これらの登記記録を閉鎖して起こす手続は，登記官が行うものである。当
　　事者である申請人がその手続を意識する必要はなく，二つの登記を申請する
　　ものでもない。

　商号の譲渡の登記には，不動産の登記と同様な対抗力がある（商§15Ⅱ）。
対抗できる第三者について，善意は必要とされていない。

5　免責の登記

> （営業又は事業の譲渡の際の免責の登記）
> **第31条**　商法第17条第2項前段及び会社法第22条第2項前段の登記は，譲受人の申請によつてする。
> 2　前項の登記の申請書には，譲渡人の承諾書を添付しなければならない。

　営業とともに商号を譲渡し，譲受人が譲渡人の商号を引き続き使用する場合には，譲受人は，譲渡人の営業によって生じた債務を弁済する責任を負うが，登記をすることによってその責任を免れることができる（商§17）。
➡　通知によっても免れることはできる。

　この場合の免責の登記も，譲渡人の承諾書を添付して，譲受人が単独で申請する。この承諾書も，登記所に提出している印鑑を押せないのであれば，市町村に登録している印鑑を押し，市町村長の作成した印鑑証明書を添付しなければならない（商登規§52の2）。

🔴要🔴 ●
　商号の譲渡の登記と営業の譲渡の際の免責の登記は，同時に申請しなくても構わない。

　もちろん1通の申請書で一括して申請してもいいし，その方が手間は省ける。

　会社についても，事業の譲渡の際の免責の登記をすることができる。会社では，商号の譲渡があった場合には，商号の変更の登記をする。

会社についての免責の登記の登記記録は次のようになる。

商号譲渡人の債務に関する免責	当会社は令和3年3月1日商号の譲渡を受けたが，譲渡会社である東洋電気器具株式会社の債務については責に任じない	令和3年3月3日登記

➕ アルファ

吸収分割や新設分割についても事業の譲渡に関する規定が類推適用され，分割をする会社の商号を承継する会社が引き続き使用する場合には，承継する会社が分割する会社の債務を負担することがあり得る（最判平20.6.10）。そのため，商号を引き続き使用する吸収分割や新設分割に際して免責の登記をすることも認められている。

H23記述

6　相続があった場合

商号は，相続の対象となる。商号使用者が死亡し，相続があった場合の扱いは，相続開始前に商号を登記していた場合と，商号を登記していなかった場合で異なる。

⑴　死亡した者が商号を登記していた場合

相続人が商号の相続の登記を申請する。申請書には，相続を証する書面を添付しなければならない（商登§30Ⅲ）。

相続開始前に商号の譲渡やその他の変更があり，その登記が完了していなかった場合には，申請書に相続人の資格を証する書面を添付して，相続人が変更の登記を申請することができる（商登§32）。たとえば，登記された商号を譲り受けたが，その登記を完了する前に譲受人が死亡した場合などである。

⑵　商号を登記していない商号使用者が死亡した場合

この場合には，商号を相続した相続人が当事者となり，商号の新設の登記をすることができる。被相続人を商号使用者として登記する必要はない。

7　商号の登記の抹消

> （商号の登記の抹消）
> **第33条**　次の各号に掲げる場合において，当該商号の登記をした者が当該各号に定める登記をしないときは，当該商号の登記に係る営業所（会社にあつては，本店。以下この条において同じ。）の所在場所において同一の商号を使用しようとする者は，登記所に対し，当該商号の登記の抹消を申請することができる。
> 　一　登記した商号を廃止したとき
> 　　　当該商号の廃止の登記
> 　二　商号の登記をした者が正当な事由なく２年間当該商号を使用しないとき
> 　　　当該商号の廃止の登記
> 　三　登記した商号を変更したとき
> 　　　当該商号の変更の登記
> 　四　商号の登記に係る営業所を移転したとき
> 　　　当該営業所の移転の登記
> **2**　前項の規定によつて商号の登記の抹消を申請する者は，申請書に当該商号の登記に係る営業所の所在場所において同一の商号を使用しようとする者であることを証する書面を添付しなければならない。

　　同一の所在場所において同一の商号を使用することはできない。もし，実際に使用されていない商号が登記されていると，同じ商号を使用したい者にとって迷惑である。そのため，申請による商号の登記の抹消が認められている。

　　商号の登記の抹消が認められるのは，次の場合である。

　　・商号を廃止したにもかかわらず商号の廃止の登記がされていない場合
　　・正当な事由もなく２年間商号を使用していないにもかかわらず商号の廃止の登記がされていない場合
　　・商号を変更したにもかかわらず商号の変更の登記がされていない場合
　　・営業所を移転したにもかかわらず営業所の移転の登記がされていない場合

H20-34　　これらの場合には，同一の所在場所で同一の商号を使用しようとする者は，商号の登記の抹消を申請することができる。商号の変更の登記や営業所の移転の登記がされていない場合でも，商号の登記の抹消になる。
　➡　申請による登記の抹消の手続については，第3編で扱う。

　会社以外の商号については，登記記録に関する事項として次のように登記され，登記記録が閉鎖される。

登記記録に関する事項	令和3年4月1日商業登記法第33条の規定により商号登記抹消 　　　　　　　　　　　　　令和3年4月1日閉鎖

　会社の商号についても抹消が可能である。会社については，商号を抹消しても登記記録が閉鎖されない。

商　　号	第一電器株式会社	
		- - - - - - - - - - 令和3年4月1日商業登記法第33条により抹消

　商号を抹消してしまうと，会社を特定するのに不便である。申請書などで会社を特定する場合には「抹消前商号」と記載した上で抹消された商号を用いる（先例昭37.11.19－3316）。

第2節　未成年者の登記

Topics・成年になった場合の手続が問われやすい。

　　　　・法定代理人の許可に注意する。

1　未成年者の登記をすべき場合

　未成年者は，法定代理人の許可を受けて営業をすることができる（民§6）。そして，未成年者が営業を行うときは，その登記をしなければならない（商§5）。商号の登記と異なり，登記は義務である。ただし，具体的な登記期間は定められていない。

➡　登記義務はあるが，ほとんど利用されていない制度である。法務省の統計によると，例年全国で10件前後である。

　未成年者の登記をした未成年者は，商号を登記することもできる。ただし，未成年者の登記と商号の登記を一括申請することはできない。登記簿が異なるためである。

2　登記事項

（未成年者登記の登記事項等）

第35条　商法第5条の規定による登記において登記すべき事項は，次のとおりとする。

　一　未成年者の氏名，出生の年月日及び住所

　二　営業の種類

　三　営業所

　未成年者の登記の管轄も，営業所の所在地で判断する。

　出生の年月日が登記されるのが特徴である。**法定代理人の氏名は登記されない。**

登記簿の記録は，次のようになる。

会社法人等番号	0001 − 04 − 234567
未成年者の氏名，出生の年月日及び住所	東京都港区白金台一丁目１番１号 甲野太郎 平成13年５月１日生
営業所	東京都千代田区霞が関一丁目１番１号
営業の種類	食堂の経営
登記記録に関する事項	新設 　　　　　　　　　　　　令和３年２月３日登記

3　初めてする未成年者の登記

第36条　未成年者の登記は，未成年者の申請によつてする。

第37条　商法第５条の規定による登記の申請書には，法定代理人の許可を得たことを証する書面を添付しなければならない。ただし，申請書に法定代理人の記名押印があるときは，この限りでない。

2　未成年後見人が未成年被後見人の営業を許可した場合において，未成年後見監督人がないときはその旨を証する書面を，未成年後見監督人があるときはその同意を得たことを証する書面を，前項の申請書に添付しなければならない。

　法定代理人の許可を得たことを証する書面を申請書に添付して，未成年者が申請する。法定代理人の許可を得たことを証する書面の一部として，許可をした者が法定代理人であることを証する書面も添付する。申請書に法定代理人の記名押印があるときは，法定代理人の許可を得たことを証する書面の添付を省略できるが，その場合でも，記名押印した者が法定代理人であることを証する書面の添付は必要である。　**H23-28**

　法定代理人が未成年後見人である場合には，法定代理人の許可を得たことを証する書面のほかに，未成年後見監督人がないことを証する書面か未成年後見監督人の同意を得たことを証する書面のどちらかを添付しなければならない。

4　営業の種類の増加による変更の登記

　営業の種類の増加による変更の登記の申請書には，初めてする未成年者の登記と同様の書面を添付しなければならない。未成年者の権限が拡大する点では，初めて未成年者の登記をする場合と同じなのである。

5　営業所移転の登記

　未成年者の営業所を移転した場合には，営業所移転の登記をすることになる。営業所移転の登記の申請手続は，商号の登記の場合と同じである。経由申請ではなく，新所在地における登記の申請書には，旧所在地においてした登記を証する書面を添付しなければならない（商登§35Ⅱ，38）。この書面は，申請書に会社法人等番号を記載した場合には添付が不要となる（商登§19の3）。

6　法定代理人の申請によることができる登記

> **第36条**　（略）
> 2　営業の許可の取消しによる消滅の登記又は営業の許可の制限による変更の登記は，法定代理人も申請することができる。
> 3　未成年者の死亡による消滅の登記は，法定代理人の申請によつてする。
> **第39条**　未成年者の死亡による消滅の登記の申請書には，未成年者が死亡したことを証する書面を添付しなければならない。

H28-28
H23-28
　未成年者の権限が縮小するような登記は，法定代理人も申請することができる。本来の申請人である未成年者が申請することも，もちろん可能である。
　死亡による消滅の登記は，法定代理人のみが申請することができる。

　法定代理人が申請する場合には，申請書に法定代理人の権限を証する書面を添付しなければならない（商登§18）。

　未成年者の権限が縮小するような登記については，法定代理人の許可を得たことを証する書面などを添付する必要はない。

理由　未成年者の権限を縮小するのであれば，第三者にとって不利益になることは考えられないから。

7　登記官が職権で登記する場合

> **第36条**　（略）
>
> 4　未成年者が成年に達したことによる消滅の登記は，登記官が，職権でする
> ことができる。

　未成年者については，生年月日が登記されているため，成年に達したことは，
登記簿から明らかである。そのため，成年に達したことによる消滅の登記は，
当事者が申請する必要はなく，登記官が職権でする。

会社法人等番号	0001－04－234567
未成年者の氏名，出生の年月日及び住所	東京都港区白金台一丁目１番１号 甲野太郎 平成13年５月１日生
営業所	東京都千代田区霞が関一丁目１番１号
営業の種類	食堂の経営
登記記録に関する事項	新設 　　　　　　　　　　　　　令和３年２月３日登記 令和３年５月１日職権抹消 　　　　　　　　　　　　　令和３年５月１日閉鎖

第3節　後見人の登記

Topics ・現実には見かけない登記だが，面倒な論点が多い。
　　　　・後見人が複数である場合と法人である場合に注意する。

1　後見人の登記をすべき場合

　後見人が被後見人のために営業を行うときは，その登記をしなければならない（商§6Ⅰ）。未成年者の登記と同様に，登記義務はあるが，具体的な登記期間は定められていない。

➡　未成年者の登記以上に登記件数は少ない。1年間で0件のことも普通である。

2　登記事項

（後見人登記の登記事項等）
第40条　商法第6条第1項の規定による登記において登記すべき事項は，次のとおりとする。
一　後見人の氏名又は名称及び住所並びに当該後見人が未成年後見人又は成年後見人のいずれであるかの別
二　被後見人の氏名及び住所
三　営業の種類
四　営業所
五　数人の未成年後見人が共同してその権限を行使するとき，又は数人の成年後見人が共同してその権限を行使すべきことが定められたときは，その旨
六　数人の未成年後見人が単独でその権限を行使すべきことが定められたときは，その旨
七　数人の後見人が事務を分掌してその権限を行使すべきことが定められたときは，その旨及び各後見人が分掌する事務の内容

　後見人は複数であってもよいが，後見人の登記は後見人ごとに行う。一つの登記記録に複数の後見人が登記されるわけではない。また，管轄は営業所の所在地で判断する。

　後見人の氏名及び住所だけでなく，被後見人の氏名及び住所も登記される。また，後見人は法人であってもよいので，「氏名又は名称」と規定されている。

未成年後見人であるか成年後見人であるかについても登記され，また，未成年後見人である場合と成年後見人である場合で登記事項が若干異なる。このことを理解するためには，民法の規定を確認する必要がある。

（未成年後見人が数人ある場合の権限の行使等）

民法第857条の2　未成年後見人が数人あるときは，共同してその権限を行使する。

2　未成年後見人が数人あるときは，家庭裁判所は，職権で，その一部の者について，財産に関する権限のみを行使すべきことを定めることができる。

3　未成年後見人が数人あるときは，家庭裁判所は，職権で，財産に関する権限について，各未成年後見人が単独で又は数人の未成年後見人が事務を分掌して，その権限を行使すべきことを定めることができる。

（成年後見人が数人ある場合の権限の行使等）

民法第859条の2　成年後見人が数人あるときは，家庭裁判所は，職権で，数人の成年後見人が，共同して又は事務を分掌して，その権限を行使すべきことを定めることができる。

未成年後見人が数人ある場合には，共同して権限を行使するのが原則である。一方，成年後見人が数人ある場合には，単独で権限を行使するのが原則である。

➡　未成年者に対する親権は父母が共同して行うことが原則であること（民§818Ⅲ）を連想すると覚えやすい。

未成年後見人についても，成年後見人についても，共同して権限を行使する場合には，その旨が登記される。未成年後見人では，共同して行使するのが原則だが，共同して行使する旨を登記しないと，単独で権限を行使できるような外観を有してしまい，混乱を招くのである。

未成年後見人については，単独で権限を行使する場合には，その旨が登記される。一方，成年後見人については，単独で権限を行使するのが原則であり，単独で権限を行使する旨は登記されない。

登記事項についての違いを整理すると，次のようになる。

	未成年後見人	成年後見人
家庭裁判所が何も定めなかった場合	数人あるときは，共同してその権限を行使する	数人あるときは，単独で権限を行使することができる
家庭裁判所が定めた場合	数人あるときであっても，財産に関する権限について，単独で又は事務を分掌して権限を行使することができる	数人あるときであっても，共同して又は事務を分掌して権限を行使することができる
登記事項	・数人の未成年後見人が共同してその権限を行使する旨 ・数人の未成年後見人が単独でその権限を行使すべきことが定められたときは，その旨 ・数人の後見人が事務を分掌してその権限を行使すべきことが定められたときは，その旨及び各後見人が分掌する事務の内容	・数人の成年後見人が共同してその権限を行使すべきことが定められたときは，その旨 ・数人の後見人が事務を分掌してその権限を行使すべきことが定められたときは，その旨及び各後見人が分掌する事務の内容

未成年後見人について，具体的には，次のように登記される。

後見人の氏名又は名称及び住所	東京都中央区築地六丁目20番6号 甲野太郎 　（未成年後見人）
後見人に関する事項	甲野太郎と丙野花子は共同して後見人の権限を行使する

会社法人等番号	0001－04－345678
被後見人の氏名及び住所	東京都中央区京橋二丁目5番1号 乙野次郎
営業所	東京都中央区京橋二丁目5番1号
営業の種類	洋菓子の製造販売
登記記録に関する事項	新設 　　　　　　　　　　　令和3年2月3日登記

　後見人が2名でも，2名一緒に登記されるわけではないことに注意する。会社法人等番号は，商人である被後見人について付されることになる。

　成年後見人が法人である場合には，次のようになる。

後見人の氏名又は名称及び住所	東京都中央区築地六丁目20番6号 株式会社甲野商店 　（成年後見人）
会社法人等番号	0001－04－456789
被後見人の氏名及び住所	東京都中央区京橋二丁目5番1号 乙野次郎
営業所	東京都中央区京橋二丁目5番1号
営業の種類	洋菓子の製造販売
登記記録に関する事項	新設 　　　　　　　　　　　令和3年2月3日登記

　法人の代表者などは登記されない。

3　初めてする後見人の登記

> **第41条**　後見人の登記は，後見人の申請によつてする。
> **第42条**　商法第6条第1項の規定による登記の申請書には，次の書面を添付しなければならない。
> 　一　後見監督人がないときは，その旨を証する書面
> 　二　後見監督人があるときは，その同意を得たことを証する書面
> 　三　後見人が法人であるときは，当該法人の登記事項証明書。ただし，当該登記所の管轄区域内に当該法人の本店又は主たる事務所がある場合を除く。

H23-28　　初めてする後見人の登記の申請書には，後見監督人がない旨を証する書面か後見監督人の同意を得たことを証する書面を添付しなければならない。後見人が法人であるときは，登記を申請する登記所の管轄区域内に法人の本店か主たる事務所がある場合及び申請書に会社法人等番号を記載した場合を除き，登記事項証明書の添付が必要になる。

　　後見人の登記は後見人が申請するが，後見人が法人である場合には，後見人である法人の代表者が申請する。後見人である法人の代表者が法人である場合には，代表者である法人の職務を行うべき者が申請する。後見人である法人の登記事項証明書を添付するのは，後見人の代表者を明らかにするためでもある。
　➡　ややこしいが，印鑑の提出の論点となる。第3編で扱う。

4　後見人である法人の名称や住所に変更があった場合
　　登記を申請する登記所の管轄区域内に法人の本店か主たる事務所がある場合及び申請書に会社法人等番号を記載した場合を除き，登記事項証明書を添付しなければならない。

5　営業の種類の増加による変更の登記
　　営業の種類の増加による変更の登記の申請書には，後見監督人がない旨を証する書面か後見監督人の同意を得たことを証する書面を添付しなければならない。
　　後見人が法人であっても，登記事項証明書の添付は要求されない。

6　営業所移転の登記
　　後見人の営業所を移転した場合には，営業所移転の登記をすることになる。営業所移転の登記の申請手続は，未成年者の登記と同様である。

7　消滅の登記

　　後見人の登記の消滅の登記は，未成年被後見人が成年に達した場合，成年被後見人について後見開始の審判が取り消された場合，後見人が退任した場合などに必要になる。

(1)　未成年被後見人が成年に達した場合

　　未成年被後見人が成年に達した場合の消滅の登記は，後見人のほか，未成年被後見人であった者も申請することができる（商登§41Ⅱ前段）。

　　未成年者の登記と異なり，生年月日は登記されないから，成年に達した場合の消滅の登記が登記官の職権で行われることはない。申請書には，未成年被後見人が成年に達したことを証する書面を添付しなければならない（商登§42Ⅴ）。 `H28-28`

(2)　成年被後見人について後見開始の審判が取り消された場合

　　成年被後見人について後見開始の審判が取り消された場合の消滅の登記は，後見人のほか，成年被後見人であった者も申請することができる（商登§41Ⅱ後段）。後見開始の審判の取消しには家庭裁判所の審判が必要だが，その登記が嘱託されることはない。

　　申請書には，後見開始の審判が取り消されたことを証する書面を添付しなければならない（商登§42Ⅴ）。

(3)　後見人が退任した場合

　　後見人の辞任には家庭裁判所の許可が必要であり（民§844），後見人の解任には，家庭裁判所の審判が必要である（民§846）。いずれの場合も，通常，後任の後見人が選任される。後見人が退任し，後任の後見人が選任された場合には，新後見人も後見人の退任による消滅の登記を申請することができる（商登§41Ⅲ）。後見人が退任し，後任の後見人が選任された場合には，後見人の消滅の登記と新たな後見人の登記をするのであり，後見人の氏名を変更する登記をするのではない。 `H28-28` `H23-28`

　　申請書には，後見人が退任したことを証する書面を添付しなければならない（商登§42Ⅴ）。

第4節　支配人の登記

Topics ・会社の支配人の登記と会社以外の商人の支配人の登記の違いに注意する。
・登記の当事者（申請人）は，商人である。

1　登記事項

会社以外の商人も支配人を選任することができる。商人が支配人を選任したときは，その登記をしなければならない（商§22）。支配人を選任した商人に登記義務が課されている。具体的な登記期間は定められていない。

登記事項は，会社の支配人と異なる。

（会社以外の商人の支配人の登記）

第43条　商人（会社を除く。以下この項において同じ。）の支配人の登記において登記すべき事項は，次のとおりである。

一　支配人の氏名及び住所

二　商人の氏名及び住所

三　商人が数個の商号を使用して数種の営業をするときは，支配人が代理すべき営業及びその使用すべき商号

四　支配人を置いた営業所

会社以外の商人は，営業ごとに異なる商号を使用することができる。商人が複数の商号を使用している場合には，支配人の代理権は商号ごとに授与される。

会社以外の支配人では，支配人ごとに登記される。つまり，1名の商人が複数の支配人を選任している場合には，支配人ごとに登記記録が起こされる。

H28-28　支配人の登記は，商人が当事者であり申請人である。支配人の登記を申請する商人が商号の登記をしている必要はない。

➡　商号の登記に登記義務はないが，支配人の登記には登記義務がある。

商人が数個の商号を使用して数種の営業をする場合の登記は，次のようになる。

支配人の氏名及び住所	東京都千代田区霞が関一丁目１番１号 乙野次郎
会社法人等番号	0001－04－123456
商人の氏名及び住所	東京都千代田区霞が関二丁目２番２号 甲野太郎
支配人を置いた営業所	東京都千代田区霞が関三丁目３番３号
支配人の代理すべき営業	呉服類の販売
支配人の使用すべき商号	甲野太郎呉服店
登記記録に関する事項	新設 令和３年２月３日登記

商人の使用する商号が１個であれば，「支配人の代理すべき営業」と「支配人の使用すべき商号」は登記されない。

2　添付書面

会社以外の商人の支配人の登記については，添付書面が不要である。

理由　支配人を選任する権限も解任する権限も商人のものであり，商人自身の申請により申請の内容の真正が明らかだから。

支配人を置いた営業所移転の登記だけが例外であり，他の登記所の管轄区域内に支配人を置いた営業所を移転したときは，新所在地における登記の申請書に旧所在地においてした登記を証する書面を添付しなければならない（商登規§60）。経由申請でないことは，商号の登記などと同じである。

3　支配人の代理権消滅の登記

　支配人の代理権は，支配人の辞任，支配人の解任，商人についての破産手続開始の決定，営業所の廃止，営業廃止，支配人の死亡，支配人についての破産手続開始の決定，支配人についての後見開始などにより消滅する。

　支配人の代理権消滅の登記によって，支配人の登記記録は閉鎖される。

登記記録に関する事項	令和3年4月1日支配人辞任により代理権消滅 　　　　　　　　　　　　　　　令和3年4月8日登記

　代理権消滅の事由によって，「支配人辞任により」の部分が「支配人解任により」「商人の破産手続開始決定により」「支配人を置いた営業所廃止により」「営業廃止により」「支配人死亡により」「支配人破産手続開始決定により」「支配人後見開始の審判により」などと変わる。

➕アルファ

　支配人について破産手続開始の決定があった場合には，その登記が嘱託されるという見解があるが，現実には嘱託されておらず，登記記録例も申請による登記としか考えられないものになっている。申請によると考えるのが妥当だが，それほど気にする必要はない論点である。

　商人が死亡しても，支配人の代理権は当然には消滅しない。商行為の委任による代理権は，本人の死亡によっては消滅しないからである（商§506）。

4　会社の支配人の登記との違い

　会社の支配人の登記との違いには，注意すべきである。

(1)　登記簿が異なる

　会社の支配人の登記は，会社の登記簿に記録される。会社以外の商人の支配人の登記は，支配人登記簿に記録される。

　また，会社について複数の支配人が選任された場合には，営業所が異なる場合でも，本店の所在地における登記記録に全ての支配人が記録されるが，会社以外の商人では，支配人ごとに登記記録が起こされることになる。

　以上の違いにより，会社の支配人の代理権が消滅しても登記記録が閉鎖されることはないが，会社以外の支配人の代理権が消滅した場合には必ず登記記録が閉鎖されることになる。

⑵　**登記事項が異なる**

　　会社の支配人については，支配人の氏名及び住所，並びに支配人を置いた営業所のみが登記される。会社の場合には，登記事項が少ない。

⑶　**添付書面が異なる**

　　会社の支配人の登記の申請書には，選任を証する書面や代理権の消滅を証する書面などの添付が必要である。会社以外の商人の支配人では，これらの書面を添付する必要はない。

第 **3** 編

その他の手続

第1章
登記申請手続の周辺

第1節　登録免許税

Topics・登録免許税の計算方法を学ぶ。
　　　　・丸暗記するには量が多いので，間違えやすいポイントを把握するとよい。

1　定率課税と定額課税

　商業登記の登録免許税には，定率課税のものと定額課税のものがある。

　定率課税とは，課税標準として定められた金額に，一定の税率を掛けることによって税金を計算する課税方法である。商業登記では，**資本金の額が課税標準の金額**となる。設立の場合には設立時の資本金の額であり，資本金の額が増加した場合には増加した資本金の額である。資本金の額以外が課税標準の金額となることはないから，定率課税となる登記があるのは，株式会社と合同会社の登記に限られる。
　課税標準の金額に，1,000円に満たない端数があるときは，その端数を切り捨てる（国税通則§118 I）。

　定額課税とは，申請件数などを課税標準とするもので，たとえば申請件数1件につき3万円などと定められるものである。商業登記では，設立の登記と資本金の額が増加する登記以外の登記は全て定額課税である。また，合名会社と合資会社についての登記は全て定額課税である。
➡　法人登記でも，登録免許税の納付が必要となることがある。法人登記のところで扱う。

　登録免許税の金額に100円未満の端数があるときは，その端数を切り捨てる（国税通則§119 I）。切り捨てるタイミングは，納付する登録免許税の額を計算した後である。つまり，1通の申請書について，登録免許税の額を合計した後に100円未満の端数を切り捨てる。

　登記の申請書には，登録免許税の額を記載しなければならず，課税標準の金

額があるときは，その金額も記載しなければならない（商登§17Ⅱ⑥）。

➕ アルファ

　登録免許税の内訳を記載する旨の法令上の根拠はない。定率課税と定額課税の登記を一括して申請する場合には内訳を記載するという習慣があるが，習慣以上のものではなく，内訳を記載しなくても登記の申請は受理される。記述式の試験では，問題の指示に従えばよい。過去の記述式の試験問題では，内訳の記載が必要な場合，必ずその旨の指示がある。

2　登録免許税法別表

　登録免許税は，登録免許税法別表の区分ごとに計算する。1通の申請書について，区分ごとに計算した税額を最後に合計する。

　申請件数が課税標準とされている区分については，1通の申請書でその区分の登記をどれだけ申請しても税額は変わらない。たとえば，取締役の変更は全て同じ区分だから，取締役1名の変更を申請しても，取締役10名の変更を1通の申請書で申請しても，登録免許税は同じである。さらに，取締役の変更も監査役の変更も同じ区分だから，取締役の変更と監査役の変更を一括して申請しても登録免許税は同じである。逆に，取締役の変更と監査役の変更を別の申請書で申請してしまうと，申請件数が増えるため登録免許税が増える。一般に，一括申請した方が登録免許税は安くなる。

　区分ごとに計算するので，登録免許税の計算には区分を覚えている必要がある。登録免許税法別表の該当部分を全部覚えてしまえばいいのだが，全部覚えようとするのは効率がよくない。

　全部覚えなくていいが，とりあえず登録免許税法別表の内容を眺めておこう。
　別表第一の24(1)は，会社の登記の登録免許税である。なお，別表第一の24(1)は，相互会社や一般社団法人なども含むものになっているが，ここでは会社以外についての内容は省略している。

	課税標準	税率
イ　株式会社の設立の登記（ホ及びトに掲げる登記を除く。）	資本金の額	1000分の7
	（これによつて計算した税額が15万円に満たないときは，申請件数1件につき15万円）	
ロ　合名会社又は合資会社の設立の登記	申請件数	1件につき6万円
ハ　合同会社の設立の登記（ホ及びトに掲げる登記を除く。）	資本金の額	1000分の7
	（これによつて計算した税額が6万円に満たないときは，申請件数1件につき6万円）	
ニ　株式会社又は合同会社の資本金の増加の登記（ヘ及びチに掲げる登記を除く。）	増加した資本金の額	1000分の7
	（これによつて計算した税額が3万円に満たないときは，申請件数1件につき3万円）	

ホ　新設合併又は組織変更若しくは種類の変更による株式会社又は合同会社の設立の登記	資本金の額	1000分の1.5（新設合併により消滅した会社又は組織変更若しくは種類の変更をした会社の当該新設合併又は組織変更若しくは種類の変更の直前における資本金の額として財務省令で定めるものを超える資本金の額に対応する部分については，1000分の7）
		（これによつて計算した税額が3万円に満たないときは，申請件数1件につき3万円）
ヘ　吸収合併による株式会社又は合同会社の資本金の増加の登記	増加した資本金の額	1000分の1.5（吸収合併により消滅した会社の当該吸収合併の直前における資本金の額として財務省令で定めるものを超える資本金の額に対応する部分については，1000分の7）
		（これによつて計算した税額が3万円に満たないときは，申請件数1件につき3万円）

523

ト　新設分割による株式会社又は合同会社の設立の登記	資本金の額	1000分の7
	（これによつて計算した税額が3万円に満たないときは，申請件数1件につき3万円）	
チ　吸収分割による株式会社又は合同会社の資本金の増加の登記	増加した資本金の額	1000分の7
	（これによつて計算した税額が3万円に満たないときは，申請件数1件につき3万円）	
ヌ　新株予約権の発行による変更の登記	申請件数	1件につき9万円
ル　支店の設置の登記	支店の数	1箇所につき6万円
ヲ　本店又は支店の移転の登記	本店又は支店の数	1箇所につき3万円
ワ　取締役会，監査役会，監査等委員会又は指名委員会等に関する事項の変更の登記	申請件数	1件につき3万円
カ　取締役，代表取締役若しくは特別取締役，会計参与，監査役，会計監査人，指名委員会等の委員，執行役若しくは代表執行役又は社員に関する事項の変更（会社の代表に関する事項の変更を含む。）の登記	申請件数	1件につき3万円（資本金の額が1億円以下の会社については，1万円）
ヨ　支配人の選任の登記又はその代理権の消滅の登記	申請件数	1件につき3万円

タ　取締役，代表取締役若しくは特別取締役，会計参与，監査役若しくは指名委員会等の委員，執行役若しくは代表執行役の職務執行の停止若しくは職務代行者の選任又は社員の業務執行権の消滅，職務執行の停止若しくは職務代行者の選任の登記	申請件数	1件につき3万円
レ　会社の解散の登記	申請件数	1件につき3万円
ソ　会社の継続の登記，合併を無効とする判決が確定した場合における合併により消滅した会社の回復の登記又は会社の設立の無効若しくはその設立の取消しの登記	申請件数	1件につき3万円
ツ　登記事項の変更，消滅又は廃止の登記（これらの登記のうちイからソまでに掲げるものを除く。）	申請件数	1件につき3万円
ネ　登記の更正の登記	申請件数	1件につき2万円
ナ　登記の抹消	申請件数	1件につき2万円

別表第一の24⑵は，外国会社の登記である。

	課税標準	税率
イ　営業所の設置の登記（ロに掲げる登記を除く。）	営業所の数	1箇所につき9万円

	課税標準	税率
ロ　営業所を設置していない場合の外国会社の登記又は当該営業所を設置していない外国会社が初めて設置する一の営業所の設置の登記	申請件数	1件につき6万円
ハ　イ，ロ及びニに掲げる登記以外の登記	申請件数	1件につき9000円
ニ　登記の更正又は登記の抹消	申請件数	1件につき6000円

別表第一の24(3)は，会社及び外国会社の清算に係る登記である。

	課税標準	税率
イ　清算人又は代表清算人の登記	申請件数	1件につき9000円
ロ　清算人若しくは代表清算人の職務執行の停止若しくはその取消し若しくは変更又は清算人若しくは代表清算人の職務代行者の選任，解任若しくは変更の登記	申請件数	1件につき6000円
ハ　清算の結了の登記	申請件数	1件につき2000円
ニ　登記事項の変更，消滅若しくは廃止の登記（これらの登記のうちロに掲げるものを除く。），登記の更正の登記又は登記の抹消	申請件数	1件につき6000円

別表第一の29⑴は，個人についてする登記である。

	課税標準	税率
イ　商号の新設の登記又はその取得による変更の登記	申請件数	1件につき3万円
ロ　支配人の選任又はその代理権の消滅の登記	申請件数	1件につき3万円
ハ　未成年者の登記又は後見人の登記	申請件数	1件につき1万8000円
ニ　営業譲渡の際の免責の登記	申請件数	1件につき1万8000円
ホ　商号の廃止の登記又は登記の更正，変更若しくは消滅の登記（これらのうちイ又はロに掲げるものを除く。）	申請件数	1件につき6000円
ヘ　登記の抹消	申請件数	1件につき6000円

　試験で問われる可能性が高いのは，株式会社の登記の登録免許税である。その他の登記について覚えるのは，ほかにやることがなくなってからでもいい。
➡　以下では，株式会社の登記について扱い，その他の登記について，最後に補足的に触れる。

3　定率課税の登記
　定率課税となるのは，設立の登記と資本金の額が増加する登記である。

⑴　設立の登記
　通常の設立では，資本金の額に1000分の7を乗じた額となる。ただし，15万円に満たないときは15万円である。資本金の額が1億円である株式会社を設立する場合には，70万円となる。資本金の額が1000万円である株式会社を設立する場合には，7万円となり，15万円に満たないので15万円となる。
　株式移転による設立も，全く同じ計算になる。

　　新設分割による設立も税率は同じだが，最低額が3万円となる。資本金の額が1000万円である株式会社を新設分割により設立する場合には，7万円となる。資本金の額が300万円である株式会社を新設分割により設立する場合には，2万1000円となり，3万円に満たないので3万円となる。

➡　なぜ違うかという理由は，結論以上にややこしいので，理由にこだわらずに結論を覚えるのがよい。理由にこだわる場合には，旧商法における会社分割から理解する必要がある。

　　新設合併による設立は，やや複雑な計算になる。設立する株式会社の資本金の額だけでなく，新設合併により消滅する会社の資本金の額として財務省令で定めるものも関係してくる。消滅する会社の資本金の額として財務省令で定めるものに相当する部分については，税率が1000分の7ではなく1000分の1.5となるのである。

設立する会社の資本金の額

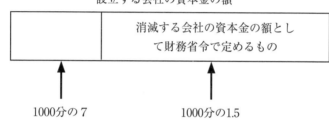

「資本金の額として財務省令で定めるもの」は，登録免許税法施行規則12条で定められている。新設合併による設立の登記の申請書には，**登録免許税法施行規則第12条第3項の規定に関する証明書**を添付しなければならないが，この証明書は，「資本金の額として財務省令で定めるもの」の金額を証明するために添付するのである。

「資本金の額として財務省令で定めるもの」は，次のように計算する。

（新設合併等による株式会社等の設立の登記等に係る登録免許税の額の計算の基礎となる資本金の額等）
登録免許税法施行規則第12条　法別表第一第24号(1)ホに規定する財務省令で定めるものは，次の各号に掲げる場合の区分に応じ当該各号に定める額とする。
一　新設合併により株式会社又は合同会社を設立する場合　当該新設合併により消滅する各会社のイに掲げる額にロに掲げる割合を乗じて計算した額

の合計額

イ　新設合併により消滅する会社の当該消滅の直前における資本金の額（当該消滅する会社が合名会社又は合資会社である場合にあつては, 900万円）

ロ　(1)に掲げる額から(2)に掲げる額を控除した額（当該控除した額が零を下回る場合にあつては，零）が(1)に掲げる額のうちに占める割合

(1)　新設合併により消滅する会社の当該消滅の直前における資産の額から負債の額を控除した額（当該控除した額がイに掲げる額以下である場合にあつては，イに掲げる額）

(2)　新設合併により設立する株式会社又は合同会社が当該新設合併に際して当該新設合併により消滅する会社の株主又は社員に対して交付する財産（当該新設合併により設立する株式会社の株式及び合同会社の持分を除く。）の価額

$$資本金の額 \times \frac{(1)-(2)}{(1)}$$

が「資本金の額として財務省令で定めるもの」となる。(2)の額が0であれば，資本金の額に1を掛けることになるので，「資本金の額として財務省令で定めるもの」が資本金の額と一致する。(2)の額は，新設合併に際して消滅する会社の株主・社員に対して交付する財産のうち，株式以外の財産の価額である。つまり，新設合併に際して交付する財産が株式のみであれば，(2)の額は0になる。

➡　単純に，株式以外の財産を交付した部分については，税率が1000分の1.5でなく1000分の7とする趣旨であると考えればよい。

📖ケーススタディ

資本金の額として財務省令で定めるものが500万円の株式会社と資本金の額として財務省令で定めるものが800万円の株式会社が合併し，資本金の額を5000万円とする株式会社を設立した。設立の登記を申請する際に納付する登録免許税の額は何円になるか。

消滅する会社の資本金の額として財務省令で定めるものの合計は1300万円である。設立する株式会社の資本金の額5000万円のうち，1300万円までは税率が1000分の1.5となり，1300万円を超える部分については1000分の7となる。

結局，1300万円に1000分の1.5を乗じた額である1万9500円と3700万円に

1000分の７を乗じた額である25万9000円の合計である27万8500円となる。

　消滅する会社が合名会社か合資会社である場合には，その資本金の額を900万円として計算すればよい。

➡　新設合併の場合に限らず，合名会社と合資会社については資本金の額を900万円として計算する。

　組織変更による設立の場合も，新設合併と同様の方法で計算する。組織変更による設立の登記の申請書には，**登録免許税法施行規則第12条第４項の規定に関する証明書**を添付する。

⑵　資本金の額が増加する登記

　組織再編行為以外の資本金の額の増加については，全て同じ区分になる。募集株式の発行も，資本準備金の資本組み入れも，新株予約権の行使も同じ区分である。募集株式の発行では，資本金の額の変更のほか，発行済株式の総数の変更も含めて資本金増加分として登録免許税を納付すればよい。新株予約権の行使では，新株予約権の数などの変更も含めてこの区分である。もっとも，新株予約権の行使によって資本金の額が増加しなかった場合には，定額課税となる。

　税率は，設立と同じ1000分の７だが，最低額は３万円である。

➡　課税標準の金額について1000円未満の端数を切り捨ててから計算することを忘れないようにしたい。

　吸収分割による資本金の額の増加は違う区分に掲げられているが，計算方法は，通常の資本金の額の増加と完全に同じである。

　吸収合併による資本金の額の増加については，新設合併と同じような方法で計算する。消滅する会社の資本金の額として財務省令で定めるものに相当する部分については，1000分の７ではなく1000分の1.5になる。

H30-33　吸収合併による変更の登記の申請書には，**登録免許税法施行規則第12条第５項の規定に関する証明書**を添付しなければならない。ただし，吸収合併をしても資本金の額が増加しない場合には，定額課税となり，登録免許税法施行規則に関する書面の添付は不要となる。

4　定額課税の登記

　定額課税の登記は非常に幅広いが，別表に具体的に掲げられていないものに

ついては，別表の**ツの区分**になる。ツ以外の区分に該当しないものは全てツである。

定額課税については，ポイントを絞って覚えるのがよい。

⑴　3万円ではないもの

定額課税の多くが，3万円になっている。3万円以外のものを覚えてしまえば，残りは全部3万円である。

3万円でないものは次のとおりである。

- ・新株予約権の発行による変更の登記……申請件数1件につき9万円
- ・支店の設置の登記……支店1箇所につき6万円
- ・資本金の額が1億円以下の株式会社における役員の変更の登記……申請件数1件につき1万円
- ・登記の更正の登記……申請件数1件につき2万円
- ・登記の抹消……申請件数1件につき2万円

役員の変更については，特に注意する必要がある。登録免許税の区分としての役員の変更には，会社法上の役員だけでなく，会計監査人や執行役などの役員に関する事項として登記される事項が含まれる。監査役の監査の範囲についての登記も，役員に関する事項として登記されるので含まれる。一方，取締役会設置会社である旨などの機関に関する登記は含まれず，役員の責任に関する登記も含まれない。 `R3-35`

重要！••••••••••••••••••••••••••••••••••••••

役員の変更は，資本金の額によって登録免許税の額が異なる。 `H27-34` `H23-35`

1億円を超える株式会社では3万円であり，1億円以下の株式会社では1万円である。つまり，1億円ちょうどなら1万円である。

資本金の額の変更の登記を一括して申請する場合には，特に注意する必要がある。資本金の額が1億円を超えている時点で役員の変更の事実が生じていたら3万円である。

＋アルファ

新株予約権を発行しても，新株予約権の数などの変更の登記をする場合がある。取得請求権付株式や取得条項付株式の取得と引換えに新株予約権を発行する場合であって，その2回目以降の取得の場合である。この場合には，

既に新株予約権についての登記があるため，その数などを変更すればよい。この場合の登録免許税は，新株予約権の発行分である9万円ではなく，区分ツの3万円となる。なお，最初の取得の場合には，原則どおりに9万円である。

　清算に関する登記（別表第一の24(4)）も3万円ではない。なお，(4)の区分イは，最初の清算人と代表清算人についての登記である。最初の清算人会設置会社についての登記も区分イに含まれる。清算開始後の清算人の変更は，(4)のニとなる。

➕アルファ

H23-35　清算株式会社が申請する登記であっても，清算に関する登記ではないものについては，別表第一の24(1)を適用する。本店の移転，監査役の変更など，全て(1)を適用する。

(2)　課税標準が申請件数以外のもの

ごく一部を除き，課税標準は申請件数である。
課税標準が申請件数でないものは，次のとおりとなっている。

・支店の設置の登記……支店1箇所につき6万円
・本店又は支店の移転の登記……本店又は支店1箇所につき3万円

(3)　「会」に関する事項の変更

機関に関する登記は，機関によって登録免許税の区分が異なる。
取締役会，監査役会，監査等委員会，指名委員会等の設置や廃止は，区分ワとなる。その他の機関の設置や廃止は，区分ツである。つまり，監査役設置会社の定めの設定と，監査役会設置会社の定めの設定は，登録免許税の区分が異なる。

(4)　支配人に関する登記

R3-35　区分ヨは「支配人の選任の登記又はその代理権の消滅の登記」とされているが，支配人の選任の登記と支配人の代理権の消滅の登記は，別区分として扱う。つまり，支配人Aの選任と支配人Bの代理権の消滅を1通の申請書で一括して申請する場合には，6万円の登録免許税を納付する必要がある。
　なお，支配人を置いた営業所移転など，支配人に関するその他の変更は，区分ツである。

⑸　その他の注意点

　　登録免許税で間違えやすい点は，支店に関する登録免許税である。

重要❗●●●●●●●●●●●●●●●●●●●●●●●●●●●●●●●●●●●●●

支店の設置と移転と廃止は，全て別区分である。

　　支店の設置は区分ル，支店の移転は区分ヲ，支店の廃止は区分ツとなる。支店の廃止については，課税標準が申請件数である。設置と移転は，支店の数が課税標準となる。

5　非課税の登記

　　住居表示の実施，行政区画などの変更に伴う登記は非課税である（登税§5④⑤）。非課税であることを明らかにするため，申請書には市区町村長が作成した書面などの添付が必要になる（登税規§1）。

➡　行政区画の変更，行政区画の名称の変更などの場合には，そもそも登記申請が不要である（商登§26）。

　　官庁によって登記が嘱託される場合であっても，登録免許税は納付しなければならない。ただし，特別清算に関して嘱託される登記は，非課税である（登税§5③）。

　　登記官が職権で行う登記については，登録免許税が課されない（登税§5②）。また，登記官の過誤による登記の更正についても，登録免許税が課されない（同⑫）。

6　株式会社の登記以外の登録免許税

　　合同会社では資本金の額が登記されるので，多くの登記で株式会社と同様の計算になる。

　　合名会社と合資会社では，定額課税になる。社員の変更は区分カであるが，実際の資本金の額にかかわらず，1億円以下の会社として申請件数1件につき1万円となる。

7　登録免許税の納付方法

　　登録免許税の納付方法には，現金納付と印紙納付がある。登録免許税法の規

定では現金納付を原則としているが，実際に広く行われているのは印紙納付である。

(1)　現金納付

現金を日本銀行歳入代理店である金融機関か税務署に納付し，登記の申請に際してその領収証書を提出する方法である（登税§21）。ほとんどの金融機関は日本銀行歳入代理店になっている。現金納付といっても，登記所の窓口に現金を持っていくのではない。領収証書を申請書に貼り付けて申請する。

あまり利用されておらず，印紙納付しかしたことがない司法書士も存在するが，金額が大きい場合には，現金納付を考えてもいい。印紙を買わずに，銀行で納付できるからである。

(2)　印紙納付

収入印紙で納付する方法である（登税§22）。収入印紙を申請書に貼り付けて申請する。収入印紙を貼り付けた台紙を申請書とともに綴じてもよい。

登記官は，申請書の受付をしたときは，直ちに，領収証書に「使用済」と記載するか，印紙に再使用を防止することができる消印をする（商登準§45Ⅰ）。この処理は，受付の時点で行い，申請の内容を審査する前に行われる。

➡　申請を取り下げる場合には，領収証書や印紙について再使用の申出をすることができる。申請の取下げのところで説明する。

登録免許税を過大に納付した場合には，多すぎた分の登録免許税が還付される（登税§31Ⅰ③）。還付を受けるのは納税義務者である申請人だが，登記申請の代理人は，還付金の受領に係る委任状を登記所に提出することにより，申請人を代理して還付金を受領することができる（先例平21.6.16-1440）。

第2節　登記期間

Topics・申請を懈怠した場合の責任を学ぶ。
　　　　・申請の懈怠と選任の懈怠の違いに注意する。

1　会社の登記の登記期間

　会社と外国会社の登記については，具体的な登記期間が定められている。外国会社の登記期間は若干特殊だが，会社の登記の登記期間は，一部の例外を除き，登記すべき事項が生じてから2週間以内である。

　登記期間の例外は，

・登記が効力要件である場合
・募集株式の発行について払込み・給付の期間を定めた場合
・新株予約権の行使があった場合
・取得請求権付株式の取得の請求があった場合

である。また，会社の支配人の登記については，具体的な登記期間が定められていない。
➡　第2編に戻って確認しておこう

　登記期間は，登記を申請することができる期間ではない。登記を申請しなければならない期間である。したがって，登記期間を経過していても，登記を申請することができる。むしろ，登記期間を経過してしまったら，できるだけ速やかに登記を申請しなければならない。

2　申請の懈怠

　登記の申請を懈怠した会社の代表者は，100万円以下の過料の制裁を受けることになる（会§976①）。なお，商法には，同様の規定がない。商法に基づく登記については，具体的な登記期間が定められていないのである。
➡　必ず過料の制裁を受けるわけではない。1日でも過ぎたら100万円というようなシビアなものではない。

➕ アルファ

　過料と科料は区別される。過料は行政罰であって，刑罰ではない。刑法に規定される科料とは異なるもので，過料については，刑法総則の適用はなく，刑事訴訟法ではなく非訟事件手続法に基づいて裁判が執行される。

　過料の制裁を受けることになるのは，会社を代表して登記を申請することができる者である。したがって，代表権のない者は過料の制裁を受けない。
　登記を申請しなかったことについて故意か過失がある場合に限って過料の制裁を受けることになる。無過失であれば制裁を受けない。

📖 ケーススタディ

　登記の申請を懈怠していた代表者が死亡した。後任の代表者は，就任後直ちに必要な登記の申請をした。後任の代表者は，前任者の申請懈怠について責任を負うだろうか。

　懈怠の責任は，代表者ごとに判断する。前任者の懈怠の責任を後任者が負うことはない。新たに代表者に就任した者については，就任日から登記期間が進行すると考えればよい。その代表者が登記を申請できるようになってから登記期間が進行するのである。代表者ごとに登記期間を計算すると考えてもいいだろう。

　過料の制裁を受けたからといって申請の義務が免除されるわけではない。過料の制裁を受けても申請をしない者については，重ねて過料に処することが可能である。

　申請は，適法な申請でなければならない。却下されるような申請では，懈怠の責任を免れることはできない。

3　選任の懈怠

　取締役などに欠員が生じた場合において，その選任の手続をすることを怠ったときは，100万円以下の過料の制裁を受ける（会§976㉒）。選任の懈怠である。

➕ アルファ

　選任をしても，就任承諾が得られない場合には，遅滞なく別な者を選任しなければならない。選任後に相当な期間が経過してしまうと，就任承諾が得られないことはいいわけにならない。

　役員が退任後も役員としての権利義務を有することになる場合には，選任の懈怠と申請の懈怠の両方に注意する必要がある。

　取締役が退任した後，1年経過してから退任の登記を申請した。申請の懈怠について責任を負うだろうか。

　取締役について欠員が生じていなかったら，単なる申請の懈怠である。しかし，取締役について欠員が生じていた場合には，話が複雑になる。

　欠員が生じていた場合には，退任後も取締役としての権利義務を負うことになる。権利義務を負う限り，退任の登記を申請することはできない。したがって，権利義務を負う限り，申請の懈怠にはならない。一方，権利義務を負う場合でも，選任の義務が免除されるわけではない。したがって，欠員が生じていた場合には，選任の懈怠について責任を負うことになる。退任の登記は，後任者の就任などにより申請が可能となってから2週間以内に申請すればよい。

4　過料事件の通知

（過料事件の通知）
商業登記規則第118条　登記官は，過料に処せられるべき者があることを職務上知つたときは，遅滞なくその事件を管轄地方裁判所に通知しなければならない。

　対象となる過料事件は，申請の懈怠と選任の懈怠の両方を含む。また，職務上知った場合に限られ，職務外で知った場合は含まない。具体的には，申請書や添付書面から申請の懈怠か選任の懈怠が明らかな場合である。

　管轄地方裁判所は，代表者の住所が日本国内にある場合には，代表者の住所地を管轄する地方裁判所になる。

第3節　申請の取下げ

Topics　・書面の還付と登録免許税の扱いに注意する。

　　　　・経由申請の取下げが多少複雑になる。

1　取下げの時期と方法

　登記申請後，登記が完了するまでの間は，いつでも申請を取り下げることができる（商登準§54Ⅱ）。

➡　自発的に取り下げることも可能だし，却下事由に該当する旨の登記官からの通知があった後に取り下げることも可能である（商登準§40Ⅳ）。

　書面による申請の取下げは，書面によって行う（商登準§54Ⅰ）。登記の申請をした登記所に取下書を提出すればよい。受領証の交付を受けていた場合であっても，取下げに際して受領証を提出する必要はない。

　複数の登記を1通の申請書で一括して申請した場合には，その一部のみを取り下げることもできる（商登準§54Ⅷ）。ただし，同時に申請しなければならない登記については，その一部のみを取り下げることができない。

　代理人による申請の取下げが欠缺補正のためのものである場合には，代理人によって当然に申請を取り下げることができる。欠缺の補正は，登記申請の委任に含まれるのである。しかし，申請意思の撤回や，登録免許税を過大に納付したことによる取下げの場合には，取下げについて別途授権を受ける必要があり，取下書に委任状を添付しなければならない（先例昭29.12.25-2637）。

2　書類の還付

　申請を取り下げた場合には，申請書とその添付書面が還付される（商登準§54Ⅴ）。ただし，偽造された書類その他の不正な登記の申請のために用いられた疑いのある書類は還付されない。

3　登録免許税の還付と再使用証明

　申請を取り下げた場合には，登録免許税が還付される。

　還付に代えて，再使用証明の申出をすることも可能である。

　再使用証明の申出があったときは，申請書の領収証書か印紙を貼り付けた用紙の余白に再使用することができる金額を登記官が記載して，押印する（商登

準§77Ⅱ）。再使用することができる旨の証明を受けた領収証書・印紙は，同じ登記所で，１年間に限り，再使用することができる（登税§31Ⅲ）。再使用証明を受けた後，再使用証明を無効として還付を受けたい旨の申出をすることもできる（同Ⅴ）。

4　本店移転の取下げ

　本店移転が経由申請となる場合の申請の取下げは，申請書が新所在地に送付 R2-28 される前か後かで異なる（先例昭39.8.6-2712）。申請書が新所在地に送付され H26-30 る前は，旧所在地を管轄する登記所に取下書を提出する。新旧両所在地に対する申請を取り下げる旨を記載した取下書１通を提出すればよい。申請書が新所在地に送付された後は，新所在地を管轄する登記所に取下書２通を提出する。２通のうち１通は，旧所在地に送付されることになる。

第4節　申請の却下

Topics ・主な却下事由は覚えておきたい。
　　　　・申請書や添付書類の処理についての取下げとの違いに注意する。

1　却下事由

（申請の却下）

第24条　登記官は，次の各号のいずれかに掲げる事由がある場合には，理由を付した決定で，登記の申請を却下しなければならない。ただし，当該申請の不備が補正することができるものである場合において，登記官が定めた相当の期間内に，申請人がこれを補正したときは，この限りでない。

一　申請に係る当事者の営業所の所在地が当該申請を受けた登記所の管轄に属しないとき。

二　申請が登記すべき事項以外の事項の登記を目的とするとき。

三　申請に係る登記がその登記所において既に登記されているとき。

四　申請の権限を有しない者の申請によるとき，又は申請の権限を有する者であることの証明がないとき。

五　第21条第3項に規定する場合において，当該申請に係る登記をすることにより同項の登記の申請書のうち他の申請書に係る登記をすることができなくなるとき。

六　申請書がこの法律に基づく命令又はその他の法令の規定により定められた方式に適合しないとき。

七　申請書に必要な書面（第19条の2に規定する電磁的記録を含む。）を添付しないとき。

八　申請書又はその添付書面（第19条の2に規定する電磁的記録を含む。以下同じ。）の記載又は記録が申請書の添付書面又は登記簿の記載又は記録と合致しないとき。

九　登記すべき事項につき無効又は取消しの原因があるとき。

十　申請につき経由すべき登記所を経由しないとき。

十一　同時にすべき他の登記の申請を同時にしないとき。

十二　申請が第27条の規定により登記することができない商号の登記を目的とするとき。

十三　申請が法令の規定により使用を禁止された商号の登記を目的とするとき。

十四　商号の登記を抹消されている会社が商号の登記をしないで他の登記を

　　申請したとき。

　十五　登録免許税を納付しないとき。

　却下事由に該当したからといって，直ちに却下されるわけではない。登記官は，補正が可能であれば補正の機会を与えるべきであり，取下げの機会を与えることができる。

➕アルファ

　却下事由のうち，最も注意が必要なのは9号である。登記すべき事項につき無効又は取消しの原因があるときの却下である。無効だけではなく，取消しの原因がある場合にも却下される。

　登記官の審査権は，申請書の形式的な有効性だけでなく，実体上の有効性にも及ぶ。実体上の無効・取消しの原因がある場合には，申請を却下できるのである。ただし，その無効・取消しの原因の有無は，申請書とその添付書面に基づいて判断しなければならない。

　なお，申請の権限を有する者本人が申請しているかどうかの調査に限り，書面によらず，出頭を求め，直接調査する権限が認められる（商登§23の2）。

　申請人となるべき者は，申請人となるべき者に成りすました者が申請をしている旨又はそのおそれがある旨の申出をすることができる（商登準§47Ⅰ，49）。この申出を不正登記防止申出という。不正登記防止申出があったときは，一定の要件を満たす限りにおいて登記官による本人確認（商登§23の2）が行われ，申請の権限を有しない者の申請であると認められたときは，申請は却下事由に該当することになる。

➡　不正登記防止申出があったからといって，当然に申請が却下されるわけではない。

2　却下の手続

　登記官は，申請を却下するときは，決定書を作成して，申請人又はその代理人に交付する（商登準§53Ⅰ）。そして，登記官は，原則として，決定書の謄本を添えて，当該登記官を監督する法務局又は地方法務局の長に却下について報告しなければならない（同Ⅴ）。

3　申請書と添付書類の処理

　申請を取り下げた場合と異なり，申請が却下された場合には，登記の申請書は還付されない（商登準§53Ⅵ）。

添付書類が当然に還付されることはないが，還付を請求することはできる（商登規§49Ⅱ）。還付を請求するには，還付請求書を登記所に提出しなければならない。還付請求書には，還付を請求する書類と相違がない旨を記載した謄本を添付しなければならない。

4　登録免許税の還付

登記の申請が却下された場合には，登録免許税が還付される（登税§31Ⅰ①）。

領収証書・印紙について，再使用証明の申出をすることはできない。領収証書・印紙とそれを貼り付けた台紙は申請書の一部であり，申請書が還付されない以上，再使用をすることもできないのである。

第5節　オンラインによる登記申請

Topics　・現在，全ての登記申請についてオンラインによることが可能である。
　　　　　・オンラインによる登記申請でも，書面が利用できる場面がある。

1　オンラインによる手続とは何か

> （電子情報処理組織による登記の申請等）
>
> **商業登記規則第101条**　次に掲げる申請，提出，届出又は請求（以下「申請等」
> という。）は，情報通信技術活用法第6条第1項の規定により，同項に規定す
> る電子情報処理組織を使用する方法によつてすることができる。ただし，当
> 該申請等は，法務大臣が定める条件に適合するものでなければならない。
> 　一　登記の申請（これと同時にする受領証の交付の請求を含む。以下同じ。）
> 　二　印鑑の提出又は廃止の届出（前号の登記の申請と同時にする場合に限る。）
> 　三　電子証明書による証明の請求
> 　四　登記事項証明書又は印鑑の証明書の交付の請求
> 2　前項第4号の規定は，後見人である法人の代表者（当該代表者が法人であ
> る場合にあつては，当該代表者の職務を行うべき者）又は管財人等の職務を
> 行うべき者として指名された者が提出した印鑑の証明書については，適用し
> ない。

　一定の手続については，情報通信技術利用法の規定に基づき，インターネッ
トを利用する方法（オンラインによる方法）ですることができる。条文では，
「電子情報処理組織を使用する方法」となっているが，本書では「オンライン
による方法」と表現することにする。なお，法務省民事局のウェブサイトでも
「オンライン」という表現が普通であり，オンラインによる手続は，「登記・供
託オンライン申請システム」のウェブサイト（https://www.touki-kyoutaku-
online.moj.go.jp/）を利用して行われる。
　➡　オンラインによる手続を知るには，上記のウェブサイトを参照するのが確
　　実である。

2　オンラインによる手続の対象

　令和3年4月現在，商業登記に関する手続のほとんどについてオンラインに
よる方法を利用することができる。登記の申請に関しては，全てオンラインに
よることができる。

注意しなければならないのは，印鑑の提出と印鑑の廃止の届出については，登記の申請と同時にする場合に限られている点である。なので，印鑑を紛失した場合の改印の届出などは，オンラインによる方法を利用することができない。

➡　オンラインによる印鑑の提出は，令和元年改正法(令和3年2月15日施行)により可能となった。登記の申請と同時にする場合に限られたのは，設立の登記の申請の手続をオンラインのみで完結させることが主な目的であったためと思われる。

➡　印鑑の提出の手続は，第2章で扱う。

一部の印鑑証明書の交付の請求については，オンラインによる方法を利用することができない。

➡　これも，第2章で扱う。

3　オンラインによる登記申請の手続

オンラインによる登記申請では，書面の申請書に代えて，申請書情報を作成しなければならない。申請書情報には，申請書に押印する者の電子署名が必要である（商登規§102Ⅰ）。電子署名については，電子証明書の取得が必要になる。電子署名が押印に相当し，電子証明書が印鑑証明書に相当すると考えるのがわかりやすい。申請書に押印した印鑑について印鑑証明書を添付する必要はなかったが，電子署名については電子証明書を併せて送信する必要がある（同Ⅲ）。

使用することができる電子証明書については，一定の制限がある。電子認証登記所の電子証明書のほか，公的個人認証サービス電子証明書（マイナンバーカードの電子証明書）などを利用することもできる。

➡　電子認証登記所の電子証明書については第2章で扱うが，登記所への印鑑の提出に相当する制度と考えればよい。

添付書面については，書面でも電磁的記録でもいい（商登規§102Ⅱ）。

書面による申請でも電磁的記録を添付書面とすることは可能だったのであり，その点では大きな違いがない。ただし，書面による申請の場合には，情報を記録したCD-Rなどを添付したが，オンラインによる申請では，必要な情報を添付書面情報として送信する。添付書面情報にも電子署名が必要である。電子署名をしたPDFファイルなどを利用することができる。

オンライン申請だからといって，添付書面を全て電磁的記録で作成する必要はない。紙の書面を利用する場合には，登記所に直接書面を提出するか，書面を送付（郵送など）すればよい。

4　登録免許税の納付

　オンラインによる登記申請でも，現金納付と印紙納付が利用できる。これらの方法による場合には，領収証書・印紙を台紙に貼り，それを登記所に提出するか送付することになる。

　オンラインによる登記申請では，電子納付をすることもできる（登税§24の2）。インターネットバンキングなどを利用して納付する方法である。

5　申請の補正

　申請に不備があった場合の補正は，オンラインによってすることも，書面によってすることも可能である（商登準§51）。

6　申請の取下げ

　申請の取下げについても，オンラインによる方法と書面による方法の両方が認められる（商登準§54Ⅰ）。オンラインによる申請を書面で取り下げることも可能である。

第2章
登記申請以外の手続

第1節　登記の更正

Topics ・申請による更正と職権による更正がある。
　　　　・更正が認められない場合に注意する。

1　申請による更正

> （更正）
> **第132条**　登記に錯誤又は遺漏があるときは，当事者は，その登記の更正を申
> 　請することができる。

　錯誤か遺漏がある場合には，登記の更正ができる。

　この場合の錯誤は，登記と実体が一致していないことをいい，民法の意思表示の錯誤とは異なる。

　遺漏とは，登記されるはずの事項が登記されていないことをいうが，登記の申請がなかった場合は，遺漏ではなく申請の懈怠である。

　錯誤であるか遺漏であるかを区別する必要はない。「東京都渋谷区渋谷一丁目1番1号」を「東京都渋谷区一丁目1番1号」と登記してしまった場合には，どのような経緯であれ，更正の対象となる。

　　📖ケーススタディ

　取締役と監査役を選任した旨の記載のほか，被選任者が就任を承諾した旨の記載がある株主総会議事録を添付して取締役の就任の登記を申請したが，申請書に監査役の就任について記載することを忘れてしまった。監査役の就任の登記を遺漏したとして更正を申請することができるだろうか。

H24-33　　そもそも申請していない事項は，遺漏とはいえない。この場合，監査役の就任の登記を申請しなかったのであり，遺漏ではない。したがって，更正ではなく，監査役の就任の登記を申請しなければならない。

　登記すべき事項が不存在であった場合には，更正ではなく抹消の対象であり，

更正を申請することはできない。

> 📖 ケーススタディ
>
> 　取締役が令和3年4月1日に就任した旨の登記を令和3年4月2日に完了したが，実際の就任日は令和3年4月4日であった。就任日についての登記の更正を申請することができるだろうか。

　令和3年4月4日に就任したのであれば，登記をした令和3年4月2日の時 H24-33 点では就任していなかったということである。つまり，この場合には，登記すべき事項が存在しなかったということになる。したがって，就任日を更正することは認められず，就任の登記を抹消した後にあらためて就任の登記をしなければならない。

第132条　（略）
2　更正の申請書には，錯誤又は遺漏があることを証する書面を添付しなければならない。ただし，氏，名又は住所の更正については，この限りでない。
（更正の申請書の添付書面）
商業登記規則第98条　登記に錯誤又は遺漏があることがその登記の申請書又は添付書類により明らかであるときは，更正の申請書には，錯誤又は遺漏があることを証する書面を添付することを要しない。この場合には，更正の申請書にその旨を記載しなければならない。

　更正の申請書には錯誤又は遺漏があることを証する書面の添付が必要だが， H24-33 氏，名又は住所の更正の場合と錯誤・遺漏が添付書面から明らかである場合には，添付書面が不要である。たとえば，代表取締役の就任の登記の申請書には，代表取締役の氏，名，住所を証する書面の添付が要求されなかった。そのため，更正の場合にも，氏，名，住所を証する書面の添付は不要なのである。

2　職権による更正

第133条　登記官は，登記に錯誤又は遺漏があることを発見したときは，遅滞なく，登記をした者にその旨を通知しなければならない。ただし，その錯誤又は遺漏が登記官の過誤によるものであるときは，この限りでない。
2　前項ただし書の場合においては，登記官は，遅滞なく，監督法務局又は地方法務局の長の許可を得て，登記の更正をしなければならない。

　　錯誤・遺漏の原因が登記官の過誤にあるときは，登記官が監督法務局又は地方法務局の長の許可を得て登記の更正をすることができる。登記官の職権による更正である。

H24-33　　職権による更正が可能な場合でも，当事者が更正を申請することは可能である。

　　登記官の過誤があった場合には，当事者が更正を申請しても，登録免許税が非課税となる（登税§5⑫）。

3　更正の方法

> （登記の更正）
> **商業登記規則第99条**　登記の更正をする場合には，更正すべき登記事項を抹消する記号を記録し，その登記により抹消する記号が記録された登記事項があるときは，その登記を回復しなければならない。
> **2**　法第133条第2項の規定により登記の更正をする場合には，更正の許可の年月日を記録しなければならない。

H24-33　　登記の更正をする場合には，必要に応じ，誤っている事項に抹消する記号が記録されるほか，更正する登記により抹消する記号が記録された登記を回復する。

　➡　更正だと適当な例がないので，抹消のところで具体例を扱うことにする。

　　申請による更正の場合には，登記年月日を記録する欄に「○年○月○日更正」と記録する。職権による更正の場合には，原因年月日を記録する欄に「○年○月○日許可」と記録し，登記年月日を記録する欄に「○年○月○日登記官の過誤につき更正」と記録する（商登準§62）。また，更正に伴い回復する登記については，登記年月日を記録する欄に「○年○月○日更正により回復」と記録する（商登準§63）。

➕ アルファ

H22-31　　募集株式の発行による変更の登記によって資本金の額を誤って多く登記した場合には，登記の更正を申請することができる（先例平19.12.3－2586）。この場合には，登記簿上資本金の額が減少することになるが，実体上資本金の額が減少するわけではないので，債権者の異議手続は不要である。

＋アルファ

　管轄外の本店移転があった場合において，本店移転前に登記されていた事　
項についての更正をするときであっても，旧所在地における閉鎖されている
登記記録を復活して更正する必要はない（先例平19.12.14－2722）。新所在地
における登記記録にのみ必要な事項を記録すればよい。

第2節　登記の抹消

Topics ・更正との違いに注意する。特に職権による抹消は，更正と全く違う手
続である。
・抹消の事由に該当するかを正しく判断できるようにする。

1　申請による抹消と抹消事由

（抹消の申請）
第134条　登記が次の各号のいずれかに該当するときは，当事者は，その登記
の抹消を申請することができる。
一　第24条第1号から第3号まで又は第5号に掲げる事由があること。
二　登記された事項につき無効の原因があること。ただし，訴えをもつての
みその無効を主張することができる場合を除く。

　登記の抹消を申請することができるのは，次の**抹消事由**に該当する場合であ
る。

・管轄が違うとき
・登記すべき事項とされていない事項が登記されているとき
・既に登記されている事項が重ねて登記されているとき
・2以上の登記の申請書を同時に受け取った場合等において，その登記をし
たことによって同時に受け取った他の申請書に係る登記をすることができ
なくなったとき
・無効の原因があるとき（訴えをもってのみその無効を主張することができ
る場合を除く）

　無効の原因があっても，訴えによらなければ無効の主張ができない場合には，
抹消の対象とならない。

　却下事由と抹消事由は一致していない。却下事由に該当しても抹消事由に該
当しない場合には，抹消を申請することはできない。たとえば，申請の権限を
有しない者による申請は却下事由に該当するが（商登§24④），いったん登記
がされてしまったら，抹消事由に該当しない限り，その登記の抹消を申請する
ことはできない。

　支配人として登記されている者が代表取締役に就任した旨の登記があった。支配人の登記を抹消することができるだろうか。

　代表取締役が支配人を兼ねることはできない。代表取締役の権限には，支配人としての権限が当然に含まれているからである。しかし，このケーススタディの場合には，支配人の登記を抹消することができない（先例昭57.2.12－1317）。支配人の登記は適法に行われており，支配人を選任した事実に無効の原因はなく，抹消事由には該当しないのである。

✛アルファ

　このケーススタディで問題があるのは，代表取締役の就任の登記の方である。代表取締役の就任を無効と考えることも不可能ではないが，代表取締役に就任する意思表示が支配人を辞任する意思表示を含むものと考えるのが妥当だろう。そうすると，代表取締役の就任の登記の申請は，支配人の辞任の登記の申請を同時にしていないため，申請書の登記すべき事項の記載と添付書面の内容が合致しないもの（商登§24⑧）として却下すると考えるべきである。なお，11号は法令上の同時申請の場合の規定であり，却下事由として11号を挙げるのには抵抗がある。また，6号で却下するという見解もあるが，6号は申請書の形式を問題とするものであり，この場合にまで当てはめるのは，6号の範囲を拡大しすぎではないだろうか。

　6号，8号，11号のいずれにせよ，却下事由であっても抹消事由ではないから，代表取締役の就任の登記を抹消することはできない。いったん登記がされてしまった以上，当事者からの支配人の辞任の登記の申請によって解決を図るしかない。

　抹消の申請書には，登記の申請書又は添付書面から抹消事由が明らかである場合を除き，抹消事由があることを証する書面を添付しなければならない（商登§134Ⅱ，132Ⅱ，商登規§100Ⅲ，98）。

2　職権抹消

（職権抹消）
第135条　登記官は，登記が前条第1項各号のいずれかに該当することを発見したときは，登記をした者に，一月をこえない一定の期間内に書面で異議を述べないときは登記を抹消すべき旨を通知しなければならない。

> 2　登記官は，登記をした者の住所又は居所が知れないときは，前項の通知に代え官報で公告しなければならない。
>
> **第136条**　登記官は，異議を述べた者があるときは，その異議につき決定をしなければならない。
>
> **第137条**　登記官は，異議を述べた者がないとき，又は異議を却下したときは，登記を抹消しなければならない。

　抹消事由に該当する場合には，登記官が職権により抹消することができる。職権抹消である。抹消事由は，申請によって抹消することができる場合と完全に同じである。ただし，登記官による抹消事由の発見は，登記の申請書とその添付書面に基づくものでなければならない。

重要❶ ●

　　抹消事由に該当するからといって，直ちに職権抹消されるわけではない。

　抹消事由に該当していることを登記官が発見した場合には，まず当事者に対する通知か公告が行われる。当事者には，異議を述べる機会が与えられる。
　異議を述べた者がいない場合と異議を却下した場合に限り，職権抹消が行われる。

3　抹消の方法

H22-31
　更正と同様に，必要に応じて抹消する記号を記録し，登記を回復する（商登規§100Ⅰ）。登記記録を起こすことになった登記を抹消する場合には，抹消によって登記記録が閉鎖されることになる。

　申請による抹消の場合には，登記年月日を記録する欄の記録は更正と同様になる（商登準§66Ⅰ）。
　職権抹消の場合には，「職権抹消」の文字が記録される（商登準§66Ⅱ）。

H27-29
　取締役の就任の登記を抹消することにより，取締役の員数を欠くことになることがあり得る。員数を欠くのであれば，任期満了により退任した前任者は，退任後も取締役としての権利義務を有するのであり，退任の登記をすることはできない。このような場合には，退任の登記に抹消事由があることになり，就任の登記の抹消のほかに退任の登記を職権抹消する。就任の登記の抹消は申請でも，退任の登記は職権抹消になる。そして，退任の登記の職権抹消により，前任の取締役の登記が回復されるのである。

➕ アルファ

　募集株式の発行による変更の登記によって資本金の額を誤って少なく登記した場合には，募集株式の発行による資本金の額の変更の登記の抹消を申請するとともに，正しい資本金の額の変更の登記を申請すべきである（先例平19.12.3－2584）。なお，この場合には，抹消の登録免許税（2万円）と抹消前の資本金の額と正しい資本金の額との差額を課税標準の金額とする資本金増加分の登録免許税（課税標準の金額に1000分の7を乗じた額）を納付する必要がある。

R2-31
H22-31

第3節 嘱託による登記

Topics ・嘱託される場合と申請しなければならない場合を区別する。
・登記された事項につき無効の原因がある場合については，却下や抹消
についての正しい理解が必要になる。

1 登記が嘱託される場合

裁判があった場合などは，裁判所書記官によって登記が嘱託される。登記が
嘱託される場合には，当事者が登記を申請することはできない。嘱託による登
記の手続については，申請による登記の手続についての規定の多くが準用され
る（商登§15）。原則として，登録免許税も納付する必要がある。

会社法の規定に基づき登記が嘱託されるのは，次の場合である（会§937，
938）。

・会社の設立の無効の訴えに係る請求を認容する判決が確定したとき
・株式会社の成立後における株式の発行の無効の訴えに係る請求を認容する
判決が確定したとき
・新株予約権の発行の無効の訴えに係る請求を認容する判決が確定したとき
・株式会社における資本金の額の減少の無効の訴えに係る請求を認容する判
決が確定したとき
・株式会社の成立後における株式の発行が存在しないことの確認の訴えに係
る請求を認容する判決が確定したとき
・新株予約権の発行が存在しないことの確認の訴えに係る請求を認容する判
決が確定したとき

H19-28
・株主総会等の決議した事項についての登記があった場合において，株主総
会等の決議が存在しないことまたは株主総会等の決議の内容が法令に違反
することを理由として当該決議が無効であることの確認の訴えに係る請求
を認容する判決が確定したとき
・株主総会等の決議した事項についての登記があった場合において，株主総
会等の決議の取消しの訴えに係る請求を認容する判決が確定したとき
・持分会社の設立の取消しの訴えに係る請求を認容する判決が確定したとき
・会社の解散の訴えに係る請求を認容する判決が確定したとき

H18-29
・株式会社の役員または清算人の解任の訴えに係る請求を認容する判決が確
定したとき

R2-34
・持分会社の社員の除名の訴えに係る請求を認容する判決が確定したとき

- 持分会社の業務を執行する社員の業務執行権または代表権の消滅の訴えに係る請求を認容する判決が確定したとき
- 一時取締役，会計参与，監査役，代表取締役，委員，執行役，代表執行役，清算人または代表清算人の職務を行うべき者の選任の裁判またはその選任の裁判を取り消す裁判があったとき
- 会社の解散を命ずる裁判が確定したとき
- 外国会社の日本における取引の継続の禁止または営業所の閉鎖を命ずる裁判が確定したとき
- 組織変更，吸収合併，新設合併，吸収分割，新設分割，株式交換，株式移転，または株式交付の無効の訴えに係る請求を認容する判決が確定したとき
- 特別清算開始の命令があったとき

　訴えによらなければ無効を主張することができない行為（会§828Ⅰ）について無効とする判決が確定した場合には，登記が嘱託される。

➕ アルファ

　募集株式の発行を無効とする訴えに係る請求を認容する判決が確定した場合でも，資本金の額が減少することはない（計算規§25Ⅱ①）。したがって，その登記が嘱託された場合でも，資本金の額に関する登記は募集株式の発行による変更後のままとなる（商登規§70）。

`H31-32`
`H22-31`

➕ アルファ

　合名会社と合資会社では，社員の業務執行権の有無は登記されない。しかし，社員の業務執行権の消滅の訴えに係る請求を認容する判決が確定した場合には，その登記が嘱託されることになる。

　さらに，破産法，会社更生法，民事再生法，民事保全法の規定に基づき，次の場合に登記が嘱託される。

- 会社につき破産手続開始の決定があったとき
- 更生手続開始の決定があったとき
- 会社につき再生手続開始の決定があったとき
- 役員などについて職務執行停止の仮処分命令があったとき
- 役員などの職務代行者選任の仮処分命令があったとき

　これら以外にも登記が嘱託される場合はあるが，試験で問われる可能性は低いので，無視して構わない。

　登記が嘱託される場合は多いので，登記が嘱託されない場合を覚えておくとよい。

⑴　仮会計監査人の登記

　一時取締役の職務を行うべき者（仮取締役）などの選任があった場合には，その登記が嘱託される。しかし，一時会計監査人の職務を行うべき者（仮会計監査人）の登記は，当事者の申請によって行う。

⑵　仮取締役などの退任の登記

　仮取締役は，正規の取締役が就任し，欠員が解消した場合には，仮取締役の地位を失う。この場合には，後任者の就任の登記をすることによって仮取締役の登記に抹消する記号が記録されるため，退任の登記を嘱託する必要も，退任の登記を申請する必要もない。

⑶　裁判所が選任した清算人の登記

　最初の清算人を裁判所が選任した場合でも，清算人の登記は嘱託されず，当事者が清算人の登記を申請しなければならない。代表清算人の登記も申請による。

　仮清算人の登記や，清算人の解任の訴えがあった場合の清算人の解任の登記は，嘱託による。

⑷　清算結了の登記の抹消

H20-31

　清算株式会社に残余財産や債務がある場合には，清算は結了しない。清算が結了していないなら，清算結了の登記には無効の原因がある。清算結了の無効は，訴えによらずに主張できるので，清算結了の登記の抹消は，当事者の申請による。

⑸　持分会社の種類の変更の無効

　組織変更の無効は訴えによらなければならないが，持分会社の種類の変更の無効は，訴えによらずに主張することができる。したがって，当事者が登記の抹消を申請することができる。

⑹　合同会社の資本金の額の減少の無効

　株式会社の資本金の額の減少の無効は訴えによらなければならないが，合同会社の資本金の額の減少の無効は，訴えによらずに主張することができる。したがって，当事者が登記の抹消を申請することができる。

⑺　役員などについての破産手続開始の決定

　会社について破産手続開始の決定があったときは，その登記が嘱託される。しかし，役員などについて破産手続開始の決定があっても，その登記は嘱託されず，当事者が退任の登記などを申請しなければならない。

⑻　登記申請意思が擬制される場合

　被告に対して登記申請手続を求める判決が確定した場合でも，登記は嘱託 **H24-30** されない（先例昭30.6.15 - 1249）。この場合には，登記申請意思が擬制されるため，原告が被告に代わって登記を申請することができる（民執§177 I 本文）。

⑼　持分会社の設立の取消し後の継続

　持分会社の設立の取消しについては嘱託によるが，その後の継続の登記は当事者の申請によらなければならない。

　嘱託による登記では，裁判所の名称のほか，その裁判があった年月日か裁判が確定した年月日が記録される（商登規§40Ⅱ）。裁判所の名称が記録されていない場合には，嘱託ではないということになる。

資本金の額	金5億円	
	金2億5000万円	令和3年2月1日変更
		令和3年2月3日登記
		令和3年4月1日東京地方裁判所の資本減少（令和3年2月1日）無効の判決確定
		令和3年4月8日登記
	金5億円	
		令和3年4月8日登記

2　株主総会の決議が無効である場合

　株主総会の決議に基づく登記がある場合において，その決議の無効を確認する判決が確定した場合には，その旨の登記が嘱託されることになる。
　一方で，株主総会の決議の無効は，訴えによらずに主張することも可能である。無効の原因があり，訴えによらずに主張することができる場合には，抹消事由に該当する。したがって，当事者が抹消の申請をすることも可能である。
　結局，株主総会の決議が無効であるときは，訴えによらずに無効を主張して当事者が登記の抹消を申請するか，無効を確認する判決を得て登記を嘱託してもらうことになる。

3　提訴期間経過後の登記

　無効・取消しの原因がある場合には，却下事由に該当し，登記を申請することができない（商登§24⑨）。無効・取消しが訴えをもってのみ主張することができる場合において，訴えの提起期間内に無効・取消しの訴えが提起されな

かった場合には，もはや無効・取消しを主張することができなくなる。この場合には，無効・取消しの原因が存在していた事項についての登記を申請することができる（商登§25Ⅰ）。

提訴期間経過後に登記を申請する場合には，訴えが提起期間内に提起されなかったことを証する書面と登記すべき事項の存在を証する書面を添付しなければならない（商登§25Ⅱ）。

4　破産手続開始の登記

会社について破産手続開始の決定があったときは，破産手続開始の登記のほか，破産管財人についての登記が嘱託される（破産§257）。

➡　会社更生法や民事再生法にも，同様の規定がある。

次のように登記される。

役員に関する事項	東京都新宿区新宿一丁目1番1号 破産管財人　　甲野太郎	令和3年2月3日登記
破　産	令和3年2月1日午前10時東京地方裁判所の破産手続開始	令和3年2月3日登記

破産手続開始の決定があっても，取締役や代表取締役の登記などに抹消する記号が記録されることはない。

破産手続終結や破産手続廃止の登記も嘱託による（破産§257Ⅶ）。破産手続終結の登記があったときは，登記記録が閉鎖される（商登規§117Ⅲ①）。破産債権者との同意以外の事由による破産手続の廃止があった場合にも，登記記録が閉鎖される（同Ⅲ②）。

第4節　登記事項の公示

Topics ・登記事項証明書と登記事項要約書の違いに注意する。
　　　　・附属書類の閲覧ができる者は限定されている。

1　登記事項証明書の交付

（登記事項証明書の交付等）
第10条　何人も，手数料を納付して，登記簿に記録されている事項を証明した
　書面（以下「登記事項証明書」という。）の交付を請求することができる。
2　前項の交付の請求は，法務省令で定める場合を除き，他の登記所の登記官
　に対してもすることができる。

H26-28　　登記事項証明書の交付は，何人も，つまり誰でも，請求することができる。
当然に代理人によっても請求できるが，そもそも誰でも請求できるので，わざ
わざ請求を委任する必要はない。
　　登記事項証明書の交付の請求は，他の登記所の登記官に対してもすることが
できる。A登記所で登記されている事項についての登記事項証明書の交付をB
登記所で請求することができるのである。

➡　「法務省令で定める場合」は存在しない。全国の登記事項証明書の交付を
　任意の登記所で請求できる。商業登記の申請の事務を扱っていない登記所で
　も，登記事項証明書の交付に関する事務は行っている。

　　登記事項証明書は，次の4種類がある（商登規§33）。

(1)　現在事項証明書
　　現に効力を有する登記事項についての証明書である。商号と本店について
は，変更の直前の旧本店・旧商号も記載される。

(2)　履歴事項証明書
H26-28　　一定の範囲で変更前の登記事項も記載されている登記事項証明書である。
変更の過程を知ることができ，最も利用できる場面が多い。少なくとも3年
分は変更前の事項が記載されることになる（商登規§30Ⅰ②）。

(3)　閉鎖事項証明書
　　閉鎖されている登記記録に記録されている事項についての登記事項証明書

である。

⑷　代表者事項証明書

　会社の代表者の代表権に関する登記事項証明書である。代表権さえわかれ
ばいい場合には，これで足りる。

　⑴から⑶までの登記事項証明書については，登記記録の一部の区についての
証明書の交付を請求することができる。全部の事項を証明した**全部事項証明書**
に対し，**一部事項証明書**とよばれる。ただし，一部事項証明書であっても，商
号区と会社状態区に記録されている事項は，必ず記載される。区単位で請求す
るのが原則だが，支配人のうち一部の者のみについての証明書を請求すること
ができる。

　代表者事項証明書については，代表者全員の代表権についての証明書の交付
を請求することもできるが，一部の者の代表権についての証明書の交付を請求
することもできる。

　登記事項証明書の交付は，交付申請書を登記所に提出する方法によって行う。
直接窓口に提出する方法のほか，郵送によることもできる。交付された登記事
項証明書の受取りも，郵送によることができる。

　登記事項証明書の交付には，手数料がかかる。令和3年4月現在，1通につ
き600円である。一部事項証明書であっても，手数料は変わらない。ただし，
1通の枚数が50枚を超える場合には，50枚ごとに100円が加算される。

➡　試験対策的には，手数料を覚える必要は全くない。

➡　50枚を超えることは滅多にないが，大手都市銀行などの支店区を含む登記
　事項証明書の交付を請求すると超えてしまうかもしれない。

　手数料の納付は，交付申請書に収入印紙を貼り付ける方法によるのが原則で
ある（商登規§28Ⅰ）。

➕ アルファ

　書面による登記簿については，登記事項証明書ではなく登記簿謄本や登記
簿抄本が作成される。現在，書面で作成された登記簿は，全て閉鎖された登
記簿である。少なくとも試験対策としては，書面による登記簿を考慮する必
要はない。ただし，実際には，昔ながらの習慣で登記事項証明書を登記簿謄
本や登記簿抄本とよぶ人も少なくない。

2　オンラインによる登記事項証明書の交付の請求

　登記事項証明書の交付の請求は，インターネットを利用し，オンラインによってすることができる（商登規§101Ⅰ④）。オンラインによる登記申請には電子署名や電子証明書が必要だったが，登記事項証明書の交付の請求には電子署名や電子証明書の必要がない。登記事項証明書の交付は誰でも請求できるので，電子署名によって本人であるかを確認する必要がないのである。

➡　この場合，オンラインによって請求するのは，書面で作成された登記事項証明書の交付である。電磁的記録が交付されるのではない。

　オンラインによって請求した登記事項証明書については，送付（郵送）による交付のほか，登記所の窓口における交付を選択することができる（商登規§107）。

　オンラインによる交付の請求の場合は，申請書による交付の請求に比べて手数料が安くなっており，オンラインによって請求した登記事項証明書を登記所の窓口で受け取る場合には，さらに手数料が安くなる。オンラインで請求して郵送で受け取る場合には1通につき500円であり，オンラインで請求して窓口で受け取る場合には1通につき480円である。50枚を超える部分の加算は，申請書で請求した場合と同じである。

3　登記事項要約書の交付

（登記事項の概要を記載した書面の交付）
第11条　何人も，手数料を納付して，登記簿に記録されている事項の概要を記載した書面の交付を請求することができる。

　登記事項証明書のほかに，登記簿に記録されている事項の概要を記載した書面の交付を請求することができる。この書面は，登記事項要約書とよばれる。
　登記事項要約書には，現に効力を有する登記事項のみが記載される（商登規§31）。一部事項証明書のように，登記記録の一部の区についての登記事項要約書の交付を請求することができる。
　他の登記所で登記されている事項についての登記事項要約書を請求することはできず，登記事項要約書には作成の年月日，登記官の氏名が記載されず，登記官の職印が押されることはない。
　登記事項要約書については送付を請求することができず，オンラインによって交付を請求することもできない。
　登記事項要約書の交付の手数料は，1通につき450円となっている。50枚を

超える部分については，50枚ごとに50円加算される。

➕ **アルファ**

　登記事項証明書と登記事項要約書のこのような違いは，登記簿が書面によって作成されていた時代からの経緯を考えると理解できる。

　昔，登記簿が書面で作成されていた時代には，登記簿の閲覧という制度があった。登記所の建物内で，紙の帳簿である登記簿を閲覧することができたのである。登記事項要約書の制度は，かつての登記簿の閲覧の制度が姿を変えて現在まで残ったものなのである。登記簿の閲覧が他の登記所でできないように，登記事項要約書の交付も他の登記所ではできない。登記所に行かなければ閲覧ができなかったのだから，登記所に行かなければ登記事項要約書は手に入らない。

4　附属書類の閲覧

> （附属書類の閲覧）
> **第11条の2**　登記簿の附属書類の閲覧について利害関係を有する者は，手数料を納付して，その閲覧を請求することができる。この場合において，第17条第4項に規定する電磁的記録又は第19条の2に規定する電磁的記録に記録された情報の閲覧は，その情報の内容を法務省令で定める方法により表示したものを閲覧する方法により行う。

　登記簿の附属書類とは，申請書とその添付書面などをいう。これらの書面の閲覧を請求できるのは，利害関係を有する者に限られる。利害関係を有する者から委任を受けた代理人が請求することも可能である。

　登記簿の附属書類の閲覧の申請書には，閲覧しようとする附属書類のほか，利害関係を明らかにする事由を記載し，利害関係を証する書面を添付しなければならない（商登規§21）。 **R2-28**

5　登記情報提供サービス

　電気通信回線による登記情報の提供に関する法律に基づき，インターネットを利用して登記簿に記録されている情報を閲覧することができる。登記情報提供サービスとよばれているものである。

　詳しい情報は，登記情報提供サービスのウェブサイト（https://www1.touki.or.jp/）に掲載されている。登記簿に記録されている情報を画面上に表示するほか，印刷することも可能である。PDFファイルで提供されるので，保存す

　ることもできる。ただし，登記事項証明書と異なり，提供される登記情報に法的証明力はない。登記簿に記録されている情報を確認するだけなら，最も便利なサービスである。令和3年4月現在，1件につき334円の利用料金がかかる。

Topics ・印鑑を提出することができる者を把握する。

・印鑑の提出の手続を理解する。

1　印鑑を提出することができる者

申請人又はその代表者が申請書に押印する場合には，登記所に提出している印鑑を押印しなければならない（商登規§35の2 I）。そのため，書面で登記を申請しようとする当事者やその代表者は，登記所に印鑑を提出しなければならない。オンラインによる登記申請をするのであれば，印鑑の提出は必要ない。

また，委任による代理人の権限を証する書面には，登記所に提出している印鑑を押印しなければならない（商登規§35の2 II）。委任状を電磁的記録で作成して電子署名をするのであれば押印は不要だが，書面の委任状を用いるのであれば登記所に印鑑を提出しなければならない。

➡　令和元年改正法（令和3年2月15日施行）の前までは，印鑑の提出が義務づけられていた。

委任による代理人（司法書士など）は，印鑑を提出することができない。委任による代理人が申請行為をする場合には，委任状の印鑑について登記官が審査することになる。

会社の代表者が2名以上である場合であっても，全員が印鑑を提出する必要はない。申請書や委任状には1名分の押印があれば足りるからである。もし2名以上が印鑑を提出する場合には，それぞれ異なる印鑑を提出しなければならない（先例昭43.1.19−207）。

提出する印鑑は，市区町村に登録している印鑑と同じでなくてよい。会社の代表者については，会社名を入れた印鑑を作成して提出することが多い。代表者が交替した場合には，前任者が提出していた印鑑と同じ印鑑を後任者も提出することができる。

支配人を選任した商人は，商号の登記を申請しなくても，支配人の登記を申請するのであれば，印鑑を提出することができる。

次の者は，申請書や委任状に押印することがなくても，任意に登記所に印鑑を提出することができる（商登§12，商登規§9 I）。印鑑を提出することにより，印鑑証明書の交付を受けることができ，一般の取引などで利用できるのである。 `H22-33`

　　　・支配人
　　　・破産法の規定により会社につき選任された破産管財人，保全管理人
　　　・民事再生法の規定により会社につき選任された管財人，保全管理人
　　　・会社更生法の規定により選任された管財人，保全管理人
　　　・外国倒産処理手続の承認援助に関する法律の規定により会社につき選任された承認管財人，保全管理人
　　　・保険業法の保険管理人
　　　・預金保険法の金融整理管財人，預金保険機構

　これらの者のうち支配人以外のものを総称して管財人等ということにする（商登規§9Ⅰ⑤）。

　印鑑を提出できそうでできない者を覚えておくと便利である。
　民事再生法や会社更生法に基づき監督委員の氏名が登記されることがある。この監督委員は，印鑑を提出することができない。監督委員には，管財人等のような財産の管理・処分の権限がないためである。

2　印鑑の提出の手続

　印鑑の提出は，オンラインによって提出する場合を除き，印鑑届書を登記所に提出する方法により行う（商登規§9）。

　印鑑届書には，印鑑を提出する者の氏名と住所，印鑑を提出する年月日，登記所の表示のほか，一定の被証明事項を記載しなければならない。
　被証明事項については，商業登記規則9条1項に列挙されている。全部を覚える必要はないが，株式会社の代表取締役であれば，商号，本店，資格，氏名，出生の年月日が被証明事項である。被証明事項の多くは登記事項だが，出生の年月日は登記事項ではない。
　印鑑届書には，印鑑を押す欄が2箇所ある。登記所に提出する印鑑と印鑑を提出する者の印鑑を押さなければならない。「印鑑を提出する者の印鑑」として用いることができる印鑑は，印鑑証明書を添付すべき場合には印鑑証明書を添付することができる印鑑である。
　添付しなければならない印鑑証明書については，印鑑を提出する者ごとに定められている。印鑑証明書以外の書面の添付が必要になる場合もある。

印鑑を提出する者	添付書面
商号使用者，未成年者，後見人，支配人を選任した商人，会社の代表者，管財人等（全て法人である場合を除く）	市町村長の作成した印鑑証明書
後見人である法人の代表者（当該代表者が法人である場合にあっては，当該後見人である法人の代表者の職務を行うべき者）	・登記所の作成した代表者又は代表者の職務を行うべき者の資格を証する書面 ・代表者又は代表者の職務を行うべき者が登記所に印鑑を提出していない場合には市町村長の作成した印鑑証明書
支配人	・商人が支配人の印鑑に相違ないことを保証した書面 ・商人が登記所に印鑑を提出していない場合には市町村長の作成した印鑑証明書
会社の代表者が法人である場合における当該会社の代表者の職務を行うべき者（当該法人の代表者又は当該法人の代表者の職務を行うべき者である場合）	・登記所の作成した法人の代表者又は法人の代表者の職務を行うべき者の資格を証する書面 ・法人の代表者又は法人の代表者の職務を行うべき者が登記所に印鑑を提出していない場合には市町村長の作成した印鑑証明書

会社の代表者が法人である場合における当該会社の代表者の職務を行うべき者（当該法人の代表者でも当該法人の代表者の職務を行うべき者でもない場合）	・法人の代表者又は法人の代表者の職務を行うべき者が会社の代表者の職務を行うべき者の印鑑に相違ないことを保証した書面 ・登記所の作成した法人の代表者又は法人の代表者の職務を行うべき者の資格を証する書面 ・法人の代表者又は法人の代表者の職務を行うべき者が登記所に印鑑を提出していない場合には市町村長の作成した印鑑証明書
管財人等が法人である場合において当該管財人等の職務を行うべき者として指名された者（当該法人の代表者又は当該法人の代表者の職務を行うべき者である場合）	・登記所の作成した法人の代表者又は法人の代表者の職務を行うべき者の資格を証する書面 ・法人の代表者又は法人の代表者の職務を行うべき者が登記所に印鑑を提出していない場合には市町村長の作成した印鑑証明書
管財人等が法人である場合において当該管財人等の職務を行うべき者として指名された者（当該法人の代表者でも当該法人の代表者の職務を行うべき者でもない場合）	・法人の代表者又は法人の代表者の職務を行うべき者が管財人等の職務を行うべき者の印鑑に相違ないことを保証した書面 ・登記所の作成した法人の代表者又は法人の代表者の職務を行うべき者の資格を証する書面 ・法人の代表者又は法人の代表者の職務を行うべき者が登記所に印鑑を提出していない場合には市町村長の作成した印鑑証明書

　全てを暗記するのはたいへんなので，共通のルールを覚えて効率よく全体を把握したい。

　まず，登記の当事者やその代表者が法人でない場合には市町村長の作成した H30-28
印鑑証明書でよい。政令指定都市や東京都の区では区長の作成した印鑑証明書
となることもある。この印鑑証明書は作成後3か月以内のものでなければなら
ない。

　次に，支配人が印鑑を提出する場合について理解しておきたい。印鑑の提出
は支配人自身が行うが，支配人の登記の申請人はその商人（自然人又は会社）
である。つまり，登記を申請する人と印鑑を提出する人が異なることになる。
印鑑の提出についても商人の関与が求められており，商人の作成した保証書が
必要になる。この保証書に押印するのは，自然人である商人については商人自
身だが，商人が会社である場合には会社の代表者であり，その会社の代表者が
法人である場合には，会社の代表者の職務を行うべき者である。保証書に登記
所に提出している印鑑を押印するのであれば，保証書のみが添付書面となる。
登記所に印鑑を提出していない場合には，保証書に市町村に登録した印鑑を押
印して，市町村長の作成した印鑑証明書を添付することになる。
　支配人の場合に限らず，登記所の作成した印鑑証明書が必要となることはな
い。登記所に提出されている印鑑であれば，印鑑証明書がなくても印鑑の照合
が可能だからである。

　さらに，会社の代表者が法人である場合を考えよう。合名会社Aの代表社員
が法人Bであり，代表社員の職務を行うべき者（職務執行者）がCであるとす
る。合名会社Aの登記の申請書に押印すべき者はCであり，印鑑を提出しなけ
ればならないのはCである。
　Cが法人Bの代表者であれば，法人Bの登記の申請書に押印すべき者として
登記所に印鑑を提出することが可能である。この場合には，印鑑届書に既に登
記所に提出している印鑑を押印することができる。印鑑届書には，Cの代表権
を証する登記事項証明書のみを添付すればよい。この場合に限らず，登記事項
証明書は全て作成後3か月以内のものでなければならない。また，印鑑を提出
する登記所と法人Bの本店又は主たる事務所の管轄登記所が同じであれば登記
事項証明書を添付する必要はなく，会社法人等番号を記載した場合も登記事項
証明書の添付を省略できる。
　Cが法人Bの代表者であっても，登記所に印鑑を提出していないことが考え
られる。この場合には，Cは印鑑届書に市町村に登録した印鑑を押印して市町
村長の作成した印鑑証明書を添付することになる。Cの代表権を証する登記事
項証明書も必要である。

H21-32 　職務執行者は，法人の代表者に限られない。Ｃが法人Ｂの代表者でないのであれば，法人Ｂの登記事項証明書によってＣの地位を証明することができない。この場合には，法人Ｂの代表者がＣの印鑑について保証した保証書を添付することになる。また，法人Ｂの代表者の資格を証する登記事項証明書も必要である。法人Ｂの代表者が保証書に登記所に提出している印鑑を押印しているなら印鑑証明書は不要だが，法人Ｂの代表者が登記所に印鑑を提出していない場合には，法人Ｂの代表者について市町村長の作成した印鑑証明書が必要である。

➡　法人Ｂの代表者が法人である場合もあり，その場合についても商業登記規則では規定されているが，理解が難しくなってくるので後回しでよい。

　管財人等が法人である場合についても，会社の代表者が法人である場合と同じように考えればよい。管財人等の職務を行うべき者が法人の代表者である場合と法人の代表者でない場合で添付書面が異なる。

　最も難しいのは後見人が法人である場合である。
　前提として，後見人が法人である場合，後見人としての職務を行うのは後見人である法人の代表者であることを理解しておく必要がある。後見人の登記の申請も，後見人である法人の代表者が行う。ただし，後見人である法人の代表者が法人である場合には，法人の代表者の職務を行うべき者が行う。

　まず，後見人である法人の代表者が自然人である場合を考えよう。
　後見人である法人Ａの代表者が自然人Ｃである場合には，Ｃが後見人の登記の申請書に押印する者として印鑑を提出することができる。この場合，Ｃは法人Ａの代表者として登記されているし，法人Ａの登記を申請すべき者として印鑑を提出することもできる。したがって，後見人としての印鑑届書には，法人Ａの代表者Ｃの資格を証する登記事項証明書を添付し，印鑑届書にはＣが登記所に提出している印鑑を押印することになる。登記事項証明書の添付の省略については他の場合と同様であり，Ｃが登記所に印鑑を提出していないのであれば，Ｃは印鑑届書に市町村に登録した印鑑を押印して市町村長の作成した印鑑証明書を添付することになる。

　後見人である法人の代表者が法人である場合については，難しすぎるので無理に理解しなくてもよいが，解説すると次のようになる。
　後見人である法人Ａの代表者が法人Ｂであるとする。そして，代表者である法人Ｂは法人Ａの代表者の職務を行うべき者（職務執行者）としてＣを選任しているものとする。このＣは，法人Ｂの代表者であるか否かにかかわらず，法

人Aの登記において職務執行者として登記される。つまり，Cの地位は，法人Aの登記事項証明書によって証明することができる。また，Cは，法人Aの登記の申請書に押印する者となるので登記所に印鑑を提出することができる。なので，後見人としての印鑑届書には，法人Aの代表者の資格を証する登記事項証明書を添付する。Cが登記所に印鑑を提出していない場合には，Cについて市町村長の作成した印鑑証明書も添付する。

　後見人については，さらに面倒な話がある。後見人の登記事項とされているのは「後見人の氏名又は名称」であり，後見人が法人である場合には，その名称が登記されるだけなのである。つまり，後見人である法人の代表者や後見人である法人の代表者の職務執行者は，登記簿に氏名が登記されないにもかかわらず印鑑を提出することになる。

➡　上の例でいうと，Cの氏名は，法人Aの登記簿には記録されるが，後見人の登記簿には記録されない。

➡　管財人等が法人である場合も同様である。次節でこの知識が必要になる。

　印鑑届書に添付する印鑑証明書については，原本の還付を請求することができる（先例平11.2.24 - 379）。

　また，株式会社の設立や代表取締役の就任などの登記申請と同時に印鑑を提出する場合には，登記申請書に添付する印鑑証明書を印鑑届書に添付する印鑑証明書として援用することができる。

　他管轄に本店を移転した場合には，新所在地に対して印鑑を提出しなければならない。この場合において，新所在地に対して提出する印鑑が旧所在地に提出していた印鑑と同じものであるときは，新所在地に提出する印鑑届書への印鑑証明書の添付を省略できる（先例令3.1.29 - 11）。 `H21-32`

3　被証明事項の変更

　出生の年月日以外の被証明事項は，登記事項でもある。印鑑については，登記記録とは別に印鑑記録が作成されるが，登記記録に変更があったときは，登記官によって同様の事項が印鑑記録にも記録されるので（商登規§9の2），被証明事項についての変更を申請する必要はない。もちろん，出生の年月日に変更が生じることはない。 `H21-32`

　後見人である法人の代表者・代表者の職務執行者に変更があっても，登記事項には変更が生じない。そのため，後見人である法人の代表者・代表者の職務

執行者がその資格を喪失したときは，その旨の届出が必要になる（商登規§9
Ⅸ）。管財人等が法人である場合についても同様である（同Ⅹ）。

4　印鑑についてのその他の変更

　　印鑑を紛失した場合には，改印届書により別の印鑑を提出することができる。
また，印鑑の廃止の届出をすることもできる（商登規§9Ⅶ）。

5　代理人による印鑑の提出

H30-28

　　印鑑の提出は，代理人によってすることができる（商登規§9の6Ⅰ）。代
理人によって印鑑を提出する場合には，印鑑届書に代理人の権限を証する書面
を添付しなければならないと規定されているが（同Ⅱ），実際には，印鑑届書
に代理人について記載する欄があるので，その欄に必要な事項を記載し，押印
すればよい。

➡　印鑑届書の見本は，民事局のウェブサイトにある。見ておくとよいだろう。

6　オンラインによる印鑑の提出

　　印鑑の提出は，登記の申請と同時にする場合には，オンラインによってする
ことができる（商登規§101Ⅰ②）。

➡　印鑑の廃止も登記の申請と同時にする場合にはオンラインによってするこ
　とができるが，登記の申請と同時に印鑑を廃止したい場合というのは，それ
　ほど多くないだろう。

　　オンラインによって印鑑を提出する場合には，オンライン用の印鑑届書をス
キャナーで読み取ってPDFデータとし，そのPDFデータに電子署名をしたも
のを電子証明書とともに送信する必要がある。

第6節　印鑑証明書の交付

Topics・印鑑証明書の交付が受けられなくなる場合を把握する。
　　　　・印鑑カードについて理解する。
　　　　・商業登記に基づく電子認証制度についてもここで扱う。

1　印鑑証明書の交付の請求

　登記所に印鑑を提出した者は,印鑑証明書の交付を請求することができる(商登§12)。登記事項証明書の交付の請求は誰でもできたが, 印鑑証明書の交付の請求は, 登記所に印鑑を提出した本人に限られる。ただし, 代理人によって交付の請求をすることもできる。

　印鑑証明書の交付の請求は, 他の登記所の登記官に対してもすることができる (商登§12Ⅱ, 10Ⅱ)。つまり, 印鑑を提出した登記所以外の任意の登記所で印鑑証明書の交付を受けることができる。

　印鑑証明書の交付の請求もオンラインですることができるが (商登規§101Ⅰ④), 印鑑証明書の交付の請求は誰でもできるわけではないから, 請求に際して電子署名と電子証明書が必要になる。

　後見人である法人の代表者・後見人である法人の代表者の職務執行者が印鑑証明書の交付を請求する場合には, 請求する登記所においてその法人の代表者が登記されている場合と請求書に会社法人等番号を記載した場合を除き, その法人の登記事項証明書を添付する必要がある (商登規§22Ⅰ後段, 9の4Ⅱ)。被証明事項が後見人の登記の登記事項ではないためである。また, これらの者は, オンラインによって印鑑証明書の交付の請求をすることができない (商登規§101Ⅱ)。

➡　管財人等が法人である場合も同様である。

2　印鑑証明書の交付の可否

　会社の代表者の印鑑証明書は, 代表権の存在を前提とするので, 代表権が失われた場合には, 印鑑証明書を交付すべきでない。また, 代表権が制限されるような事情があれば, その旨も明らかにする必要がある。

　登記簿上存続期間が満了している会社の代表者については, 解散の登記がされていない場合であっても, 印鑑証明書が交付されない(先例昭40.3.16－581)。　`R2-28` `H22-33`

➕**アルファ**

　合名会社と合資会社の代表社員については，存続期間が満了しても印鑑証明書が交付される。合名会社と合資会社では任意清算が可能であり，任意清算の場合には代表社員が代表権を失わないためである。

　民事保全法に基づく職務執行停止の登記がある代表者については，印鑑証明書は交付されない（先例昭40.3.16－581）。逆に，民事保全法に基づき選任された代表者の職務代行者は，印鑑を提出して印鑑証明書の交付を受けることができる（先例昭40.3.16－581）。
　一方，登記簿上任期の満了が明らかであっても，印鑑証明書は交付される。任期満了後も代表者としての権利義務を有することがあるからである。

R2-28　　会社について破産手続開始の決定があり，破産手続開始の登記がされていても，代表者の印鑑証明書を交付することができる（先例平23.4.1－816）。破産手続開始の決定があっても，代表者が代表権を完全に失うわけではないためである。ただし，この場合の印鑑証明書には，破産手続開始の登記がある旨が付記される。
➡　代表者事項証明書についても同じ扱いとなる。

H22-33　　会社更生法による更生手続開始の登記がされている場合も，更生手続開始の登記がある旨を付記した上で，印鑑証明書が交付される（先例平15.3.31－936）。民事再生法による再生手続開始の登記がある場合も同様である（先例平12.3.31－802）。

3　印鑑カード

　登記所に印鑑を提出した者は，印鑑カードの交付を請求することができる（商登規§9の4Ⅰ）。印鑑カードは，その所持者が印鑑を提出した者本人かその代理人であることを証明するために利用され，印鑑証明書の交付の請求には，印鑑カードの提示が必要である（商登規§22Ⅱ）。
➡　オンラインによる交付の請求の場合には，印鑑カードの提示に代えて電子署名と電子証明書が必要になる。

　印鑑証明書の交付の請求を代理人によってする場合には，印鑑カードの提示によって代理権の授与が明らかになるため，代理人の権限を証する書面の添付が不要となる。

印鑑カードは，印鑑を提出した者1名につき1枚交付されるが，代表者の交替があった場合には，前任者の印鑑カードを後任者が引き継ぐことができる（商登規§9の4Ⅲ）。

印鑑の廃止をする場合も，印鑑カードを提示させることによって廃止の届出 H21-32
をする者の権限を確認できる（商登§9Ⅶ）。印鑑と印鑑カードの両方を紛失した場合などは，廃止届書に市町村に登録した印鑑を押し，市町村長の作成した印鑑証明書を添付することになる（先例令3.1.29-11）。

4　商業登記に基づく電子認証制度

押印に相当するものに電子署名があり，印鑑証明書に相当するものに電子証明書がある。印鑑証明書と同様に，登記所は電子証明書を発行することができる。電子証明書は電磁的な情報であり，証明書とはいうものの書面ではない。

登記所が行う電子署名と電子証明書に関する事務は，商業登記に基づく電子認証制度とよばれている。商業登記の登記簿に記録された情報に基づき，電子署名をした者が本人であることを証明するための制度である。

電子証明書を発行する登記所が電子認証登記所である。ただし，電子証明書の発行の申請の受付は，管轄登記所が行う。

登記所に印鑑を提出することができる者は，登記所に電子証明書の発行を申請し，電子証明書を取得することができる。ただし，代表権が制限されている者，未成年者の登記・後見人の登記・支配人の登記について登記されている者，管財人等の職務執行者は，印鑑を提出していても電子証明書の発行を申請できない（商登§12の2Ⅰ，商登規§33の3）。

➡　印鑑を提出することができる者が電子証明書の発行を申請できるのであって，現実に印鑑を提出している必要はない。印鑑を提出しなくても，電子証明書を取得すればオンラインによる登記の申請が可能となる。

➕アルファ

電子署名と電子証明書について理解するためには，公開鍵暗号方式について理解する必要がある。試験に必要ない知識なので，極力簡略化して説明する。

公開鍵暗号方式では，公開鍵と秘密鍵が用いられる。どちらの鍵も，電磁的な情報である。ものすごく桁数の多い数字と考えてもよい。秘密鍵を用い

て公開鍵を求めることは簡単にできるが，公開鍵から秘密鍵を求めることは
非常に困難となっている。素数どうしを掛ける計算は簡単にできるが，その
積から元の素数を求めることは非常に難しい。たとえば，9739と9769を掛け
る計算は簡単だが，95140291を素因数分解することは難しい。その性質を利
用している。

　まず，公開鍵を公開しておく。秘密鍵は絶対に公開してはいけない。

　秘密鍵の所持者に対して暗号化された情報を送信する場合には，公開鍵を
用いて暗号化する。公開鍵は公開されているから，暗号化は誰でもできる。
しかし，その暗号を復号するには秘密鍵が必要である。公開鍵では，暗号化
はできるが復号はできない。したがって，秘密鍵の所持者は，誰からでも暗
号化された情報を受け取ることができる。

　電子署名の場合には，これとは逆の行為になる。電子署名をする者は，秘
密鍵を用いて暗号化する。そして，暗号化された情報を暗号化していない情
報とともに送信する。それらの情報を受け取った者は，公開鍵を用いて暗号
化された情報を復号する。秘密鍵で暗号化された情報は，公開鍵で復号でき
るのである。復号した情報と暗号化していない情報が一致すれば，公開鍵に
対応する秘密鍵の所持者が電子署名をしたことを確認できる。なお，秘密鍵
を用いて暗号化する行為を電子署名ということもあるが，秘密鍵を用いて暗
号化された情報を電子署名ということもある。「電子署名する」と動詞化し
て用いる場合には前者の意味であり，「電子署名を送信する」と名詞化して
用いる場合には後者の意味である。

　電子署名を有効なものとするためには，公開鍵に対応する秘密鍵の所持者
が誰であるかを明らかにする必要がある。秘密鍵の所持者を証明する情報が
電子証明書である。商業登記に基づく電子認証制度では，秘密鍵の所持者が
登記簿に記録されている者であることを証明することになる。

　電子証明書の発行の申請は，書面を提出する方法とオンラインによる方法の
いずれかで行うことができる。商業登記法上は「電子証明書による証明の請求」
という表現になっているが，本書では「電子証明書の発行の申請」ということ
にする。申請人が電子証明書を取得するためにする申請のことである。

　電子証明書の発行を書面で申請する場合には，申請書と一定の電磁的記録を
記録した電磁的記録媒体（CD－R，DVD－R，USBメモリーなど）を提出し
なければならない(商登規§33の6Ⅰ)。オンラインによって申請する場合には，
申請書に記載すべき事項に係る情報などの一定の情報をオンラインによって提
出しなければならない（商登規§106の2）。書面で申請する場合には，申請書
に登記所に提出している印鑑を押印しなければならない（商登規§33の6Ⅲ）。

そのため，印鑑を提出せずに電子証明書を取得しようとする場合には，オンラインによって申請する必要がある。

　発行された電子証明書は，インターネット経由で取得することになる。

　電子証明書の有効性を確認したい者は，登記所に対してインターネット経由で証明を請求する（商登§12の2Ⅷ）。これは，電子署名を検証するソフトウェアが行ってくれる。電子証明書の有効性の確認は，電子署名を検証するために行うので，誰でもすることができる。その結果，行政手続ではない一般の契約などにおいても電子証明書と電子署名を利用することが可能となっている。

Topics ・全体的な流れを理解する。
　　　　　・審査請求の対象について注意する。

1　審査請求の流れ

（審査請求）
第142条　登記官の処分に不服がある者又は登記官の不作為に係る処分を申請
　　した者は，当該登記官を監督する法務局又は地方法務局の長に審査請求をす
　　ることができる。
第143条　審査請求は，登記官を経由してしなければならない。

H27-35　　　登記官の処分に対しては，審査請求ができる。不動産登記にも同様の制度が
ある。条文中の「不作為」というのは，登記の申請をしたのに登記をしてくれ
ないことだと理解すればよい。申請をしたのに登記も却下もしてくれないのが
不作為に該当する。

H27-35　　　審査請求は，登記官を経由して，監督法務局・地方法務局の長に対して行う。
具体的には，監督法務局・地方法務局の長宛ての審査請求書を登記官に提出す
る。

（審査事件の処理）
第144条　登記官は，処分についての審査請求を理由があると認め，又は審査
　　請求に係る不作為に係る処分をすべきものと認めるときは，相当の処分をし
　　なければならない。
第145条　登記官は，前条に規定する場合を除き，審査請求の日から三日内に，
　　意見を付して事件を第142条の法務局又は地方法務局の長に送付しなければな
　　らない。この場合において，当該法務局又は地方法務局の長は，当該意見を
　　行政不服審査法（平成26年法律第68号）第11条第2項に規定する審理員に送
　　付するものとする。
第146条　第142条の法務局又は地方法務局の長は，処分についての審査請求を
　　理由があると認め，又は審査請求に係る不作為に係る処分をすべきものと認
　　めるときは，登記官に相当の処分を命じ，その旨を審査請求人のほか登記上
　　の利害関係人に通知しなければならない。

> **2**　第142条の法務局又は地方法務局の長は，審査請求に係る不作為に係る処分についての申請を却下すべきものと認めるときは，登記官に当該申請を却下する処分を命じなければならない。

　まず，審査請求書の提出を受けた登記官が内容を審理する。審査請求を理由があると認めたときは，登記官は，相当の処分をしなければならない。

　理由がないと認めたときは，審査請求書と審理に必要な書類を監督法務局・地方法務局の長に送付する。送付を受けた監督法務局・地方法務局の長は審査請求について審理をし，理由があると認めるときは登記官に相当の処分を命じ，理由がないと認めるときは請求を棄却する。審査請求が形式的に不適法である場合には，内容の審理をせずに請求を却下する。

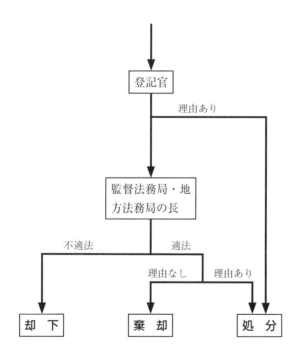

　不作為というのは，登記の申請があったのに，登記もせず却下もしない状態だった。そのため，不作為の場合には，登記の申請を却下する処分が行われることもある。

　審査請求に当たっては，処分に関与しない職員が審理員となり，公平な立場から審理手続を行う。審理員は，裁決に関する意見書を作成し，監督法務局・

地方法務局の長に提出する。

2　審査請求をすることができる処分

H27-35　　審査請求をすることができる登記官の処分は，登記の申請に関する処分に限られず，登記事項証明書の交付に関する処分など，登記官がする一切の処分である。ただし，登記をしたことに対する審査請求は，登記官が登記を職権抹消することができる場合に限られる（最判昭60.2.21）。たとえ審査請求に理由があったとしても，抹消事由がない場合には，職権抹消はできないのである。

3　行政不服審査法の適用除外

審査請求の手続は，原則として行政不服審査法の規定に従って処理される。しかし，一部の規定については，適用が除外されている（商登§147）。適用が除外される規定のうち，主なものは次のとおりである。

⑴　審査請求期間

行政不服審査法では審査請求をすることができる期間が制限されているが，この規定の適用は除外される。登記制度では，処分から何日経ったとしても，正しい情報を公示しなければならないのである。

⑵　参加人

行政不服審査法では利害関係人の参加が認められているが，登記官の処分についての審査請求では利害関係人の参加が認められない。登記手続自体が書面に基づく審査なので，利害関係人の参加を認める必要がないのである。

⑶　口頭による意見の陳述

行政不服審査法では口頭による意見の陳述が可能だが，この規定の適用も⑵と同じ理由により排除される。登記官の処分に対する審査請求は，書面を資料として審理される。

第 4 編

法人登記

第1章
各種の法人

第1節　法人登記の対象となる法人

Topics・試験の出題範囲を把握する。
・根拠となる法令を把握する。

1　法人登記とは何か

　商業登記は，会社，外国会社，会社以外の商人を対象としている。その他の法人についての登記は，法人登記の対象である。

　法人登記の対象となる法人の種類は非常に多い。司法書士会や，日本司法書士会連合会も法人登記の対象である。もちろん，司法書士法人も法人登記の対象である。

　試験対策としては，試験で問われる可能性が高い法人について学ぶべきである。そして，試験で問われる可能性が高い法人は，一般社団法人及び一般財団法人に関する法律に基づく一般社団法人と一般財団法人である。

2　一般社団法人と一般財団法人の登記の根拠法令

　一般社団法人と一般財団法人の根拠は，一般社団法人及び一般財団法人に関する法律である。法律名が長いので，一般法人法と省略するのが一般的である。一般法人法では，登記事項，登記期間のほか，添付書面についても規定されている。商業登記法の規定のうち必要なものは，一般法人法で準用している。

　会社における会社法施行令に相当するものとして，一般社団法人及び一般財団法人に関する法律施行令があり，会社における会社法施行規則に相当するものとして，一般社団法人及び一般財団法人に関する法律施行規則がある。

　商業登記規則に相当するものとして，一般社団法人等登記規則がある。一般社団法人等登記規則では，商業登記規則の規定のうち必要なものを準用している。
　➡　各種法人等登記規則という紛らわしい法務省令があるので，「一般社団法人等登記規則」は安易に省略しない方がいいだろう。

商業登記等事務取扱手続準則は，原則として，法人登記にも適用される。

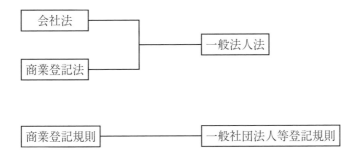

3　一般社団法人と一般財団法人の特徴

　一般社団法人と一般財団法人は，会社と異なり，利益の分配を目的としない。事業活動によって利益を得ることは可能なのだが，その利益を出資者に分配することを目的としないのである。

　一般社団法人の方がイメージしやすいので，一般社団法人を考えることにする。一般社団法人を構成するのは社員であり，社員は経費の負担義務を負うが（一般法人§27），剰余金や残余財産を社員に分配することはできない（一般法人§11Ⅱ）。一般社団法人の社員は，経済的な利益を目的としていないのである。
　➡　後述する理事などが報酬を受け取ることは問題ない。

➕ アルファ

　一般社団法人・一般財団法人も，営業を行う限りで商人（商§4）に該当することはある。しかし，商法の規定の一部については，適用しない旨が定められている（一般法人§9）。たとえば，支配人についての規定の適用が除外されているので，一般社団法人・一般財団法人は，支配人を選任し，その旨の登記をすることができない。

4　公益社団法人と公益財団法人

　一般社団法人と一般財団法人は，公益を目的とする必要はない。公益を目的とする法人は，公益社団法人と公益財団法人である。

　公益社団法人も一般社団法人であり，公益財団法人も一般財団法人である。したがって，公益社団法人と公益財団法人は，原則として一般法人法の規定に従う。

　公益社団法人と公益財団法人については，公益社団法人及び公益財団法人の

認定等に関する法律で定められている。公益認定法と省略するのが一般的である。

公益目的事業（公益認定§2④）を行う一般社団法人・一般財団法人は，行政庁の認定（公益認定）を受け（公益認定§4），公益社団法人・公益財団法人となることができる。

一般社団法人は，その名称中に「一般社団法人」の文字を用いなければならないが，公益社団法人となった場合には，その文字が「公益社団法人」となる（公益認定§9）。つまり，公益社団法人なのか，公益認定を受けていない一般社団法人なのかは，その名称によって明らかになる。公益財団法人と一般財団法人についても同様である。

5　その他の法人

司法書士試験では，法人の種類を特定していないから，一般社団法人と一般財団法人以外の法人についても出題される可能性がある。

その他の法人についての根拠法令は非常に多岐にわたり，その全てを学ぶことは不可能である。ただし，試験で問われたことがある事項のほとんどは，**組合等登記令**で規定されている事項である。組合等登記令だけでも十分すぎる量があり，その全部を覚えることは非常に困難だが，学校法人，医療法人，監査法人などの目にする機会が多い法人については，どのような事項が登記されるのかを眺めておくとよいだろう。

組合等登記令の適用のある法人では，少なくとも次の事項が登記される。ただし，司法書士会や日本司法書士会連合会などの目的が法定されている一部の法人については，目的及び業務は登記されない。

・目的及び業務
・名称
・事務所の所在場所
・代表権を有する者の氏名，住所及び資格
・存続期間又は解散の事由を定めたときは，その期間又は事由

これらに加えて，法人ごとに資産の総額などの一定の登記事項が必要になるのである。

Topics・株式会社と同じように考えれば，それほど難しくない。

・置くことができる機関と置かなければならない機関を把握する。

1　一般社団法人の機関

　一般社団法人には，社員総会と理事が必ず置かれる。また，一般社団法人は，定款の定めによって，理事会，監事，会計監査人を置くことができる（一般法人§60）。

　社員総会は，株式会社における株主総会に相当する機関である。理事が取締役に相当し，理事会が取締役会に相当する。監事は監査役である。完全に株式会社と同じではないが，まずはそのように理解してしまえばよい。なお，会計参与に相当する機関はない。監査役会に相当する機関もない。

　取締役会設置会社と同じような用語として，理事会設置一般社団法人という用語が使われる（一般法人§16Ⅰ）。会計監査人設置会社に相当するのは会計監査人設置一般社団法人である（一般法人§15Ⅱ②）。

　理事会設置一般社団法人は，監事を置かなければならない。また，会計監査人設置一般社団法人も，監事を置かなければならない（一般法人§61）。

　大会社に相当するものが大規模一般社団法人である（一般法人§2②）。一般社団法人では，資本金という概念がないので，大規模一般社団法人の要件としては，負債の部に計上した額の合計額のみが定められている。200億円以上となった時期の判断については，大会社と同様である。

　大規模一般社団法人は，会計監査人を置かなければならない（一般法人§62）。このあたりも，大会社と同様の規定となっている。

　大規模一般社団法人は，会計監査人を置き，監事を置かなければならないが，理事会を置く必要はない。これも，株式会社と同様である。

2　理　事

　一般社団法人を代表する理事が代表理事である（一般法人§21Ⅰ）。代表取締役と同じように理解すればよい。

　理事の選任，員数，任期，資格などについては，ほぼ取締役と同じである。ただし，理事の任期は，選任後2年以内に終了する事業年度のうち最終のものに関する定時社員総会の終結の時までであり，伸長することはできない（一般

法人§66）。

代表理事の選定などについても，代表取締役と同様に考えればよい。

3　監　事

選任，資格など，監査役と同様に考えてよい。

監事は，一般社団法人又はその子法人の理事又は使用人を兼ねることができない（一般法人§65Ⅱ）。

なお，監事の監査の範囲を会計に関するものに限定することはできない。

4　会計監査人

株式会社の会計監査人と同様である。会計監査人の任期は，選任後1年以内に終了する事業年度のうち，最終のものに関する定時社員総会の終結の時までであり，任期の満了する定時社員総会において別段の決議がされなかったときは，再任されたものとみなされる（一般法人§69）。

一時会計監査人の職務を行うべき者（仮会計監査人）についても，株式会社と同様である（一般法人§75Ⅳ）。

第3節　一般財団法人の概要

Topics ・財産の集まりに法人格が付与されたものである。
　　　　・評議員会を理解するのが最初の一歩となる。

1　社員の不存在

　一般社団法人は社員の集合に法人格が付与されたものと考えることができる。これに対し，一般財団法人は，財産の集合に法人格が付与されたものである。したがって，一般財団法人には，社員はいない。

　社員がいないので，社員総会もない。そのため，社員総会に代わる意思決定機関が必要になる。

2　評議員会

　一般社団法人の社員総会に相当する機関が評議員会である。評議員会は，評議員によって組織される。

　評議員は，定款で定めた方法によって選任される（一般法人§153Ⅰ⑧）。たとえば，評議員会の決議によって評議員を選任する旨を定款で定めることができる。

3　一般財団法人の機関

　一般財団法人は，評議員，評議員会，理事，理事会及び監事を置かなければならない（一般法人§170Ⅰ）。

重要 ●

一般財団法人では，一般社団法人と異なり，理事会と監事を置く義務がある。

　会計監査人の設置は任意である（一般法人§170Ⅱ）。ただし，大規模一般財団法人は，会計監査人を置かなければならない（一般法人§171）。

　一般財団法人では，一般社団法人の規定の多くについて，「社員総会」を「評議員会」と読み替えた上で準用することになる。したがって，理事，監事，会計監査人を選任する機関は評議員会である。

第２章
法人登記の手続

第1節　登記事項

Topics ・どのような事項が登記されるのかを把握する。

・機関に関する登記に注意する。

・定款で定めなければならない事項と登記事項の違いに注意する。

1　一般社団法人の登記事項

まず，登記記録例を見てイメージを掴もう。

会社法人等番号	0100 − 05 − 123456
名　　称	一般社団法人霞が関協会
主たる事務所	東京都千代田区霞が関一丁目１番１号
法人の公告方法	官報に掲載してする。
法人成立の年月日	令和３年３月３日
目的等	目的 　　当法人は，環境保護を社会に普及させることを目的とするとともに，その目的に資するため，次の事業を行う。 １　環境保護に関する調査及び研究 ２　環境保護に関する広報活動 ３　環境保護に関する意見の表明

役員に関する事項	理事　　　　　　甲野太郎
	東京都千代田区九段南一丁目1番15号 代表理事　　　　甲野太郎
従たる事務所	1 大阪市中央区谷町二丁目1番17号
存続期間	法人成立の日から満50年
登記記録に関する事項	設立 　　　　　　　　　　　　　令和3年3月3日登記

　必要最小限の機関のみを置いた場合である。

　一般法人法の規定（一般法人§301）に従って，主たる事務所の所在地における登記事項を一つずつ見ていこう。

⑴ **目　的**

　営利を目的とする事業についても目的とすることができる。目的は，定款で必ず定める事項である（一般法人§11Ⅰ①）。

⑵ **名　称**

　名称中に「一般社団法人」という文字を含む必要がある（一般法人§5Ⅰ）。定款で必ず定める事項である（一般法人§11Ⅰ②）。

　同一の事務所の所在場所において，同一の名称を登記することはできない〔H23-34〕（一般法人§330，商登§27）。

⑶ **主たる事務所の所在場所，従たる事務所の所在場所**

　株式会社の本店・支店と同様である。

　定款では，主たる事務所の所在地を定める（一般法人§11Ⅰ③）。

⑷ **存続期間又は解散の事由についての定め**

　株式会社と同様である。

　存続期間・解散の事由は，定款で定める必要がある（一般法人§202Ⅰ①②）。

(5)　**理事の氏名**

　　株式会社の取締役と同様である。

(6)　**代表理事の氏名及び住所**

　　株式会社の代表取締役と同様である。

　　理事の全員が代表理事である場合でも，代表理事の氏名と住所を登記する。

(7)　**理事会設置一般社団法人である旨**

　　次のように登記される。

理事会設置法人に関する事項	理事会設置法人

(8)　**監事設置一般社団法人である旨，監事の氏名**

　　監事設置一般社団法人である旨は，次のように登記される。

監事設置法人に関する事項	監事設置法人

(9)　**会計監査人設置一般社団法人である旨，会計監査人の氏名又は名称**

　　会計監査人設置一般社団法人である旨は，次のように登記される。

会計監査人設置法人に関する事項	会計監査人設置法人

(10)　**仮会計監査人の氏名又は名称**

　　株式会社の仮会計監査人と同様である。

(11)　**役員等の責任の免除についての定款の定め**

　　株式会社における責任の免除についての規定と同様の規定が一般社団法人についても設けられている。責任の免除に関する定款の規定を設けることができる一般社団法人は，理事が２名以上である監事設置一般社団法人である

（一般法人§114）。

次のように登記される。

役員等の法人に対する責任の免除に関する規定	当法人は，一般社団法人及び一般財団法人に関する法律第114条の規定により，理事会の決議をもって，同法第111条の行為に関する理事（理事であった者を含む。）の責任を法令の限度において免除することができる。

⑿　**非業務執行理事等が負う責任の限度に関する契約の締結についての定款の定め**

これも，株式会社と同様である。

⒀　**貸借対照表に係る情報の提供を受けるために必要な事項**

株式会社と同様である。一般社団法人には，貸借対照表の公告義務がある（一般法人§128）。

⒁　**公告方法**

一般社団法人は，公告方法を定款で定めなければならない（一般社団§11Ⅰ⑥）。株式会社では，公告方法を定めていない場合には官報に掲載する方法が公告方法となったが，一般社団法人では，定款で定める必要がある。

公告方法としては，官報に掲載する方法，時事に関する事項を掲載する日刊新聞紙に掲載する方法，電子公告のほか，主たる事務所の公衆の見やすい場所に掲示する方法を公告方法とすることができる（一般法人§331，一般法人法施行規則§88）。 H23-34

定款で定めなければならない事項であるにもかかわらず，登記事項ではないものを覚えておくとよい（一般法人§11Ⅰ）。

重要！　・・・・・・・・・・・・・・・・・・・・・・・・・・・・

社員の資格の得喪に関する規定は，必ず定款で定めなければならないが，登記事項ではない。 H25-35

また，一般社団法人は，事業年度を定款で定めなければならない。その点で

は株式会社と異なるが，事業年度が登記事項でない点は，株式会社と同じである。

2　一般財団法人の登記事項

一般社団法人との違いを把握するのが効率的である。

重要❗ ●

H29-35

一般財団法人では，評議員の氏名を登記しなければならない。
理事会を置く旨は，登記事項ではない。
また，監事の氏名は登記するが，監事を置く旨は，登記事項ではない。

評議員は一般財団法人に特有の機関である。

一般財団法人では，必ず理事会と監事を置かなければならない。必ず置かなければならないのだから，置く旨の定款の定めも不要であり，わざわざ置く旨を公示する必要もないのである。

その他の登記事項については，一般社団法人と同じである。

評議員の選任及び解任の方法は，必ず定款で定めなければならないが，登記事項とはされていない。

➡　登記簿上評議員の選任方法が不明となるので，評議員の就任の登記の申請書には，原則として定款の添付が必要になる。

Topics ・設立の手続や登記手続の全部を理解しようとすると負担が大きい。試験で問われやすい点に集中すべきである。

・一般社団法人と一般財団法人の違いに注意する。

1　一般社団法人の設立手続

　　一般社団法人を設立するには、定款を作成し、定款について公証人の認証を受けなければならない。許可や認可などは不要である。また、株式会社と異なり、出資の履行は不要である。

　　定款の作成後、設立時役員等を選任し、主たる事務所の所在地で登記をすることによって一般社団法人は成立する（一般法人§22）。

2　一般社団法人の設立の登記手続

　　登記が効力要件であり、株式会社の設立と同様に考えればよい。

　　設立手続が終了した日から2週間以内に、本店の所在地における設立の登記　H28-35　を申請しなければならない（一般法人§301 I）。一般社団法人の設立に際しては、設立時理事による調査が必要であり（一般法人§20 I）、この調査の終了の日か、設立時社員が定めた日が手続終了の日となる。

（一般社団法人の設立の登記の申請）

一般法人法第318条　一般社団法人の設立の登記は、当該一般社団法人を代表すべき者の申請によってする。

2　一般社団法人の設立の登記の申請書には、法令に別段の定めがある場合を除き、次に掲げる書面を添付しなければならない。　H25-35

　一　定款

　二　設立時理事が設立時代表理事を選定したときは、これに関する書面

　三　設立時理事、設立時監事及び設立時代表理事が就任を承諾したことを証する書面

　四　設立時会計監査人を選任したときは、次に掲げる書面

　　イ　就任を承諾したことを証する書面

　　ロ　設立時会計監査人が法人であるときは、当該法人の登記事項証明書。ただし、当該登記所の管轄区域内に当該法人の主たる事務所がある場合を除く。

　　ハ　設立時会計監査人が法人でないときは，その者が公認会計士であることを証する書面
3　登記すべき事項につき設立時社員全員の同意又はある設立時社員の一致を要するときは，前項の登記の申請書にその同意又は一致があったことを証する書面を添付しなければならない。

　定款は，公証人の認証を受けたものでなければならない。

H28-35
　以上のほか，印鑑証明書の添付が必要である。一般社団法人の登記においては，理事を取締役，代表理事を代表取締役と考えて，商業登記規則の印鑑証明書の添付についての規定（商登規§61ⅣⅤⅥ）を適用する。したがって，理事会設置一般社団法人以外の一般社団法人を設立する場合には設立時理事が就任を承諾したことを証する書面について印鑑証明書の添付が必要であり，理事会設置一般社団法人を設立する場合には設立時代表理事が就任を承諾したことを証する書面について印鑑証明書の添付が必要である。
　さらに，本人確認証明書の添付も必要である（商登規§61Ⅶ）。理事を取締役と考え，監事を監査役と考えるので，印鑑証明書を添付しない設立時理事と設立時監事について本人確認証明書の添付が必要である。

3　一般財団法人の設立手続
　定款について公証人の認証が必要な点は，一般社団法人と同じである。
　一般財団法人は，遺言に基づいて設立することができる。遺言による一般財団法人を設立する旨の意思表示があったときは，遺言執行者が設立に関する事務を行う（一般法人§152Ⅱ）。

重要❗️・・・・・・・・・・・・・・・・・・・・・・・・・・・・・
　一般財団法人の設立には，財産の拠出の履行が必要である。

　一般財団法人は財産の集まりを法人化したものだから，財産がないと一般財団法人は成立しない。そのため，財産の拠出の履行は，一般財団法人を成立させるために必ず必要である（一般法人§157）。設立に際して拠出される財産の価額の合計額は，300万円以上でなければならない（一般法人§153Ⅱ）。

　設立時役員の選任などは，一般社団法人と同じである。ただし，選任に関する事項は定款で定めなければならない（一般法人§153Ⅰ⑥⑦）。具体的な氏名を定めてもいいし，選任方法を定めてもいい。

4　一般財団法人の設立の登記手続

　基本的な登記手続は，一般社団法人の設立と同じである。

（一般財団法人の設立の登記の申請）

一般法人法第319条　一般財団法人の設立の登記は，当該一般財団法人を代表すべき者の申請によってする。

2　一般財団法人の設立の登記の申請書には，法令に別段の定めがある場合を除き，次に掲げる書面を添付しなければならない。

　一　定款

　二　財産の拠出の履行があったことを証する書面

　三　設立時評議員，設立時理事及び設立時監事の選任に関する書面

　四　設立時代表理事の選定に関する書面

　五　設立時評議員，設立時理事，設立時監事及び設立時代表理事が就任を承諾したことを証する書面

　六　設立時会計監査人を選任したときは，次に掲げる書面

　　イ　設立時会計監査人の選任に関する書面

　　ロ　就任を承諾したことを証する書面

　　ハ　設立時会計監査人が法人であるときは，当該法人の登記事項証明書。ただし，当該登記所の管轄区域内に当該法人の主たる事務所がある場合を除く。

　　ニ　設立時会計監査人が法人でないときは，その者が公認会計士であることを証する書面

3　登記すべき事項につき設立者全員の同意又はある設立者の一致を要するときは，前項の登記の申請書にその同意又は一致があったことを証する書面を添付しなければならない。

　印鑑証明書が必要な点は，一般社団法人と同じである。　`H29-35`

　本人確認証明書も必要だが，設立時評議員についても必要なことに注意する必要がある。結局，印鑑証明書を添付しない設立時理事と設立時監事のほかに，設立時評議員についても本人確認証明書が必要である。

　一般財団法人を設立する場合には，**財産の拠出の履行**があったことを証する　`R3-34`
書面を添付しなければならない。

第3節　変更の登記

Topics・全部を網羅するわけにはいかないので，出題されやすい論点を中心に
　　　　　扱う。
　　　　・困ったら株式会社と同じだと考えるとよい。

1　役員に関する事項の変更

H25-35

　　就任を承諾したことを証する書面の添付が必要となるなど，株式会社の登記
と同様に考えるのが基本である。理事を取締役と，代表理事を代表取締役と考
えて，印鑑証明書の添付についての商業登記規則の規定（商登規§61ⅣⅤⅥ）
を適用する。また，理事を取締役と，監事を監査役と考えて，本人確認証明書
の添付についての商業登記規則の規定（商登規§61Ⅶ）を適用する。

　　一般社団法人における役員の選任機関は，基本的に社員総会であり，それほ
ど難しくない。

　　一般財団法人については注意が必要である。
　　評議員の選任は，定款で定めた方法により行うことになる。そのため，評議
員の就任の登記の申請書には，評議員の選任に関する書面として，定款と定款
で定めた方法により選任したことを証する書面の添付が必要になる（一般法人
§320Ⅱ）。
　　評議員の就任の登記に印鑑証明書を添付する必要はないが，評議員について
本人確認証明書の添付は必要である。結局，再任でない限り，評議員の本人確
認証明書が必要になる。

　　理事，監事，会計監査人の選任は，評議員会の決議によって行う（一般法人
§177，63）。

2　一般財団法人の目的の変更の登記

　　一般財団法人では，定款の変更について制限がある（一般法人§200）。
　　定款の変更は，評議員会の決議によって行うが，目的の変更と評議員の選任
及び解任の方法の変更は，評議員会の決議のみではできない。評議員の選任及
び解任の方法は登記事項ではないので，以下，目的の変更について考えていく。
　　目的を変更することができるのは，次の場合である。

　　・評議員会の決議で目的を変更できる旨を設立者が定款で定めていた場合

・設立の当時予見することのできなかった特別の事情があり，目的を変更しなければ一般財団法人の運営の継続が不可能又は著しく困難になる場合で，裁判所の許可を得たとき

以上の事由に該当する場合には，評議員会の決議によって目的を変更することができる。

一般財団法人における目的の変更の登記の申請書には，これらの事由を証するため，評議員会の議事録（一般法人§317Ⅱ）のほか，定款か裁判所の許可書（一般社団法人等登記規則§3，商登規§61Ⅰ）のどちらかを添付する必要がある。 `H24-35`

3　解散と清算人に関する登記

一般社団法人については，それほど注意する論点がない。清算人が置かれ，清算人会の設置が原則として任意であるなど，株式会社と同様に考えれば大丈夫である。

注意するのは，休眠一般社団法人のみなし解散（一般法人§149）ぐらいである。最後に登記があった日から5年間であり，株式会社より短い。

➡　株式会社が何年間か忘れていたら，会社法に戻って復習しておこう。

一般財団法人については，様々な論点がある。

まず，解散の事由に注意が必要である。

（解散の事由）

一般法人法第202条　一般財団法人は，次に掲げる事由によって解散する。

一　定款で定めた存続期間の満了

二　定款で定めた解散の事由の発生

三　基本財産の滅失その他の事由による一般財団法人の目的である事業の成功の不能

四　合併（合併により当該一般財団法人が消滅する場合に限る。）

五　破産手続開始の決定

六　第261条第1項又は第268条の規定による解散を命ずる裁判

2　一般財団法人は，前項各号に掲げる事由のほか，ある事業年度及びその翌事業年度に係る貸借対照表上の純資産額がいずれも300万円未満となった場合においても，当該翌事業年度に関する定時評議員会の終結の時に解散する。

　　一般財団法人は，純資産額が300万円未満となることにより解散する。実際に解散する時期は，事業年度に係る貸借対照表上の純資産額が２年度連続300万円未満となった後の定時評議員会の終結時である。

H24-35　　この場合の解散の登記の申請書には，その事由の発生を証する書面として，定時評議員会の議事録のほか，貸借対照表などを添付しなければならない。

　　一般財団法人では，継続についても注意が必要である。

（一般財団法人の継続）

一般法人法第204条　一般財団法人は，次に掲げる場合には，次章の規定による清算が結了するまで（第２号に掲げる場合にあっては，解散したものとみなされた後３年以内に限る。），評議員会の決議によって，一般財団法人を継続することができる。

一　第202条第２項又は第３項の規定による解散後，清算事務年度（第227条第１項に規定する清算事務年度をいう。）に係る貸借対照表上の純資産額が300万円以上となった場合

二　前条第１項の規定により解散したものとみなされた場合

H29-35
H22-35　　一般財団法人は，存続期間の満了や解散の事由の発生によって解散した場合には継続することができない。

➡　　一般社団法人では継続することができる（一般法人§150）。

　　継続できるのは，みなし解散のほかは，純資産額が300万円未満となったことにより解散した場合である。

　　清算をする一般財団法人が置く機関は，清算をする一般社団法人が置く機関と同様になる（一般法人§208）。

重要❶●●●●●●●●●●●●●●●●●●●●●●●●●●●●●●●●●●●●●

一般財団法人が解散すると，監事の設置義務がなくなる。

H24-35　　一般財団法人では，監事を置く旨が登記事項ではなかった。しかし，解散をすると，監事の設置が任意になり，**監事を置く旨が登記事項になる**（一般法人§310）。したがって，監事を置く場合には，その旨の登記を申請しなければならない。

　一般財団法人が解散し，解散後も監事を置く場合の登記記録は，次のように
なる。省略せずに，全部を載せることにする。

会社法人等番号	0100 - 05 - 234567		
名　称	一般財団法人霞が関協会		
主たる事務所	東京都千代田区霞が関一丁目１番１号		
法人の公告方法	官報に掲載してする。		
法人成立の年月日	平成21年４月１日		
目的等	目的 1　環境保護に関する調査及び研究 2　環境保護に関する広報活動 3　環境保護に関する意見の表明		
役員に関する事項	評議員　　　　　甲野太郎	令和２年６月31日就任	
		令和２年７月１日登記	
	評議員　　　　　乙田春子	令和２年６月31日就任	
		令和２年７月１日登記	
	評議員　　　　　丙川三郎	令和２年６月31日就任	
		令和２年７月１日登記	
	<u>理事</u>　　　　　<u>丁山四郎</u>	令和２年６月31日就任	
		令和２年７月１日登記	

	理事　　　　　戊沢五郎	令和2年6月31日就任
		令和2年7月1日登記
	理事　　　　　己島夏江	令和2年6月31日就任
		令和2年7月1日登記
	東京都千代田区九段南一丁目1番15号 代表理事　　　丁山四郎	令和2年6月31日就任
		令和2年7月1日登記
	清算人　　　　丙野八郎	
		令和3年4月5日登記
	東京都杉並区今川二丁目1番3号 代表清算人　　丙野八郎	令和3年4月5日登記
	監事　　　　　庚塚七郎	令和2年6月31日就任
		令和2年7月1日登記
監事設置法人に関する事項	監事設置法人	令和3年4月5日登記
解　散	令和3年4月1日基本財産の滅失による一般財団法人の目的である事業の成功の不能により解散	令和3年4月5日登記
登記記録に関する事項	設立	平成21年4月1日登記

　理事と代表理事については，抹消する記号（下線）が記録される。

解散前は登記事項でなかった監事を置く旨が登記されることになる。

4　合　併

　一般社団法人・一般財団法人は，合併をすることができる（一般法人§ H22-35
242）。一般社団法人と一般社団法人が合併した場合には設立する法人は一般社
団法人となり，一般財団法人と一般財団法人が合併した場合には設立する法人
は一般財団法人となる（一般法人§243Ⅰ）。

　一般社団法人は，返還義務を負う拠出金である基金を引き受ける者の募集を
することができるが（一般法人§131），基金の全額を返還していない一般社団
法人が合併する場合には，存続する法人・設立する法人は，一般社団法人でな
ければならない（一般法人§243Ⅱ）。

　これらの制限に反しなければ，一般社団法人と一般財団法人が合併すること
も可能である。基金を返還していない場合を除き，どちらの法人を存続する法
人としてもいい。

　合併の登記手続は，株式会社と同様である。債権者の異議手続が必要であり，
債権者の異議手続に関する書面の添付が必要になる。

第4節　公益認定に関する登記手続

Topics・登記手続としては，単なる名称の変更である。
　　　　・効力発生日に注意する。

1　公益の認定を受けた場合の登記手続

> （公益認定）
> **公益認定法第4条**　公益目的事業を行う一般社団法人又は一般財団法人は，行政庁の認定を受けることができる。
> （名称等）
> **公益認定法第9条**　公益認定を受けた一般社団法人又は一般財団法人は，その名称中の一般社団法人又は一般財団法人の文字をそれぞれ公益社団法人又は公益財団法人と変更する定款の変更をしたものとみなす。
> **2**　前項の規定による名称の変更の登記の申請書には，公益認定を受けたことを証する書面を添付しなければならない。
> **3**　公益社団法人又は公益財団法人は，その種類に従い，その名称中に公益社団法人又は公益財団法人という文字を用いなければならない。

　一般社団法人が公益認定を受けると，名称中の「一般社団法人」の文字を「公益社団法人」とする定款の変更をしたものとみなされる。一般財団法人についても同様である。

　公益認定によって名称の変更をしたものとみなされるので，名称の変更の日付は，公益認定書が到達した日となる。

H31-35
H28-35
H22-35
　公益認定があったときは，公益認定を受けたことを証する書面（公益認定書）を添付して名称の変更の登記を申請しなければならない。基本的な登記手続は通常の名称の変更と変わらないのだが，この場合の名称の変更の登記については，登録免許税が課税されない。

　➡　この登記に限らず，公益社団法人・公益財団法人についての登記は，登録免許税が課税されない。なお，公益社団法人・公益財団法人以外の一般社団法人・一般財団法人については，合名会社・合資会社と同じような登録免許税が課税される。

＋アルファ

　公益認定を受けた場合の登記は当事者が申請するが，公益認定の取消しが

あった場合の登記は，行政庁によって嘱託される（公益認定§29Ⅵ）。

2　公益社団法人・公益財団法人についての登記

　公益社団法人・公益財団法人も，一般社団法人・一般財団法人であり，基本的な登記手続は，一般社団法人・一般財団法人と同じである。

　主たる事務所・従たる事務所の所在場所の変更，目的の変更などについては，行政庁の認定が必要となることがある（公益認定§11）。しかし，これらの変更について行政庁の認定が必要となる場合でも，行政庁の認定を受けたことを証する書面を申請書に添付する必要はない（先例平20.9.1－2351）。

条文索引

【商業登記法】

1条	2	47条2項	316
1条の2	7	51条	356
10条	560	52条	357
11条	562	53条	359
11条の2	563	54条	207
12条	36	54条2項	283
14条	35	54条4項	212
17条2項	29	56条	120
18条	49	57条	183
19条の2	48	58条	141
19条の3	49	59条	141
22条	40	63条	82
23条の2	39	64条	156
24条	540	65条	167
26条	366	69条	146
27条	59	70条	150
28条	496	71条	331
29条	497	71条2項	332
30条	498	71条3項	332
31条	500	72条	335
33条	502	73条	341
35条	504	75条	352
36条	505	77条	426
36条2項	506	79条	431
36条3項	506	80条	435
36条4項	507	81条	444
37条	505	82条	431
39条	506	85条	452
40条	508	86条	458
41条	512	87条3項	451
42条	512	89条	464
43条	514	90条	470
44条	370	90条の2	473
45条	373	99条	409
46条2項	61	102条	415
46条4項	376	105条	420
46条5項	376	105条2項	421
		106条	417

107条	……………………………………	425
108条	……………………………………	438
108条2項	…………………………………	445
109条	……………………………………	453
109条2項	…………………………………	459
113条	……………………………………	419
113条2項	…………………………………	421
119条	……………………………………	400
122条	……………………………………	419
122条2項	…………………………………	420
124条	……………………………………	439
126条	……………………………………	465
127条	……………………………………	486
128条	……………………………………	486
129条	……………………………………	492
130条	……………………………………	491
130条2項	…………………………………	495
132条	……………………………………	546
132条2項	…………………………………	547
133条	……………………………………	547
134条	……………………………………	550
135条	……………………………………	551
136条	……………………………………	552
137条	……………………………………	552
142条	……………………………………	578
143条	……………………………………	578
144条	……………………………………	578
145条	……………………………………	578
146条	……………………………………	578

【商業登記規則】

35条2項	……………………………………	45
35条の2	……………………………………	36
37条	………………………………………	48
42条	………………………………………	366
49条	………………………………………	47
52条	………………………………………	497
58条	………………………………………	370
61条	………………………………………	62
61条2項	……………………………………	98
61条3項	……………………………………	61
61条4項	………………………………	209，317
61条5項	……………………………………	317
61条6項	……………………………………	231
61条7項	………………………………	210，317
61条8項	……………………………………	234
61条9項	………………………………	120，317
65条2項	……………………………………	359
65条3項	……………………………………	359
69条	………………………………………	99
69条2項	……………………………………	101
71条	………………………………………	71
72条	………………………………………	333
73条	………………………………………	345
81条の2	……………………………………	221
86条	………………………………………	411
91条	………………………………………	411
98条	………………………………………	547
99条	………………………………………	548
101条	……………………………………	543
110条	……………………………………	440
118条	……………………………………	537

【商業登記等事務取扱手続準則】

44条	………………………………………	40

【会社法】

349条 ……………………………………… 239

349条3項 ………………………………… 240

750条2項 ………………………………… 440

817条 ……………………………………… 484

820条 ……………………………………… 494

908条 ……………………………………… 13

908条2項 ………………………………… 17

911条3項16号 …………………………… 279

911条3項17号 …………………………… 271

911条3項19号 …………………………… 287

911条3項20号 …………………………… 287

911条3項22号 …………………………… 295

911条3項23号 …………………………… 300

915条 ……………………………………… 64

915条2項 ………………………………… 114

916条 ……………………………………… 359

919条 ……………………………………… 417

921条 ……………………………………… 431

928条 ……………………………………… 337

928条2項 ………………………………… 407

933条 ……………………………………… 486

933条2項 ………………………………… 489

【民法】

857条の2 ………………………………… 509

859条の2 ………………………………… 509

【一般法人法】

202条 ……………………………………… 597

204条 ……………………………………… 598

318条 ……………………………………… 593

319条 ……………………………………… 595

【公益認定法】

4条 ………………………………………… 602

9条 ………………………………………… 602

【登録免許税法施行規則】

12条 ……………………………………… 528

先 例 索 引

明31.12.8 – 1972 ················· 496
大10.10.21 – 2223 ·············· 58
昭29.12.21 – 2613 ·············· 59
昭29.12.25 – 2637 ·············· 538
昭30.6.15 – 1249 ·············· 557
昭30.6.25 – 1333 ·············· 118
昭32.5.1 – 858 ·············· 236
昭32.12.24 – 2419 ·············· 355
昭33.3.18 – 572 ·············· 350
昭34.9.4 – 1974 ·············· 66
昭34.9.23 – 2136 ·············· 216
昭35.10.20 – 197 ·············· 216
昭35.12.6 – 3060 ·············· 354
昭36.10.12 – 197 ·············· 214
昭37.6.13 – 1563 ·············· 115
昭37.10.27 – 228 ·············· 374
昭37.11.19 – 3316 ·············· 503
昭39.8.6 – 2712 ·············· 539
昭39.10.3 – 3197 ·············· 237
昭40.1.13 – 79 ·············· 115
昭40.1.19 – 104 ·············· 369
昭40.3.16 – 581 ·············· 573，574
昭41.10.5 – 2875 ·············· 128
昭41.12.23 – 772 ·············· 91
昭42.7.11 – 463 ·············· 496
昭43.1.19 – 207 ·············· 565
昭43.5.2 – 1265 ·············· 351
昭43.8.30 – 2770 ·············· 374
昭44.4.15 ·············· 58
昭48.1.29 – 821 ·············· 232，378
昭49.8.14 – 4637 ·············· 201
昭53.9.18 – 5003 ·············· 213
昭54.12.8 – 6104 ·············· 201
昭56.4.15 – 3087 ·············· 318
昭56.11.9 – 6427 ·············· 197
昭57.2.12 – 1317 ·············· 551
平10.2.10 – 270 ·············· 232
平11.2.24 – 379 ·············· 571

平12.3.31 – 802 ·············· 574
平14.7.31 – 1839 ·············· 58
平14.12.27 – 3239 ·············· 126
平15.3.31 – 936 ·············· 574
平17.1.26 – 192 ·············· 83
平18.3.31 – 782 ·············· 97，126
平19.1.17 – 91 ··········· 326，378，402，404
平19.12.3 – 2584 ·············· 553
平19.12.3 – 2586 ·············· 548
平19.12.14 – 2722 ·············· 549
平20.9.1 – 2351 ·············· 603
平21.6.16 – 1440 ·············· 534
平21.7.16 – 1679 ·············· 59
平23.4.1 – 816 ·············· 574
平27.2.6 – 13 ·············· 215
平27.2.20 – 18 ·············· 211
平27.3.16 – 29 ·············· 223
平28.6.23 – 98 ·············· 62，98
平29.7.6 – 111 ·············· 362
令3.1.29 – 11 ·············· 571，575
令3.1.29 – 14 ·············· 171，208，209

用語索引

【あ】

一部事項証明書 …………………… 561
一括申請 …………………………… 38
委任状 ……………………………… 49
印鑑カード ………………………… 574
印鑑届書 …………………………… 566
印紙納付 …………………………… 534

【か】

会社法人等番号 …………… 49，499
課税標準 …………………………… 520
株券提供公告をしたことを証する書面
……………………… 94，136，142，175，
427，438，439，446，447，466，471
株主リスト ………………… 62，98，375
疑似外国会社 ……………………… 484
却下事由 …………………………… 540
形成力 ……………………………… 20
原因年月日 ………………………… 25
現金納付 …………………………… 534
現在事項証明書 …………………… 560
原本還付 …………………………… 47
公益認定 …………………… 584，602
公益目的事業 ……………………… 584
公信力 ……………………………… 18

【さ】

債権者の異議手続に関する書面
……… 150，402，426，427，437，439，
446，447，454，459，460，466，471，
495
再使用証明 ………………………… 538
支店番号 …………………………… 364
受領証 ……………………………… 40
消極的公示力 ……………………… 14
職権による更正 …………………… 547
職権抹消 …………………………… 551
書面主義 …………………………… 39

申請書情報 ………………………… 544
申請人 ……………………………… 9
積極的公示力 ……………………… 15
善解 ………………………………… 40
全部事項証明書 …………………… 561

【た】

大規模一般社団法人 ……………… 585
対抗力 ……………………………… 20
代表者事項証明書 ………………… 561
定額課税 …………………………… 520
定率課税 …………………………… 520
電子証明書 ………………… 544，575
電子署名 …………………… 544，575
電子認証 …………………………… 575
電子納付 …………………………… 545
添付書面情報 ……………………… 544
登記官 ……………………………… 9
登記記録 …………………………… 8
登記記録に関する事項 …………… 26
登記記録の見出し ………………… 25
登記記録例 ………………………… 24
登記原因 …………………………… 25
登記事項 …………………………… 8
登記事項証明書 …………… 22，560
登記事項要約書 …………………… 562
登記所 ……………………………… 7
登記情報提供サービス …………… 563
登記すべき事項 …………… 8，31
登記年月日 ………………………… 25
登記の事由 ………………………… 31
登記簿 ……………………………… 7
当事者申請主義 …………………… 35
同時申請 …………………………… 48

【は】

被証明事項 ………………………… 566
評議員 ……………………………… 587

評議員会 ……………………………………… 587

不正登記防止申出 ……………………………… 541

閉鎖事項証明書 ………………………………… 560

本人確認証明書 ……………………… 211，378

【ま】

抹消事由 ………………………………………… 550

【ら】

履歴事項証明書 ………………………………… 560

司法書士スタンダードシステム

司法書士　スタンダード合格テキスト 7　商業登記法　第 3 版

2014年 6 月25日　初　版　第 1 刷発行
2021年11月15日　第 3 版　第 1 刷発行

編 著 者	Wセミナー／司法書士講座	
発 行 者	猪　　野　　　　樹	
発 行 所	株式会社　早稲田経営出版	

〒101-0061
東京都千代田区神田三崎町3-1-5
神田三崎町ビル
電 話 03(5276)9492（営業）
FAX 03(5276)9027

組　　版	株式会社　エストール
印　　刷	今 家 印 刷 株 式 会 社
製　　本	東 京 美 術 紙 工 協 業 組 合

© Waseda Keiei Syuppan 2021　　　Printed in Japan　　　ISBN 978-4-8471-4462-2
N.D.C.327

乱丁・落丁による交換，および正誤のお問合せ対応は，該当書籍の改訂版刊行月末日までといたします。なお，交換につきましては，書籍の在庫状況等により，お受けできない場合もございます。また，各種本試験の実施の延期，中止を理由とした本書の返品はお受けいたしません。返金もいたしかねますので，あらかじめご了承くださいますようお願い申し上げます。

Ｗセミナー 司法書士講座

| 総合力養成コース | 対象:初学者、または基礎知識に不安のある方
20ヵ月、1年、速修 総合本科生・本科生
[山本オートマチック] [入門総合本科生] | 10月～開講　20ヵ月総合本科生 |

総合力アップコース	対象:受験経験者、または一通り学習された方 **上級総合本科生**
	対象:受験経験者、答練を通して、アウトプットの訓練をしたい方 **答練本科生**
	対象:受験経験者、または一通り学習された方 **山本プレミアム上級本科生** [山本オートマチック]

| 択一式対策コース | 対象:択一式でアドバンテージを作りたい方
択一式対策講座 [理論編・実践編] |
| | 対象:応用力をつけたい方
山本プレミアム中上級講座 [山本オートマチック] |

| 記述式対策コース | 対象:記述式の考え方を身につけたい方
オートマチックシステム記述式講座 [山本オートマチック] |
| | 対象:記述式の解法を知り、確立させたい方
記述式対策講座 |

| 法改正対策コース | 対象:近時の改正点を押さえたい方
法改正対策講座 |

直前対策コース	対象:本試験の解答テクニックを習得したい方 **本試験テクニカル分析講座** [山本オートマチック]
	対象:試験直前期に論点の総整理をしたい方 **択一予想論点マスター講座**
	対象:最後にやるべき論点をチェックしたい方 **予想論点ファイナルチェック**

| 模試コース | 対象:直前期前に実力を確認したい方
全国実力Check模試 |
| | 対象:本試験と同形式・同時間の模試で本試験の模擬体験をしたい方
全国公開模試 |

Ｗセミナーなら
身につく合格力!

Wセミナーは目的別・レベル別に選べるコースを多数開講!

Wセミナーでは目的別・レベル別に選べるコースを多数開講しています。受験生個々のニーズに合ったコースを選択すれば、合格力をアップすることができます。

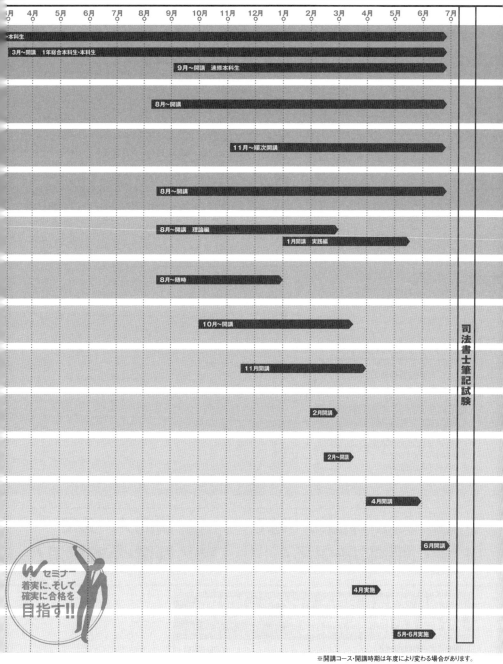

3月	4月	5月	6月	7月	8月	9月	10月	11月	12月	1月	2月	3月	4月	5月	6月	7月

本科生

3月～開講　1年総合本科生・本科生

9月～開講　速修本科生

8月～開講

11月～順次開講

8月～開講

8月～開講　理論編

1月開講　実践編

8月～随時

10月～開講

11月開講

2月開講

2月～開講

4月開講

6月開講

4月実施

5月・6月実施

司法書士筆記試験

Wセミナー
着実に、そして
確実に合格を
目指す!!

※開講コース・開講時期は年度により変わる場合があります。

Ｗセミナー 答練・模試

より着実に合格に近づくために！ステップアップ式カリキュラムで「今

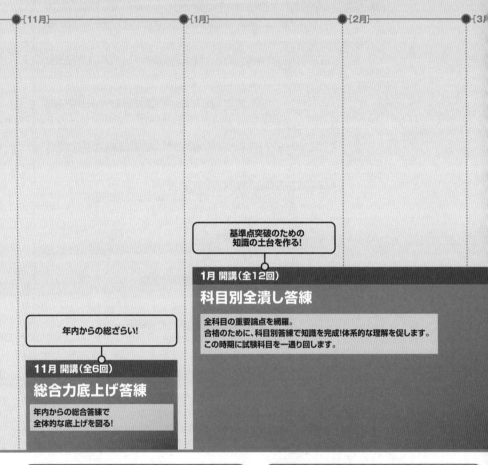

●【11月】　　　　　　　　●【1月】　　　　　　　　●【2月】　　　　　　　　●【3月

基準点突破のための
知識の土台を作る！

1月 開講（全12回）

科目別全潰し答練

全科目の重要論点を網羅。
合格のために、科目別答練で知識を完成！体系的な理解を促します。
この時期に試験科目を一通り回します。

年内からの総ざらい！

11月 開講（全6回）

総合力底上げ答練

年内からの総合答練で
全体的な底上げを図る！

 Point 基礎から本試験レベルまで 段階的に力をつける！

 Point 質問メールで 疑問・不安解消！

開講講座・試験情報・日程表・キャンペーン情報など
お得な情報満載！

Ｗセミナー Web サイト
https://www.w-seminar.co.jp/

Ｗセミナー 司法書士　［検索］

「解くべき問題」の演習を実現しました！

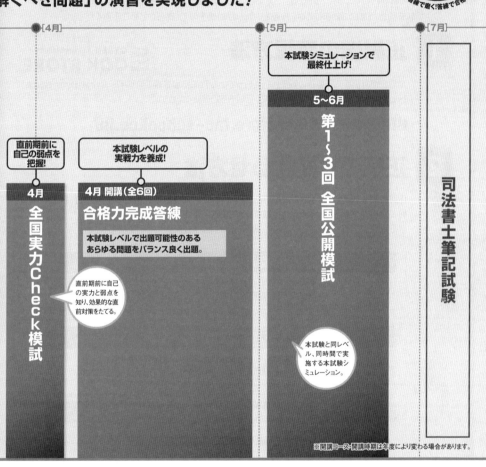

- [4月]
- [5月]
- [7月]

本試験シミュレーションで最終仕上げ！

5～6月

第1～3回 全国公開模試

本試験と同レベル、同時間で実施する本試験シミュレーション。

直前期前に自己の弱点を把握！

4月

全国実力Check模試

直前期前に自己の実力と弱点を知り、効果的な直前対策をたてる。

本試験レベルの実戦力を養成！

4月 開講（全6回）

合格力完成答練

本試験レベルで出題可能性のあるあらゆる問題をバランス良く出題。

司法書士筆記試験

※開講コース・開講時期は年度により変わる場合があります。

Point 充実した割引制度で受験生をバックアップ！

Point 通信生も答練教室受講OK！

■パンフレットのご請求・お問合せはこちら

通話無料 **0120-509-117** ゴウカク イイナ

受付時間
9:30～19:00（月曜～金曜）
9:30～18:00（土曜・日曜・祝日）

※営業時間短縮の場合がございます。詳細はWebでご確認ください。

資格の学校 **TAC** **W**セミナー WASEDA

WセミナーはTACのブランドです。

書籍の正誤についてのお問合わせ

万一誤りと疑われる箇所がございましたら、以下の方法にてご確認いただきますよう、お願いいたします。

なお、正誤のお問合わせ以外の書籍内容に関する解説・受験指導等は、**一切行っておりません。**
そのようなお問合わせにつきましては、お答えいたしかねますので、あらかじめご了承ください。

1 正誤表の確認方法

CYBER TAC出版書籍販売サイト
BOOK STORE

早稲田経営出版刊行書籍の販売代行を行っているTAC出版書籍販売サイト「Cyber Book Store」トップページ内「正誤表」コーナーにて、正誤表をご確認ください。

URL:https://bookstore.tac-school.co.jp/

2 正誤のお問合わせ方法

正誤表がない場合、あるいは該当箇所が掲載されていない場合は、書名、発行年月日、お客様のお名前、ご連絡先を明記の上、下記の方法でお問合わせください。
なお、回答までに1週間前後を要する場合もございます。あらかじめご了承ください。

文書にて問合わせる

●郵 送 先　〒101-0061 東京都千代田区神田三崎町3-1-5 神田三崎町ビル
株式会社 早稲田経営出版 出版部 正誤問合わせ係

FAXにて問合わせる

●FAX番号　**03-5276-9027**

e-mailにて問合わせる

●お問合わせ先アドレス　**sbook@wasedakeiei.co.jp**

※お電話でのお問合わせは、お受けできません。また、土日祝日はお問合わせ対応をおこなっておりません。
※正誤のお問合わせ対応は、該当書籍の改訂版刊行月末日までといたします。

乱丁・落丁による交換は、該当書籍の改訂版刊行月末日までといたします。なお、書籍の在庫状況等により、お受けできない場合もございます。
また、各種本試験の実施の延期、中止を理由とした本書の返品はお受けいたしません。返金もいたしかねますので、あらかじめご了承くださいますようお願い申し上げます。